KB080911

불칸 프로그래밍 가이드

불칸 제작자의 공식 가이드

불칸 프로그래밍 가이드

불칸 제작자의 공식 가이드

그레이엄 셸러 지음 | 이상우 옮김

i!i
에이콘

독자 여러분을 위해

지은이 소개

그레이엄 셀러^{Graham Sellers}

AMD의 소프트웨어 설계자로, AMD의 라데온과 FirePro 제품의 OpenGL, 불칸 드라이버의 개발을 관장했다. 컴퓨터와 기술에 관한 열정은 어린 나이에 BBC Micro와 함께 시작했으며, 여전히 작업을 즐길 수 있는 8비트와 16비트 가정용 컴퓨터로이어졌다. 영국의 사우스햄튼 대학교^{University of Southampton}에서 공학 석사를 취득했으며, 지금은 플로리다의 올랜도에서 아내와 두 자녀와 살고 있다.

감사의 말

무엇보다 불칸 작업 모임의 구성원들에게 감사를 표하고 싶다. 끈기가 요구되는 극도로 긴 과정이었지만, 우리는 앞으로 오는 시대를 위한 컴퓨터 그래픽과 계산 가속에 대한 매우 견고한 기반을 만들었다고 믿는다. 특히 불칸의 유래인 원조 Mantle 기술 세부사항을 개발한 AMD 동료들의 기여에 감사한다.

서평가 댄 긴스버그와 크리스 제논 핸슨에게 감사드린다. 그들의 귀중한 의견이 없었다면 이 책은 더 많은 오류와 누락이 있었을 것이다. 그리고 훌륭한 의견을 제공하고 이 책의 품질에 기여한 동료 알 나세르에게도 감사드린다. 그리고 AMD의 나머지 불칸 팀에게 감사하며, 이들은 불칸이 더 넓은 대중이 사용할 수 있도록 접근을 허용하기 전에 수많은 예제 코드를 시험할 수 있게 해주었다.

표지 이미지는 아고로 디자인(http://agorodesign.com/)의 도미닉 아고로 옴바카가 짧은 시간에 만들었다. 빡빡한 일정에 맞춰줘서 감사드린다.

반복적인 일정 연기와, 늦은 편집, 즉석에서 전달하는 작업 방식 등 전반적으로 같이 일하기 힘들었던 부분을 허락해준 편집장 로라 르윈과 Addison-Wesley의 나머지 팀원들에게 감사드리며, 이 프로젝트를 진행하는 동안 믿어주셔서 감사하다.

마지막으로 가족들에게 감사하다. 아내 크리스와 아이들 제레미와 에밀리에게. "아빠, 아직도 책 쓰고 있어요?"는 우리 집에서 정기적인 구호였다. 마지막 몇 달 동안 완전히 새로운 책을 썼기에 가족의 인내와 사랑, 지지에 감사드린다.

그레이엄 셀러

옮긴이 소개

이상우(leejswo@hotmail.com)

과학에 흥미가 많던 과학도로 과학고를 조기 졸업하고 KAIST에 입학해서 전산학과를 수석으로 졸업했다. 컴퓨터로 표현할 수 있는 가상 세계에 대한 흥미가 높아 엔씨소프트에서 게임 개발을 시작했다. 게임 그래픽을 통해 오프라인 렌더러의 기반 이론에 관심을 가지게 됐고, 컴퓨터 그래픽 이론의 연구를 위해 UNC-CH의 그래픽 랩으로 유학을 가서 학위를 받았다. 에픽 게임스에서 최고의 실시간 렌더러를 가진 언리얼 엔진 3/4를 개발하다가, 급속히 성장하는 모바일 렌더러의 세계에서 최고의 그래픽을 표현하기 위해 액션스퀘어에서 〈블레이드 2〉의 개발에 매진하고 있다.

모바일 렌더러에서 최고의 그래픽을 표현하기 위해 엔진과 렌더링 파이프라인을 커스터마이제이션하던 중에 불칸의 발표는 참으로 반가운 소식이었다. 스티브 잡스의 철학으로 인해 항상 유저 인터페이스와 그래픽에 심혈을 기울이던 애플과는 달리, 오픈 플랫폼인 안드로이드 진영의 경우 통일되지 않은 그래픽 하드웨어로 인해 희생이 많았기 때문이다. 애플의 경우 독자 API인 메탈을 통해 상당한 성능 향상을 이루었지만, OpenGL ES의 경우 너무 오래돼 새로운 모바일 그래픽에 맞지 않는 많은 제약을 가져 통일되지 않은 확장^{extension}에 의존해야만 했다.

비단 모바일 플랫폼만이 아니라 PC에서도 DirectX의 하드웨어 발전에 맞춘 빠른 지원과 달리 OpenGL의 제약과 시대를 따라가지 못했던 부분으로 인해 구식 API화되고 있었다. 그래픽 애플리케이션이나 대학교에서는 항상 OpenGL을 배우게 되지만, 사실상 업계에서 표준은 항상 DirectX였으며, 언리얼 엔진 같은 업계 최고의 엔진 역시 렌더링 API는 DirectX를 기본으로 간주했고, nVidia나 AMD 같은 하드웨어 벤더들 역시 OpenGL에 대한 지원이 미흡했다.

그러던 와중 크로노스 그룹의 불칸 발표는 아주 반가운 소식이었다. 파편화된 플랫폼 사이에서 표준이 되는 공통 API의 도입은 개발자에게 엄청난 편의를 제공하며, 플랫폼별로 맞춰야 하는 많은 고민들을 해결해줄 수 있다. 특히 게임 같은 소프트웨어의 경우 원 소스 멀티 유즈가 대세며, 대부분의 게임 엔진들이 멀티 플랫폼을 지원하는 것을 강점으로 손꼽고 있다. 이를 통해 불칸처럼 PC와 모바일을 아우르는 공통 API의 등장은 업계 전반에 활력을 불어넣게 될 것이며, 앞으로 더 높은 그래픽 퀄리티의 애플리케이션 개발에 든든한 아군이 돼줄 것이다.

이 책은 불칸의 모체였던 AMD의 독자 그래픽 API 맨틀의 개발자로서 불칸의 개발에 깊이 참여한 수석 개발자가 직접 작성한 것으로, 불칸을 이해하기에 이보다 좋은 교재는 없을 것이라고 생각해 추천하는 의미에서 바쁜 일정 중에 번역했다. 이 책이 많은 다른 개발자들이 불칸을 이해하는 데 도움이 되길 바란다.

이성우

차례

들어가며

이 책은 불칸^{Vulcan}에 관해 다룬다. 불칸은 그래픽 처리 장치^{GPU, Graphics Processing Units} 같은 장치를 조절하기 위한 응용프로그래밍 인터페이스^{API, Application Programming Interface}다. 논리적으로는 불칸이 OpenGL의 후계자이지만, 모양부터 OpenGL과 매우 다르다. 경험 있는 실무자들이 알아챌 수 있는 한 가지는 불칸이 매우 장황하다는 것이다. 불칸은 달리 놀랄 만한 것이 아니다. 단지 유용한 도구를(또는 유용하게) 사용하려면 많은 애플리케이션 코드를 작성해야 한다. OpenGL 드라이버가 했던 많은 일들이 이제는 불칸 애플리케이션 작성자의 책임이 되었다. 이는 동기화, 작업 일정 관리, 메모리 관리 등을 포함한다. 따라서 이러한 내용은 불칸뿐만이 아니라 일반적으로 적용 가능한 주제이며, 이 책의 상당 부분은 이런 주제를 다루고 있다.

이 책의 주요 독자는 이미 다른 그래픽과 계산 API에 친숙한 프로그래머들이다. 그러므로 많은 그래픽 관련 주제를 자세한 소개 없이 논의하며, 일부 선행 레퍼런스^{reference}가 있어야 하고, 코드 예제는 직접 입력해서 사용 가능한 완전한 프로그램이기보다는 불완전하거나 참고할 범위 안의 예문 수준이다. 책에서 사용한 코드는 완전한 형태로 테스트를 거쳐 이 책의 웹사이트에서 제공하므로 참조하기에 좋다.

불칸은 거대하고 복잡한 그래픽과 계산 애플리케이션, 그래픽 하드웨어 사이의 인터페이스로 사용되도록 고안됐다. 기존에 OpenGL 같은 드라이버를 구현할 때 가정하던 많은 기능과 책임은 이제 애플리케이션으로 넘어갔다. 복잡한 게임 엔진, 거대 렌더링 패키지, 상용 미들웨어는 이 작업에 잘 맞는다. 이 프로그램들은 어떤 드라이버가 가질 수 있는 것보다 각각의 특수한 행동에 대해서 더 많은 정보를 가지고 있다. 불칸은 단순한 시험 애플리케이션에는 적합하지 않으며, 또한 그래픽 개념을 설명하는 데도 적합하지 않다.

이 책의 앞부분에서 불칸과 API의 뼈대를 잡는 기반 개념의 일부를 소개한다. 불칸 시스템을 바탕으로 진행하며, 더 많은 고급 주제를 다룬다. 결과적으로 불칸의 고유한 측면을 뽐내고 능력을 시연하는 더 복잡한 렌더링 시스템을 만들어 볼 것이다.

1장, '불칸의 개요'에서는 불칸을 간략히 소개하고, 불칸의 기반을 구성하는 개념을 알아본다. 또한, 불칸 객체를 생성하는 기본을 살펴보고, 불칸 시스템을 시작하는 기초적인 방법도 함께 알아본다.

2장, '메모리와 자원'에서는 인터페이스의 기반이 되는 불칸의 메모리 시스템을 소개한다. 불칸 장치가 사용하는 메모리를 어떻게 할당하는지와 애플리케이션 안에서 수행되는 시스템 요소들을 알아본다.

3장, '큐와 명령어'에서는 명령어 버퍼command buffer를 설명하고 이를 제출하는 큐를 소개한다. 불칸 프로세스가 어떻게 작동하고 애플리케이션이 실행을 위한 명령어 다발을 생성한 뒤 장치에 어떻게 보내는지 보여준다.

4장, '자료 이동'에서는 최초로 자료 이동에 중점을 둔 몇몇 불칸 명령어를 소개한다. 3장에서 처음 다룬 개념을 사용해 명령어 버퍼를 생성하며, 2장에서 소개한 자원과 메모리에 저장된 자료를 복사하고 포맷한다.

5장, '프리젠테이션'에서는 애플리케이션이 생성한 이미지를 어떻게 화면에 표현하는지 보여준다. 프리젠테이션은 윈도우 시스템과 상호작용하기 위해 사용되는 용어로, 플랫폼에 특화됐으며, 이 장에서는 플랫폼 특화 주제 중 일부를 자세히 알아본다.

6장, '셰이더와 파이프라인'에서는 불칸이 사용하는 바이너리 셰이딩 언어 SPIR-V를 소개한다. 또한 파이프라인pipeline 객체도 살펴보며, SPIR-V 셰이더를 사용해

어떻게 생성되는지 보여준다. 그리고 계산 파이프라인^{compute pipeline}의 개념을 알아보는데, 이는 불칸을 사용해서 계산 작업을 처리하는 데 사용할 수 있다.

7장, '그래픽 파이프라인'에서는 6장에서 다룬 것을 기반으로 그래픽 파이프라인을 생성하고 소개하며, 이는 불칸에서 그래픽 프리미티브를 렌더하는 데 필요한 모든 설정을 포함한다.

8장, '그리기'에서는 불칸에서 가용한 다양한 그리기 명령어를 알아보고, 색인된 indexed 것과 비색인된 그리기, 인스턴싱, 간접 명령도 함께 살펴본다. 그래픽 파이프라인에 자료가 들어가는 방법, 7장에서 소개한 것보다 더 복잡한 기하구조를 그리는 방법을 알아본다.

9장, '기하구조 처리'에서는 불칸 그래픽 파이프라인의 첫 반쪽을 더욱 자세히 알아보고, 테셀레이션과 기하구조 셰이더 단계에 대해 다른 시각으로 접근한다. 또한, 이 단계에서 가능한 일부 더 발전된 방법을 보여주고 레스터라이제이션 단계까지 파이프라인을 다룬다.

10장, '화소 처리'에서는 9장에서 처리하지 않는 기하구조를 유저에게 보여주기 위한 픽셀의 연속을 변환하는 방법인 레스터라이제이션 과정과 그 후의 모든 일을 알아본다.

11장, '동기화'에서는 불칸 애플리케이션에 가용한 다양한 프리미티브 동기화를 다루며, 펜스^{fence}, 이벤트^{event}, 세마포어^{semaphore}도 알아본다. 이들 모두는 애플리케이션이 불칸의 병렬이 가지는 본질의 효율적인 사용을 가능하게 하는 기반이 된다.

12장, '자료 돌려받기'에서는 이전 장에서 사용된 통신의 방향을 역으로 해 애플리케이션에서 불칸으로부터 자료를 읽을 때 일어나는 사안들을 살펴본다. 불칸 장치가 수행하는 연산의 시간을 측정하고, 불칸 장치로부터 연산에 대한 통계를 받고, 애플리케이션에서 불칸이 생성한 자료를 받는 방법을 보여준다.

13장, '다중 패스 렌더링'에서는 이전에 다룬 다양한 주제를 다시 되짚어보고, 더 발전된 애플리케이션(복잡한 다중 패스 설계와 다중 처리 큐를 사용한 지연 렌더링 애플리케이션)을 생성하기 위해 여러 가지를 한데 묶는다.

부록에서는 불칸 애플리케이션에서 가용한 함수를 생성하는 명령어 버퍼를 표로 보여주며, 속성을 결정할 때 빠르게 참조할 수 있다.

불칸은 거대하고 복잡하며, 새로운 시스템이다. 책 한 권에서 API의 모든 부분을 다 포함하는 것은 극도로 어려운 일이다. 이 책과 더불어 불칸 매뉴얼을 철저하게 읽기를 권장하며, 이종 계산 시스템의 사용과 다른 API를 사용한 컴퓨터 그래픽에 관한 다른 책을 읽는 것을 추천한다. 이런 자료들은 수학과 이 책에서 가정한 다른 개념들을 이해하기 쉽게 해준다.

예제 코드

이 책과 동반된 예제 코드는 웹사이트(http://www.vulkanprogrammingguide. com)에서 받을 수 있다. 다른 그래픽 API에 숙련된 사용자들은 불칸이 매우 장황하다는 것을 눈치챌 것이다. 이는 본질적으로 역사적으로 드라이버의 책임이었던 많은 부분이 애플리케이션으로 위임되었기 때문이다. 하지만 많은 경우 단순한 표준 코드도 잘 동작한다. 그러므로 모든 예제와 실세계 애플리케이션에 공통적인 기능의 많은 부분을 다루는 단순한 애플리케이션 기틀을 만들었다. 그렇다고 이 책이 이 기틀을 어떻게 사용하는지에 대한 사용 지침서라는 의미는 아니다. 이는 단순히 예제 코드를 간결하게 유지하기 위한 실질적인 문제다.

물론 이 책에서는 특정한 불칸 기능을 다루기 때문에 코드 조각을 포함할 것이며, 이 코드들은 대부분이 특정 예제에서보다는 예제 기틀을 기반으로 한다. 이 책에서 다루는 일부 기능의 코드는 코드 패키지 안에 없을 수 있다. 특히 본질적으로 거대 애플리케이션에 주로 연관된 일부 발전된 기능들이 그러하다. 짧고 간단한 불칸 예제라는 것은 존재하지 않는다. 많은 경우, 단일 예제 프로그램은 많은 기능을 시연한다. 각각의 예제가 사용하는 기능은 예제의 읽어보기(read-me) 파일에 수록되었다. 또한, 책의 목록과 예제 코드의 특정 예문 사이의 1:1 관계가 없다. 특정 예제와 특정 장간의 1:1 목록이 없다고 수정 요구하는 경우 이 문단을 읽지 않은 것으로 간주한다. 이런 수정 요구는 바로 이 문장을 인용해 간략히 처리될 것이다.

예제 코드는 LunarG의 최신 공식 불칸 SDK를 참고해 고안했으며, 이는 http://lunarg.com/vulkan-sdk/에서 받을 수 있다. 작성 시점에서 최신 SDK는 1.0.22였다. 새로운 버전의 SDK는 오래된 버전과 하위 호환성을 가지도록 고안되었으므로, 예제 애플리케이션을 컴파일하고 실행하기 전에 최신 버전의 SK를 받도록 추천한다. 또한 SDK는 자체 예제를 가지고 있으므로, SDK와 드라이버가 제대로 설치되었는지 확인하기 위해서 이를 실행하는 것을 추천한다.

예제의 빌드 환경을 설정하려면 불칸 SDK에 추가로 작동하는 CMake의 설치가 필요하다. 또한 최신 컴파일러가 필요하다. 코드 예제는 일부 C++11 기능을 사용하고 스레딩과 동기화 기본체 등을 위해 C++ 표준 라이브러리에 많이 의지하고 있다. 이 기능들은 다양한 컴파일러 실행 환경의 초기 버전에서 문제가 많다고 알려져 있으므로, 컴파일러를 최신으로 하는 것을 잊지 말아라. 윈도우에서 마이크로소프트 비주얼 스튜디오 2015와 리눅스에서 GCC 5.3으로 테스트했다. 예제들은 64비트 윈도우 7, 윈도우 10, 우분투 16.10에서 AMD, Intel, NVIDIA의 최신 드라이버로 테스트했다.

불칸이 플랫폼 독립, 벤더 독립, 장치 독립적인 시스템인 것을 기억하자. 예제의 많은 부분은 안드로이드와 다른 모바일 플랫폼에서 동작해야 한다. 앞으로 최대한 많은 플랫폼에 포팅할 계획이며, 독자들의 도움과 기여에 매우 감사한다.

또한 에이콘출판사의 도서정보 페이지인 http://www.acornpub.co.kr/book/vulkan-guide에서도 예제 코드를 다운로드할 수 있다.

독자의견과 정오표

불칸은 새로운 기술이다. 작성 시점에서, 기술 세부사항이 단지 몇 주만 가용하였다. 비록 저자와 기여자들이 불칸 기술 세부사항을 생성하는 데 참여했지만, 이는 거대하고 복잡하며, 많은 기여자들이 있었다. 이 책의 일부 코드는 완벽히 시험해

보지 않았으며, 맞다고 믿지만, 일부 오류를 포함할 수 있다. 예제를 같이 포함한 만큼, 사용 가능한 불칸 구현은 여전히 버그를 가지고 있으며, 검증 레이어는 잡을 수 있는 많은 오류를 잡지 못했으며, 기술 세부사항 자체도 빠진 부분과 모호한 부분이 있었다. 독자와 같이, 불칸을 여전히 배우고 있기에, 이 책이 기술적으로 정확하게 작성되었지만, 책의 웹사이트를 방문해서 최신 갱신 내용을 확인하는 것을 추천한다.

- http://www.vulkanprogrammingguide.com

이 책의 한국어판에 관한 질문은 이 책의 옮긴이나 에이콘출판사 편집 팀 (editor@acornpub.co.kr)으로 문의해주기 바란다. 정오표는 에이콘출판사의 도서 정보 페이지 http://www.acornpub.co.kr/book/vulkan-guide에서 찾아볼 수 있다.

1장 | 불칸의 개요

> **이 장에서 배울 내용**
> - 불칸(Vulkan)의 개요와 그 뒤의 기반이 무엇인지
> - 최소한의 불칸 애플리케이션을 생성하는 방법
> - 이 책의 나머지에서 사용하는 용어와 개념

이 장에서는 불칸^{Vulkan}을 소개하고 불칸이 무엇인지 설명한다. API 뒤의 기반 개념 중 일부를 소개하며, 초기화, 객체 생애^{lifetime}, 불칸 인스턴스, 논리적, 물리적 장치도 함께 설명한다. 또한 불칸 시스템을 초기화하고, 가용한 불칸 장치를 찾고 이들의 특성과 능력을 보여주고, 마지막으로 깔끔하게 종료하는 단순한 불칸 애플리케이션을 만들어 본다.

❖ 소개

불칸은 그래픽과 계산 장치를 위한 프로그래밍 인터페이스다. 불칸 장치는 일반적으로 프로세서와 그래픽과 계산에서 사용되는 연산을 가속하는 여러 고정 함수 하드웨어 덩어리들로 구성되어 있다. 장치의 프로세서는 보통 매우 광범위한 멀티스레딩 프로세서로, 불칸의 계산 모델은 병렬 계산에 기반하고 있다. 불칸 장치

는 또한 애플리케이션이 동작하는 주 프로세서와 공유될 수도 있고 안 될 수도 있는 메모리에 대한 접근을 가진다. 불칸은 이 메모리 또한 노출시킨다.

불칸은 명시적인 API다. 이는 거의 모든 것이 작성자의 책임이라는 것이다. 드라이버는 명령어와 API를 구성하는 자료를 받아서 이를 하드웨어가 이해할 수 있게 번역하는 소프트웨어다. OpenGL과 같이 오래된 API의 경우, 드라이버는 많은 객체의 상태를 추적하고, 메모리를 관리하고 동기화해주며, 실행되는 애플리케이션의 오류를 확인해준다. 이는 개발자에겐 훌륭하지만 한 번 애플리케이션이 디버깅되고 정상적으로 동작하게 되면 귀중한 CPU의 시간을 낭비하게 된다. 불칸은 이를 거의 모든 상태 추적, 동기화, 메모리 관리를 애플리케이션 개발자에게 넘기고, 오류 확인을 반드시 활성화되어야 하는 레이어에 위임한다. 이들은 일반적인 상황에서는 애플리케이션의 수행에 참여하지 않는다.

이러한 이유로, 불칸은 매우 장황하며 취약하다. 불칸이 잘 실행되기 위해서는 엄청나게 많은 작업을 해야 하며, 잘못된 API의 사용은 오래된 API에서 유용한 오류 메시지를 받았던 곳에서 그래픽 오류나 심지어는 프로그램 종료로 이어질 수 있다. 이에 대한 교환으로, 불칸은 장치에 대한 더 많은 조정 능력과, 깔끔한 스레딩 모델, 대체한 API보다 훨씬 높은 성능을 제공한다.

더욱이, 불칸은 그래픽 API만으로 고안되지 않았다. 이는 그래픽 처리 장치(GPU), 디지털 신호 처리 장치(DSP), 고정 함수 하드웨어 등의 이종 장치들에서 사용이 가능하다. 기능성은 큰 덩어리로, 광범위하게 중첩된 항목으로 나뉜다. 현재 판의 불칸은 자료를 복사하는 데 사용되는 전송 항목, 계산 작업부하에 대한 셰이더를 실행하는 데 사용되는 계산 항목, 레스터라이제이션, 기본체 조합, 블렌딩, 깊이와 스텐실 시험, 기타 그래픽 프로그래머들이 익숙한 기능을 포함한 그래픽 항목으로 정의된다.

각 항목에 대한 지원은 선택적으로 그래픽을 전혀 지원하지 않는 불칸 장치도 가능하다. 결과적으로, API가 디스플레이 장치(프리젠테이션presentation으로 불리는)에 그림을 넣는 것은 단지 선택적인 것이 아니라, 핵심 API의 일부가 아닌 불칸의 확장으로서 제공된다.

❖인스터스, 장치, 큐

불칸은 기능의 계층을 포함하며, 모든 불칸 가능한 장치를 하나로 집합하는 인스턴스의 최상위 단계에서 시작한다. 각 장치는 그 뒤 하나 이상의 큐를 노출한다. 애플리케이션이 요청한 작업을 수행하는 것이 큐이다.

불칸 인스턴스는 소프트웨어 구조체로 애플리케이션의 상태를 다른 애플리케이션이나 현재 애플리케이션의 문맥에서 수행되는 라이브러리로부터 논리적으로 분리한다. 시스템의 물리 장치는 인스턴스의 구성원으로 표현되며, 각각이 특정 능력을 가지며, 가용한 큐의 선택을 포함한다.

물리 장치는 일반적으로 하나의 하드웨어거나, 서로 연결된 하드웨어의 집합이다. 시스템이 핫플러그 같은 재설정을 지원하지 않을 경우에는 고정되고 제한된 수의 물리 장치가 존재한다. 논리 장치는 인스턴스가 생성하며, 물리 장치를 감싸는 소프트웨어 구조체로 특정 물리 장치와 연결된 자원의 예약을 표현한다. 이는 물리 장치의 가용한 큐의 가능한 부분 집합을 포함한다. 하나의 물리 장치에서 다중 논리 장치를 생성하는 것이 가능하며, 애플리케이션이 대부분의 시간을 사용하여 교류하는 것이 논리적 장치다.

그림 1.1은 이 계층을 표현하고 있다. 그림에서 애플리케이션은 두 개의 불칸 인스턴스를 생성했다. 시스템에는 양쪽 인스턴스 모두에게 가용한 3개의 물리 장치가 있다. 열거 이후에, 애플리케이션은 하나의 논리 장치를 첫 물리 장치 위에 생성하고, 2개의 논리 장치를 두 번째 장치에 생성하며, 다른 하나는 세 번째에 생성한다. 각 논리 장치는 대응하는 물리 장치의 큐의 다른 부분 집합을 활성화한다. 실제로는 대부분의 불칸 애플리케이션은 이렇게 복잡하지 않을 것이기에 단순히 단일 인스턴스를 사용하여 단일 논리 장치를 시스템의 물리 장치 중 하나에 생성한다. 그림 1.1은 단지 불칸 시스템의 유연성을 시연할 뿐이다.

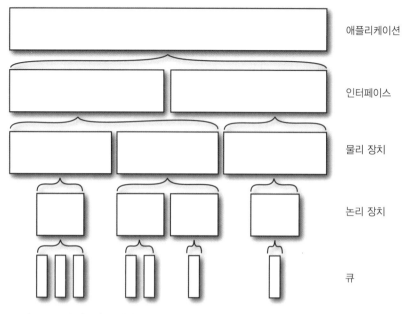

애플리케이션

인터페이스

물리 장치

논리 장치

큐

그림 1.1 불칸 인스턴스, 장치, 큐의 계층

이어지는 하위 장은 불칸 인스턴스를 어떻게 생성하고, 시스템의 장치를 질의하고, 논리 장치를 대응하는 한 장치에 붙이고, 마지막으로 장치가 노출한 큐에 핸들을 돌려주는지 다룬다.

불칸 인스턴스

불칸은 애플리케이션의 하위 시스템으로 볼 수 있다. 애플리케이션을 불칸 라이브러리에 한 번 연결하고 초기화하면, 일부 상태를 추적한다. 불칸이 애플리케이션의 어떤 전역적 상태도 도입하지 않기에, 모든 추적되는 상태는 반드시 제공한 객체에 저장되어야 한다. 이는 인스턴스 장치이며 VkInstance 객체로 표현된다. 이를 생성하기 위해 첫 불칸 함수 vkCreateInstance()를 호출하며, 함수 원형은 다음과 같다.

```
VkResult vkCreateInstance (
  const VkInstanceCreateInfo* pCreateInfo,
  const VkAllocationCallbacks* pAllocator,
  VkInstance* pInstance);
```

이 선언은 불칸 함수의 전형이다. 불칸에 전달될 많은 매개변수를 직접 전달하기보다, 함수는 보통 구조체의 포인터를 받는다. 여기서 pCreateInfo는 VkInstanceCreateInfo 구조체의 인스턴스로, 이는 새로운 불칸 인스턴스를 설명하는 매개변수를 포함한다. VkInstanceCreateInfo의 정의는 다음과 같다.

```
typedef struct VkInstanceCreateInfo {
  VkStructureType sType;
  const void* pNext;
  VkInstanceCreateFlags flags;
  const VkApplicationInfo* pApplicationInfo;
  uint32_t enabledLayerCount;
  const char* const* ppEnabledLayerNames;
  uint32_t enabledExtensionCount;
  const char* const* ppEnabledExtensionNames;
} VkInstanceCreateInfo;
```

API에게 매개변수를 넘기기 위한 거의 모든 불칸 구조체의 첫 멤버는 sType이며, 이는 이 구조체가 어떤 종류인지 불칸에게 알려준다. 핵심 API와 어떤 확장의 각 구조체도 할당된 구조체 태그를 가진다. 이 태그를 조사하면, 불칸 도구, 레이어, 드라이버가 검증 용도와 확장을 위해 사용하기 위해서 구조체의 종류를 알 수 있다. 더욱이 pNext는 함수에 전달되는 구체의 연결 목록^{linked list}을 가능하게 한다. 이는 매개변수의 집합이 확장에서 핵심 구조체 전체를 바꿀 필요 없이 확장하는 것을 가능하게 한다. 핵심 인스턴스 생성 구조체를 여기서 사용하므로, VK_STRUCTURE_TYPE_INSTANCE_CREATE_INFO를 sType에 넣고 pNext는 단순히 nullptr로 설정한다.

VkInstanceCreateInfo의 flags는 향후 사용을 위해 예약되어 있으므로 0으로 설정해야 한다. 다음 항목인 pApplicationInfo는 애플리케이션을 설명하는 다른 구조체에 대한 선택적인 포인터이다. 이를 nullptr로 설정할 수 있지만, 잘 동작하는 애플리케이션은 이를 유용한 것으로 채워 넣는다. pApplicationInfo는 VkApplicationInfo 구조체의 인스턴스를 가리키며, 이의 정의는 다음과 같다.

```
typedef struct VkApplicationInfo {
  VkStructureType sType;
```

```
    const void* pNext;
    const char* pApplicationName;
    uint32_t applicationVersion;
    const char* pEngineName;
    uint32_t engineVersion;
    uint32_t apiVersion;
} VkApplicationInfo;
```

다시 이 구조체의 sType과 pNext를 볼 수 있다. sType은 VK_STRUCTURE_ TYPE_APPLICATION_INFO로 설정돼야 하며, pNext는 nullptr로 남겨둔다. pApplicationName는 애플리케이션의 이름을 포함한 nul로 종료되는 문자열[1]에 대한 포인터이며, applicationVersion은 애플리케이션의 버전이다. 이는 도구와 드라이버가 어떤 애플리케이션이 실행되고 있는지에 대한 예상[2]이 필요 없이 어떻게 처리할지 결정하는 것을 가능하게 한다. 비슷하게, pEngineName와 engineVersion는 각각 애플리케이션이 기반으로 하는 엔진이나 미들웨어의 이름과 버전을 포함한다.

마지막으로 apiVersion은 애플리케이션이 기반하여 실행한다고 기대하는 불칸 API의 버전을 포함한다. 이는 단지 우연히 설치한 헤더의 버전이 아닌 애플리케이션이 실행하는 데 필요한 불칸의 절대적인 최소 버전으로 설정해야 한다. 이는 애플리케이션이 실행되는 장치와 플랫폼의 가장 넓은 가능한 집합을 허용하여, 비록 불칸 구현에 대한 갱신이 불가능한 경우에 가능해진다.

VkInstanceCreateInfo 구조체로 돌아가면, enabledLayerCount와 ppEnabledLayerNames를 확인할 수 있다. 이는 각각 활성화하고 싶은 인스턴스 레이어의 수와 그 이름들이다. 레이어는 불칸 API를 가로채서 로깅, 프로파일링, 디버깅, 혹은 다른 추가적인 기능에 사용된다. 만약 레이어가 필요하지 않으면, 단순히 enabledLayerCount를 0으로 설정하고 ppEnabledLayerNames를 nullptr로

---

1 그렇다. 실제로 nul이다. 문자 그대로의 값이 0인 ASCII 문자는 공식적으로 NUL로 불린다. 이제 NULL로 바꾸라고 얘기하지 마라. 그건 포인터지 문자의 이름이 아니다.

2 한 애플리케이션에서 최선인 것은 다른 것의 최선과 다를 수 있다. 또한 애플리케이션은 사람이 작성하였으며, 사람은 버그가 있는 코드를 작성한다. 완전히 최적화하거나 애플리케이션 버그를 회피하기 위해서, 드라이버는 종종 실행 파일 이름이나 심지어 애플리케이션의 행태를 통해서 어떤 애플리케이션이 실행되었는지 추측하여 행태를 적절히 바꾼다. 이상적이진 않지만, 이 새로운 메커니즘은 최소한 추측 작업을 제거한다.

남겨둔다. 비슷하게, enabledExtensionCount는 활성화하고 싶은 확장의 수이며[3], ppEnabledExtensionNames는 이름들이다. 똑같이, 어떤 확정도 사용하지 않으면 0과 nullptr로 각각 설정하라.

마지막으로 vkCreateInstance() 함수로 돌아가면 pAllocator 매개변수는 애플리케이션이 불칸 시스템이 사용하는 주 메모리를 관리하기 위해 제공하는 메모리 할당자에 대한 포인터이다. 이를 여기서처럼 nullptr로 설정하면 자체 내부 할당자를 사용한다. 애플리케이션 관리의 주 메모리는 2장에서 다룬다.

vkCreateInstance() 함수가 성공했다고 가정하면, 이는 VK_SUCCESS를 반환하고 pInstance 매개변수가 가리키는 곳의 새 인스턴에 핸들을 설정한다. 핸들은 객체가 참조하는 값이다. 불칸 핸들은 언제나 64비트 너비이며, 이는 주 시스템의 비트 수와 관계없다. 불칸 인스턴스의 핸들을 가지게 되면 다른 인스턴스 함수를 호출하는 데 사용할 수 있다.

불칸 물리 장치

인스턴스를 한 번 가지게 되면, 시스템에 설치된 불칸 호환 장치를 찾는 데 사용할 수 있다. 불칸은 물리와 논리의 두 종류의 장치를 가진다. 물리 장치는 일반적으로 시스템의 일부이다. 그래픽 카드, 가속기, DSP, 혹은 다른 요소이다. 시스템에는 고정된 수의 물리 장치가 있으며, 각각은 고정된 능력 집합을 가진다. 논리 장치는 물리 장치의 소프트웨어 가상화이며, 애플리케이션에 특화된 방식으로 설정된다. 논리 장치는 애플리케이션이 대부분의 시간을 처리하는 데 사용하지만, 논리 장치를 생성하기 전에 반드시 연결된 물리 장치를 찾아야 한다. 이를 위해 vkEnumeratePhysicalDevices() 함수를 호출하며, 함수 원형은 다음과 같다.

---

3 OpenGL처럼, 불칸은 API의 중심 부분으로서 확장을 지원한다. 하지만 OpenGL에서는 컨텍스트를 생성하고, 지원되는 확장을 질의하고 나서 사용이 가능하다. 이는 드라이버가 애플리케이션이 언제 갑자기 사용할지 모른다고 가정하고 준비되어 있어야 한다는 것을 의미한다. 더욱이, 이는 찾는 확장이 뭔지 알려주지 않으며, 이는 이 처리를 더욱 어렵게 만든다. 불칸에서는 애플리케이션은 확장에 사전 동의하고 명시적으로 활성화해야 한다. 이는 드라이버가 사용하지 않는 확장을 비활성화할 수 있게 하며, 애플리케이션이 활성화하지 않도록 의도한 확장의 부분인 기능을 갑자기 사용하는 것을 어렵게 한다.

```
VkResult vkEnumeratePhysicalDevices (
    VkInstance   instance,
    uint32_t* pPhysicalDeviceCount,
    VkPhysicalDevice* pPhysicalDevices);
```

vkEnumeratePhysicalDevices() 함수의 첫 매개변수 instance는 앞서 생성한
인스턴스이다. 다음 pPhysicalDeviceCount 매개변수는 입력이자 출력인 부호 없
는 정수 값이다. 출력으로서, 불칸은 시스템이 가지고 있는 물리 장치의 수를 쓴
다. 입력으로서, 애플리케이션이 처리할 최대 장치 수로 미리 초기화해야 한다.
pPhysicalDevices 매개변수는 이 숫자의 VkPhysicalDevice 핸들의 배열에 대한
포인터이다.

만약 단지 시스템의 얼마나 많은 장치가 있는지 알고 싶다면, pPhysical
Devices를 nullptr로 설정하면 불칸은 pPhysicalDeviceCount 초깃값을 무
시하게 되며, 단순히 지원되는 장치의 수로 덮어쓴다. vkEnumeratePhysical
Devices()를 두 번 호출하여 VkPhysicalDevice 배열의 크기를 동적으로 조절
할 수 있으며, 첫 번째는 단순히 pPhysicalDevices를 nullptr로 설정하고(하
지만 pPhysicalDeviceCount는 반드시 여전히 유효한 포인터여야 한다), 두 번째에
pPhysicalDevices를 첫 번째 호출에서 받은 물리 장치의 수로 적절히 크기를 맞
춘 배열로 설정하면 된다.

문제가 없다고 가정하면 vkEnumeratePhysicalDevices()는 VK_SUCCESS를 반환
하며, pPhysicalDeviceCount에 인식된 물리 장치의 수를, pPhysicalDevices에 핸
들을 저장한다. 코드 1.1은 VkApplicationInfo와 VkInstanceCreateInfo 구조체
의 생성하고 불칸 인스턴스를 생성하고, 지원되는 장치의 수를 문의하고, 마지막
으로 물리 장치 핸들을 질의하는 예제를 보여준다. 이는 예제 기틀의 vkapp::init
의 살짝 단순화된 버전이다.

코드 1.1 불칸 인스턴스 생성

```
VkResult vkapp::init()
{
    VkResult result = VK_SUCCESS;
    VkApplicationInfo appInfo = { };
```

```
VkInstanceCreateInfo instanceCreateInfo = { };

// 일반 애플리케이션 정보 구조체
appInfo.sType = VK_STRUCTURE_TYPE_APPLICATION_INFO;
appInfo.pApplicationName = "Application";
appInfo.applicationVersion = 1;
appInfo.apiVersion = VK_MAKE_VERSION(1, 0, 0);

// 인스턴스 생성
instanceCreateInfo.sType = VK_STRUCTURE_TYPE_INSTANCE_CREATE_INFO;
instanceCreateInfo.pApplicationInfo = &appInfo;

result = vkCreateInstance(&instanceCreateInfo, nullptr, &m_instance);

if (result == VK_SUCCESS)
{
    // 우선 얼마나 많은 장치가 시스템에 있는지 확인한다.
    uint32_t physicalDeviceCount = 0;
    vkEnumeratePhysicalDevices(m_instance, &physicalDeviceCount,
nullptr);

    if (result == VK_SUCCESS)
    {
        // 장치 배열을 적절히 크기 조절하고 물리 장치 핸들을 얻어온다.
        m_physicalDevices.resize(physicalDeviceCount);
        vkEnumeratePhysicalDevices(m_instance,
            &physicalDeviceCount,
            &m_physicalDevices[0]);
    }
}
return result;
}
```

물리 장치 핸들은 장치에 능력을 질의하고 궁극적으로 논리 장치를 생성하는 데 사용된다. 수행할 첫 질의는 vkGetPhysicalDeviceProperties()이며, 이는 물리 장치의 특성을 설명하는 구조체를 채운다. 함수 원형은 다음과 같다.

```
void vkGetPhysicalDeviceProperties (
  VkPhysicalDevice physicalDevice,
  VkPhysicalDeviceProperties* pProperties);
```

vkGetPhysicalDeviceProperties()를 호출할 때, vkEnumeratePhysical Devices()에서 반환된 핸들 중 하나를 physicalDevice 매개변수로 넘기고, pProperties에는 VkPhysicalDeviceProperties 구조체에 대한 포인터를 넘긴다. 이는 물리 장치의 특성을 설명하는 많은 항목을 가진 거대한 구조체이다. 정의는 다음과 같다.

```
typedef struct VkPhysicalDeviceProperties {
  uint32_t apiVersion;
  uint32_t driverVersion;
  uint32_t vendorID;
  uint32_t deviceID;
  VkPhysicalDeviceType deviceType;
  char deviceName
    [VK_MAX_PHYSICAL_DEVICE_NAME_SIZE];
  uint8_t pipelineCacheUUID[VK_UUID_SIZE];
  VkPhysicalDeviceLimits      limits;
  VkPhysicalDeviceSparseProperties sparseProperties;
} VkPhysicalDeviceProperties;
```

apiVersion 항목은 장치가 지원하는 불칸의 가장 높은 버전을 포함하며, driverVersion 항목은 장치를 조절하는 데 사용하는 드라이버의 버전을 포함한다. 이는 제작사에 특화되어 있으므로 제작사끼리 드라이버 버전을 비교하는 것은 의미가 없다. vendorID와 deviceID 항목은 제작사와 장치를 확인하며, 보통 PCI 제작사와 장치 식별자이다.[4]

deviceName 항목은 장치의 인간이 읽을 수 있는 이름이다. pipelineCacheUUID 항목은 파이프라인 캐싱에 사용되며, 이는 6장에서 다룬다.

단지 나열된 특성에 더해서 VkPhysicalDeviceProperties 구조체는 VkPhysicalDeviceLimits와 VkPhysicalDeviceSparseProperties를 포함하며, 이는 물리 장치에 대한 최소와 최대 한계와, 듬성한 텍스처sparse texture에 관련된 특성을 포함한다. 이 구조체에 많은 정보가 있으며, 여기서 모두 나열하기보다는 관련된 기능을 논의할 때 따로 다루도록 하겠다.

---

4 공식적인 PCI 제작사나 디바이스 식별자의 중앙 보관소는 없다. PCI SIG(http://pcisig.com/) sms 제작사 식별자를 회원들에게 할당하며, 회원들은 장치 식별자를 제품에 할당한다. 인간과 기계가 읽을 수 있는 형식의 패나 포괄적인 목록이 http://pcidatabase.com/에서 가용하다.

핵심 기능에 추가하여, 일부는 더 높은 한계나 범위를 선택적으로 가질 수 있으며, 불칸은 물리 장치가 지원할 수 있는 여러 선택적 기능을 가지고 있다. 만약 장치가 기능에 대한 지원을 광고하면, 반드시 활성화되어야 하며(확장과 비슷하게), 한 번 활성화되면 다른 핵심 기능과 마찬가지로 API의 일급 개체가 된다. 어떤 기능을 물리 장치가 지원하는지 결정하기 위해, vkGetPhysicalDeviceFeatures()를 호출하며, 원형은 다음과 같다.

```
void vkGetPhysicalDeviceFeatures (
  VkPhysicalDevice physicalDevice,
  VkPhysicalDeviceFeatures* pFeatures);
```

또한 VkPhysicalDeviceFeatures 역시 매우 크고 불칸에서 지원되는 각각의 선택적 기능에 대한 불 항목을 가지고 있다. 개별적으로 여기서 열거하고 다루기엔 너무 많은 항목이 있지만, 이 장의 마지막의 예제 애플리케이션은 이 기능 집합을 읽고 내용을 출력한다.

물리 장치 메모리

많은 경우, 불칸 장치는 주 프로세서에서 분리된 물리 하드웨어이거나 특화된 방식으로 메모리를 접근할 정도로 충분히 다르게 작동한다. 불칸의 장치 메모리는 장치에 접근하는 메모리를 참조하며 텍스처와 다른 데이터를 위한 저장소가 된다. 메모리는 타입으로 정의되며, 주 시스템과 장치 간의 캐싱 설정이나 일관성 행태 같은 각각의 특성 집합으로 정의된다. 메모리의 각 종류는 그 뒤 장치의 힙(여러 개가 있을 수 있다) 중 하나로 돌아간다.

장치가 지원하는 힙의 설정과 메모리 종류를 질의하기 위해서 다음을 호출한다.

```
void vkGetPhysicalDeviceMemoryProperties (
  VkPhysicalDevice physicalDevice,
  VkPhysicalDeviceMemoryProperties* pMemoryProperties);
```

결과 메모리 조직은 VkPhysicalDeviceMemoryProperties 구조체에 저장되며, 이 주소는 pMemoryProperties로 넘겨진다. VkPhysicalDeviceMemoryProperties

구조체는 장치의 힙과 지원하는 메모리 종류에 대한 특성을 가지고 있다. 이 구조체의 정의는 다음과 같다.

```
typedef struct VkPhysicalDeviceMemoryProperties {
  uint32_t memoryTypeCount;
  VkMemoryType memoryTypes[VK_MAX_MEMORY_TYPES];
  uint32_t memoryHeapCount;
  VkMemoryHeap memoryHeaps[VK_MAX_MEMORY_HEAPS];
} VkPhysicalDeviceMemoryProperties;
```

메모리 종류의 수는 `memoryTypeCount` 항목에서 보고된다. 보고될 수 있는 메모리 종류의 최대 수는 `VK_MAX_MEMORY_TYPES`이며 32로 정의되어 있다. `memoryTypes` 배열은 각각의 메모리 타입을 설명하는 `memoryTypeCount`개의 VkMemoryType 구초체를 가진다. VkMemoryType 정의는 다음과 같다.

```
typedef struct VkMemoryType {
  VkMemoryPropertyFlags propertyFlags;
  uint32_t heapIndex;
} VkMemoryType;
```

이는 단지 플래그의 집합과 메모리 종류의 힙 색인으로만 이루어진 단순한 구조체이다. Flags 항목은 메모리 종류를 설명하고 VkMemoryPropertyFlagBits의 조합으로 이루어진다. 플래그의 의미는 다음과 같다.

- VK_MEMORY_PROPERTY_DEVICE_LOCAL_BIT: 메모리가 장치에 지역적(이는 물리적으로 연결된)이라는 것을 의미한다. 만약 이 비트가 설정돼 있지 않다면 메모리는 주 시스템에 지역적으로 가정할 수 있다.

- VK_MEMORY_PROPERTY_HOST_VISIBLE_BIT: 이 종류의 메모리 할당이 바로 연결되어 주 시스템에 의해서 읽거나 쓸 수 있다는 것을 의미한다. 만약 이 비트가 설정되어 있지 않다면 이 종류의 메모리는 주 시스템이 직접 접근이 불가능하며 장치가 배타적으로 사용하는 것이다.

- VK_MEMORY_PROPERTY_HOST_COHERENT_BIT: 이 조율의 메모리가 동시에 주 시스템과 장치에 의해서 접근되면 해당 접근은 일관성이 있다는 의미이다. 만약

이 비트가 설정되지 않으면, 장치나 주 시스템은 캐시가 명시적으로 썻기기 전엔 쓰기의 결과를 볼 수 없을 수 있다.

- VK_MEMORY_PROPERTY_HOST_CACHED_BIT: 이 메모리 종류의 자료가 주 시스템에서 캐시되었다는 것을 의미한다. 이 메모리 종류의 읽기 접근은 일반적으로 설정이 안된 경우보다 빠르다. 하지만 장치의 접근은 살짝 높은 지연을 가지게 되며, 특히 메모리가 일관성을 지닐 때 그렇다.

- VK_MEMORY_PROPERTY_LAZILY_ALLOCATED_BIT: 이 종류의 메모리는 연결된 힙에서 즉시 공간을 소모할 필요가 없어 드라이버가 메모리 객체가 자원에서 사용될 때까지 물리 메모리 할당을 미룰 수 있다는 것을 의미한다.

각 메모리 종류는 힙에 어디서 공간을 사용했는지를 VkMemoryType 구조체의 heapIndex로 보고한다. 이는 vkGetPhysicalDeviceMemoryProperties()의 호출에서 반환된 VkPhysicalDeviceMemoryProperties 구조체의 memoryHeaps 배열에 들어가는 색인이다. 각 memoryHeaps 배열의 요소는 장치의 메모리 힙의 하나를 설명한다. 이 구조체의 정의는 다음과 같다.

```
typedef struct VkMemoryHeap {
  VkDeviceSize size;
  VkMemoryHeapFlags flags;
} VkMemoryHeap;
```

역시 이것도 단순한 구조체이다. 단지 힙의 바이트 수의 크기와, 힙을 설명하는 몇몇 플래그만 포함한다. 불칸 1.0에서 정의된 플래그는 단지 VK_MEMORY_HEAP_DEVICE_LOCAL_BIT뿐이다. 설정되면 힙은 장치에 지역적이다. 이는 메모리 종류를 설명하는 비슷하게 이름 붙은 플래그에 대응한다.

장치 큐

불칸 장치는 큐에 전송된 작업을 수행한다. 각 장치는 하나 이상의 큐를 가지며, 각각의 큐는 장치 큐 가족^{queue family}은 동일한 능력을 지닌 큐의 모음으로 병렬로 수행이 가능하다. 큐 가족의 수, 각 가족의 능력, 각 가족의 큐의 수는 모두 물리 장치의 특성이다. 큐 가족에 대해서 장치에 질의하려면, vkGetPhysicalDeviceQue ueFamilyProperties()를 호출하며, 함수 원형은 다음과 같다.

```
void vkGetPhysicalDeviceQueueFamilyProperties (
  VkPhysicalDevice physicalDevice,
  uint32_t* pQueueFamilyPropertyCount,
  VkQueueFamilyProperties* pQueueFamilyProperties);
```

vkGetPhysicalDeviceQueueFamilyProperties()는 vkEnumeratePhysical Devices()처럼 2번 호출을 기대한다. 첫 호출에는 pQueueFamilyProperties를 nullptr로 넘기고, pQueueFamilyPropertyCount에 장치에서 지원하는 큐 가족의 수로 덮어 쓸 변수에 대한 포인터를 넘긴다. 이 수를 VkQueueFamilyProperties 의 배열의 크기를 적절히 조절하는 데 사용한다. 그 뒤 두 번째 호출에서, 이 배열을 pQueueFamilyProperties에 넘기면, 큐의 특성으로 불칸이 채워준다. VkQueueFamilyProperties의 정의는 다음과 같다.

```
typedef struct VkQueueFamilyProperties {
  VkQueueFlags queueFlags;
  uint32_t queueCount;
  uint32_t timestampValidBits;
  VkExtent3D minImageTransferGranularity;
} VkQueueFamilyProperties;
```

이 구조체의 첫 항목인 queueFlags는 큐의 전체적인 능력을 설명한다. 이 항목 은 VkQueueFlagBits의 조합으로 이루어지며, 각각의 의미는 다음과 같다.

- VK_QUEUE_GRAPHICS_BIT가 설정되면, 이 가족의 큐는 점, 선, 삼각형을 그리는 등의 그래픽 연산을 지원한다.
- VK_QUEUE_COMPUTE_BIT가 설정되면, 이 가족의 큐는 계산 셰이더를 배치하는 등의 계산 연산을 지원한다.
- VK_QUEUE_TRANSFER_BIT가 설정되면, 이 가문의 큐는 버퍼와 이미지 내용을 복사하는 등의 전송 연산을 지원한다.
- VK_QUEUE_SPARSE_BINDING_BIT가 설정되면, 이 가문의 큐는 듬성한 자원을 갱신하는 데 사용되는 메모리 결속 연산을 지원한다.

queueCount 항목은 가족 안의 큐의 수를 알려준다. 이는 1로 설정될 수 있거나, 장치가 같은 기본 기능을 여러 큐에서 지원할 경우 훨씬 높은 수가 될 수도 있다.

timestampValidBits 항목은 큐에서 타임스탬프를 가져올 때 얼마나 많은 비트가 유효한지 알려준다. 만약 이 값이 0이면, 큐는 타임스탬프를 지원하지 않는다. 만약 0이 아니면 이는 최소 36비트가 보장된다. 더욱이, 만약 장치의 VkPhysicalDeviceLimits 구조체의 timestampComputeAndGraphics 항목이 VK_TRUE이면, VK_QUEUE_GRAPHICS_BIT나 VK_QUEUE_COMPUTE_BIT를 가진 모든 큐는 최소 36비트의 해상도를 지원하도록 보장한다.

마지막으로 minImageTimestampGranularity 항목은 이미지 전송을 지원할 경우 최소 단위를 명시한다.

장치가 명백히 같은 특성을 가진 하나 이상의 큐 가족으로 보고하는 경우가 있을 수 있다는 것을 기억하자. 가족 안의 큐는 본질적으로 동일하다. 다른 가족 안의 큐는 불칸 API에서 쉽게 표현될 수 없는 다른 내부 능력을 가지고 있을 수 있다. 이 이유로 인해, 구현은 비슷한 큐를 다른 가족의 구성원으로 보고하도록 선택할 수 있다. 이는 이 큐들 사이에서 자원이 공유되는 데 추가적인 제한을 생성하며, 이를 통해 이 차이점을 구현이 수용하는 것을 가능하게 한다.

코드 1.2는 물리 장치의 메모리 특성과 큐 가족의 특성을 어떻게 질의하는지를 묘사한다. 다음 절에서 논의하는 것처럼 논리 장치를 생성하기 전에 큐 가족 특성을 얻어야 한다.

코드 1.2 물리 장치 특성의 질의

```
uint32_t queueFamilyPropertyCount;
std::vector<VkQueueFamilyProperties> queueFamilyProperties;
VkPhysicalDeviceMemoryProperties physicalDeviceMemoryProperties;

// 물리 장치의 메모리 특성을 가져온다.
vkGetPhysicalDeviceMemoryProperties(m_physicalDevices[deviceIndex],
  &physicalDeviceMemoryProperties);

// 우선 물리 장치에서 지원되는 큐 가족의 수를 결정한다.
```

```
vkGetPhysicalDeviceQueueFamilyProperties(m_physicalDevices[0],
  &queueFamilyPropertyCount,
  nullptr);

// 큐 특성 구조체를 위한 충분한 공간을 할당한다.
queueFamilyProperties.resize(queueFamilyPropertyCount);

// 이제 큐 가족의 실제 특성을 질의한다.
vkGetPhysicalDeviceQueueFamilyProperties(m_physicalDevices[0],
  &queueFamilyPropertyCount,
  queueFamilyProperties.data());
```

논리 장치 생성

시스템의 모든 물리 장치를 나열한 뒤에, 애플리케이션은 장치를 선택하여 이에
대응하는 논리 장치를 생성해야 한다. 논리 장치는 장치의 초기 상태를 표현한다.
논리 장치 생성 동안, 선택 기능과 사용할 확장 등에 대해서 사전 동의를 해야 한
다. 논리 장치를 생성하는 것은 vkCreateDevice()로 수행되며, 함수 원형은 다음
과 같다.

```
VkResult vkCreateDevice (
  VkPhysicalDevice physicalDevice,
  const VkDeviceCreateInfo* pCreateInfo,
  const VkAllocationCallbacks* pAllocator,
  VkDevice* pDevice);
```

새 논리 장치에 대응하는 물리 장치는 physicalDevice에 전달된다. 새 논리 장
치에 대한 정보는 pCreateInfo 구조체를 통해서 VkDeviceCreateInfo 구조체의
인스턴스로 전달된다. VkDeviceCreateInfo의 정의는 다음과 같다.

```
typedef struct VkDeviceCreateInfo {
  VkStructureType sType;
  const void* pNext;
  VkDeviceCreateFlags flags;
  uint32_t queueCreateInfoCount;
  const VkDeviceQueueCreateInfo* pQueueCreateInfos;
```

```
  uint32_t enabledLayerCount;
  const char* const* ppEnabledLayerNames;
  uint32_t enabledExtensionCount;
  const char* const* ppEnabledExtensionNames;
  const VkPhysicalDeviceFeatures* pEnabledFeatures;
} VkDeviceCreateInfo;
```

VkDeviceCreateInfo 구조체의 sType 항목은 VK_STRUCTURE_TYPE_DEVICE_
CREATE_INFO로 설정돼야 한다. 늘 그렇듯이, 확장을 사용하지 않을 경우엔 pNext
는 nullptr로 설정해야 한다. 불칸의 현재 버전에서 구조체의 flags 항목의 비트
가 설정되지 않으므로, 0으로 설정한다.

다음은 큐 생성 정보이다. pQueueCreateInfos는 하나 이상의 VkDeviceQueue
CreateInfo 구조체의 배열이며, 각각은 하나 이상의 큐에 대한 설명을 가진다. 배
열의 구조체 수는 queueCreateInfoCount로 주어진다. VkDeviceQueueCreateInfo
의 정의는 다음과 같다.

```
typedef struct VkDeviceQueueCreateInfo {
  VkStructureType sType;
  const void* pNext;
  VkDeviceQueueCreateFlags flags;
  uint32_t queueFamilyIndex;
  uint32_t queueCount;
  const float* pQueuePriorities;
} VkDeviceQueueCreateInfo;
```

VkDeviceQueueCreateInfo의 sType 항목은 VK_STRUCTURE_TYPE_DEVICE_QUEUE_
CREATE_INFO이다. 현재 flags 항목에 정의되는 게 없으므로 0으로 설정한다.
queueFamilyIndex 항목은 생성하고 싶은 큐의 가족을 지정한다. 이는 vkGetPhys
icalDeviceQueueFamilyProperties()에서 반환된 큐 가족의 배열의 색인이다. 이
가족의 큐를 생성하기 위해서, queueCount를 사용하고 싶은 큐의 수로 설정한다.
물론, 장치가 선택한 가족에서 최소 이만큼의 큐를 지원해야 한다.

pQueuePriorities 항목은 각 큐에 전송되는 작업의 상대적인 우선순위를 나
타내는 부동소수점 값 배열에 대한 선택적인 포인터이다. 이 수는 0.0에서 1.0
사이의 정규화된 수이다. 높은 우선순위의 큐는 낮은 순위의 큐보다 더 많은 처

리 자원을 가지거나, 더 우선적으로 일정이 할당될 수 있다. pQueuePriorities를 nullptr로 설정하면 큐가 모두 같은 기본 우선순위가 된다.

요청된 큐는 우선순위로 정렬되고 장치 의존적인 상대 우선순위로 할당된다. 큐가 가질 수 있는 구별된 우선순위의 수는 장치 특화 매개변수이다. 이는 vkGetPhysicalDeviceProperties()가 반환하는 VkPhysicalDeviceLimits 구조체의 discreteQueuePriorities 항목으로 확인하여 알 수 있다. 예를 들어, 만약 장치가 단지 낮고 높은 우선순위 작업 부하만 가능하다면, 이 항목은 2가 된다. 모든 장치는 최소 2개의 구별된 우선순위 단계를 가진다. 하지만, 만약 장치가 임의의 우선순위를 지원하면, 이 항목은 훨씬 커질 수 있다. discreteQueuePriorities의 값에 관계없이, 큐의 상대적인 우선순위는 여전히 부동소수점 값으로 표현된다.

VkDeviceCreateInfo 구조체로 돌아와서, enabledLayerCount, ppEnabledLayerNames, enabledExtensionCount, ppEnabledExtensionNames 항목은 레이어와 확장을 활성화하기 위함이다. 이 장의 후반에서 이를 다룰 것이다. 지금은 우선 enabledLayerCount와 enabledExtensionCount를 0으로 설정하고, ppEnabledLayerNames와 ppEnabedExtensionNames를 nullptr로 설정하자.

VkDeviceCreateInfo의 마지막 항목인 pEnabledFeatures는 애플리케이션이 사용할 선택적인 기능을 명시하는 VkPhysicalDeviceFeatures의 인스턴스에 대한 포인터이다. 만약 선택적인 기능을 사용하고 싶지 않다면, 이를 단순히 nullptr로 설정하면 된다. 하지만 이런 형태의 불칸은 상대적으로 제한적이며, 대부분의 흥미로운 기능이 비활성화된다.

앞서 논의한 대로 장치가 지원하는 선택적인 기능을 알아보기 위해서 vkGetPhysicalDeviceFeatures()를 호출한다. vkGetPhysicalDeviceFeatures()는 장치가 지원하는 기능의 집합을 전달한 VkPhysicalDeviceFeatures 구조체의 인스턴스에 저장한다. 단순히 물리 장치의 기능을 질의하고 바로 그 VkPhysicalDeviceFeatures 구조체를 vkCreateDevice()에 전달하여, 장치가 지원하는 모든 선택적인 기능을 활성화할 수 있으며, 장치가 지원하지 않는 기능은 요청하기 않게 된다.

단순히 모든 지원 기능을 활성화하는 것은 약간의 성능 영향이 있을 수 있다. 어떤 기능에 대해 불칸 구현은 추가적인 메모리 할당, 추가적인 상태 추적, 약간 다른 하드웨어 설정 등이 필요하거나, 애플리케이션에 비용을 발생시키는 추가적인 다른 연산을 수행할 수 있다. 그러므로 사용하지 않을 기능을 활성화하는 것은 좋은 방법이 아니다. 최적화된 애플리케이션에서 장치가 지원하는 기능을 질의한 뒤, 지원하는 기능 중 필요로 하는 특정 기능만 활성화해야 한다.

코드 1.3은 장치에 지원하는 기능을 질의하고, 애플리케이션이 필요로 하는 기능의 목록을 설정하는 단순한 예제를 보여준다. 테셀레이션이나 기하구조 셰이더의 지원은 절대적으로 요구되며, 간접 다중 그리기에 대한 지원은 장치가 지원할 경우 활성화된다. 코드는 그 뒤 첫 번째 큐의 단일 인스턴스를 사용해서 장치를 생성한다.

코드 1.3 논리 장치 생성

```
VkResult result;
VkPhysicalDeviceFeatures supportedFeatures;
VkPhysicalDeviceFeatures requiredFeatures = {};

vkGetPhysicalDeviceFeatures(m_physicalDevices[0],
  &supportedFeatures);

requiredFeatures.multiDrawIndirect = supportedFeatures.
multiDrawIndirect;
requiredFeatures.tessellationShader = VK_TRUE;
requiredFeatures.geometryShader = VK_TRUE;

const VkDeviceQueueCreateInfo deviceQueueCreateInfo =
{
  VK_STRUCTURE_TYPE_DEVICE_QUEUE_CREATE_INFO, // sType
  nullptr,  // pNext
  0,        // flags
  0,        // queueFamilyIndex
  1,        // queueCount
  nullptr   // pQueuePriorities
```

```
};

const VkDeviceCreateInfo deviceCreateInfo =
{
  VK_STRUCTURE_TYPE_DEVICE_CREATE_INFO, // sType
  nullptr,                // pNext
  0,                      // flags
  1,                      // queueCreateInfoCount
  &deviceQueueCreateInfo, // pQueueCreateInfos
  0,                      // enabledLayerCount
  nullptr,                // ppEnabledLayerNames
  0,                      // enabledExtensionCount
  nullptr,                // ppEnabledExtensionNames
  &requiredFeatures       // pEnabledFeatures
};

result = vkCreateDevice(m_physicalDevices[0],
  &deviceCreateInfo,
  nullptr,
  &m_logicalDevice);
```

코드 1.3의 코드가 수행하고 성공적으로 논리 장치를 생성한 뒤, 활성화된 기능의 집합이 requiredFeatures에 저장된다. 이는 나중에 선택적으로 어떤 기능이 성공적으로 활성화되었는지 확인하고 우아하게 대비책을 처리하는 데 사용된다.

❖ 객체 종류와 함수 규약

불칸의 실질적인 모든 것은 핸들이 참조하는 객체로 표현된다. 핸들은 두 개의 큰 항목으로 나뉜다. 실행 가능한 객체와 실행 불가능한 객체다. 대부분의 경우, 이는 애플리케이션과 상관없고 단지 API가 어떻게 구성되었고, 불칸 로더나 레이어 같은 시스템 단계의 요소들이 객체들과 어떻게 상호작용하는지에만 관련된다.

실행 가능 객체는 내부적으로 실행 표를 포함한다. 이는 애플리케이션이 불칸에 호출할 때 코드의 어떤 부분을 수행할지 결정하기 위해 다양한 요소들이 사용하는 함수 표이다. 이 종류의 객체는 일반적으로 더 무거운 구조체이며 현재 인스턴스(VkInstance), 물리 장치(VkPhysicalDevice), 논리 장치(VkDevice), 명령어 버퍼
(VkCommandBuffer), 큐(VkQueue)로 구성되어 있다. 모든 다른 객체는 실행 불가능 객
체로 간주한다.

불칸 함수의 첫 인자는 항상 실행 가능한 객체이다. 유일한 예외는 인스턴스를
생성하고 초기화하는 함수들뿐이다.

❖ 메모리 관리

불칸은 두 종류의 메모리를 제공한다. 주 메모리와 장치 메모리이다. 불칸 API가
생성한 객체는 일반적으로 일정량의 주 메모리를 요구한다. 이는 불칸 구현이 객
체의 상태를 저장하고 불칸 API를 구현하는 데 필요한 자료를 저장하는 곳이다.
버퍼나 이미지 같은 자원 객체는 장치 메모리의 일부를 요구한다. 이는 자원 안의
자료를 저장하는 메모리이다.

애플리케이션이 불칸 구현을 위한 주 메모리를 관리하는 것이 가능하며, 또한
장치 메모리를 관리하도록 요구된다. 이를 위해서 장치 메모리 관리 하위시스템
을 생성해야 한다. 생성하는 각 자원은 메모리 양과 반환하기 위해 필요한 메모리
의 종류를 질의할 수 있다. 사용하기 전에 정확한 메모리의 양을 할당하고 자원
객체에 붙이는 것은 애플리케이션의 몫이다.

OpenGL 같은 고수준 API에서는 이 마법은 애플리케이션을 대신하여 드라이
버가 처리한다. 하지만, 일부 애플리케이션은 굉장히 많은 수의 작은 자원을 요구
하며, 다른 애플리케이션은 소수의 매우 거대한 자원을 요구한다. 일부 애플리케
이션은 수행 과정에서 자원을 생성하고 소멸시키며, 다른 애플리케이션은 처음에
모든 자원을 생성하고 종료 때까지 해제하지 않는다.

이런 경우에 사용되는 할당 전략은 매우 다를 수 있다. 모든 경우에 적용되는
한 가지 전략은 존재하지 않는다. OpenGL 드라이버는 애플리케이션이 어떻게
동작할지 알지 못하며 그러므로 반드시 사용 양식에 맞게 할당 전략을 적응해야
만 한다. 다른 방면으로 애플리케이션 개발자는 애플리케이션이 어떻게 동작하는

지 정확히 알고 있다. 자원을 장기 생존과 임시 집단으로 나눌 수 있다. 같이 사용될 자원들을 적은 수의 할당 풀에 나눠 넣을 수 있다. 개발자가 애플리케이션이 사용할 할당 전략을 결정하는 데 가장 좋은 위치에 있다.

각 생존 메모리 할당이 시스템에서 비용을 가지는 것을 아는 것이 중요하다. 그러므로 할당된 객체를 최소로 유지하는 것이 중요하다. 장치 메모리 할당자는 큰 덩어리로 메모리를 할당하는 것을 추천한다. 수많은 작은 자원은 훨씬 작은 수의 장치 메모리 덩어리 안에 위치할 수 있다. 장치 메모리 할당자의 예제는 2장에서 논의되며, 메모리 할당에 대해서 좀 더 자세히 다룬다.

❖ 불칸에서의 멀티스레딩

멀티스레딩 애플리케이션의 지원은 불칸의 고안에서 필수 불가결한 부분이다. 불칸은 일반적으로 애플리케이션이 어떤 두 스레드가 동시에 같은 객체를 변조하는 것을 방지하도록 보증한다고 가정한다. 이는 외부 동기화로 알려져 있다. 불칸의 성능 핵심 부분의 불칸 명령어(명령어 버터의 생성 같은)의 대다수는 동기화를 전혀 제공하지 않는다.

다양한 불칸 명령의 스레딩 요구사항을 견고히 정의하기 위해서, 각 매개변수는 반드시 외부 동기화로 표시하여 주 시스템에서 동시 접근을 방지해야 한다. 어떤 경우, 객체의 핸들이나 자료 구조체 안의 배열을 포함한 다른 자료를 포함하며, 그렇지 않을 경우 어떤 간접적인 방식을 통해서 명령어가 전달되어야 한다. 이 매개변수들 역시 반드시 외부 동기화되어야 한다.

의도는 불칸 구현이 결코 내부적으로 자료 구조를 보호하기 위한 뮤텍스나 다른 동기화 기본체를 사용하지 않는 것이다. 이는 멀티스레딩 프로그램이 거의 스레드 간에서 지연되거나 중단되지 않는 것을 의미한다.

주 시스템이 스레드 간에 사용되는 공유 객체에 대한 접근을 동기화해야 하는 요구에 더하여, 불칸은 스레드가 서로 간에 중단 없이 작동할 수 있도록 특별히 제작한 여러 고수준 기능이 있다. 이는 다음을 포함한다.

- 주 메모리 할당은 객체 생성 함수에 전달되는 주 메모리 할당 구조체를 통해서 처리될 수 있다. 스레드 당 하나의 할당자를 사용하여, 할당자 안의 자료 구조는 보호될 필요가 없다. 주 메모리 할당자는 2장에서 다룬다.

- 명령어 버퍼는 풀에서 할당되며, 풀에 대한 접근은 외부 동기화다. 만약 애플리케이션이 스레드당 분리된 명령어 풀을 사용하면, 명령어 버퍼는 서로를 중단시키지 않고 해당 풀에서 할당될 수 있다. 명령어 버퍼와 풀은 3장에서 다룬다.

- 서술자Descriptors는 서술자 풀에서 집합으로 할당된다. 서술자는 장치의 셰이더가 수행될 때 사용하는 자원의 표현이다. 이는 6장에서 자세히 다룬다. 만약 분리된 풀이 각 스레드마다 사용되면, 서술자 집합은 이 풀에서 다른 스레드끼리 중단 없이 할당될 수 있다.

- 2단계 명령어 버퍼는 거대한 렌더패스의 내용(반드시 하나의 명령어 버퍼에 포함되어야 하는)을 병렬로 생성되어 주 커맨드 버퍼에서 호출될 수 있도록 집합화하는 것을 가능하게 한다. 이차 명령어 버퍼는 13장에서 자세히 다룬다.

아주 단순한 단일 스레드 애플리케이션을 생성한다면, 객체를 할당하기 위한 풀을 생성하는 요구사항은 아주 쓸데없이 돌아가는 길로 생각될 수 있다. 하지만 애플리케이션이 스레드의 수로 크기가 조절되면, 이 객체는 높은 성능을 얻는 데 필수불가결하다.

이 책의 나머지 부분에서 스레딩에 관한 어떤 특별한 요구사항들은 명령어를 소개할 때 같이 얘기할 것이다.

❖ 수학적 개념

컴퓨터 그래픽스와 대부분의 이종 계산 애플리케이션은 수학에 굉장히 깊게 기반하고 있다. 대부분의 불칸 장치는 극도로 강력한 계산 처리 장치에 기반한다. 작성 시점에서, 비록 최신 모바일 처리 장치가 수 기가플롭의 처리 능력을 제공할 수 있지만, 최신 데스크탑과 워크스테이션의 처리 장치는 수 테라플롭의 대량 고속 처리 능력을 지니고 있다. 더욱이, 불칸 처리 파이프라인의 일부 고정 함수 부분은 장치와 기술 설명서에 직접 연결되는 수학 개념 위에 생성되었다.

벡터와 행렬

어떤 그래픽 애플리케이션의 근본 생성 요소 중 하나는 벡터이다. 위치, 방향, 색, 혹은 다른 양의 표현으로서 벡터는 그래픽 문서에서 널리 사용된다. 벡터의 한 가지 공통된 형태는 동차 벡터로, 이는 표현하는 양보다 한 차원 더 높은 공간의 벡터이다. 이 벡터는 투영 좌표를 저장하는 데 사용된다. 동차 벡터를 어떤 스칼라 값으로 곱하면 같은 투영 좌표를 표현하는 새 벡터를 생성한다. 점 벡터를 투영하기 위해서, 마지막 요소로 이를 나누면 x, y, z, 1.0의 형터의 벡터(4요소 벡터의 경우)를 생성한다.

벡터를 한 좌표 공간에서 다른 공간으로 변환할 때, 벡터를 행렬에 곱한다. 단지 3D 공간의 점은 4요소 동차 벡터로 표현되며, 3D 동차 벡터를 처리하는 변환 행렬은 4x4 행렬이다.

3D 공간의 한 점은 보통 x, y, z, w로 규약적으로 불리는 4요소의 동차 벡터로 표현된다. 이 점에 대해서 w 요소는 일반적으로 1.0으로 시작하며, 투영 행렬을 통하면서 변화한다. w 요소로 나눈 뒤에는, 점은 처리되어야 할 변환을 지나서 투영된다. 만약 어떤 변환도 투영 행렬이 아니면, w는 1.0으로 유지되며, 1.0으로 나누는 것은 벡터에 영향이 없다. 만약 벡터가 투영 변환을 겪으면, w는 1.0이 아니지만, w로 나눈 뒤에는 점이 투영되며 w가 1.0으로 돌아간다.

3D 공간의 방향 또한 w 요소가 0.0인 동차 벡터로 표현될 수 있다. 방향 벡터를 적절히 생성한 4x4 투영 행렬과 곱하면 w를 0.0으로 유지되며, 이는 다른 요소에 영향을 주지 않는다. 단순히 추가적인 요소를 제거하여 3D 방향 벡터를 4D 동차 3D 점 벡터와 같은 변환을 거치게 하여 회전, 크기 조절 등의 다른 변환을 일관되게 처리할 수 있다.

좌표계

불칸은 선이나 삼각형 같은 그래픽 기본체^{primitive}를 종단점이나 꼭지점을 3D 공간의 점들로 표현하여 처리한다. 이 기본체는 정점으로 명명한다. 불칸 시스템의 입력은 포함된 물체의 원점의 상대적인 3D 좌표 공간의 정점 좌표(w 요소가 1.0인 동차 벡터로 표현되는)이다. 이 좌표공간은 물체 공간 혹은 모델 공간으로 불린다.

일반적으로, 파이프라인의 첫 셰이더는 이 정점을 시야 공간으로 변환하며, 이는 관찰자의 위치와 상대적인 위치이다. 이 변환은 정점의 위치 벡터를 변환 행렬로 곱해서 이루어진다. 이는 종종 물체에서 시야 행렬이나, 모델-시야 행렬로 불린다.

종종 다른 물체에 상대적인 정점의 좌표를 찾는 경우 등의 경우에 정점의 절대 좌표가 필요하다. 이 전역 공간은 세계 공간으로 명명되며 정점의 위치는 전역 원점에 상대적이다.

시야 공간에서 정점의 위치는 절개 공간으로 변환된다. 이는 불칸의 기하구조 처리 부분에 사용되는 최종 공간이며, 정점이 일반적으로 3D 애플리케이션에서 사용되는 투영 공간으로 정점을 변환될 때 넣는 공간이다. 절개 공간은 대부분의 구현이 렌더링되는 보이는 영역 밖에 있는 기본체의 부분을 제거하는 절개를 처리하기에 그리 불린다.

절개 공간에서 정점 처리는 w 요소로 나누어서 정규화된다. 이는 정규화 장치 좌표(NDC)라고 불리는 좌표 공간으로 이어지며, 이 과정은 투영 분할이라고 불린다. 이 공간에서 좌표계의 보이는 부분은 x, y 방향의 -1.0에서 1.0과 z 방향의 0.0에서 1.0이다. 이 영역 밖은 투영 분할을 통해서 잘려 나간다.

마지막으로 정점의 정규화된 장치 좌표는 시야 영역^{viewport}으로 변환되며, 이는 NDC가 어떻게 윈도우나 렌더링되는 그림이 들어갈 이미지로 지정되는지를 설명한다.

❖ 불칸의 강화

비록 불칸의 핵심 API 기술 명세서가 굉장히 확장적이지만, 이는 모든 것을 망라한다는 의미는 아니다. 일부 기능성은 선택적이고, 더 많은 것이 레이어(기존 행태를 변경하거나 강화하는), 확장(불칸에 새로운 기능을 추가)의 형태로 가용하다. 두 가지 강화 메커니즘은 다음 절에서 설명한다.

레이어

레이어는 불칸의 행태를 변경할 수 있는 기능이다. 레이어는 일반적으로 불칸의 전체 혹은 부분을 가로채서 로깅, 추적, 진단, 프로파일링 등의 기능을 추가할 수 있다. 레이어는 인스턴스 단계에서 추가할 수 있으며, 이 경우 전체 불칸 인스턴스와 이가 생성한 모든 장치에 영향을 준다. 다른 경우, 레이어는 장치 단계에 추가될 수 있으며, 이 경우 단지 활성화된 장치에만 영향을 준다.

시스템의 인스턴스에 가용한 레이어를 찾기 위해서 vkEnumerateInstanceLayerProperties()를 호출하며, 함수 원형은 다음과 같다.

```
VkResult vkEnumerateInstanceLayerProperties (
  uint32_t* pPropertyCount,
  VkLayerProperties* pProperties);
```

만약 pProperties가 nullptr이면, pPropertyCount는 불칸에 가용한 레이어의 수로 쓰여질 변수를 가리켜야 한다. 만약 pProperties가 nullptr이 아니면, VkLayerProperties 구체의 배열을 가리켜야 하며, 시스템에 등록된 레이어에 대한 정보로 채워질 것이다. 이 경우 pPropertyCount가 가리키는 변수의 초깃값은 pProperties가 가리키는 배열의 길이이며, 이 변수는 명령어로 덮어 써지는 배열의 항목의 수가 된다.

pProperties 배열의 각 요소는 VkLayerProperties 구조체의 인스턴스로, 정의는 다음과 같다.

```
typedef struct VkLayerProperties {
  char layerName[VK_MAX_EXTENSION_NAME_SIZE];
```

```
  uint32_t specVersion;
  uint32_t implementationVersion;
  char description[VK_MAX_DESCRIPTION_SIZE];
} VkLayerProperties;
```

각 레이어는 VkLayerProperties 구조체의 layerName 구성원에 저장된 정식 이름을 가진다. 기술 명세서의 각 레이어는 개선되고 명확해지고, 시간을 두고 추가될 수 있으며, 레이어 구현의 버전은 specVersion으로 제공된다.

기술 명세서가 시간을 두고 발전하기에, 구현 역시 마찬가지다. 구현 버전은 VkLayerProperties 구조체의 implementationVersion에 저장되어 있다. 이는 구현이 성능을 개선하고, 버그를 수정하고, 더 넓은 선택 기능 집합을 제공하는 등을 가능하게 한다. 애플리케이션 작성자는 레이어의 특정 구현을 인식하여 만약 현재 버전이 예를 들어 심각한 알려진 버그가 수정된 버전 이후일 때만 사용하도록 선택이 가능하다.

마지막으로 레이어를 설명하는 인간이 읽을 수 있는 문자열이 description에 저장되어 있다. 이 항목의 유일한 목적은 로깅이나 유저 인터페이스에 표시하는 것으로, 단지 정보성 목적이다.

코드 1.4는 불칸 시스템이 지원하는 인스턴스 레이어를 질의하는 방법을 묘사한다.

코드 1.4 인스턴스 레이어 질의

```
uint32_t numInstanceLayers = 0;
std::vector<VkLayerProperties> instanceLayerProperties;

// 인스턴스 레이어를 질의한다.
vkEnumerateInstanceLayerProperties(&numInstanceExtensions, nullptr);

// 만약 레이어가 있으면, 그 특성을 질의한다.
if (numInstanceLayers != 0)
{
  instanceLayerProperties.resize(numInstanceLayers);
  vkEnumerateInstanceLayerProperties(nullptr,
    &numInstanceLayers,
    instanceLayerProperties.data());
}
```

앞서 말한 바와 같이, 인스턴스 단계에서만 레이어가 삽입될 수 있는 것이 아니다. 레이어는 장치 단계에서도 적용이 가능하다. 어떤 레이어가 장치에 가용한지 결정하기 위해 vkEnumerateDeviceLayerProperties()를 호출하며, 함수 원형은 다음과 같다.

```
VkResult vkEnumerateDeviceLayerProperties (
  VkPhysicalDevice physicalDevice,
  uint32_t* pPropertyCount,
  VkLayerProperties* pProperties);
```

시스템의 각 물리 장치에 가용한 레이어는 다를 수 있으며, 그러므로 각 물리 장치는 레이어의 다른 집합에 보고한다. 레이어에 대해 질의하는 물리 장치는 physicalDevice로 넘겨진다. vkEnumerateDeviceLayerProperties()의 pPropertyCount와 pProperties 매개변수는 vkEnumerateInstanceLayerProperties()의 같은 이름의 매개변수와 같이 행동한다. 장치 레이어 역시 VkLayerProperties 구조체의 인스턴스로 설명된다.

인스턴스 단계에서 레이어를 활성화하기 위해서, 인스턴스를 생성하는 데 사용한 VkInstanceCreateInfo 구조체의 ppEnabledLayerNames 항목의 이름을 포함한다. 비슷하게, 시스템의 물리 장치에 대응한 논리 장치를 생성할 때 레이어를 활성화하기 위해서, 장치를 생성할 때 사용하는 VkDeviceCreateInfo의 ppEnabledLayerNames 안의 레이어 이름을 포함한다.

여러 레이어가 공식 SDK에 포함되어 있으며, 대부분은 디버깅, 매개변수 유효 검증, 로깅에 관련되어 있다. 이는 다음을 포함한다.

- VK_LAYER_LUNARG_api_dump: 불칸 호출과 매개변수와 값을 콘솔에 출력한다.

- VK_LAYER_LUNARG_core_validation: 매개변수와 서술자 집합에 사용되는 상태, 파이프라인 상태, 동적 상태에 대한 유효 검증을 수행한다. SPIR-V 모듈과 그래픽 파이프라인의 인터페이스 유효 검증, 그리고 후방 객체에서 사용하는 GPU 메모리에 대한 추적화 유효성 검증을 한다.

- VK_LAYER_LUNARG_device_limits: 불칸 명령어에 인자나 자료 구조 구성원이 장치의 지원되는 기능 집합 한계 안에 들어가는지 보장해준다.

- VK_LAYER_LUNARG_image: 이미지 사용 방식을 지원되는 포맷과 일관되도록 검증한다.

- VK_LAYER_LUNARG_object_tracker: 불칸 객체를 추적하고, 메모리 릭, 해제 후 사용 오류, 다른 유효하지 않은 객체 사용을 잡으려 시도한다.

- VK_LAYER_LUNARG_parameter_validation: 불칸 함수에 전달되는 모든 매개 변수 값의 유효성을 검사한다.

- VK_LAYER_LUNARG_swapchain: 5장에서 설명할 WSI(윈도우 시스템 통합) 확장에서 제공되는 기능에 대한 검증을 제공한다.

- VK_LAYER_GOOGLE_threading: 스레딩에 대응하는 불칸 명령어에 대한 유효한 사용을 보증하고, 동시 접근이 금지되어 있을 때 동시에 같은 객체를 두 스레드가 접근하는 것을 막는다.

- VK_LAYER_GOOGLE_unique_objects: 애플리케이션이 추적하기 쉽도록 구현이 같은 매개변수를 가진 객체를 표현하는 핸들을 재사용하는 경우에 모든 객체가 고유한 핸들을 가지도록 보장한다.

이에 추가하여, 쉽게 활성화할 수 있도록 수많은 수의 분리된 레이어가 VK_LAYER_LUNARG_standard_validation라고 불리는 더 큰 단일 레이어에 포함되어 있다. 이 책의 애플리케이션 기틀은 디버그 모드로 빌드 시에 이 레이어를 활성화하며, 릴리스 모드로 빌드 시에 모든 레이어를 비활성화한다.

확장

확장은 불칸같이 플랫폼 독립적인 공개 API의 경우에 아주 근본적이다. 이는 구현자들이 실험하고, 혁신하고, 궁극적으로 기술을 발전시키는 것을 가능하게 한다. 결과적으로, 처음에는 확장으로 도입된 유용한 기능은 현업에서 검증된 뒤에

API의 미래 버전에서 합쳐질 것이다. 하지만, 확장은 역시 비용이 든다. 일부는 단지 구현이 추가적인 상태를 추적하고, 명령어 버퍼 생성하는 동안 추가적인 확인을 하며, 혹은 심지어 확장을 직접 사용하지 않을 때도 성능 저하를 불러올 수 있다. 그러므로 확장은 사용되기 전에 애플리케이션에서 명시적으로 활성화해야 한다. 이는 확장을 사용하지 않는 애플리케이션이 성능이나 복잡도 면에서 비용을 지불하지 않을 수 있으며, 실수로 확장에 있는 기능을 사용하는 것을 거의 불가능하게 하여 이식성을 개선한다.

확장은 두 가지 항목으로 나뉜다. 인스턴스 확장과 장치 확장이다. 인스턴스 확장은 일반적으로 플래폼의 불칸 시스템 전체를 향상시킨다. 이 종류의 확장은 장치 독립적 레이어를 통해 지원되거나 단순히 시스템의 모든 장치에 노출되는 확장으로 인스턴스로 진급할 수 있다. 장치 확장은 시스템의 하나 이상의 장치에 대한 능력을 확장하지만 모든 장치에 가용할 필요는 없다.

각 확장은 새 함수, 새 형, 구조체, 열거형 등을 정의할 수 있다. 한번 활성화되면, 확장은 API일부로서 애플리케이션에서 사용 가능해진다. 인스턴스 확장은 불칸 인스턴스가 생성될 때 반드시 활성화되어야 하며, 장치 확장은 반드시 장치가 생성될 때 활성화되어야 한다. 이는 우리를 닭이냐 달걀이냐 상황에 빠지게 한다. 불칸 인스턴스를 초기화하기 전에 어떻게 지원되는 확장을 알 수 있을 것인가?

지원되는 인스턴스 확장을 질의하는 것은 불칸 인스턴스 생성 이전에 필요한 몇 가지 불칸 기능 중 하나이다. 이는 `vkEnumerateInstanceExtensionProperties()` 통해서 얻을 수 있으며, 함수 원형은 다음과 같다.

```
VkResult vkEnumerateInstanceExtensionProperties (
    const char* pLayerName,
    uint32_t* pPropertyCount,
    VkExtensionProperties* pProperties);
```

`pLayerName`은 확장을 제공할 수 있는 레이어의 이름이다. 지금은 `nullptr`로 설정한다. `pPropertyCount`는 불칸에게 질의할 인스턴스 확장의 수를 포함한 변수이며, `pProperties`는 `VkExtensionProperties`의 배열에 대한 포인터로서 지원되는

확장에 대한 정보로 채워져 있다. pProperties가 nullptr이면, pPropertyCount가 가리키는 변수의 초깃값은 무시되며 지원되는 인스턴스 확장의 수로 덮어 써진다.

만약 pProperties가 nullptr이 아니라면, 배열의 항목 수는 pPropertyCount가 가리키는 변수로 가정되며, 지원되는 확장에 대한 정보가 최대 이 수만큼 배열에 생성된다. pPropertyCount가 가리키는 변수는 그 뒤 실제로 pProperties에 써지는 항목의 수로 덮어 써진다.

모든 지원되는 인스턴스 확장을 정확하게 질의하기 위해 vkEnumerateInstanceExtensionProperties()를 두 번 호출한다. 처음에는 pProperties를 nullptr로 설정하여 지원하는 최대 인스턴스 확장의 수를 받는다. 그 뒤 확장 특성을 받기 위해 배열의 크기를 적절히 조절하여 vkEnumerateInstanceExtensionProperties()를 다시 부르고, 이번에는 pProperties에 있는 배열의 주소를 넘긴다. 코드 1.5는 이 처리를 시연한다.

코드 1.5 인스턴스 확장에 대한 질의

```cpp
uint32_t numInstanceExtensions = 0;
std::vector<VkExtensionProperties> instanceExtensionProperties;

// 인스턴스 확장을 질의한다.
vkEnumerateInstanceExtensionProperties(nullptr,
  &numInstanceExtensions,
  nullptr);

// 만약 확장이 있으면, 그 특성을 질의한다.
if (numInstanceExtensions != 0)
{
  instanceExtensionProperties.resize(numInstanceExtensions);
  vkEnumerateInstanceExtensionProperties(nullptr,
    &numInstanceExtensions,
    instanceExtensionProperties.data());
}
```

코드 1.5 안의 코드가 수행이 끝난 뒤, instanceExtensionProperties는 인스턴스가 지원하는 확장의 목록을 포함한다. 배열의 각 요소 VkExtensionProperties는 하나의 확장을 설명한다. VkExtensionProperties의 정의는 다음과 같다.

```
typedef struct VkExtensionProperties {
  char extensionName[VK_MAX_EXTENSION_NAME_SIZE];
  uint32_t specVersion;
} VkExtensionProperties;
```

VkExtensionProperties 구조체는 단순히 확장의 이름과 버전을 가지고 있다. 확장은 시간이 지나면서 확장의 새 개정이 나오면서 기능을 추가될 수 있다. specVersion 항목은 사소한 기능을 추가하기 위해 완전히 새로운 확장을 추가하지 않고 확장을 갱신할 수 있게 한다. 확장의 이름은 extensionName에 있다.

앞서 살펴본 바와 같이, 불칸 인스턴스를 생성할 때, VkInstanceCreateInfo 구조체는 ppEnabled ExtensionNames라고 불리는 구성원이 있으며, 이는 활성화할 확장을 이름 짓는 문자열의 배열에 대한 포인터이다. 만약 플랫폼에 있는 불칸 시스템이 확장을 지원하면, 배열에 포함된 확장은 vkEnumerateInstanceExtensionProperties()에서 반환되며, 이름은 VkInstanceCreateInfo 구조체의 ppEnabledExtensionNames 항목을 통해서 전달할 수 있다.

장비 확장의 지원을 질의하는 것도 같은 과정이다. 이를 위해서 vkEnumerateDeviceExtensionProperties()를 호출하며, 이 함수 원형은 다음과 같다.

```
VkResult vkEnumerateDeviceExtensionProperties (
  VkPhysicalDevice physicalDevice,
  const char* pLayerName,
  uint32_t* pPropertyCount,
  VkExtensionProperties* pProperties);
```

vkEnumerateDeviceExtensionProperties()의 함수 원형은 vkEnumerateInstanceExtensionProperties()와 거의 동일하며, physicalDevice 매개변수만 추가되었다. physicalDevice 매개변수는 확장을 질의할 장비에 대한 핸들이다. vkEnumerateInstanceExtensionProperties()와 같이, vkEnumerateDeviceExtensionProperties()는 pProperties가 nullptr일 때 pPropertyCount를 지원되는 확장의 수로 덮어 쓰며, 만약 pProprties가 nullptr가 아닐 때, 지원되는 확장에 대한 정보를 가진 배열에 채운다. 장비 확장과 인스턴스 확장에 같은 VkExtensionProperties 구조체가 사용된다.

물리 장비를 생성할 때, VkDeviceCreateInfo 구조체의 ppEnabledExtension Names 항목은 vkEnumerateDeviceExtensionProperties()으로부터 반환된 문자열의 하나에 대한 포인터를 포함한다.

일부 확장은 호출할 수 있는 추가적인 시작 위치의 형태로 새 기능을 제공한다. 이는 함수 포인터로 노출되며, 확장을 활성화한 뒤에 인스턴스에서나 장치에서 반드시 질의를 해야 하는 값이다. 인스턴스 함수는 전체 인스턴스에 유효한 함수다. 만약 확장이 인스턴스 단계 기능을 확장하면, 새 기능을 위해서 인스턴스 단계 함수 포인터를 사용해야 한다.

인스턴스 단계 함수 포인터를 받기 위해, vkGetInstanceProcAddr()를 호출하며, 이의 함수 원형은 다음과 같다.

```
PFN_vkVoidFunction vkGetInstanceProcAddr (
    VkInstance instance,
    const char* pName);
```

instance 매개변수는 새 함수 포인터를 받을 인스턴스에 대한 핸들이다. 만약 애플리케이션이 하나 초과의 불칸 인스턴스를 사용하면, 이 명령어가 반환하는 함수 포인터는 단지 참조된 인스턴스가 소유한 객체들에만 유효하다. 함수의 이름은 pName으로 전달되며, 이는 nul 종료된 UTF-8 문자열이다. 만약 함수 이름이 인식되고 확장이 활성화되면, vkGetInstanceProcAddr()의 반환 값은 애플리케이션에서 호출할 수 있는 함수 포인터이다.

PFN_vkVoidFunction은 다음에 선언된 함수 포인터에 대한 형 정의이다.

```
VKAPI_ATTR void VKAPI_CALL vkVoidFunction(void);
```

불칸에서 이 특정 함수형을 가진 함수는 없으며, 확장이 이런 함수를 도입할 가능성도 없다. 십중팔구 결과 함수 포인터를 호출 전에 적절한 함수형으로 형변환해야 한다.

인스턴스 단계 함수 포인터는 인스턴스가 소유한 객체에 대해 유효하며, 객체를 생성한 장비(혹은 함수가 장비에서 처리될 경우 장비 그 자체)가 확장을 지원하고 그 확장이 장비에서 활성화될 것이라고 가정한다. 각 장비가 다른 불칸 드라이버 안에서 구현될 수 있으므로, 인스턴스 함수 포인터는 우회 레이어를 통해 적절한 모듈에 안착해야 한다. 이 우회를 관리하는 것은 부하를 생성할 수 있다. 이를 피하기 위해, 적절한 드라이버에 직접 연결되는 장비 특화 함수 포인터를 얻을 수 있다.

장비 단계 함수 포인터를 얻기 위해 vkGetDeviceProcAddr()를 호출하며, 함수 원형은 다음과 같다.

```
PFN_vkVoidFunction vkGetDeviceProcAddr (
  VkDevice device,
  const char* pName);
```

함수 포인터가 사용될 장비는 device로 전달된다. 다시금, 질의하는 함수의 이름은 pName에 nul 종료되는 UTF-8 문자열로 전달된다. 결과 함수 포인터는 오직 device에서 설정한 장비에서만 유효하다. device는 반드시 새 함수를 제공하는 확장을 지원하고 활성화된 장치를 참조해야 한다.

vkGetDeviceProcAddr()가 생성한 함수 포인터는 device에 특화되어 있다. 비록 같은 물리 장비가 2개 이상의 논리 장치를 완전히 같은 매개변수로 생성하는 데 사용되더라도, 반드시 질의한 장비에서 얻은 결과 함수 포인터만 사용해야 한다.

❖ 깨끗하게 종료하기

프로그램을 종료하기 전에, 직접 정리를 해야 한다. 많은 경우, 운영체제가 애플리케이션이 할당한 자원을 알아서 정리한다. 하지만, 코드의 마지막이 애플리케이션의 마지막이 아닌 경우가 있다. 예를 들어 만약 더 큰 애플리케이션의 요소를 작성하고 있다면, 애플리케이션은 불칸을 사용한 렌더링이나 계산 연산을 실제로 프로그램이 종료하지 않는 상태에서 종료시킬 것이다.

정리하자면 일반적으로 다음이 좋은 방법으로 알려져 있다.

- 불칸과 관계된 모든 스레드에서 애플리케이션이 주 시스템과 장치에서 처리하는 작업을 완료하거나 종료한다.
- 생성된 순서와 역순으로 객체를 소멸시킨다.

논리 장치는 가장 마지막 객체(실행 시간에 사용되는 객체를 제외하고)가 될 가능성이 높으며, 이는 애플리케이션 초기화 단계에서 생성되었기 때문이다. 장치를 소멸시키기 전에, 애플리케이션에서 어떤 일도 실행하지 않는 것을 보장해야 한다. 이를 위해 vkDeviceWaitIdle()을 호출하며, 함수 원형은 다음과 같다.

```
VkResult vkDeviceWaitIdle (
  VkDevice device);
```

장치의 핸들이 device에 전달된다. vkDeviceWaitIdle()이 반환될 때, 애플리케이션에서 장치에 제출된 모든 작업은 중간에 장치에 추가 작업을 제출하지 않는 한 완료가 보장된다. 어떤 다른 스레드도 종료되고 있는 장치에 작업을 제출하지 않도록 해야 한다.

한 번 장치가 휴식 상태임을 보증하면, 안전하게 제거할 수 있다. 이를 위해 vkDestroyDevice()를 호출하며, 함수 원형은 다음과 같다.

```
void vkDestroyDevice (
  VkDevice device,
  const VkAllocationCallbacks* pAllocator);
```

소멸시킬 장치의 핸들은 device 매개변수로 전달되며, 이에 대한 접근은 반드시 회부 동기화되어야 한다. 장치에 대한 접근이 다른 명령어에 대해서는 외부 동기화될 필요가 없다는 것을 기억하자. 다만 애플리케이션은 다른 실행되는 스레드에서 다른 명령어로 접근하는 동안 장치가 소멸되지 않도록 해야 한다.

pAllocator는 장치를 생성하는 데 사용되는 것과 호환되는 할당 구조체를 가리켜야 한다. 한 번 장비 객체가 소멸되면, 더 이상 명령어가 전송되지 않는다. 더욱이, 더 이상 장치 핸들을 어떤 함수의 인자로 사용할 수 없으며, 이는 장비 핸들을 첫 인자로 받는 다른 객체 소멸 함수를 포함한다. 이는 왜 생성된 순서의 역순으로 소멸시켜야 하는지에 대한 또 다른 이유가 된다.

한 번 불칸 인스턴스와 연결된 모든 장비가 소멸되면, 인스턴스를 안전하게 제거할 수 있다. 이는 vkDestroyInstance() 함수로 처리되며 함수 원형은 다음과 같다.

```
void vkDestroyInstance (
  VkInstance instance,
  const VkAllocationCallbacks* pAllocator);
```

소멸해야 하는 인스턴스에 대한 핸들은 vkDestroyDevice()의 instance에 전달되며, 인스턴스가 할당될 때 사용한 할당 구조체와 호환되는 구조체에 대한 포인터도 pAllocator에 넘겨진다. 만약 vkCreateInstance()의 pAllocator 매개변수가 nullptr이었다면, vkDestroyInstance()의 pAllocator도 nullptr이어야 한다.

물리 장치를 소멸시킬 필요가 없다는 것을 기억하자. 물리 장치는 논리 장치처럼 특정한 생성함수로 생성되지 않았다. vkEnumeratePhysicalDevices()의 함수 호출로 반환되었으며, 이는 인스턴스가 소유한 것으로 간주된다. 그러므로 인스턴스가 소멸될 때 각 물리 장치와 관련된 인스턴스의 자원은 알아서 해제된다.

❖요약

이 장은 불칸을 소개했다. 인스턴스에 불칸 상태가 어떻게 전체적으로 포함되어 있는지 보았다. 인스턴스는 물리 장비를 접근하며, 각 물리 장비는 작업을 하는데 사용되는 큐의 수를 노출한다. 물리 장비에 대응하는 논리 장비를 어떻게 만드는지 보았다. 어떻게 불칸이 확장되고, 인스턴스와 장비에 가용한 확장을 어떻게 얻어 내고, 어떻게 이 확장을 활성화하는지 보았다. 애플리케이션이 제출한 작업을 완료하는 것을 기다리고, 장비 핸들을 제거하고, 마지막으로 인스턴스 핸들을 소멸하여 불칸 시스템을 깨끗하게 종료하는 것을 살펴보았다.

2장 | 메모리와 자원

이 장에서 배울 내용

- 불칸이 주 시스템과 장치 메모리를 관리하는 방법
- 애플리케이션에서 효율적으로 메모리를 관리하는 방법
- 불칸이 이미지와 버퍼를 사용해서 자료를 소비하고 생성하는 방법

메모리는 불칸을 포함해서 실질적으로 모든 계산 시스템의 연산의 근본이 된다. 불칸에는 메모리의 두 기본 형이 존재한다. 주 시스템 메모리와 장치 메모리이다. 불칸이 연산하는 모든 자원은 장치 메모리로 반드시 돌아가야 하며, 이 메모리를 관리하는 것은 애플리케이션의 책임이다. 더욱이, 메모리는 주 시스템에서의 자료 구조를 저장하는 데 사용된다. 불칸은 애플리케이션에게 이 메모리를 관리하는 기회 역시 제공한다. 이 장에서 불칸이 사용하는 메모리를 관리하는 메커니즘에 대해서 배운다.

❖ 주 메모리 관리

불칸이 새 객체를 생성할 때마다, 관련된 자료를 저장하는 메모리가 필요하다. 이를 위해 주 시스템 메모리를 사용하며, 이는 예를 들면 malloc이나 new의 호출로 반환된 CPU가 접근 가능한 정규 메모리이다. 하지만, 일반 할당자를 넘어 불칸은 일부 애플리케이션에 특정 요구사항을 가진다. 가장 중요한 것으로는, 할당이 정확하게 정렬되어야 한다는 것이다. 이는 일부 고성능 CPU 연산이 정렬된 메모리 주소에서만 작동하거나 가장 잘 작동하기 때문이다. 할당이 CPU 측 자료 구조를 정렬되게 저장하고 있다는 가정을 통해서, 불칸은 이 고성능 연산을 조건 없이 사용할 수 있으며, 상당한 성능 향상을 제공한다.

이 요구사항으로 인해, 불칸 구현은 이를 만족하기 위한 발전된 할당자를 사용한다. 하지만 애플리케이션이 할당자의 특정 혹은 전체 연산을 치환하는 기회 역시 제공한다. 이는 대부분의 장치 생성 함수에서 가용한 pAllocator 매개변수를 통해서 처리된다. 예를 들어, 애플리케이션이 가장 먼저 부르는 함수 중 하나인 vkCreateInstance()를 다시 보자. 함수 원형은 다음과 같다.

```
VkResult vkCreateInstance (
  const VkInstanceCreateInfo* pCreateInfo,
  const VkAllocationCallbacks* pAllocator,
  VkInstance* pInstance);
```

pAllocator 매개변수는 VkAllocationCallbacks 구조체에 대한 포인터이다. 이때까지는 pAllocator를 nullptr로 설정했었고, 이는 불칸에게 애플리케이션에게 의존하지 않고 내부 자체 할당자를 사용하라고 전하는 것이다. VkAllocationCallbacks는 제공할 수 있는 특수 메모리 할당자를 포함한다. 이 구조체의 정의는 다음과 같다.

```
typedef struct VkAllocationCallbacks {
  void* pUserData;
  PFN_vkAllocationFunction pfnAllocation;
  PFN_vkReallocationFunction pfnReallocation;
  PFN_vkFreeFunction pfnFree;
  PFN_vkInternalAllocationNotification pfnInternalAllocation;
```

```
PFN_vkInternalFreeNotification pfnInternalFree;
} VkAllocationCallbacks;
```

VkAllocationCallbacks의 정의에서 구조체가 본질적으로 함수 포인터의 집합과 추가적인 void 포인터 pUserData라는 것을 알 수 있다. 포인터는 애플리케이션이 사용하기 위한 것이다. 이는 어떤 곳도 가리킬 수 있으며, 불칸은 이를 참조 해제하지 않는다. 실제로는 포인터일 필요조차 없다. 포인터 크기에 들어가기만 하면 아무거나 여기 넣을 수 있다. 불칸이 pUserData에 대해서 처리하는 일은 단지 나머지 VkAllocationCallbacks가 가리키는 콜백 함수에 전달하는 것이다.

pfnAllocation, pfnReallocation, pfnFree는 일반적인 객체 단계 메모리 관리에 사용된다. 이는 다음의 선언에 맞는 함수를 가리키는 포인터로 정의된다.

```
void* VKAPI_CALL Allocation(
  void* pUserData,
  size_t size,
  size_t alignment,
  VkSystemAllocationScope allocationScope);

void* VKAPI_CALL Reallocation(
  void* pUserData,
  void* pOriginal,
  size_t size,
  size_t alignment,
  VkSystemAllocationScope allocationScope);

void VKAPI_CALL Free(
  void* pUserData,
  void* pMemory);
```

이 세 함수들은 모두 pUserData를 첫 매개변수로 받는 것을 인지하자. 이는 VkAllocationCallbacks 구조체의 pUserData 포인터와 같은 포인터이다. 만약 애플리케이션이 메모리를 관리하기 위한 자료 구조를 사용한다면, 그 주소를 배치하기에 좋은 곳이다. 이를 통한 한 가지 논리적으로 처리할만한 것은 메모리 관리자를 C++ 클래스(C++로 작성한다고 가정했을 때)로 구현하고 이 클래스의 this 포인터를 pUserData에 넣는 것이다.

Allocation 함수는 새로운 할당을 생성하는 함수이다. size 매개변수는 할당의 크기를 바이트로 제공한다. Alignment 매개변수는 할당의 필요한 정렬 크기를 바이트로 제공한다. 이는 종종 간과되는 매개변수이다. 보통은 이 함수를 malloc 같은 단순 할당자로 제공하고 싶은 유혹에 빠지게 된다. 만약 이럴 경우, 한동안 동작은 하겠지만 특정 함수들은 의문스런 크래시가 발생할 수 있다. 만약 자체 할당자를 제공하면, 반드시 alignment 매개변수를 따라야 한다.

마지막 매개변수 allocationScope는 애플리케이션에 할당이 어떤 범위나 생애주기를 가질지를 말해준다. 이는 VkSystemAllocationScope 값 중 하나로, 다음의 의미를 가진다.

- VK_SYSTEM_ALLOCATION_SCOPE_COMMAND는 할당이 단지 할당을 유발한 명령 동안만 존재한다는 것을 의미한다. 불칸은 이를 단일 명령어에 작동하는 아주 짧은 기간 존재하는 임시 할당에 사용한다.

- VK_SYSTEM_ALLOCATION_SCOPE_OBJECT는 할당이 특정 불칸 객체에 직접 연결되는 것을 의미한다. 이 할당은 최소한 객체가 소멸하기 전까지 살아있다. 이 종류의 할당은 단지 생성 명령어(vkCreate로 시작하는)들의 부분을 수행할 때만 사용된다.

- VK_SYSTEM_ALLOCATION_SCOPE_CACHE는 할당이 내부 캐시나 VkPipeline Cache 객체와 어떤 형태로 연결된 것을 의미한다.

- VK_SYSTEM_ALLOCATION_SCOPE_DEVICE는 할당이 장치 범위에 속하는 것을 의미한다. 이 종류의 할당은 불칸 구현이 단일 객체와 결합되지 않은 장치와 연결된 메모리를 필요로 할 때 사용된다. 예를 들어, 만약 구현이 객체를 덩어리로 할당할 때, 이 종류의 할당은 새로운 객체를 생성하는 요청의 응답으로 생성될 수 있지만, 많은 객체가 같은 덩어리에 살 수 있기에 특정 객체와 직접 결합될 수 없다.

- VK_SYSTEM_ALLOCATION_SCOPE_INSTANCE는 할당이 이 인스턴스 범위에 속하는 것을 의미한다. 이는 VK_SYSTEM_ALLOCATION_SCOPE_DEVICE

와 비슷하다. 이 종류의 할당은 보통 레이어나 불칸 시작의 초기 부분인 vkCreateInstance()이나 vkEnumeratePhysicalDevices() 등에서 생성된다.

pfnInternalAllocation와 pfnInternalFree 함수 포인터는 불칸이 자체 할당자를 사용할 때 사용하는 할당 함수들에 대한 대체 할당 함수를 가리킨다. 이 콜백은 pfnAllocation과 pfnFree와 같은 원형을 가지며, pfnInternalAllocation는 값을 반환하지 않고 pfnInternalFree가 실제로 메모리를 해제하지 않는 것만 다르다. 이 함수는 애플리케이션이 얼마나 많은 메모리를 불칸이 사용하고 있는지 추적할 수 있게 하는 알림으로서만 사용된다. 이 함수들의 함수 원형은 다음과 같다.

```
void VKAPI_CALL InternalAllocationNotification(
    void* pUserData,
    size_t size,
    VkInternalAllocationType allocationType,
    VkSystemAllocationScope allocationScope);

void VKAPI_CALL InternalFreeNotification(
    void* pUserData,
    size_t size,
    VkInternalAllocationType allocationType,
    VkSystemAllocationScope allocationScope);
```

pfnInternalAllocation과 pfnInternalFree를 통해 제공되는 정보에 대해서 로그를 남기거나 애플리케이션이 사용하는 전체 메모리 사용량 추적을 제외하면 할 수 있는 것이 많지 않다. 이 함수 포인터를 설정하는 것은 선택적이지만, 만약 하나를 제공할 경우 반드시 둘 다 제공해야만 한다. 만약 사용하고 싶지 않을 경우 둘 다 nullptr로 설정하라.

코드 2.1은 불칸 할당 콜백 함수와 연결되는 할당자로서 사용될 C++ 클래스를 어떻게 선언하는지에 대한 예제를 보여준다. 불칸이 사용하는 콜백 함수는 순수 C 함수 포인터로서, 콜백 함수는 클래스의 정적 멤버 함수로 선언되며, 이 함수의 실제 구현은 정규 비정적 멤버 함수로 선언된다.

코드 2.1 메모리 할당자 클래스의 선언

```cpp
class allocator
{
  public:
  // 미이 클래스의 인스턴스를 VkAllocationCallbacks 구조체로 사용하는 것을 가능하게 하는 연산자
  inline operator VkAllocationCallbacks() const
  {
    VkAllocationCallbacks result;

    result.pUserData = (void*)this;
    result.pfnAllocation = &Allocation;
    result.pfnReallocation = &Reallocation;
    result.pfnFree = &Free;
    result.pfnInternalAllocation = nullptr;
    result.pfnInternalFree = nullptr;

    return result;
  }
};

private:
  // 정적 멤버 함수로서의 할당자 콜백 정의
  static void* VKAPI_CALL Allocation(
     void* pUserData,
    size_t size,
    size_t alignment,
    VkSystemAllocationScope allocationScope);

  static void* VKAPI_CALL Reallocation(
    void* pUserData,
    void* pOriginal,
    size_t size,
    size_t alignment,
    VkSystemAllocationScope allocationScope);

  static void VKAPI_CALL Free(
  void* pUserData,
  void* pMemory);

  // 이제 실제로 할당을 처리하는 비정적 멤버 함수를 선언한다.
  void* Allocation(
    size_t size,
    size_t alignment,
    VkSystemAllocationScope allocationScope);
```

```
void* Reallocation(
  void* pOriginal,
  size_t size,
  size_t alignment,
  VkSystemAllocationScope allocationScope);

void Free(
  void* pMemory);
};
```

이 클래스의 예제 구현은 코드 2.2에서 볼 수 있다. 이는 불칸 할당 함수를 POSIX aligned_malloc 함수로 연결한다. 이 할당자는 거의 확실히 대부분의 불칸 내부 구현보다 좋지 않으며 단지 콜백 함수를 자체 코드로 치환하는 예를 보여주는 용도이다.

코드 2.2 메모리 할당 클래스의 구현

```
void* allocator::Allocation(
  size_t size,
  size_t alignment,
  VkSystemAllocationScope allocationScope)
{
  return aligned_malloc(size, alignment);
}

void* VKAPI_CALL allocator::Allocation(
  void* pUserData,
  size_t size,
  size_t alignment,
  VkSystemAllocationScope allocationScope)
{
  return static_cast<allocator*>(pUserData)->Allocation(size,
    alignment,
    allocationScope);
}

void* allocator::Reallocation(
  void* pOriginal,
  size_t size,
```

```
  size_t alignment,
  VkSystemAllocationScope allocationScope)
{
  return aligned_realloc(pOriginal, size, alignment);
}

void* VKAPI_CALL allocator::Reallocation(
  void* pUserData,
  void* pOriginal,
  size_t size,
  size_t alignment,
  VkSystemAllocationScope allocationScope)
{
  return static_cast<allocator*>(pUserData)->Reallocation(pOriginal,
  size,
  alignment,
  allocationScope);
}

void allocator::Free(
  void* pMemory)
{
  aligned_free(pMemory);
}

void VKAPI_CALL allocator::Free(
  void* pUserData,
  void* pMemory)
{
  return static_cast<allocator*>(pUserData)->Free(pMemory);
}
```

코드 2.2에서 보듯이, 정적 멤버 함수는 단순히 pUserData 매개변수를 클래스 인스턴스로 변환하여 대응하는 비정적 멤버 함수를 호출하는 것이다. 비정적과 정적 멤버 함수는 같은 컴파일 단위에 위치하기에, 비정적 멤버 함수는 정적인 것에 포함되었을 가능성이 높으며, 이 구현의 효율을 매우 높게 해준다.

❖ 자원

불칸은 자료에 기반해서 연산한다. 다른 모든 것은 이에 부차적인 것이다. 자료는 자원 안에 저장되며, 자원은 메모리에 배치된다. 불칸의 자원의 근본적인 두 가지 종류, 버퍼와 이미지가 있다. 버퍼는 단순하고 선형적인 자료의 덩어리로, 자료 구조, 순수 배열, 심지어 이미지 자료까지 사용하고 싶은 대로 거의 대부분의 것에 사용될 수 있다. 이미지는 반면 종류와 형식 정보로 구성되어 있으며, 다차원이거나, 자체의 배열을 형성하고, 자료를 읽고 쓰는 데 고급 연산을 지원한다.

자원의 두 종류 모두 두 단계로 생성된다. 첫째로는 자원 자체를 생성하는 것으로, 그 뒤 자원이 메모리에 들어가야 한다. 이는 애플리케이션이 메모리 자체를 관리하는 것을 허용하기 위한 것이다. 메모리 관리는 복잡하며, 드라이버가 항상 제대로 처리하게 하긴 매우 어렵다. 한 애플리케이션에서 잘 동작하는 것이 다른 것에서는 잘 동작하지 않을 수 있다. 그러므로, 애플리케이션이 메모리 관리 작업에서 드라이버가 보다 잘 할 수 있다고 기대할 수 있다. 예를 들어, 적은 수의 매우 큰 자원을 관리하고 이를 오랜 시간 유지하는 애플리케이션은 메모리 할당자에서 특정 전략을 사용할 수 있으며, 지속적으로 작은 자원을 생성하고 소멸시키는 다른 애플리케이션은 다른 방식을 구현할 수 있다.

비록 이미지가 더 복잡한 구조체이지만, 이를 생성하는 것은 버퍼와 유사하다. 이 절은 버퍼 생성을 먼저 보고 이미지에 대한 논의로 넘어간다.

버퍼

버퍼는 자원의 가장 단순한 형태지만 불칸에서 매우 다양하게 사용된다. 이는 선형적으로 구조화되거나 구조화되지 않은 자료를 저장하는 데 사용되며, 형식을 가지거나 메모리에서 순수 바이트가 될 수 있다. 버퍼 객체의 다양한 사용은 해당 주제를 소개할 때 논의될 것이다. 새 버퍼 객체를 생성하기 위해서 vkCreateBuffer()를 호출하며, 이의 함수 원형은 다음과 같다.

```
VkResult vkCreateBuffer (
  VkDevice device,
  const VkBufferCreateInfo* pCreateInfo,
  const VkAllocationCallbacks* pAllocator,
  VkBuffer* pBuffer);
```

불칸의 두 개 이상의 매개변수를 사용하는 대부분의 함수와 마찬가지로, 해당 매 개변수들은 구조체로 묶여서 포인터로 불칸에 전달된다. 여기서 pCreateInfo 매개 변수가 VkBufferCreateInfo 구조체의 인스턴스이며, 이의 정의는 다음과 같다.

```
typedef struct VkBufferCreateInfo {
  VkStructureType sType;
  const void* pNext;
  VkBufferCreateFlags flags;
  VkDeviceSize size;
  VkBufferUsageFlags usage;
  VkSharingMode sharingMode;
  uint32_t queueFamilyIndexCount;
  const uint32_t* pQueueFamilyIndices;
} VkBufferCreateInfo;
```

VkBufferCreateInfo의 sType은 VK_STRUCTURE_TYPE_BUFFER_CREATE_INFO로 설 정되며, pNext 항목은 확장이 사용되지 않을 경우 nullptr로 설정해야 한다. 구조 체의 flags 항목은 불칸에게 새 버퍼의 특성에 대한 일부 정보를 제공한다. 현재 버전의 불칸에서는 flags 항목에 정의되어 사용하는 비트는 단지 간헐 버퍼^{sparse} ^{buffer}에 관련된 것으로, 이 장의 나중에 다룬다. 지금은 flags를 0으로 설정하면 된다.

VkBufferCreateInfo의 size 항목은 버퍼의 크기를 바이트로 특정한다. usage 항목은 불칸에게 어떻게 버퍼를 사용할 것이고 VkBufferUsageFlagBits 열거형의 조합으로 만들어지는 비트 필드다. 일부 아키텍처에서는 버퍼의 의도된 사용법은 어떻게 생성되는지에 영향을 준다. 다음 절에서 다룬 현재 정의된 비트는 다음과 같다.

VK_BUFFER_USAGE_TRANSFER_SRC_BIT와 VK_BUFFER_USAGE_TRANSFER_DST_BIT는 각각 버퍼가 전송 명령어의 읽기 지점과 쓰기 지점이 될 수 있다는 것을 의미한

다. 전송 연산은 읽기 지점에서 쓰기 지점으로 자료를 복사하는 연산이다. 이는 4장에서 다룬다.

■ VK_BUFFER_USAGE_UNIFORM_TEXEL_BUFFER_BIT와 VK_BUFFER_USAGE_STORAGE_ TEXEL_BUFFER_BIT는 각각 버퍼가 균일 텍셀 버퍼나 저장 텍셀 버퍼로 사용될 수 있다는 것을 의미한다. 텍셀 버퍼는 형식화된 텍셀의 배열로 장치에서 작동하는 셰이더가 자료를 읽고 쓰는 읽기 지점이나 쓰기 지점(저장 버퍼의 경우)으로 사용될 수 있다. 텍셀 버퍼는 6장에서 다룬다.

■ VK_BUFFER_USAGE_UNIFORM_BUFFER_BIT와 VK_BUFFER_USAGE_STORAGE_ BUFFER_BIT는 버퍼가 균일이나 저장 버퍼로 각각 사용될 수 있다는 것을 의미한다. 텍셀 버퍼와 반대로, 정류 균일 버퍼와 저장 버퍼는 연관된 형식이 없으므로 임의의 자료와 자료 구조를 저장하는 데 사용할 수 있다. 이도 역시 6장에서 다룬다.

■ VK_BUFFER_USAGE_INDEX_BUFFER_BIT와 VK_BUFFER_USAGE_VERTEX_BUFFER_ BIT는 각각 버퍼가 그리기 명령어에 사용되는 색인 자료나 정점 자료를 저장하는 데 사용될 수 있다는 것을 의미한다. 이에 대해서 8장에서 색인된 그리기 명령어를 포함한 그리기 명령에 대해서 다룬다.

■ VK_BUFFER_USAGE_INDIRECT_BUFFER_BIT는 버퍼가 간접 실행과 그리기 명령어에 사용되는 매개변수를 저장하는 사용될 수 있다는 것을 의미하며, 이 명령어는 매개변수를 애플리케이션이 아닌 버퍼에서 직접 받는 명령어다. 6장과 8장에서 다룬다.

■ VkBufferCreateInfo의 sharingMode 항목은 버퍼가 어떻게 장치에서 지원하는 다중 명령어 큐에서 사용될 수 있는지를 지시한다. 불칸이 많은 연산을 병렬로 수행이 가능하기에, 일부 구현은 버퍼가 본질적으로 한 번에 단일 명령어에 사용될지 잠재적으로 많은 명령어에 사용될지를 알아야 한다. sharingMode를 VK_SHARING_MODE_EXCLUSIVE로 설정하는 것은 버퍼가 단지 단일 큐에 사용되는 것을 의미하며, VK_SHARING_MODE_CONCURRENT는 한 번

에 다중 큐에서 버퍼를 사용할 계획이라는 것을 의미한다. VK_SHARING_MODE_
CONCURRENT의 사용은 일부 시스템에서 더 낮은 성능으로 이어지므로, 필요하
지 않은 한 sharingMode를 VK_SHARING_MODE_EXCLUSIVE로 설정한다.

만약 sharingMode를 VK_SHARING_MODE_CONCURRENT로 설정할 경우, 불칸에게 어
떤 큐를 버퍼가 사용할지 알려줘야 한다. 이는 VkBufferCreateInfo의 소속원인
pQueueFamilyIndices를 사용해서 처리되며, 이는 자원을 사용할 큐 가족의 배열
에 대한 포인터이다. queueFamilyIndexCount는 이 배열의 길이, 즉 버퍼가 사용
될 큐 가족의 수를 포함한다. sharingMode를 VK_SHARING_MODE_EXCLUSIVE로 설정
했을 때, queueFamilyCount와 pQueueFamilies는 둘 다 무시된다.

코드 2.3은 1MiB의 크기의, 전송 연산의 읽기 지점이나 쓰기 지점으로 사용되
고, 단지 하나의 큐 가족에 한번에 사용되는 버퍼 객체를 어떻게 생성하는지를 보
여준다.

코드 2.3 버퍼 객체 생성

```
static const VkBufferCreateInfo bufferCreateInfo =
{
  VK_STRUCTURE_TYPE_BUFFER_CREATE_INFO, nullptr,
  0,
  1024 * 1024,
  VK_BUFFER_USAGE_TRANSFER_SRC_BIT | VK_BUFFER_USAGE_TRANSFER_DST_BIT,
  VK_SHARING_MODE_EXCLUSIVE,
  0, nullptr
};
VkBuffer buffer = VK_NULL_HANDLE;

vkCreateBuffer(device, &bufferCreateInfo, &buffer);
```

코드 2.3을 실행하고 나면, VkBuffer 핸들이 새로 생성되고 buffer 변수에 배
치된다. 버퍼는 아직 완전히 사용 가능하지 않은데, 이는 우선 메모리에 할당되어
야 하기 때문이다. 이 연산은 이 장의 이후의 '장치 메모리 관리'에서 다룬다.

형식과 지원

버퍼가 상대적으로 단순한 자원이며 포함한 자료의 형식에 대해서 어떤 개념도 없다면, 이미지와 버퍼 뷰(바로 소개할)는 이 내용에 대한 정보를 포함한다. 정보의 부분은 자원 안의 자료의 형식을 설명한다. 일부 형식은 특별한 요구 사항이나 파이프라인의 특정 파트에서 사용에 제한이 있다. 예를 들어, 일부 형식은 읽을 수는 있으나 쓸 수 없으며, 이는 압축 형식에서 일반적이다.

다양한 형식의 특성과 지원 단계를 결정하기 위해서, vkGetPhysicalDeviceFormatProperties()를 호출할 수 있으며, 이의 함수 원형은 다음과 같다.

```
void vkGetPhysicalDeviceFormatProperties (
  VkPhysicalDevice physicalDevice,
  VkFormat format,
  VkFormatProperties* pFormatProperties);
```

특정 형식에 대한 지원이 논리 장치 보다는 물리 장치의 특성이기에, 물리 장치 핸들이 physicalDevice에 설정된다. 만약 애플리케이션이 절대적으로 특정 형식에 대한 지원이 필요하면, 지원 여부를 논리 장치 생성 이전에 확인하고 특정 물리 장치를 애플리케이션 시작 단계에서 고려 대상에서 제거할 수 있다. 지원을 확인하기 위한 형식은 format에 설정된다. 만약 장치가 형식으로 인식되면, 이는 지원의 단계를 pFormatProperties가 가리키는 VkFormatProperties의 인스턴스에 쓴다. VkFormatProperties 구조체의 정의는 다음과 같다.

```
typedef struct VkFormatProperties {
  VkFormatFeatureFlags linearTilingFeatures;
  VkFormatFeatureFlags optimalTilingFeatures;
  VkFormatFeatureFlags bufferFeatures;
} VkFormatProperties;
```

VkFormatProperties 구조체의 모든 세 개의 항목은 비트 필드로 VkFormatFeatureFlagBits 열거형으로 구성된다. 이미지는 두 가지 주 타일링 모드 중 하나를 사용한다. 선형은 이미지 자료가 메모리에 저장되는 방식이며, 처음 행, 다음 열의 방식이다. 다른 하나는 최적으로, 이는 이미지 자료가 장치의 메모리 세부 시스템의 효율적인 사용을 위해서 고도록 최적화된 방식으로 저장된다.

linearTilingFeatures 항목은 선형 타일링의 이미지의 형식이 지원하는 지원 단계를 알려주며, optimalTilingFeatures은 최적화 타일링의 형식에 대한 지원 단계를 알려주며, bufferFeatures는 버퍼가 사용될 때 형식에 대한 지원의 단계를 알려준다.

이 항목들에 포함되는 다양한 비트는 다음에 정의된다.

- VK_FORMAT_FEATURE_SAMPLED_IMAGE_BIT: 셰이더에서 표본화될 읽기 전용 이미지에 사용되는 형식

- VK_FORMAT_FEATURE_SAMPLED_IMAGE_FILTER_LINEAR_BIT: 형식이 표본화된 이미지에 사용될 때 사용될 선형 필터링을 포함한 필터 방식

- VK_FORMAT_FEATURE_STORAGE_IMAGE_BIT: 셰이더가 읽고 쓰는 읽기-쓰기 이미지에 사용되는 형식

- VK_FORMAT_FEATURE_STORAGE_IMAGE_ATOMIC_BIT: 셰이더에서 처리되는 단위 연산을 지원하는 읽기-쓰기 이미지에 사용되는 형식

- VK_FORMAT_FEATURE_UNIFORM_TEXEL_BUFFER_BIT: 셰이더가 읽는 읽기 전용 텍셀 버퍼에 사용되는 형식

- VK_FORMAT_FEATURE_STORAGE_TEXEL_BUFFER_BIT: 셰이더가 읽고 쓰는 읽기-쓰기 텍셀 버퍼에 사용되는 형식

- VK_FORMAT_FEATURE_STORAGE_TEXEL_BUFFER_ATOMIC_BIT: 셰이더가 사용하는 단위 연산을 지원하는 일기-쓰기 텍셀 버퍼 형식

- VK_FORMAT_FEATURE_VERTEX_BUFFER_BIT: 그래픽 파이프라인의 정점 조립 단계에서 사용되는 정점 자료로 사용될 형식

- VK_FORMAT_FEATURE_COLOR_ATTACHMENT_BIT: 그래픽 파이프라인의 색 혼합 단계에서의 색 첨부로 사용될 형식

- VK_FORMAT_FEATURE_COLOR_ATTACHMENT_BLEND_BIT: 혼합이 활성화되었을 경우 색 첨부로 사용될 형식

- VK_FORMAT_FEATURE_DEPTH_STENCIL_ATTACHMENT_BIT: 깊이, 스텐실, 깊이-스 텐실 첨부로 사용될 형식

- VK_FORMAT_FEATURE_BLIT_SRC_BIT: 이미지 복사 연산에서 자료의 읽기 지점 으로 사용될 형식

- VK_FORMAT_FEATURE_BLIT_DST_BIT: 이미지 복사 연산에서 자료의 쓰기 지점 으로 사용될 형식

많은 형식이 여러 형식 지원 비트가 켜져 있다. 사실, 많은 형식의 지원이 의무 적이다. 완전한 필요 형식은 불칸 기술 세부서에 포함되어 있다. 만약 형식이 요 구 목록에 있다면, 지원을 위해서 엄격히 시험해야 할 필요가 없다. 하지만, 완전 성을 위해 구현은 요구 항목을 포함해서 모든 지원 형식을 정확히 보고할 필요가 있다.

vkGetPhysicalDeviceFormatProperties() 함수는 정말로 형식이 모든 특정 상 황 하에서 사용될 수 있는지를 가리키는 플래그의 큰 집합만 반환한다. 특히 이미 지에 대해서, 특정 형식과의 더 복잡한 상호작용이 있을 수 있으며 이는 이미지의 지원 단계에 영향을 미친다. 그러므로 이미지에서 사용되는 형식에 대한 지원의 더 많은 정보를 받기 위해서는 vkGetPhysicalDeviceImageFormatProperties()를 호출해야 하며, 함수 원형은 다음과 같다.

```
VkResult vkGetPhysicalDeviceImageFormatProperties (
  VkPhysicalDevice physicalDevice,
  VkFormat format,
  VkImageType type,
  VkImageTiling tiling,
  VkImageUsageFlags usage,
  VkImageCreateFlags flags,
  VkImageFormatProperties* pImageFormatProperties);
```

vkGetPhysicalDeviceFormatProperties()와 마찬가지로, vkGetPhysicalDevi ceImageFormatProperties()는 VkPhysicalDevice 핸들을 첫 매개변수로 받아서 형식에 대한 논리 장치가 아닌 물리 장치의 지원을 보고한다. 지원을 문의하는 형 식은 format에 전달된다.

요청하는 이미지의 형식은 type에 설정된다. 이는 VK_IMAGE_TYPE_1D, VK_IMAGE_TYPE_2D, VK_IMAGE_TYPE_3D 이미지 형식 중 하나이다. 다른 이미지 종류는 다른 제한이나 개선을 가진다. 이미지의 타일링 방식은 tiling에 설정되며 VK_IMAGE_TILING_LINEAR, VK_IMAGE_TILING_OPTIMAL 중 하나로 각각 선형 혹은 최적화 타일링을 가리킨다.

이미지의 의도된 사용은 usage 매개변수에 설정된다. 이는 이미지가 어떻게 사용되는지 지시하는 비트 필드다. 이미지의 다양한 사용은 이 장의 나중에서 논의한다. Flags 항목은 형식을 사용하는 이미지를 생성할 사용되는 것과 같은 값으로 설정돼야 한다.

만약 형식이 불칸 구현에서 인식되고 지원되면, 지원 단계에 대한 정보를 pImageFormatProperties가 가리키는 VkImageFormatProperties 구조체에 저장한다. VkImageFormatProperties의 정의는 다음과 같다.

```
typedef struct VkImageFormatProperties {
  VkExtent3D maxExtent;
  uint32_t maxMipLevels;
  uint32_t maxArrayLayers;
  VkSampleCountFlags sampleCounts;
  VkDeviceSize maxResourceSize;
} VkImageFormatProperties;
```

VkImageFormatProperties의 extent 항목은 해당 형식의 생성할 수 있는 이미지의 최대 크기를 보고한다. 예를 들어, 픽셀당 더 적은 비트를 가진 형식은 더 많은 비트를 가진 이미지보다 더 큰 이미지를 지원할 수 있다. extent는 VkExtent3D 구조체의 인스턴스이며, 이 정의는 다음과 같다.

```
typedef struct VkExtent3D {
  uint32_t width;
  uint32_t height;
  uint32_t depth;
} VkExtent3D;
```

maxMipLevels 항목은 vkGetPhysicalDeviceImageFormatProperties()에 전달된 다른 매개변수와 함께 요청된 형식의 이미지가 지원하는 최대 밉맵 단계의 수를 보고한다. 대부분의 경우 maxMipLevels는 밉맵을 지원할 경우 $log_2(max (extent.x; extent.y; extent.z))$이며 지원하지 않을 경우 1이다.

maxArrayLayers 항목은 이미지가 지원하는 배열 레이어의 최대 수를 보고한다. 만약 배열이 지원되면 상당히 높은 값이고 지원하지 않으면 1이다.

만약 이미지 형식이 다중 표본화를 지원할 경우, 지원되는 표본 수는 sampleCounts 항목으로 보고된다. 이는 각 지원되는 표본 수에 대해 1비트를 포함한 비트 필드다. 만약 비트 n이 설정되면, 2^n 표본을 가진 이미지가 이 형식으로 지원된다. 만약 형식이 지원되면 최소 이 항목의 한 비트는 설정이 된다. 다중 표본화를 지원하는 데 픽셀 당 단일 표본을 지원하지 않는 형식이 존재하긴 매우 어렵다.

마지막으로, maxResourceSize 항목은 바이트로 이 형식의 자원의 최대 크기를 알려준다. 이는 지원하는 각 차원의 최대 크기를 보고하는 최대 너비와 혼동해선 안 된다. 예를 들어, 만약 구현이 16,384×16,384 픽셀×2,048 레이어와 픽셀 당 128비트를 포함한 형식을 지원한다고 얘기하면, 각 차원의 이미지의 최대 너비를 생성하면 8TiB의 이미지 자료를 생성한다. 실제로 구현이 8TiB 이미지를 지원할 가능성은 낮다. 하지만, 이는 8×8×2,048 배열이나 16,384×16,384 비 배열 이미지의 생성은 잘 지원할 것이며, 이는 좀 더 적절한 메모리 공간에 들어가기 때문이다.

이미지

이미지는 다중 차원이며 특정 배치와 형식 정보를 가지기에 버퍼보다 복잡하다. 또한 필터링, 혼합, 깊이나 스텐실 시험 등 복잡한 연산의 읽기 지점이나 쓰기 지점으로 사용할 수 있다. 이미지는 vkCreateImage() 함수를 사용해서 생성할 수 있으며, 이의 함수 원형은 다음과 같다.

```
VkResult vkCreateImage (
  VkDevice device,
  const VkImageCreateInfo* pCreateInfo,
```

```
  const VkAllocationCallbacks* pAllocator,
  VkImage* pImage);
```

이미지를 생성하는 데 사용되는 장치는 device 매개변수에 전달된다. 또다시 이미지의 설명은 자료 구조를 통해서 전달되며, 이의 주소는 pCreateInfo 매개변수로 전달된다. 이는 VkImageCreateInfo 구조체의 인스턴스에 대한 포인터이며, 정의는 다음과 같다.

```
typedef struct VkImageCreateInfo {
  VkStructureType sType;
  const void* pNext;
  VkImageCreateFlags flags;
  VkImageType imageType;
  VkFormat format;
  VkExtent3D extent;
  uint32_t mipLevels;
  uint32_t arrayLayers;
  VkSampleCountFlagBits samples;
  VkImageTiling tiling;
  VkImageUsageFlags usage;
  VkSharingMode sharingMode;
  uint32_t queueFamilyIndexCount;
  const uint32_t* pQueueFamilyIndices;
  VkImageLayout initialLayout;
} VkImageCreateInfo;
```

보시다시피, 이는 VkBufferCreateInfo 구조체에 비해서 훨씬 더 복잡한 구조체이다. 공통 항목인 sType과 pNext는 다른 대부분의 불칸 구조체처럼 상위에 있다. sType 항목은 VK_STRUCTURE_TYPE_IMAGE_CREATE_INFO로 설정돼야 한다.

VkImageCreateInfo의 flags 항목은 이미지의 일부 특성을 설명하는 플래그를 포함한다. 이는 VkImageCreateFlagBits 열거형의 선택이다. 초기 세 개 VK_IMAGE_CREATE_SPARSE_BINDING_BIT, VK_IMAGE_CREATE_SPARSE_RESIDENCY_BIT, VK_IMAGE_CREATE_SPARSE_ALIASED_BIT는 간헐 이미지를 조절하는 데 사용되며, 이는 이 장의 뒷부분에서 다룬다.

만약 VK_IMAGE_CREATE_MUTABLE_FORMAT_BIT가 설정되면 부모와 다른 형식으로 이미지 시야를 생성할 수 있다. 이미지 시야는 본질적으로 부모와 자료와 배치를 공유하지만 형식 같은 매개변수를 변경할 수 있는 특수한 이미지 형이다. 이는 이미지의 자료가 같은 시점에 여러 방식으로 해석되는 것을 가능하게 한다. 이미지 시야는 이 장의 나중에 다룬다. 만약 VK_IMAGE_CREATE_CUBE_COMPATIBLE_BIT가 설정되면, 큐브 맵^{cube map} 시야를 생성하는 것이 가능하다.

VkImageCreateInfo 구조체의 imageType 항목은 생성하고 싶은 이미지의 형을 설정한다. 이미지 형은 본질적으로 이미지의 차원 수이며 VK_IMAGE_TYPE_1D, VK_IMAGE_TYPE_2D, VK_IMAGE_TYPE_3D 중 하나로 각각 1D, 2D, 3D 이미지를 나타낸다.

이미지는 또한 형식을 가질 수 있으며, 이는 텍셀 자료가 메모리에 어떻게 저장되고 불칸에서 어떻게 해석되는지를 설명한다. 이미지의 형식은 VkImageCreateInfo 구조체의 format 항목으로 설정되며 VkFormat 열거형의 구성 원으로 표현되는 이미지 형식 중 하나여야 한다. 불칸은 많은 수의 형식을 지원하며 너무 많아서 여기서 소개할 수 없다. 책의 예제에서 일부 형식을 사용하고 어떻게 작동하는지 소개하겠다. 나머지는 불칸 기술 세부서를 참고하라.

이미지의 extent는 텍셀 크기다. 이는 VkImageCreateInfo 구조체의 extent 항목으로 설정된다. 이는 VkExtent3D 구조체의 인스턴스로, 이는 width, height, depth 항목 세 개를 가진다. 이는 원하는 이미지의 너비, 높이, 깊이로 각각 설정된다. 1D 이미지의 경우 height는 1이어야 하며, 1D와 2D 이미지는 depth가 1로 설정돼야 한다. 불칸은 더 높은 차원을 배열 개수로 대체하기보다는 명시적 배열 크기를 사용하며, 이는 arrayLayers에 설정된다.

이미지의 최대 크기는 장치 의존적으로 생성된다. 가장 큰 이미지 크기를 결정하기 위해서는 vkGetPhysicalDeviceFeatures()를 호출하여 포함된 VkPhysicalDeviceLimits 구조체의 maxImageDimension1D, maxImageDimension2D, maxImageDimension3D 항목을 확인해야 한다. maxImageDimension1D는 1D 이미지가 지원하는 최대 너비를 포함하며, maxImageDimension2D는 2D 이미지의 최대 한 변 길이를 포함하고, maxImageDimension3D는 3D 이미지의 최대 한 변 길이를 포함한다. 비슷하게, 배열 이미지의 최대 레이어 수는 maxImageArrayLayers

항목 안에 포함되어 있다. 만약 이미지가 큐브 맵이면, 큐브의 한 변 최대 길이는 maxImageDimensionCube에 포함된다.

maxImageDimension1D, maxImageDimension2D, maxImageDimensionCube는 최소 4,096텍셀로 보장되어 있으며, maxImageDimensionCube과 maxImageArrayLayers 는 최소 256으로 보장된다. 만약 생성하려는 이미지가 이 차원보다 작으면 장비 기능을 확인할 필요가 없다. 더욱이, 훨씬 더 높은 한계를 지원하는 불칸 구현이 흔하다. 더 큰 이미지 크기를 생성하는 것을 강한 요구사항으로 만드는 것이 더 낮은 장비를 위한 대체 경로를 생성하려는 것보다 합리적이다.

이미지가 생성하는 밉맵 단계의 수는 mipLevels에 설정된다. 밉맵은 이미지를 과소표본화를 할 경우에 이미지 질을 향상하기 위해 연속적으로 더 낮은 해상도 를 가진 미리 필터링된 이미지의 집합을 사용하는 과정이다. 다양한 밉맵 단계를 사용하는 이미지는 그림 2.1처럼 피라미드처럼 배치된다.

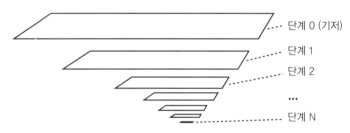

단계 0 (기저)
단계 1
단계 2
...
단계 N

그림 2.1 밉맵 이미지 배치

밉맵된 텍스처에서 기저 단계는 가장 낮은 단계(보통 0단계)이며, 텍스처의 해 상도를 가진다. 각 연속적인 다음 단계는 그 위 단계의 해상도의 반을 가지며 한 차원의 한 텍셀이 될 때까지 계속 된다. 밉맵된 텍스처에서 표본화하는 것은 6장 에서 좀 더 자세히 다룬다.

비슷하게, 이미지의 표본의 수는 samples에 설정된다. 이 항목은 다른 것들과 좀 다르다. 이는 반드시 VkSampleCountFlagBits 열거형의 구성원이여야 하며, 이 는 실제로 비트 필드에 사용되는 비트들로 정의되어 있다. 하지만, 단지 2의 승수 표본 수는 현재 불칸에 정의되어 있으며, 이는 이들이 "하나의 비트만 1"인 값을 가진다는 것을 의미하기에, 단지 1비트의 열거형 값이 잘 동작한다.

다음 몇 개의 항목은 이미지가 어떻게 사용될지를 설명한다. 처음은 타일링 방식으로 tiling 항목에 설정되어 있다. 이는 VkImageTiling 열거형의 구성원으로 단지 VK_IMAGE_TILING_LINEAR과 VK_IMAGE_TILING_OPTIMAL만 포함한다. 선형 타일링은 이미지 자료가 왼쪽에서 오른쪽, 위에서 아래로[1] 배치된다는 것을 의미하며, 만약 메모리에 있는 이미지를 CPU에서 쓸 때 선형적인 이미지를 형성한다. 반면, 최적화 타일링은 불칸이 장치의 메모리 세부 시스템의 효율성을 향상하기 위해서 사용하는 배치 방식으로 이해하기 어려운 표현이다. 이는 일반적으로 CPU에서 메모리를 연결해서 조작하지 않는 한 선택하는 방식이다. 최적화 타일링은 대부분의 연산에서 선형 타일링보다 명백히 나으며, 선형 타일링은 일부 연산이나 형식에 대해서 불칸 구현에 따라 지원하지 않을 수 있다.

usage 항목은 이미지가 어디서 사용되는 설명하는 비트 필드다. 이는 VkBufferCreateInfo 구조체의 usage 항목과 유사하다. usage 항목은 VkImageUsageFlags 열거형의 구성원으로 구성되며, 이 구성원은 다음과 같다.

VK_IMAGE_USAGE_TRANSFER_SRC_BIT와 VK_IMAGE_USAGE_TRANSFER_DST_BIT는 이미지가 전송 명령어의 각각 읽기 지점이거나 쓰기 지점이 된다는 것을 의미한다. 이미지에서 처리되는 전송 명령어는 4장에서 다룬다.

- VK_IMAGE_USAGE_SAMPLED_BIT는 이미지가 셰이더에서 표본화될 수 있다는 것을 의미한다.

- VK_IMAGE_USAGE_STORAGE_BIT는 이미지가 셰이더가 쓸 수 있는 것을 포함한 일반적인 용도의 저장소로 사용될 수 있다는 것을 의미한다.

- VK_IMAGE_USAGE_COLOR_ATTACHMENT_BIT는 이미지가 색 첨부로서 연결되어 그래픽 연산을 통해서 그려질 수 있다는 것을 의미한다. 프레임 버퍼와 첨부는 7장에서 다룬다.

---

1   실제로 이미지는 천장이나 바닥을 가지지 않는다. 단지 표본화 좌표에서 양의 방향을 가진다. 하지만 관례적으로 양의 u를 아래로 부르며, u=1.0에 있는 텍셀을 이미지의 바닥으로 만들게 된다.

- VK_IMAGE_USAGE_DEPTH_STENCIL_ATTACHMENT_BIT는 이미지가 깊이나 스텐실 첨부로서 연결되어 깊이나 스텐실 시험(혹은 둘 다)에 사용될 수 있다는 것을 의미한다. 깊이와 스텐실 연산은 10장에서 다룬다.

- VK_IMAGE_USAGE_TRANSIENT_ATTACHMENT_BIT는 이미지가 임시 첨부로서 사용될 수 있다는 것을 의미하며, 이는 그래픽 연산의 중간 결과를 저장하는 데 사용되는 특별한 종류의 이미지이다. 임시 첨부는 13장에서 다룬다.

- VK_IMAGE_USAGE_INPUT_ATTACHMENT_BIT는 이미지가 그래픽 렌더링 과정에서 특별한 입력으로 사용될 수 있다는 것을 의미한다. 입력 이미지는 정규 표본화나 저장 이미지와 달리 단지 화소 셰이더만 읽을 수 있으며 단지 자체의 픽셀 위치에서만 읽을 수 있다는 점에서 다르다. 입력 첨부는 13장에서 세부적으로 다룬다.

sharingMode는 이 장의 앞서 '버퍼'에서 VkBufferCreateInfo 구조체에 비슷하게 이름 지어진 항목과 기능면에서 동일하다. 만약 VK_SHARING_MODE_EXCLUSIVE로 설정되면 이미지는 단지 한 번에 하나의 큐 가족만 사용 가능하다. 만약 VK_SHARING_MODE_CONCURRENT로 설정되면, 이미지는 다중 큐에서 동시에 접근 가능하다. 비슷하게, queueFamilyIndexCount와 pQueueFamilyIndices는 sharingMode가 VK_SHARING_MODE_CONCURRENT일 때 비슷한 기능을 제공한다.

마지막으로 이미지는 배치를 가지며, 이는 특정 시점에 부분을 어떻게 사용할지를 설명한다. initialLayout 항목은 이미지가 생성되어 들어갈 배치를 결정한다. 가용한 배치는 VkImageLayout 열거형의 구성원이며, 다음과 같다.

- VK_IMAGE_LAYOUT_UNDEFINED: 이미지의 상태는 정해지지 않았다. 이미지는 어떤 것에 사용되기 전에 반드시 다른 배치 중 하나로 옮겨져야 한다.

- VK_IMAGE_LAYOUT_GENERAL: 이는 "최소 공통 분모" 배치이며 원하는 사용 방식에 다른 어떤 배치도 일치하지 않을 때 사용된다. VK_IMAGE_LAYOUT_GENERAL 안에 있는 이미지는 파이프라인의 거의 어디서든 사용할 수 있다.

- VK_IMAGE_LAYOUT_COLOR_ATTACHMENT_OPTIMAL: 이미지는 그래픽 파이프라인을 사용해서 렌더링된다.

- VK_IMAGE_LAYOUT_DEPTH_STENCIL_ATTACHMENT_OPTIMAL: 이미지는 그래픽 파이프라인의 일부로서 깊이나 스텐실 버퍼로 사용된다.

- VK_IMAGE_LAYOUT_DEPTH_STENCIL_READ_ONLY_OPTIMAL: 이미지는 깊이 시험에 사용될 것이나 그래픽 파이프라인이 쓰지 않을 것이다. 이 특별한 경우, 이미지는 셰이더에서도 읽을 수 있다.

- VK_IMAGE_LAYOUT_SHADER_READ_ONLY_OPTIMAL: 이미지는 셰이더가 읽는 것에 연결된다. 이 배치는 일반적으로 텍스처로 사용되는 이미지에 사용된다.

- VK_IMAGE_LAYOUT_TRANSFER_SRC_OPTIMAL: 이미지는 복사 연산의 읽기 지점이다.

- VK_IMAGE_LAYOUT_TRANSFER_DST_OPTIMAL: 이미지는 복사 연산의 쓰기 지점이다.

- VK_IMAGE_LAYOUT_PREINITIALIZED: 이미지는 외부 수행자로 인해 배치된 자료를 포함하며, 이는 기반 메모리를 연결하여 주 시스템에 쓰는 경우 등이다.

- VK_IMAGE_LAYOUT_PRESENT_SRC_KHR: 이미지는 프리젠테이션을 위한 근원으로 사용되며, 이는 사용자에게 보여주는 행동이다.

이미지는 배치에서 배치로 옮겨질 수 있으며, 관련된 주제를 소개할 때 다양한 배치에 대해서 다룰 것이다. 하지만, 이미지는 반드시 처음에는 VK_IMAGE_LAYOUT_UNDEFINED나 VK_IMAGE_LAYOUT_PREINITIALIZED 배치로 생성되어야 한다. VK_IMAGE_LAYOUT_PREINITIALIZED는 오로지 메모리에 있는 자료를 이미지 자원에 즉시 연결할 때만 사용해야 한다. VK_IMAGE_LAYOUT_UNDEFINED는 사용 전에 다른 배치로 자원을 옮길 때 사용한다. 이미지는 VK_IMAGE_LAYOUT_UNDEFINED 배치에서 매우 작은 비용이나 비용 없이 옮겨질 수 있다.

이미지의 배치를 변경하기 위한 매커니즘은 파이프라인 방벽^{pipeline Barrier}, 혹은 그냥 방벽이라 불린다. 방벽은 단지 자원의 배치를 바꾸는 것만이 아닌 불칸 파이프라인의 다른 단계에 있거나 같은 장치에서 동시에 작동하는 다른 큐 들 간에 자원의 접근을 동기화 시킨다. 그러므로 파이프라인 방벽은 상당히 복잡하고 제대로 사용하기 어렵다. 파이프라인 방벽은 4장에서 일부 자세히 다루며, 또한 책의 관련된 절에서 설명될 것이다.

코드 2.4는 이미지 자원을 생성하는 단순한 예제이다.

코드 2.4 이미지 객체 생성

```
VkImage image = VK_NULL_HANDLE;
VkResult result = VK_SUCCESS;

static const
VkImageCreateInfo imageCreateInfo =
{
  VK_STRUCTURE_TYPE_IMAGE_CREATE_INFO, // sType
  nullptr,                             // pNext
  0,                                   // flags
  VK_IMAGE_TYPE_2D,                    // imageType
  VK_FORMAT_R8G8B8A8_UNORM,            // format
  { 1024, 1024, 1 },                   // extent
  10,                                  // mipLevels
  1,                                   // arrayLayers
  VK_SAMPLE_COUNT_1_BIT,               // samples
  VK_IMAGE_TILING_OPTIMAL,             // tiling
  VK_IMAGE_USAGE_SAMPLED_BIT,          // usage
  VK_SHARING_MODE_EXCLUSIVE,           // sharingMode
  0,                                   // queueFamilyIndexCount
  nullptr,                             // pQueueFamilyIndices
  VK_IMAGE_LAYOUT_UNDEFINED            // initialLayout
};
result = vkCreateImage(device, &imageCreateInfo, nullptr, &image);
```

코드 2.4의 코드에서 생성한 이미지는 1,024×1,024 텍셀의 2D 이미지로 단일 표본을 가지며, `VK_FORMAT_R8G8B8A8_UNORM` 형식과 최적 타일링을 사용한다. 코드는 이를 미정의된 배치로 생성하며, 이는 추후에 자료를 넣을 때 다른 배치로 옮길 수 있다는 것을 의미한다. 이미지는 셰이더에서 텍스처로 사용할 수 있기 위해 `VK_IMAGE_USAGE_SAMPLED_BIT`를 설정했다. 이 단순한 애플리케이션에서 단지 하나의 큐를 사용하였기에 공유 방식을 독점적으로 설정하였다.

선형 이미지

앞서 논의한 바와 같이, 두 가지 타일링 방식이 이미지 자원에서 가능하다. VK_IMAGE_TILING_LINEAR와 VK_IMAGE_TILING_OPTIMAL이다. VK_IMAGE_TILING_OPTIMAL 방식은 불투명한, 장치의 메모리 세부시스템의 이미지에 대한 읽기와 쓰기 연산에 대한 효율성을 증가시키기 위해 구현에서 정의한 배치다. 하지만 VK_IMAGE_TILING_LINEAR는 투명한 자료 배치로 명백하도록 의도되었다. 이미지의 픽셀은 왼쪽에서 오른쪽으로, 위에서 아래로 배치된다. 그러므로 자원이 사용하는 메모리에 연동하여 주 시스템이 직접 읽고 쓰는 것이 가능하다.

이미지의 너비, 높이, 깊이, 픽셀 형식에 추가로, 기저 이미지 자료에 대한 주 시스템의 접근을 활성화하기 위해 추가 정보가 필요하다. 바이트로 이미지의 각 행의 시작 사이의 거리인 이미지의 행 거리$^{row\ pitch}$와, 배열 레이어 사이의 거리인 배열 거리, 깊이 조각 사이의 거리인 깊이 거리가 있다. 물론 배열 거리와 깊이 거리는 각각 오직 배열이나 3D 이미지에서만 적용되며, 행 거리는 단지 2D와 3D 이미지에만 적용된다.

이미지는 보통 여러 세부 자원으로 구성된다. 일부 형식은 하나 이상의 측면^{aspect}을 가지며, 이는 깊이-스텐실 이미지의 깊이나 스텐실 같은 요소처럼 이미지의 요소를 나타낸다. 밉맵 단계와 배열 레이어는 또한 분리된 세부 자원으로 간주된다. 이미지 안의 각 세부 자원의 배치는 다를 수 있으며 그러므로 다른 배치 정보를 가진다. 이 정보는 vkGetImageSubresourceLayout()를 호출하여 질의할 수 있으며, 이의 원형은 다음과 같다.

```
void vkGetImageSubresourceLayout (
  VkDevice device,
  VkImage image,
  const VkImageSubresource* pSubresource,
  VkSubresourceLayout* pLayout);
```

질의되는 이미지를 소유한 장비는 device로 넘겨지며, 질의되는 이미지는 image에 넘겨진다. 세부자원의 설명은 VkImageSubresource 구조체의 인스턴스를 통해 전달되며, pSubresource 매개변수에 포인터로 전달된다.

VkImageSubresource의 정의는 다음과 같다.

```
typedef struct VkImageSubresource {
  VkImageAspectFlags aspectMask;
  uint32_t mipLevel;
  uint32_t arrayLayer;
} VkImageSubresource;
```

질의하고 싶은 이미지의 측면은 aspectMask에 설명되어 있다. 색 이미지에 대해서, 이는 VK_IMAGE_ASPECT_COLOR_BIT이며, 깊이, 스텐실, 깊이-스텐실 이미지에 대해서는 VK_IMAGE_ASPECT_DEPTH_BIT와 VK_IMAGE_ASPECT_STENCIL_BIT의 조합이 될 것이다. 매개변수가 반환될 밉맵 단계는 mipLevel에 설정되며, 배열 레이어는 arrayLayer에 설정된다. 일반적으로는 arrayLayer를 0으로 설정하는데, 이는 이미지의 매개변수가 레이어 간에 변화되지 않는다고 기대하기 때문이다.

vkGetImageSubresourceLayout()가 반환될 때, 세부 자원의 배치 매개변수를 pLayout이 가리키는 VkSubresourceLayout 구조체에 작성할 것이다. VkSubresourceLayout의 정의는 다음과 같다.

```
typedef struct VkSubresourceLayout {
  VkDeviceSize offset;
  VkDeviceSize size;
  VkDeviceSize rowPitch;
  VkDeviceSize arrayPitch;
  VkDeviceSize depthPitch;
} VkSubresourceLayout;
```

요청되는 세부 자원이 차지하는 메모리 영역의 크기는 size에 반환되며, 세부 자원이 시작되는 자원 안의 오프셋은 offset에 반환된다. rowPitch, arrayPitch, depthPitch 항목은 각각 행, 배열 레이어, 깊이 조각 거리를 나타낸다. 이 항목의 단위는 언제나 바이트 이며, 이미지의 픽셀 형식과 관계없다. 한 행의 픽셀은 언제나 단단하게 묶여 있다. 그림 2.2는 이미지의 메모리 배치를 이 매개변수가 어떻게 표현하는지를 보여준다. 이 그림에서, 유효한 이미지 자료는 회식 격자로 나타냈으며, 이미지 주변의 완충 지역은 빈 공간으로 나타냈다.

주어진 이미지의 메모리 배치가 LINEAR 타일링 방식이면, 간단히 이미지의 하나의 텍셀에 대한 메모리 주소를 계산할 수 있다. 이미지 자료를 LINEAR 타일된 이미지로 불러오는 것은 단순히 이미지의 스캔라인을 메모리의 적절한 위치로 불러오는 것이다. 많은 텍셀 형식과 이미지 차원에 대해서, 이미지의 행이 메모리에 단단히 묶여 있을 가능성이 높다. 이는 `VkSubresourceLayout` 구조체의 `rowPitch` 항목이 세부 자원의 너비와 같다는 것이다. 이 경우, 많은 이미지-로딩 라이브러리는 이미지를 이미지에 연동된 메모리에 직접 불러오는 것이 가능하다.

비선형 부호화

일부 불칸 이미지 형식이 SRGB를 이름에 포함하는 것을 눈치챘을 것이다. 이는 sRGB 색 부호화를 참조하는 것으로, 이는 CRT의 감마 곡선을 근사하는 데 사용되는 비선형 부호화이다. 비록 CRT가 더 이상 쓸모없지만, sRGB 부호화는 여전히 텍스처와 이미지 자료에 널리 사용되고 있다.

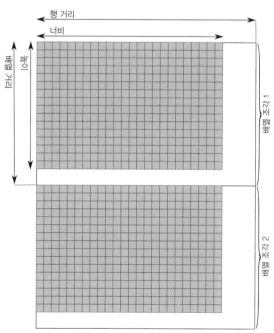

그림 2.2 LINEAR 타일링된 이미지의 메모리 배치

CRT가 생성한 빛 에너지의 양이 인광체를 활성화하는 전자선을 사용하는 사용한 전기적 에너지의 양과 비선형적이기에, 수치적 값이 선형적 증가가 빛 출력의 선형 증가를 생성하기 위해서는 색 신호에 역사상을 반드시 적용해야 한다. CRT로 인한 빛 출력의 양은 대략 다음과 같다.

$$L_{out} = V_{in}{}^{r}$$

NTSC TV 시스템(북미, 일부 남미, 일부 아시아에서 사용)에서의 표준 감마 값은 2.2이다. 반면 SECAM과 PAL 시스템(유럽, 아프리카, 호주, 아시아의 다른 지역에서 사용)에서는 2.8이다.

sRGB 곡선은 메모리의 선형 자료에 감마 보정을 r을 적용하여 이를 보정한다. 표준 sRGB 전송 함수는 순수 감마 곡선이 아니고 짧은 선형 부분 후에 이어서 굴절된 감마 보정 부분으로 구성된다. 선형에서 sRGB 공간으로 자료를 적용하는 함수는 다음과 같다.

```
if (cl >= 1.0)
{
  cs = 1.0;
}
else if (cl <= 0.0)
{
  cs = 0.0;
}
else if (cl < 0.0031308)
{
  cs = 12.92 * cl;
}
else
{
  cs = 1.055 * pow(cl, 0.41666) - 0.055;
}
```

sRGB에서 선형 공간으로 가기 위해서는 다음 변환이 처리된다.

```
if (cs >= 1.0)
{
  cl = 1.0;
}
else if (cs <= 0.0)
```

```
{
  cl = 0.0;
}
else if (cs <= 0.04045)
{
  cl = cs / 12.92;
}
else
{
  cl = pow((cs + 0.0555) / 1.055), 2.4)
}
```

두 코드 조각에서 cs는 sRGB 색 공간 값이며, cl은 선형 값이다. 그림 2.3은 단순한 감마=2.2 곡선과 표준 sRGB 변환 함수와의 비교를 보여준다. 그림에서 보듯이, sRGB 보정을 위한 곡선(위에 보이는)과 단순 승수 곡선(아래)은 거의 동일하다. 불칸 구현이 공식 정의를 사용하여 sRGB를 구현하기를 기대하지만, 만약 변환을 셰이더에서 수동으로 해야 한다면, 단순히 승수 함수를 통해서 많은 오류를 누적하지 않고 처리할 수 있다.

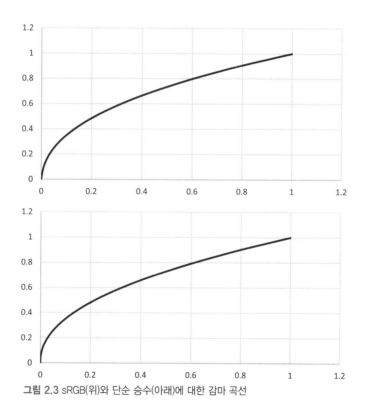

그림 2.3 sRGB(위)와 단순 승수(아래)에 대한 감마 곡선

sRGB 형식의 이미지를 렌더링할 때, 셰이더에서 생성한 선형 값은 이미지에 쓰기 전에 sRGB 부호화로 변환되어야 한다. sRGB 형식의 이미지에서 읽을 때, 셰이더에 돌려주기 전에 텍셀은 sRGB 형식에서 선형 공간으로 변환되어야 한다.

혼합과 보간은 언제나 선형 공간에서 일어나야 하기에 프레임 버퍼에서 읽은 자료는 우선 sRGB에서 선형 공간으로 변환한 뒤 선형 공간의 원 자료와 혼합하고, 최종 결과는 프레임 버퍼에 쓰기 전에 다시 sRGB 부호화로 돌아가야 한다.

sRGB 공간에서의 렌더링은 어두운 색에서 더 정밀하며 더 적은 밴딩 결함과 풍부한 색을 제공한다. 하지만, 고 명암비 렌더링을 포함하여 최고의 이미지 질을 위해서는 부동소수점 색 형식을 선택하여 선형 공간에서 렌더한 뒤, 화면에 표시하기 전에 최대한 늦게 sRGB로 변환한다.

압축된 이미지 형식

이미지 자원은 애플리케이션에서 장비 메모리에 가장 큰 소비자이기 쉽다. 이 이유로 인해서, 불칸은 이미지를 압축하는 기능을 제공한다. 이미지 압축은 애플리케이션에 두 가지 상당한 혜택을 제공한다.

- 애플리케이션이 사용하는 이미지 자원이 소모하는 메모리의 전체 양을 줄여준다.
- 해당 자원을 접근하는 동안 소모하는 전체 메모리 대역폭을 줄여준다.

불칸에서 현재 정의된 압축 이미지 형식은 모두 구획 압축block compressed 형식으로 알려져 있다. 이미지 안의 텍셀은 작은 정사각형이나 직사각형 구획 안에서 압축되어 독립적으로 압축 해제될 수 있다. 모든 형식은 손실이 있으며, 압축률은 JPEG이나 심지어 PNG 등과도 경쟁력이 없다. 하지만, 압축 해제가 빠르고 가벼워서 하드웨어에서 구현하기 쉬우며, 텍셀에 대한 임의 접근이 상대적으로 손쉽다.

다양한 압축 이미지 형식의 지원은 선택적이지만, 모든 불칸 구현은 최소한 한 형식 계열은 지원하도록 요구된다. 어떤 압축 형식 계열을 지원하는지 결정하는 것은 vkGetPhysicalDeviceProperties() 호출의 결과로 얻어진 장치의 VkPhysicalDeviceFeatures 구조체의 다양한 항목을 확인하여 가능하다.

textureCompressionBC가 만약 VK_TRUE이면, 장치에서는 BC 형식으로도 알려진 구획 압축 형식을 지원한다. BC 계열은 다음을 포함한다.

- BC1: VK_FORMAT_BC1_RGB_UNORM_BLOCK, VK_FORMAT_BC1_RGB_SRGB_BLOCK, VK_FORMAT_BC1_RGBA_UNORM_BLOCK, VK_FORMAT_BC1_RGBA_SRGB_BLOCK 형식으로 구성되어 있으며, BC1은 이미지를 4×4 텍셀 구획으로 부호화하며, 각 구획은 64비트 양으로 표현된다.

- BC2: VK_FORMAT_BC2_UNORM_BLOCK와 VK_FORMAT_BC2_SRGB_BLOCK로 구성되어 있으며, BC2는 이미지를 4×4 텍셀 구획으로 부호화하며, 각 구획이 128비트 양으로 표현된다. BC2는 언제나 알파 채널을 가진다. RGB 채널의 부호화는 BC1 RGB 형식과 동일하며, 알파는 BC1 부호화된 RGB 자료 이전에 두 번째 64비트 영역에 텍셀 당 4비트로 저장된다.

- BC3: VK_FORMAT_BC3_UNORM_BLOCK와 VK_FORMAT_BC3_SRGB_BLOCK로 구성되어 있으며, 4×4 텍셀 구획으로 부호화되며 각 구획은 128비트를 차지한다. 첫 64비트 양은 압축된 알파 값을 저장하며, 관련된 알파 자료가 BC2보다 더 높은 정밀도를 가진다. 두 번째 64비트 양은 BC1과 비슷한 형태로 압축된 색 자료를 저장한다.

- BC4: VK_FORMAT_BC4_UNORM_BLOCK와 VK_FORMAT_BC4_SRGB_BLOCK는 한 채널 형식을 나타내며, 역시 4×4 텍셀 구획으로 부호화되며, 각 구획은 64비트를 차지한다. 한 채널 자료의 부호화는 본질적으로 BC3 이미지의 알파 채널과 동일하다.

- BC5: VK_FORMAT_BC5_UNORM_BLOCK와 VK_FORMAT_BC5_SRGB_BLOCK로 구성되며, BC5 계열은 두 채널 형식으로, 각 4×4 구획은 본질적으로 두 개의 BC4 구획이 붙어 있는 것이다.

- BC6: `VK_FORMAT_BC6H_SFLOAT_BLOCK`와 `VK_FORMAT_BC6H_UFLOAT_BLOCK` 형식은 각각 부호가 있거나 없는 부동소수점 압축 형식이다. 각 4×4 구획의 RGB 텍셀은 128비트로 저장된다.

- BC7: `VK_FORMAT_BC7_UNORM_BLOCK`와 `VK_FORMAT_BC7_SRGB_BLOCK`는 4 × 4 RGBA 텍셀 자료의 구획이 128비트로 저장되었다.

만약 `VkPhysicalDeviceFeatures`의 `textureCompressionETC2`가 `VK_TRUE`이면, 장치는 ETC 형식을 지원하며, ETC2와 EAC도 포함한다. 이 계열에 포함되는 형식은 다음과 같다.

- `VK_FORMAT_ETC2_R8G8B8_UNORM_BLOCK`와 `VK_FORMAT_ETC2_R8G8B8_SRGB_BLOCK`: 4×4 구획의 RGB 텍셀이 64비트 압축 자료에 저장된 무부호 형식이다.

- `VK_FORMAT_ETC2_R8G8B8A1_UNORM_BLOCK`와 `VK_FORMAT_ETC2_R8G8B8A1_SRGB_BLOCK`: 4 × 4 구획이 RGB 텍셀과 텍셀 당 1비트 알파 값이 64비트 압축 자료에 저장된다.

- `VK_FORMAT_ETC2_R8G8B8A8_UNORM_BLOCK`와 `VK_FORMAT_ETC2_R8G8B8A8_SRGB_BLOCK`: 각 4×4 텍셀 구획은 128비트 양으로 표현된다. 각 텍셀은 4 채널을 가진다.

- `VK_FORMAT_EAC_R11_UNORM_BLOCK`와 `VK_FORMAT_EAC_R11_SNORM_BLOCK`: 무부호와 부호 단일 채널 형식으로 각 4×4 텍셀 구획이 64비트 양으로 표현된다.

- `VK_FORMAT_EAC_R11G11_UNORM_BLOCK`와 `VK_FORMAT_EAC_R11G11_SNORM_BLOCK`: 무부호와 부호 있는 두 채널 형식으로 각 4×4 텍셀 구획이 64비트 양으로 표현된다.

최종 계열은 ASTC 계열이다. `VkPhysicalDeviceFeatures`의 구성원인 `textureCompressionASTC_LDR`가 `VK_TRUE`이면, 장비는 ASTC 형식을 지원한다. 모든 BC와 ETC 계열의 경우 구획 크기가 4×4 텍셀로 고정되지만, 형식에 따라서 텍셀 형식과 압축된 자료를 저장하는 비트 수는 변할 수 있다.

ASTC는 구획당 비트의 수는 항상 128이고 모든 ASTC 형식은 네 채널이다. 하지만 텍셀의 구획 크기는 변할 수 있다. 다음의 구획 크기가 지원된다.

4 × 4, 5 × 4, 5 × 5, 6 × 5, 6 × 6, 8 × 5, 8 × 6, 8 × 8, 10 × 5, 10 × 6, 10 × 8, 10× 10, 12 × 10, 12 × 12

ASTC 형식의 표시 이름 형식은 K_FORMAT_ASTC_{N}x{M}_{encoding}_BLOCK으로 되어 있으며, {N}과 {M}이 구획의 너비와 높이를 나타내며, {encoding}은 자료가 선형으로 부호화되었는지 아니면 sRGB로 부호화되었는지에 따라서 UNORM이나 SRGB이다. 예를 들어, VK_FORMAT_ASTC_8x6_SRGB_BLOCK은 RGBA ASTC 압축 형식으로 8 × 6 구획을 가진 sRGB 부호화 자료이다.

SRGB를 포함한 모든 형식에서, R, G, B 채널만 비선형 부호화를 사용한다. A 채널은 항상 선형 부호화를 사용한다.

자원 시야

버퍼와 이미지는 불칸에서 지원하는 두 가지 주요 자원 형이다. 두 자원 형을 생성하는 것에 추가하여, 존재하는 자원을 분할하거나 내용물을 재해석하고, 다양한 용도로 사용하기 위해서 시야^{view}를 생성할 수 있다. 버퍼의 시야는 버퍼 객체의 일부를 표시하며, 버퍼 시야로 알려져 있고, 이미지의 시야는 형식을 다르게 하거나 다른 이미지의 부분 자원을 표시할 수 있으며, 이미지 시야로 알려져 있다.

버퍼나 이미지의 시야가 생성될 수 있기 전에, 부모 객체를 메모리에 연결해야 한다.

버퍼 시야

버퍼 시야는 특정 형식으로 버퍼 안의 자료를 해석하는 데 사용된다. 버퍼 안의 순수 자료는 텍셀의 연속으로 간주되며, 이는 텍셀 버퍼 시야로 알려져 있다. 텍셀 버퍼 시야는 셰이더에서 직접 접근이 가능하고, 불칸은 자동으로 버퍼 안의 텍셀을 셰이더가 기대하는 텍셀로 변환한다. 이 기능의 한 가지 사용 예는 정점 셰이더에서 정점의 특성을 정점 버퍼를 사용하지 않고 텍셀 버퍼를 직접 읽어서 얻어내는 것이다. 이는 더 제한적이긴 하지만, 버퍼 안의 자료에 대한 임의 접근을 가능하게 한다.

버퍼 시야를 생성하기 위해서 vkCreateBufferView()를 호출하며, 함수 원형은 다음과 같다.

```
VkResult vkCreateBufferView (
  VkDevice device,
  const VkBufferViewCreateInfo* pCreateInfo,
  const VkAllocationCallbacks* pAllocator,
  VkBufferView* pView);
```

새로운 시야를 생성하는 장치는 device에 전달된다. 이는 시야를 생성하는 버퍼를 생성한 장치와 같은 장치여야 한다. 새 시야의 남은 매개변수는 VkBufferViewCreateInfo 구조체의 인스턴스에 대한 포인터로 전달되며, 정의는 다음과 같다.

```
typedef struct VkBufferViewCreateInfo {
  VkStructureType sType;
  const void* pNext;
  VkBufferViewCreateFlags flags;
  VkBuffer buffer;
  VkFormat format;
  VkDeviceSize offset;
  VkDeviceSize range;
} VkBufferViewCreateInfo;
```

VkBufferViewCreateInfo의 sType 항목은 VK_STRUCTURE_TYPE_BUFFER_VIEW_CREATE_INFO으로 설정돼야 하며, pNext는 nullptr로 설정해야 한다. flags 항목은 예비이며 0으로 설정돼야 한다. 부모 버퍼는 buffer에 설정돼야 한다. 새 시야는 부모 버퍼의 윈도우가 되며 offset 바이트에서 시작해서 range 바이트까지 범위를 가진다. 텍셀 버퍼로 연결될 경우, 버퍼 안의 자료는 format으로 설정된 형식을 가진 텍셀의 연속으로 해석된다.

텍셀 버퍼에 저장될 수 있는 텍셀의 최대 수는 VkPhysicalDeviceLimits 구조체의 maxTexelBufferElements 항목을 조사해서 알 수 있으며, 이는

`vkGetPhysicalDeviceProperties()`를 호출해서 얻을 수 있다. 만약 버퍼가 텍셀 버퍼로 사용된다면, range를 fomat의 텍셀 크기로 나누면 반드시 이 한도 보다 작거나 같아야 한다. `maxTexelBufferElements`는 최소 65,536개로 보장되며, 그러므로 이보다 적은 텍셀을 가지고 생성할 때는 이 한계를 질의할 필요가 없다.

부모 버퍼는 반드시 생성 시 사용되는 `VkBufferCreateInfo`의 usage 항목에 `VK_BUFFER_USAGE_UNIFORM_TEXEL_BUFFER_BIT`나 `VK_BUFFER_USAGE_STORAGE_TEXEL_BUFFER_BIT` 플래그를 가지고 생성되어야 한다. 해당 형식은 `vkGetPhysicalDeviceFormatProperties()`가 보고한 것처럼 `VK_FORMAT_FEATURE_UNIFORM_TEXEL_BUFFER_BIT`, `VK_FORMAT_FEATURE_STORAGE_TEXEL_BUFFER_BIT`, `VK_FORMAT_FEATURE_STORAGE_TEXEL_BUFFER_ATOMIC_BIT`를 반드시 지원해야 한다.

성공 시에 `vkCreateBufferView()`는 새로 생성된 버퍼 시야의 핸들을 `pView`가 가리키는 변수에 배치한다. 만약 `pAllocator`가 `nullprt`가 아니면, `VkAllocationCallbacks`에서 설정한 할당 콜백이 어떤 주 시스템 메모리에서 새 객체에 요구되는 메모리를 할당하는 데 사용된다.

이미지 시야

많은 경우, 이미지 자원은 직접 사용될 수 없으며, 자원 자체가 포함한 것보다 많은 정보가 필요하기 때문이다. 예를 들어, 이미지 자원을 프레임 버퍼의 첨부로 직접 사용하거나 이미지를 셰이더에서 표본화하기 위해 서술자 집합으로 연결할 수 없다. 이 추가적인 요구사항을 만족시키기 위해서, 반드시 이미지 시야를 생성해야 하며, 이는 본질적으로 특성의 집합과 부모 이미지 자원에 대한 참조이다.

이미지 시야는 존재하는 이미지의 전체나 부분을 다른 형식으로 볼 수 있게 한다. 부모 이미지의 결과 시야는 반드시 부모와 같은 차원을 가져야 하며, 부모의 배열 레이어나 밉맵 단계의 부분 집합만 시야에 포함되어도 마찬가지다. 또한 부모와 자식 이미지의 형식은 반드시 호환 가능해야 하며, 이는 일반적으로 자료 형식이 완전히 다르거나 심지어 채널의 수가 다른 경우에도 픽셀 당 같은 비트 수를 가지는 것을 의미한다.

기존 이미지의 새로운 시야를 생성하기 위해, vkCreateImageView()를 호출하며, 함수 원형은 다음과 같다.

```
VkResult vkCreateImageView (
  VkDevice device,
  const VkImageViewCreateInfo* pCreateInfo,
  const VkAllocationCallbacks* pAllocator,
  VkImageView* pView);
```

새 시야를 생성하는 데 사용된 장치는 부모 이미지를 소유해야 하며 device에서 설정된다. 새 시야를 생성하는 데 사용되는 남은 매개변수는 VkImageViewCreateInfo 구조체의 인스턴스를 통해 전달되며, 이는 pCreateInfo에 포인터로 전달된다. VkImageViewCreateInfo의 정의는 다음과 같다.

```
typedef struct VkImageViewCreateInfo {
  VkStructureType sType;
  const void* pNext;
  VkImageViewCreateFlags flags;
  VkImage image;
  VkImageViewType viewType;
  VkFormat format;
  VkComponentMapping components;
  VkImageSubresourceRange subresourceRange;
} VkImageViewCreateInfo;
```

VkImageViewCreateInfo의 sType 항목은 VK_STRUCTURE_TYPE_IMAGE_VIEW_CREATE_INFO로 설정돼야 하며, pNext는 nullptr로 설정돼야 한다. Flags 항목은 추후 사용을 위해 예비되었으며 0으로 설정된다.

새 시야를 생성하는 부모 이미지는 image에 설정된다. 생성하는 시야의 종류는 viewType에 설정된다. 시야 종류는 반드시 부모의 이미지 형과 호환 가능해야 하며 VkImageViewType 열거형의 소속원이어야 하고, 이는 부모 이미지를 생성하는 데 사용된 VkImageType 열거형보다 커야 한다. 이미지 시야 형은 다음과 같다.

- VK_IMAGE_VIEW_TYPE_1D, VK_IMAGE_VIEW_TYPE_2D, VK_IMAGE_VIEW_TYPE_3D 은 일반적인 1D, 2D, 3D 이미지 형이다.

- VK_IMAGE_VIEW_TYPE_CUBE와 VK_IMAGE_VIEW_TYPE_CUBE_ARRAY는 큐브맵과 큐브맵 배열 이미지다.

- VK_IMAGE_VIEW_TYPE_1D_ARRAY와 VK_IMAGE_VIEW_TYPE_2D_ARRAY는 1D와 2D 배열 이미지다.

모든 이미지가 단지 하나의 레이어만 가지고 있어도 본질적으로 배열 이미지로 고려되는 것을 기억하자. 부모 이미지의 하나의 레이어만 참조하는 배열이 아닌 시야를 생성하는 것이 가능하다는 것이다.

새 시야의 형식은 format에 설정된다. 이는 반드시 부모 이미지와 호환되는 형식이어야 한다. 일반적으로, 만약 두 형식이 같은 픽셀 당 비트 수를 가지면, 이들은 호환 가능하다고 고려된다. 만약 둘 중 한 형식이 구획 압축 이미지 형식이라면, 다음 두 가지 중 하나는 반드시 참이어야 한다.

- 만약 두 이미지가 압축 형식이면, 구획당 비트 수가 같아야 한다.

- 만약 하나가 압축되었고 다른 하나는 비압축이면, 압축 이미지의 구획당 비트 수는 반드시 비압축 이미지의 텍셀 당 비트 수와 같아야 한다.

압축된 이미지의 비압축 시야를 생성하여, 순수 자료나 압축 자료에 대한 접근이 가능하며, 셰이더에서 압축된 자료를 이미지에 쓰거나 압축된 자료를 애플리케이션에서 직접 해석이 가능해진다. 모든 구획 압축 형식은 구획을 64비트나 128비트 양을 가지며, 압축되지 않은 단일 채널 64비트나 128비트 이미지 형식은 없다. 압축된 이미지를 비압축된 형식으로 보면, 테셀 당 같은 수의 비트를 가진 비압축 형식을 선택하여 셰이더에서 다른 이미지 채널에서의 비트를 합쳐서 압축된 자료에서 개별 항목을 뽑아낼 수 있다.

시야에서의 요소 순서는 부모와 다를 수 있다. 이는 예를 들어 BGRA 형식 이미지의 RGBA 시야를 생성할 수 있다는 것이다. 이 재사상은 VkComponentMapping의 인스턴스를 사용해서 가능하며, 이의 정의는 단순히 다음과 같다.

```
typedef struct VkComponentMapping {
  VkComponentSwizzle r;
  VkComponentSwizzle g;
  VkComponentSwizzle b;
  VkComponentSwizzle a;
} VkComponentMapping;
```

VkComponentMapping의 각 구성원은 자식 사양에서 얻는 결과 텍셀을 채우는
데 사용하는 부모 이미지의 자료의 원천을 설정한다. VkComponentSwizzle 열거형
의 구성원은 다음과 같다.

- VK_COMPONENT_SWIZZLE_R, VK_COMPONENT_SWIZZLE_G, VK_COMPONENT_
  SWIZZLE_B, VK_COMPONENT_SWIZZLE_A는 원 자료가 각각 부모 이미지의 R, G,
  B, A에서 읽어야 한다는 것을 알려준다.

- VK_COMPONENT_SWIZZLE_ZERO와 VK_COMPONENT_SWIZZLE_ONE는 자식 이미지의
  자료가 부모 이미지의 대응하는 채널에서 읽어야 한다는 것을 의미한다.

- VK_COMPONENT_SWIZZLE_IDENTITY의 수치적 값이 0이므로, 단순히 전체
  VkComponentMapping 구조체를 0으로 설정하면 자식과 부모 이미지 간에 동
  일 연동이 이루어진다.

자식 이미지는 부모 이미지의 부분 집합이다. 이 세부 집합은 VkImageSubre
sourceRange 구조체 안의 subresourceRange를 사용해서 설정한다. VkImageSubre
sourceRange의 정의는 다음과 같다.

```
typedef struct VkImageSubresourceRange {
  VkImageAspectFlags aspectMask;
  uint32_t baseMipLevel;
  uint32_t levelCount;
  uint32_t baseArrayLayer;
  uint32_t layerCount;
} VkImageSubresourceRange;
```

aspectMask 항목은 방벽으로 영향받는 이미지의 측면을 설정하는
VkImageAspectFlagBits의 구성원으로 설정되는 비트 필드다. 일부 이미지 형은
하나 초과의 논리 부분을 가지며, 심지어 자료 그 자체가 건너 뛰거나 다르게 연

관되었을 때도 그렇다. 이의 예는 깊이-스텐실 이미지로, 이는 깊이 요소와 스텐실 요소를 둘 다 가진다. 두 요소의 각각은 자체로 분리된 이미지로 볼 수 있으며, 이 세보이미지는 측면으로 알려져 있다. aspectMask에 포함될 수 있는 플래그는 다음과 같다.

- VK_IMAGE_ASPECT_COLOR_BIT: 이미지의 색 부분이다. 이는 색 이미지의 오로지 색 측면만이다.
- VK_IMAGE_ASPECT_DEPTH_BIT: 깊이-스텐실 이미지의 깊이 측면이다.
- VK_IMAGE_ASPECT_STENCIL_BIT: 깊이-스텐실 이미지의 스텐실 측면이다.
- VK_IMAGE_ASPECT_METADATA_BIT: 이미지와 관련된 상태를 추적하거나 사용될 수 있는 어떤 추가적인 정보이며, 예를 들면 다양한 압축 기술 등이다.

부모 이미지에서 새로운 시야를 생성할 경우, 시야는 단지 부모 이미지의 한 측면만 참조 가능하다. 아마도 이의 가장 흔한 사용 예는 깊이 전용 혹은 스텐실 전용 시야를 깊이-스텐실 형식 이미지에서 생성하는 것이다.

부모의 밉 연속의 부분 집합에만 대응하는 새 이미지 시야를 생성하기 위해, baseMipLevel와 levelCount로 시야가 시작하는 곳과 얼마나 많은 밉 단계를 포함하는지를 설정할 수 있다. 만약 부모 이미지가 밉맵을 가지지 않으면, 이 항목은 0과 1로 각각 설정돼야 한다.

비슷하게, 부모의 배열 레이어의 부분 집합의 이미지 시야를 생성하기 위해서, baseArrayLayer와 layerCount 항목을 사용하여 각각 시작 레이어와 레이어의 수를 설정해야 한다. 또다시, 만약 부모 이미지가 배열 이미지가 아니면, baseArrayLayer는 0으로, layerCount는 1로 설정해야 한다.

이미지 배열

정의된 이미지 형(VkImageType)은 오직 VK_IMAGE_TYPE_1D, VK_IMAGE_TYPE_2D, VK_IMAGE_TYPE_3D를 포함하며, 이는 각각 1D, 2D, 3D 이미지를 생성하는 데 사용할

수 있다. 하지만, 각각의 x, y, z 차원의 크기에 추가해서, 모든 이미지는 레이어 수를 가지며, VkImageCreateInfo 구조체의 arrayLayers 항목에 들어 있다.

이미지는 배열로 합쳐질 수 있으며, 배열 이미지의 각 요소는 레이어로 알려져 있다. 배열 이미지는 이미지가 하나의 객체로 묶일 수 있게 해주며, 같은 배열 이미지의 다중 레이어에서의 표본화는 여러 떨어진 배열 객체에서의 표본화보다 보통 더 성능이 좋다. 모든 불칸 이미지가 layerCount 항을 가지므로, 이들은 모두 이론적으로는 배열 이미지다. 하지만 실제로는, layerCount가 1 초과인 이미지만 배열 이미지로 부른다.

이미지의 시야가 생성될 때, 시야는 배열인지 비배열인지를 명시화해야 한다. 비배열 시야는 한 레이어만 가지며 배열 시야는 다중 레이어를 가진다. 비배열 시야에서의 표본화는 배열 이미지의 하나의 레이어에서의 표본화보다 더 잘 동작할 수 있으며, 단순히 장치가 더 적은 간접 참조와 매개변수 색인이 필요하기 때문이다.

1D 배열 텍스처는 개념적으로 2D 텍스처와 다르며, 2D 배열 텍스처는 3D 텍스처와 다르다. 주요 차이는 2D 텍스처는 y 방향의 선형 필터링이 가능하고, 3D 텍스처는 z 방향의 선형 필터링이 가능하지만, 배열 이미지에서 다중 레이어 사이에서는 필터링이 수행되지 않는다. VkImageViewType에 포함된 3D 배열 이미지 시야 형은 없으며, 대부분의 불칸 구현이 arrayLayers항이 1보다 큰 3D 이미지를 생성하는 것을 허용하지 않는 것을 기억하자.

이미지 배열에 추가하여, 큐브맵은 6개의 레이어의 배열 이미지가 상자의 각 면으로 해석되게 해주는 특별한 이미지 형이다. 상자 모양의 방의 중간에 서있는 것을 상상해보자. 방은 4개의 벽과, 바닥, 그리고 천장이 있다. 왼쪽과 오른쪽은 음과 양의 X방향으로 간주 되고, 뒤와 앞은 음과 양의 Z방향, 바닥과 천장은 음과 양의 Y방향으로 간주된다. 이 면들은 종종 -X, +X, -Y, +Y, -Z, +Z 면으로 표기된다. 이는 큐브맵의 6개의 면으로 6개의 연속 배열 레이어 역시 이 순서로 해석된다.

큐브맵은 3D 좌표를 사용해서 표본화된다. 이 좌표는 큐브맵의 중앙에서 밖으로 향하는 벡터로 해석되며, 큐브맵에서 표본화된 점은 해당 벡터가 큐브와 만나는 점이다. 다시 큐브맵 방으로 돌아가서 레이저 포인터를 가지고 있다고 생각하자. 레이저를 다른 방향에 지향할 때, 벽이나 천장의 점에서의 텍스처 자료가 추출된다.

그림 2.4는 이를 시각화한다. 그림에서 보듯이, 큐브맵은 부모 텍스처에서 6개의 연속 인자의 선택으로 생성된다. 큐브맵 시야를 생성하려면, 일단 최소 6개의 면을 가진 2D 배열 이미지를 생성해야 한다. VkImageCreateInfo 구조체의 imageType 항은 VK_IMAGE_TYPE_2D로 설정돼야 하며 arrayLayers 항은 최소 6이어야 한다. 부모 배열의 레이어 수는 6의 배수일 필요는 없으나, 최소 6이어야 한다.

부모 이미지의 VkImageCreateInfo 구조체의 flags 항은 반드시 VK_IMAGE_CREATE_CUBE_COMPATIBLE_BIT가 설정돼야 하며, 이미지는 반드시 정사각형이어야 한다(상자의 면이 정사각형이기 때문에).

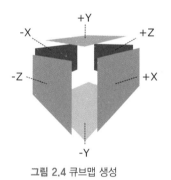

그림 2.4 큐브맵 생성

다음으로, 2D 부모 배열에 대한 시야를 생성하는 데, 일반 2D (배열) 이미지 시야가 아닌, 큐브맵 시야를 생성한다. 이를 위해서 시야를 생성하는 데 사용한 VkImageViewCreateInfo 구조체에서 사용한 viewType 항목을 VK_IMAGE_VIEW_TYPE_CUBE로 설정해야 한다. subresourceRange 항목에서, baseArrayLayer와 layerCount 항목은 배열의 어디서 큐브맵이 시작하는지를 결정한다. 단일 큐브를 생성하기 위해서는 layerCount를 6으로 설정해야 한다.

배열의 첫 요소(baseArrayLayer 항목에 설정한 색인에 있는)는 -X 면이 되며, 다음 다섯 레이어는 순서대로 +X, -Y, +Y, -Z, +Z가 된다.

큐브맵은 또한 자체로 배열을 형성할 수 있다. 이는 단순히 여섯 면의 정수 곱의 연속으로, 각 여섯 모임이 개별 큐브를 형성한다. 큐브맵 배열 이미지를 생성하기 위해서, VkImageViewCreateInfo의 viewTYpe 항목을 VK_IMAGE_VIEW_TYPE_CUBE_ARRAY로 설정하고, layerCount를 6의 배수로 설정한다. 배열 안의 큐브의 개수는 그러므로 배열의 layerCount를 6으로 나눈 값이 된다. 부모 이미지의 배열의 수는 반드시 최소한 큐브맵 시야에서 참조되는 수의 레이어보다 같거나 커야 한다.

자료가 큐브맵이나 큐브맵 배열 이미지에 배치될 경우, 배열 이미지와 동일하게 취급된다. 각 배열 레이어는 연속적으로 배치되며, vkCmdCopyBufferToImage() 같은 명령어(4장에서 다룬다)는 이미지에 쓰는 데 사용된다. 이미지는 색 첨부로 결속되어 렌더링 된다. 레이어 렌더링을 사용하여, 한번의 그리기 명령어로 큐브맵의 여러 면을 그릴 수도 있다.

자원 소멸

버퍼, 이미지, 다른 자원들에 대해서 처리가 끝나면, 깨끗하게 소멸시키는 것이 중요하다. 자원을 소멸하기 전에, 반드시 더 이상 사용되지 않고 이에 접근하는 작업이 대기하고 있지 않아야 한다. 이 부분에 대해서 확실해 지면, 적절한 소멸 함수를 호출하여 자원을 소멸시킬 수 있다. 버퍼 자원을 없애기 위해서 vkDestroyBuffer()를 호출하며, 함수 원형은 다음과 같다.

```
void vkDestroyBuffer (
  VkDevice device,
  VkBuffer buffer,
  const VkAllocationCallbacks* pAllocator);
```

버퍼 객체를 소유하는 장치는 device에 설정되며, 버퍼 객체에 대한 핸들은 buffer에 설정돼야 한다. 만약 주 시스템 메모리 할당자가 버퍼 객체를 생성하는 데 사용되면, 호환 가능한 할당자가 pAllocator에 설정돼야 한다. 그렇지 않으면 pAllocator는 nullptr로 설정해야 한다.

다른 시야가 존재하는 버퍼 객체를 소멸하는 것이 해당 시야들도 무효화하는 것을 기억하자. 시야 객체는 반드시 명시적으로 소멸되어야 하지만, 소멸된 버퍼에 대한 시야에 접근하는 것은 적법하지 않다. 버퍼 시야를 소멸하기 위해서, vkDestroyBufferView()를 호출해야 하며, 함수 원형은 다음과 같다.

```
void vkDestroyBufferView (
  VkDevice device,
  VkBufferView bufferView,
  const VkAllocationCallbacks* pAllocator);
```

다시 device는 시야를 소유한 장치에 대한 핸들이며, bufferView는 소멸되는 시야에 대한 핸들이다. pAllocator는 시야를 생성하는 데 사용된 주 메모리 할당자와 호환되는 할당자를 가리키거나, 시야를 생성하는 데 할당자를 사용하지 않았을 경우 nullptr로 설정해야 한다.

이미지의 소멸은 버퍼의 경우와 거의 동일하다. 이미지 객체를 소멸시키기 위해, vkDestroyImage()를 호출하며, 이의 함수 원형은 다음과 같다.

```
void vkDestroyImage (
  VkDevice device,
  VkImage image,
  const VkAllocationCallbacks* pAllocator);
```

device는 소멸되는 이미지를 소유한 장치이며, image는 이미지에 대한 핸들이다. 다시, 만약 주 시스템 할당자가 원 이미지를 생성하는 데 사용되었다면, 이와 호환되는 pAllocator를 가리켜야 한다. 그렇지 않으면 pAllocator는 nullptr이다.

버퍼와 같이, 이미지를 소멸하면 그 이미지의 모든 시야를 무효화한다. 이미 소멸된 이미지의 시야를 접근하는 것은 적법하지 않다. 해당 시야에 대해서 할 수 있는 것은 소멸시키는 것뿐이다. 이미지 시야를 소멸시키는 것은 vkDestroyImageView()를 통해서 처리되며, 함수 원형은 다음과 같다.

```
void vkDestroyImageView (
  VkDevice device,
  VkImageView imageView,
  const VkAllocationCallbacks* pAllocator);
```

예상한 것과 같이, device는 소멸되는 시야를 가진 장치이며, imageView는 해당 시야에 대한 핸들이다. 이제까지 언급한 다른 소멸 함수와 같이 pAllocator는 시야를 생성한 것과 호환되는 할당자이거나, 할당자가 사용되지 않았으면 nullptr 이다.

❖ 장치 메모리 관리

불칸 장치가 자료에서 처리를 할 때, 자료는 반드시 장치 메모리에 저장되어야 한다. 이는 장치에서 접근하는 메모리이다. 불칸 시스템은 네 가지 계층의 메모리가 있다. 일부 시스템은 단지 이 중 부분 집합만을 가지며, 일부는 단지 두 가지만 가진다. 주어진 주 시스템(애플리케이션이 수행되는 처리 장치)와 장치(불칸 명령어를 수행하는 처리 장치)에서, 각각에 분리된 물리적으로 부착된 메모리가 있을 수 있다. 추가적으로, 각 처리 장치에 붙어 있는 물리 메모리의 부분 영역에서 다른 처리 장치들에서 접근이 가능할 수 있다.

일부 경우에서 공유된 메모리의 보이는 영역은 상대적으로 작으며, 다른 경우 실제로 하나의 물리적 메모리 조각만 가지고 주 시스템과 장치가 공유될 수 있다. 그림 2.5는 물리적으로 분리된 메모리를 가진 주 시스템과 장치에서 어떻게 메모리가 연결되는지를 보여준다.

장치에서 접근 가능한 어떤 메모리는 장치 메모리라고 불리며, 이는 물리적으로 주 시스템에 부착된 메모리에도 해당된다. 이 경우, 주 시스템의 지역 장치 메모리이다. 이는 malloc이나 new 같은 함수로 정규 메모리를 할당하는 주 시스템 메모리와 분리된다. 장치 메모리도 주 시스템에서 연결을 통해서 접근 가능하다.

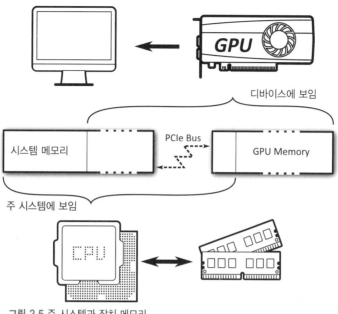

그림 2.5 주 시스템과 장치 메모리

전형적인 구분된 GPU는 PCI-Express 슬롯에 끼우는 추가 카드로서 해당 회로판에 물리적으로 부착된 일정 크기의 전용 메모리가 존재한다. 이 메모리의 일부는 장치만이 접근 가능하며, 일부는 윈도우의 형태를 통해서 주 시스템에서 접근이 가능하다. 추가적으로, GPU가 주 시스템 메모리의 일부나 전부를 접근할 수 있다. 이런 메모리 풀은 주 시스템에서 힙으로 보여지며, 메모리는 다양한 메모리 형을 통해서 이런 힙들로 연결된다.

다른 면에서는 전형적인 내장 GPU(임베디드 시스템, 모바일 기기, 랩탑 처리 장치 등에서 찾을 수 있는)는 메모리 조정장치와 세부 시스템을 주 시스템 처리 장치와 공유할 수 있다. 이 경우 주 시스템 메모리에 접근은 일관성이 있으며 장치는 더 적은 힙(아마도 단지 한 개)을 노출하게 된다. 이는 통합 메모리 아키텍처로 여겨진다.

장치 메모리 할당

장치 메모리 할당은 VkDeviceMemory 객체로 표현되며, vkAllocateMemory() 함수를 사용해서 생성되고, 함수 원형은 다음과 같다.

```
VkResult vkAllocateMemory (
  VkDevice device,
  const VkMemoryAllocateInfo* pAllocateInfo,
  const VkAllocationCallbacks* pAllocator,
  VkDeviceMemory* pMemory);
```

이 장치는 device에 전달된 메모리를 사용하게 된다. pAllocateInfo는 할당이 성공적일 경우 새 장치 메모리 객체를 pMemory가 가리키는 변수에 저장한다. pAllocateInfo는 VkMemoryAllocateInfo의 인스턴스를 가리키며, 정의는 다음과 같다.

```
typedef struct VkMemoryAllocateInfo {
  VkStructureType sType;
  const void* pNext;
  VkDeviceSize allocationSize;
  uint32_t memoryTypeIndex;
} VkMemoryAllocateInfo;
```

이는 단지 크기와 할당에 사용된 메모리 형만 가지는 단순한 구조체이다. sType은 VK_STRUCTURE_TYPE_MEMORY_ALLOCATE_INFO로 설정되며, pNext는 사용되는 확장이 할당에 대해서 더 많은 정보를 요구하지 않는 이상 nullptr로 설정한다. 할당의 크기는 allocationSize로 전달되며 바이트로 측정된다. 메모리 형은 memoryTypeIndex로 전달되며, 1장의 '물리 장치 메모리'에서 설명한 것과 같이 vkGetPhysicalDeviceMemoryProperties()의 호출에서 반환된 메모리 형 배열의 색인이다.

한 번 장치 메모리를 할당하면, 버퍼나 이미지 같은 자원을 저장하는 데 사용할 수 있다. 불칸은 장치 메모리를 장치 객체의 다른 형, 내부 할당과 자료 구조, 임시 저장소 등 다른 용도로 사용할 수 있다. 이 할당은 불칸 드라이버가 관리하며 이는 구현에 따라서 요구사항이 매우 다양하게 바뀌기 때문이다.

한 번 메모리를 할당하고 나면, 해제를 해야 한다. 이를 위해서 vkFreeMemory()를 호출하며, 함수 원형은 다음과 같다.

```
void vkFreeMemory (
    VkDevice device,
    VkDeviceMemory memory,
    const VkAllocationCallbacks* pAllocator);
```

vkFreeMemory()는 memory에 직접 메모리 객체를 받는다. 해제 전에 메모리 객체를 사용할 수 있는 작업이 장치에 쌓여 있지 않게 보장하는 것은 제작자의 책임이다. 불칸은 이를 추적해주지 않는다. 만약 장치가 해제한 뒤에 메모리를 접근하려고 하면, 결과는 예상할 수 없으며 쉽게 애플리케이션을 죽일 수 있다.

더욱이, memory에 대한 접근은 외부적으로 동기화되어야 한다. 다른 스레드에서 다른 명령어가 수행되는 동안 vkFreeMemory()의 호출로 장치 메모리를 해제하려는 시도는 예상 못한 행동을 낳으며 애플리케이션을 죽일 수 있다.

일부 플랫폼에서, 하나의 프로세스 안에 존재할 수 있는 메모리 할당의 최대 제한이 있을 수 있다. 만약 이 한계보다 많은 할당을 만들려고 한다면, 할당은 실패한다. 이 한계는 vkGetPhysicalDeviceProperties()를 호출해서 반환된 VkPhysicalDeviceLimits 구조체의 maxMemoryAllocationCount를 조사해서 결정할 수 있다. 한계는 최소 4,096 할당이라는 것이 보장되어 있으며, 일부 플랫폼은 훨씬 더 높은 한계를 보고할 수 있다. 비록 작은 수치로 보이지만, 의도는 큰 할당의 작은 수를 생성하고 같은 할당에 많은 자원을 배치하도록 세부 할당을 하는 것이다. 생성될 수 있는 전체 자원의 수는 제한이 없으며, 메모리가 허용하는 데까지 가능하다.

일반적으로, 힙에서 메모리를 할당할 때, 메모리는 반환된 VkDeviceMemory 객체에 vkFreeMemory()를 통해 소멸되기 전까지 영구적으로 할당된다. 일부 경우, 제작자(혹은 불칸 구현에도)는 특정 연산이 얼마나 많은 메모리를 요구하는지 정확히 모를 수 있고, 실은 메모리를 전혀 요구하지 않는지도 알 수 없다.

특히 이는 렌더링 과정에서 중간 자료 저장소로 사용되는 이미지에 대해서 빈번한 경우다. 이미지가 생성될 때, 만약 VkImageCreateInfo 구조체에서 VK_IMAGE_USAGE_TRANSIENT_ATTACHMENT_BIT가 포함되면, 불칸은 이미지 안의 자료가 짧은 시간만 생존할 것을 알고 있기에, 이를 결코 장치 메모리로 저장할 필요가 없다.

이 경우, 불칸에게 실제로 물리적 자료 저장 공간이 필요한지 결정하기 전까지 메모리 객체의 실제 할당을 연기해달라고 요청할 수 있다. 이를 위해 메모리 형을 VK_MEMORY_PROPERTY_LAZILY_ALLOCATED_BIT로 설정한다. 이 비트가 설정되지 않은 다른 경우에 적절한 메모리 형을 선택하여도 여전히 정확히 동작하겠지만 결국에 사용하지 않는 경우에도 언제나 메모리를 먼저 할당한다.

만약 메모리 할당이 물리적으로 필요하고 메모리 객체를 위해서 실제로 얼마나 많이 할당되어야 하는지 알고 싶다면, vkGetDeviceMemoryCommitment()를 호출하며, 함수 원형은 다음과 같다.

```
void vkGetDeviceMemoryCommitment (
    VkDevice device,
    VkDeviceMemory memory,
    VkDeviceSize* pCommittedMemoryInBytes);
```

메모리 할당을 소유한 장치는 device에 전달되며 질의되는 메모리 할당은 memory에 전달된다. pCommittedMemoryInBytes는 실제로 메모리 객체를 위해서 할당되는 바이트 수로 덮어 써질 변수에 대한 포인터이다. 이 보증은 메모리 객체를 할당하는 데 사용된 메모리 형과 연결된 힙에서 온다.

VK_MEMORY_PROPERTY_LAZILY_ALLOCATED_BIT를 포함하지 않은 메모리 형으로 할당된 메모리 객체나, 만약 메모리 객체가 완전히 보증되어 끝나면, vkGetDeviceMemoryCommitment()는 항상 메모리 객체의 전체 크기를 반환한다. vkGetDeviceMemoryCommitment()의 반환에서 오는 보증이 가장 정보가 많다. 많은 경우에, 정보는 이미 유효기간이 만료되었을 수 있으며, 이 정보로 할 수 있는 것이 결국은 별로 없다.

주 시스템의 장치 메모리에 대한 접근

이 장의 앞서 논의한 것과 같이, 장치 메모리는 여러 영역으로 나뉘어 진다. 순수 장치 메모리는 오로지 장치에서만 접근 가능하다. 주 시스템은 애플리케이션이 수행되는 처리 장치며, 주 시스템이 접근 가능한 영역에서 할당된 메모리에 대한 포인터를 불칸에게 요청하는 것이 가능하다. 이는 연결 메모리^{mapping memory}로 알려져 있다.

장치 메모리를 주 시스템 주소 공간으로 연결하기 위해서, 연결될 메모리 객체는 반드시 힙 속성에서 VK_MEMORY_PROPERTY_HOST_VISIBLE_BIT 플래그가 설정된 힙에서 할당되어야 한다. 이 경우를 가정했을 때, 메모리를 연결하여 주 시스템이 사용 가능한 포인터를 vkMapMemory()를 호출해서 얻을 수 있으며, 함수 원형은 다음과 같다.

```
VkResult vkMapMemory (
  VkDevice device,
  VkDeviceMemory memory,
  VkDeviceSize offset,
  VkDeviceSize size,
  VkMemoryMapFlags flags,
  void** ppData);
```

연결된 장치 객체를 소유한 장치는 device에 전달되며, 연결될 메모리 객체에 대한 핸들은 memory에 전달된다. 메모리 객체에 대한 접근은 반드시 외부적으로 동기화되어야 한다. 메모리 객체의 범위를 연결하기 위해서, 시작 오프셋을 offset에 설정하고 영역의 크기를 size에 설정한다. 만약 전체 메모리 객체를 연결하고 싶으면, offset을 0으로 하고 size를 VK_WHOLE_SIZE로 설정한다. offset을 0이 아닌 값으로 설정하고 size를 VK_WHOLE_SIZE로 설정하면 offset에서부터 끝까지의 메모리 객체를 연결하게 된다. offset와 size는 둘 다 바이트로 설정된다. 범위를 벗어난 메모리 객체의 범위를 연결하려 시도하면 안 된다.

flags 매개변수는 이후 사용을 위해서 예비되었으며 0으로 설정돼야 한다.

vkMapMemory()이 성공적이면, 연결된 영역의 포인터가 ppData가 가리키는 변수로 저장된다. 이 포인터는 애플리케이션에서 적절한 형으로 변환이 가능하여 장치 메모리에 직접 읽고 쓰기가 가능하기 위해 역참조된다. 불칸은 vkMapMemory()가 반환한 포인터가 offset을 뺄 경우 장치의 최소 메모리 연결 정렬의 정부 배로 정렬되는 것을 보장한다.

vkGetPhysicalDeviceProperties()가 반환한 VkPhysicalDeviceLimits 구조체의 minMemoryMapAlignment 항목에서 이 값이 보고된다. 최소 64바이트가 보장되어 있지만 더 큰 2의 승수도 될 수 있다. 일부 CPU 아키텍처에서, 정렬된 주소를 가정한 메모리 읽기 쓰기 연산을 사용할 때 훨씬 더 높은 성능을 얻을 수 있다. 이를 가능하게 하기 위해 minMemoryMapAlignment는 종종 캐시 라인 크기와 일치하거나, 기기의 가장 넓은 레지스터의 정렬과 일치한다. 일부 주 시스템 CPU 명령어는 비정렬 주소가 넘어올 경우 오류를 낸다. 그러므로 minMemoryMapAlignment를 한번 확인하고 정렬된 주소를 가정한 최적화된 함수를 사용할지 아니면 성능을 희생하여 비정렬 주소를 처리하는 대체 함수를 사용할지를 결정할 수 있다.

연결 메모리 범위의 포인터를 다 사용하고 나면, vkUnmapMemory()를 호출하여 연결을 해제할 수 있으며 함수 원형은 다음과 같다.

```
void vkUnmapMemory (
  VkDevice device,
  VkDeviceMemory memory);
```

메모리 객체를 소유한 장치는 device로 전달되고, 연결이 해제될 메모리 객체는 memory로 전달된다. vkMapMemory()와 같이, 메모리 객체에 대한 접근은 외부적으로 동기화되어야만 한다.

같은 메모리 객체를 한 번 이상 동시에 연결하는 것은 불가능하다. 이는, 연결 해제를 하지 않고 다른 메모리 범위를 가지고 같은 메모리 객체에 대해서 vkMapMemory()를 호출하는 것이 불가능하며, 이는 범위가 겹치든 겹치지 않던지 상관없이 적용된다. 불칸이 연결된 범위를 알고 있기에 범위는 필요하지 않다.

메모리 객체가 연결 해제되자마자, vkMapMemory()의 호출에서 받은 어떤 포인터도 무효화되며 사용될 수 없다. 또한, 만약 같은 메모리 객체에 대해서 같은 범위를 계속 연결할 경우에도, 같은 포인터가 반환될 것이라고 가정할 수 없다.

장치 메모리가 주 시스템 주소 공간으로 연결될 때, 해당 메모리에 대해서 실질적으로 두 개의 사용자가 있게 되며, 둘 다 쓰기가 가능하다. 주 시스템과 장치 양쪽의 연결에 대해서 캐시 계층이 있게 되며, 이 캐시는 일관되거나 그렇지 않을 수 있다. 주 시스템과 장치가 둘 다 다른 사용자가 쓴 자료에 대한 일관된 상태를 보고 싶다면, 불칸에게 강제로 주 시스템에서 쓴 자료를 포함하고 있지만 아직 장치에게 보이지 않을 캐시를 배출하거나, 장치가 덮어 쓴 오래된 자료를 가지고 있는 주 시스템 캐시를 무효화한다.

각 메모리 종류는 여러 특성을 가진 장치에 의해서 알려지며, 그중 하나는 VK_MEMORY_PROPERTY_HOST_COHERENT_BIT이다. 만약 이 경우에, 이 특성 집합을 가진 영역에서 연결이 생성되었다면, 불칸은 캐시간의 일관성을 관리한다. 일부의 경우, 캐시는 자동적으로 일관되는데, 이는 주 시스템과 장치 사이에서 공유되거나, 동기화를 유지하는 일종의 일관성 프로토콜을 가지고 있기 때문이다. 다른 경우, 불칸 드라이버는 캐시가 배출되어야 하거나 무효화되어야 할 때를 유추할 수 있으며, 뒤에서 해당 처리를 수행한다.

VK_MEMORY_PROPERTY_HOST_COHERENT_BIT가 연결된 메모리 영역의 특성에서 설정되지 않으면, 연결에 의해서 영향 받을 캐시에 대해서 명시적으로 배출하거나 무효화하는 것은 제작자의 몫이다. 대기 쓰기를 포함한 주 시스템 캐시를 배출하기 위해 vkFlushMappedMemoryRanges()를 호출하며, 이의 함수 원형은 다음과 같다.

```
VkResult vkFlushMappedMemoryRanges (
  VkDevice device,
  uint32_t memoryRangeCount,
  const VkMappedMemoryRange* pMemoryRanges);
```

연결된 메모리 객체를 소유한 장치는 device에 설정된다. 배출할 범위의 수는 memoryRangeCount이며, 각 범위의 세부사항은 VkMappedMemoryRange 구조체의 인스턴스로 전달된다. 이 구조체의 memoryRangeCount개의 배열에 대한 포인터는 pMemoryRanges 매개변수를 통해서 전달된다. VkMappedMemoryRange의 정의는 다음과 같다.

```
typedef struct VkMappedMemoryRange {
  VkStructureType sType;
  const void* pNext;
  VkDeviceMemory memory;
  VkDeviceSize offset;
  VkDeviceSize size;
} VkMappedMemoryRange;
```

VkMappedMemoryRange의 sType 항목은 VK_STRUCTURE_TYPE_MAPPED_MEMORY_RANGE로 설정되며, pNext는 nullptr로 설정돼야 한다. 각 메모리 범위는 memory 항목에 설정한 연결 메모리 객체를 참조하며, 해당 객체 안의 연결 범위는 offset과 size로 설정된다. 메모리 객체의 전체 연결 영역을 배출할 필요는 없으며, offset과 size는 vkMapMemory()에서 사용된 매개변수와 일치할 필요가 없다. 또한, 만약 메모리 객체가 연결되지 않거나, offset과 size가 연결되지 않은 객체의 영역을 설정하면, 배출 명령어는 아무 효과가 없다. 단지 메모리 객체에 존재하는 연결만 배출하기 위해서는 offset을 0으로 하고 size를 VK_WHOLE_SIZE로 한다.

만약 주 시스템이 연결된 메모리 영역에 쓰고 장치가 해당 쓰기의 효과를 볼 필요가 있을 때 배출이 필요하다. 하지만, 만약 장치가 연결된 메모리 영역에서 쓰고 주 시스템이 장치의 쓰기의 효과를 볼 필요가 있을 때는 오래된 자료를 가질 수 있는 주 시스템의 캐시를 무효화해야 한다. 이를 위해서, vkInvalidateMappedMemoryRanges()를 호출해야 하며 함수 원형은 다음과 같다.

```
VkResult vkInvalidateMappedMemoryRanges (
  VkDevice device,
  uint32_t memoryRangeCount,
  const VkMappedMemoryRange* pMemoryRanges);
```

vkFlushMappedMemoryRanges()와 같이 device는 연결 영역을 무효화할 메모리 객체를 소유한 장치이다. 영역의 수는 memoryRangeCount에 설정되어 있으며, memoryRangeCount개의 VkMappedMemoryRange 구조체의 배열의 포인터가 pMemoryRanges에 전달된다. VkMappedMemoryRange 구조체의 항목은 vkFlushMappedMemoryRanges()에 있는 것과 완벽히 동일하게 해석되며, 단지 처리하는 연산이 배출이 아닌 무효화라는 점이 다르다.

vkFlushMappedMemoryRanges()와 vkInvalidateMappedMemoryRanges()는 단지 주 시스템의 캐시와 접근의 일관성에만 영향을 주고, 장치에는 영향이 없다. 메모리 연결이 일관적이든 아니든, 장치의 연결된 메모리의 접근은 여전히 방벽을 사용해서 동기화되어야 하며, 이 장의 뒷부분에서 다룰 것이다.

메모리를 자원에 결속

버퍼나 이미지 같은 자원이 불칸에서 자료를 저장하는 데 사용될 수 있기 전에, 메모리는 반드시 결속되어야 한다. 메모리가 자원에 결속되기 전에 메모리의 종류와 자원이 요구하는 메모리의 양이 필요하다. 버퍼와 텍스처를 위해서 다른 함수가 있다. 이는 vkGetBufferMemoryRequirements()와 vkGetImageMemoryRequirements()이며, 함수 원형은 다음과 같다.

```
void vkGetBufferMemoryRequirements (
  VkDevice device,
  VkBuffer buffer,
  VkMemoryRequirements* pMemoryRequirements);

void vkGetImageMemoryRequirements (
  VkDevice device,
  VkImage image,
  VkMemoryRequirements* pMemoryRequirements);
```

이 두 함수의 유일한 차이점은 vkGetBufferMemoryRequirements()는 버퍼 객체에 대한 핸들을 받고 vkGetImageMemoryRequirements()는 이미지 객체에 대한 핸들을 받는다는 것이다. 두 함수는 자원을 위한 메모리 요구

사항을 VkMemoryRequirements 구조체의 인스턴스로 반환하며, 이 주소는
pMemoryRequirements 매개변수로 전달된다. VkMemoryRequirements의 정의는 다
음과 같다.

```
typedef struct VkMemoryRequirements {
  VkDeviceSize size;
  VkDeviceSize alignment;
  uint32_t memoryTypeBits;
} VkMemoryRequirements;
```

자원에 필요한 메모리의 양은 size 항목에 배치되며, 객체의 정렬 요구사항은
alignment에 배치된다. 메모리를 객체에 결속할 때(조금 후에 할), 메모리 객체의
시작에서의 오프셋이 자원의 정렬 요구사항을 만족하고, 메모리 객체가 객체를
저장하는 데 충분한 공간이 있어야 한다.

memoryTypeBits 항목은 자원이 결속될 수 있는 모든 메모리 종류에서 생성
된다. 최하위 비트에서 시작해서 자원과 같이 사용할 수 있는 각 종류에 대응
해서 비트가 켜지게 된다. 만약 메모리에 대한 특정 요구사항이 없다면, 단순
히 가장 낮은 설정된 비트를 찾아서 이를 색인으로 사용해서 메모리 종류를 선
택할 수 있으며, 이는 vkAllocateMemory()의 호출로 전달되는 할당 정보의
memoryTypeIndex 항목에 사용된다. 만약 메모리의 특정 요구사항을 가지거나 선
호도가 있다면(예를 들어 메모리를 연결할 수 있기를 원하거나, 주 시스템에 지역적인
걸 선호한다면), 이 비트를 포함하고 자원이 지원하는 메모리 종류를 찾는다.

코드 2.5는 이미지 자원에 대한 메모리 종류를 선택하는 적절할 알고리즘의 예
를 보여준다.

코드 2.5 이미지를 위한 메모리 종류의 선택

```
uint32_t application::chooseHeapFromFlags(
  const VkMemoryRequirements& memoryRequirements,
  VkMemoryPropertyFlags requiredFlags,
  VkMemoryPropertyFlags preferredFlags)
{
  VkPhysicalDeviceMemoryProperties deviceMemoryProperties;
  vkGetPhysicalDeviceMemoryProperties(m_physicalDevices[0],
```

```
              &deviceMemoryProperties);
    uint32_t selectedType = ~0u;
    uint32_t memoryType;

    for (memoryType = 0; memoryType < 32; ++memoryType)
    {
      if (memoryRequirements.memoryTypeBits & (1 << memoryType))
      {
        const VkMemoryType& type =
          deviceMemoryProperties.memoryTypes[memoryType];

        // 만약 정확히 우선되는 특성에 일치하면 선택한다.
        if ((type.propertyFlags & preferredFlags) == preferredFlags)
        {
          selectedType = memoryType;
          break;
        }
      }
    }

    if (selectedType != ~0u)
    {
      for (memoryType = 0; memoryType < 32; ++memoryType)
      {
        if (memoryRequirements.memoryTypeBits & (1 << memoryType))
        {
          const VkMemoryType& type =
            deviceMemoryProperties.memoryTypes[memoryType];

          // 요구하는 특성을 모두 가지면 선택한다.
          if ((type.propertyFlags & requiredFlags) == requiredFlags)
          {
            selectedType = memoryType;
            break;
          }
        }
      }
    }
    return selectedType;
}
```

코드 2.5에서 보여지는 알고리즘은 주어진 객체의 메모리 요구 사항, 필수 요구 사항, 선호 요구사항의 집합을 통해서 메모리 종류를 선택한다. 우선, 장치의 지원되는 메모리 종류를 순환하면서 각각에 대해서 선호되는 플래그의 집합에 대해서 확인한다. 만약 호출자가 선호하는 모든 플래그를 가진 메모리 종류가 있다면, 즉시 해당 메모리 종류를 반환한다. 만약 장치 메모리 종류의 어떤 것도 요구되는 플래그와 정확히 일치하지 않으면, 다시 순환하면서 이번에는 모든 요구사항을 만족하는 첫 메모리 종류를 반환한다.

자원을 위한 메모리 종류를 한번 선택하면, 해당 자원에 대해서 메모리 객체들을 버퍼 객체는 vkBindBufferMemory()를 통해서, 이미지 객체는 vkBindImageMemory()를 통해서 결속할 수 있다. 함수 원형은 다음과 같다.

```
VkResult vkBindBufferMemory (
  VkDevice device,
  VkBuffer buffer,
  VkDeviceMemory memory,
  VkDeviceSize memoryOffset);

VkResult vkBindImageMemory (
  VkDevice device,
  VkImage image,
  VkDeviceMemory memory,
  VkDeviceSize memoryOffset);
```

다시금, 이 두 함수는 선언이 동일하며, 단지 vkBindBufferMemory()는 VkBuffer 핸들을 받고, vkBindImageMemory()는 VkImage 핸들을 받는 점만 다르다. 두 경우 모두, device는 반드시 자원과 메모리 객체를 둘 다 소유해야 하며, 이들의 핸들은 memory에 전달된다. 이는 vkAllocateMemory()를 통한 메모리 할당으로 생성된 핸들이다.

vkBindBufferMemory()와 vkBindImageMemory()에서의 각각의 buffer와 image의 접근은 반드시 외부적으로 동기화되어야 한다. 한번 메모리가 자원 객체에 결속되면, 메모리 결속은 다시 변경될 수 없다. 만약 두 스레드가 vkBindBufferMemory()와 vkBindImageMemory()를 동시에 실행하려고 하면, 어떤 스레디의 결속은 효과를 보고 무효화된 다른 스레드는 경쟁 상황에 빠지기 쉽다. 경쟁 상황을 해소하는 것은 합법적 명령어 연속을 생성하지 않기에, 이 상황을 반드시 피해야 한다.

`memoryOffset` 매개변수는 메모리 객체 안에서 어디에 자원이 살아있는지 설정한다. 객체가 소모하는 메모리의 양은 객체의 요구사항의 크기로 결정되며, `vkGetBufferMemoryRequirements()`이나 `vkGetImageMemoryRequirements()`의 호출로 발견된다.

각 자원에 대해서 단순히 새로운 메모리 할당하기보다는 적은 수의 상대적으로 큰 메모리 할당을 생성하고 각각의 다른 오프셋에 여러 자원을 배치하는 것을 강력히 추천한다. 메모리에서 두 자원이 중첩되는 것도 가능하다. 일반적으로, 자료를 이렇게 다른 이름으로 사용하는 것은 잘 정의되지 않으나, 만약 두 자원이 동시에 사용되지 않는 것을 보장할 수 있으면, 이는 애플리케이션의 메모리 요구를 줄이는 좋은 방법이다.

장치 메모리 할당자의 예제는 책의 소스 코드에 포함되어 있다.

간헐 자원

간헐 자원은 자원의 특별한 종류로 메모리에 부분적으로 저장되고 메모리 저장 위치가 생성되거나 애플리케이션에서 사용된 뒤에 변경될 수 있다. 간헐 자원은 사용되기 전에 결속이 변경될 수 있다고 해도 반드시 메모리에 결속되어야 한다. 추가적으로, 이미지나 버퍼가 간헐 거주를 지원할 수 있으며, 이는 이미지의 일부는 메모리에 저장되지 않을 수도 있다.

간헐 이미지를 생성하기 위해 이미지를 생성하는 데 사용한 `VkImageCreate Info` 구조체의 `flags` 항목에 `VK_IMAGE_CREATE_SPARSE_BINDING_BIT`를 설정해야 한다. 비슷하게, 간헐 버퍼를 생성하기 위해서, 버퍼를 생성하는 데 사용한 `VkBufferCreateInfo` 구조체의 `flags` 항목에 `VK_BUFFER_CREATE_SPARSE_BINDING_BIT`를 설정해야 한다.

만약 이미지가 VK_IMAGE_CREATE_SPARSE_BINDING_BIT가 설정된 채로 생성되면, 애플리케이션은 vkGetImageSparseMemoryRequirements()를 호출하여 이미지의 추가적인 요구사항을 결정한다. vkGetImageSparseMemoryRequirements()의 함수 원형은 다음과 같다.

```
void vkGetImageSparseMemoryRequirements (
  VkDevice device,
  VkImage image,
  uint32_t* pSparseMemoryRequirementCount,
  VkSparseImageMemoryRequirements* pSparseMemoryRequirements);
```

이미지를 소유한 장치는 device로 전달되어야 하며, 요구사항을 질의하는 이미지는 image에 전달되어야 한다. pSparseMemoryRequirements 매개변수는 이미지의 요구사항으로 채워질 VkSparseImageMemoryRequirements 구조체의 배열을 가리킨다.

만약 pSparseMemoryRequirements가 nullptr이면, pSparseMemoryRequirementCount가 가리키는 변수의 초깃값은 무시되며 이미지의 요구사항의 수로 덮어 써진다. 만약 pSparseMemoryRequirements가 nullptr가 아니면, pSparseMemoryRequirementCount가 가리키는 변수의 초깃값은 pSparseMemoryRequirements 배열의 요소의 수이며 실제로 배열에 씌여진 요구사항의 수로 덮어 써진다.

VkSparseImageMemoryRequirements의 정의는 다음과 같다.

```
typedef struct VkSparseImageMemoryRequirements {
  VkSparseImageFormatProperties formatProperties;
  uint32_t imageMipTailFirstLod;
  VkDeviceSize imageMipTailSize;
  VkDeviceSize imageMipTailOffset;
  VkDeviceSize imageMipTailStride;
} VkSparseImageMemoryRequirements;
```

VkSparseImageMemoryRequirements의 첫 항목은 VkSparseImageFormatProperties 구조체의 인스턴스로 이미지가 결속에 관하여 메모리에 어떻게 배치될지에 대한 일반적인 정보를 제공한다.

```
typedef struct VkSparseImageFormatProperties {
  VkImageAspectFlags aspectMask;
  VkExtent3D imageGranularity;
  VkSparseImageFormatFlags flags;
} VkSparseImageFormatProperties;
```

VkSparseImageFormatProperties의 aspectMask 항목은 특성이 적용될 이미지
의 측면을 가리키는 비트 필드이다. 이는 일반적으로 이미지의 모든 측면이 된다.
색 이미지의 경우, 이는 VK_IMAGE_ASPECT_COLOR_BIT이며, 깊이, 스텐실, 깊이-
스텐실 이미지에 대해서는 VK_IMAGE_ASPECT_DEPTH_BIT이나 VK_IMAGE_ASPECT_
STENCIL_BIT, 마지막으로 둘 다를 가진다.

메모리가 간헐 이미지로 결속되었을 때, 전체 자원을 한번에 결속하기보다
는 구획으로 나뉜다. 메모리는 구현 특화 크기의 구획으로 결속되어야 하며,
VkSparseImageFormatProperties의 imageGranularity 항목이 이 크기를 포함
한다.

마지막으로, flags 항목은 이미지의 추가 행태를 설명하는 일부 추가적인 플래
그를 포함한다. 이 플래그는 다음을 포함한다.

■ VK_SPARSE_IMAGE_FORMAT_SINGLE_MIPTAIL_BIT: 이 비트가 설정되고 이미지
  가 배열이면, 밉맵 꼬리^{Mip tail}는 다른 모든 배열 레이어와 결속을 공유한다. 만
  약 설정되지 않으면, 각 배열 레이어는 각자의 밉맵 꼬리를 메모리에 독립적
  으로 결속 가능하다.

■ VK_SPARSE_IMAGE_FORMAT_ALIGNED_MIP_SIZE_BIT: 만약 이 비트가 설정되면,
  이는 밉맵 꼬리가 이미지의 결속 입상 크기의 배수가 아닌 첫 단계에서 시작
  한다. 만약 설정되지 않으면, 이미지의 결속 입상 크기보다 작은 첫 단계에서
  시작한다.

■ VK_SPARSE_IMAGE_FORMAT_NONSTANDARD_BLOCK_SIZE_BIT: 만약 이 비트가 설
  정되면, 이미지의 형식은 간헐 결속을 지원하지만, 표준 구획 크기를 지원하
  지 않는다. imageGranularity에서 보고하는 값은 이미지에 대해서 여전히 정
  확하지만 형식의 표준 구획 크기와 일치할 필요가 없다.

flags에 VK_SPARSE_IMAGE_FORMAT_NONSTANDARD_BLOCK_SIZE_BIT가 설정되지 않으면, imageGranularity의 값은 형식의 표준 구획 크기와 일치한다. 다양한 형식의 텍셀 단위의 크기는 표 2.1에서 보여진다.

VkSparseImageMemoryRequirements의 남은 항목은 이미지에 사용된 형식이 밉맵 꼬리에서 어떻게 행동하는지에 사용된다. 밉맵 꼬리는 메모리에서 메모리에 간헐적으로 결속이 불가능한 첫 단계에서 시작하는 밉맵 연속의 영역이다. 이는 통상적으로 형식의 입상 크기보다 작은 첫 단계이다. 메모리가 반드시 입상 크기 단위로 간헐 자원에 결속되어야 하기에, 밉맵 꼬리는 전체가 결속되거나 아예 결속되지 않는 상황을 얘기한다. 한 번 밉맵 꼬리의 어떤 단계가 메모리에 결속되면, 해당 단계 아래의 꼬리에 있는 모든 단계들이 결속된다.

밉맵 꼬리는 VkSparseImageMemoryRequirements의 imageMipTailFirstLod 항목에서 보고되는 단계에서 시작된다. 꼬리의 크기는 바이트 수로 imageMipTailSize에 포함되어 있으며, 이미지의 메모리 결속 안의 imageMipTailOffset 바이트의 오프셋에서 시작한다. 만약 이미지가 모든 배열 레이어에 대한 단일 밉맵 꼬리를 가지고 있지 않다면(VkSparseImageFormatProperties에서 aspectMask 항목이 VK_SPARSE_IMAGE_FORMAT_SINGLE_MIPTAIL_BIT 인 것으로 표시된다), imageMipTailStride는 바이트로 표시된 각 밉맵 꼬리 단계에 대한 메모리 결속의 시작 사이의 거리다.

표 2.1 간헐 텍스처 구획 크기

텍셀 크기	2D 구획 모양	3D 구획 모양
8비트	256*256	64*32*32
16비트	256*128	32*32*32
32비트	128*128	32*32*16
64비트	128*64	32*16*16
128비트	64*64	16*16*16

특정 형식의 특성 역시 vkGetPhysicalDeviceSparseImageFormatProperties()를 호출하여 결정할 수 있으며, 이는 주어진 특정 형식에 대해서 이미지

를 생성하고 질의할 필요 없이, 형식의 간헐 이미지의 요구사항을 설명하는 VkSparseImageFormatProperties를 반환한다. 함수 원형은 다음과 같다.

```
void vkGetPhysicalDeviceSparseImageFormatProperties (
    VkPhysicalDevice physicalDevice,
    VkFormat format,
    VkImageType type,
    VkSampleCountFlagBits samples,
    VkImageUsageFlags usage,
    VkImageTiling tiling,
    uint32_t* pPropertyCount,
    VkSparseImageFormatProperties* pProperties);
```

위에서 보듯이 vkGetPhysicalDeviceSparseImageFormatProperties()는 이미지를 생성하는 데 사용하는 많은 특성을 매개변수로 받는다. 간헐 이미지 특성은 물리 장치의 함수이며, 이의 핸들은 physicalDevice에 전달된다. 이미지의 형식은 format에 전달되며, 이미지의 종류(VK_IMAGE_TYPE_1D, VK_IMAGE_TYPE_2D, or VK_IMAGE_TYPE_3D)은 type에 전달된다. 만약 다중 표본화가 요구되면, 표본의 수(VkSampleCountFlagBits 열거형의 구성원 중 하나로 표시된)가 samples에 전달된다.

이미지의 의도된 사용법은 usage에 전달된다. 이는 이 형식을 가진 이미지가 어떻게 사용될 지를 설명하는 플래그를 가진 비트 필드다. 간헐 이미지가 특정 사용 경우에 아예 지원되지 않을 수 있다는 것을 유의해야 하며, 그러므로 이 항목을 모든 비트를 켜서 최상의 상황을 기대하기보다는 보수적이고 정확하게 설정하는 것이 최선이다. 또, 표준 구획 크기는 특정 타일링 방식에서만 지원될 수 있다. 예를 들어, LINEAR 타일링을 사용할 경우에 표준(혹은 심지어 합리적인) 구획 크기를 구현이 지원할 가능성은 낮다.

vkGetPhysicalDeviceImageFormatProperties()와 같이, vkGetPhysicalDeviceSparseImageFormatProperties()는 특성의 배열을 반환한다. pPropertyCount 매개변수는 형식에 보고되는 특성의 수로 덮어 써지는 변수를 가리킨다. 만약 pProperties가 nullptr면, pPropertyCount가 가리킨 변수의 초깃값은 무시되며 특성의 전체 수가 이에 써진다. 만약 pProperties가 nullptr가 아니면, 이미지의

특성을 받는 VkSparseImageFormatProperties 구조체의 배열에 대한 포인터여야
한다. 이 경우, pPropertyCount가 가리키는 변수의 값은 배열의 요소의 수이며,
배열에서 덮어 써진 항목의 수로 덮어 써진다.

간헐 이미지를 결속하는 데 사용되는 메모리는 이미지가 사용되는 동안에도 변
경될 수 있으며, 이미지의 결속 특성의 갱신은 해당 작업을 하는 동안 파이프라인
화된다. 주 시스템에서 처리하는 vkBindImageMemory()나 vkBindBufferMemory()
와는 다르게, 간헐 자원에 결속된 메모리는 큐에 저장된 연산을 사용하
며, 장치가 이를 실행할 수 있다. 간헐 자원에 대한 메모리 결속의 명령어는
vkQueueBindSparse()이며, 함수 원형은 다음과 같다.

```
VkResult vkQueueBindSparse (
  VkQueue queue,
  uint32_t bindInfoCount,
  const VkBindSparseInfo* pBindInfo,
  VkFence fence);
```

결속 연산이 실행될 큐는 queue에 설정된다. vkQueueBindSparse()의 단일 호출
로 여러 결속 연산이 처리될 수 있다. 처리되는 연산의 수는 bindInfoCount에 있
으며, pBindInfo는 VkBindSparseInfo 구조체의 bindInfoCount개의 배열에 대한
포인터이며, 각각이 결속을 설명한다. VkBindSparseInfo의 정의는 다음과 같다.

```
typedef struct VkBindSparseInfo {
  VkStructureType sType;
  const void* pNext;
  uint32_t waitSemaphoreCount;
  const VkSemaphore* pWaitSemaphores;
  uint32_t bufferBindCount;
  const VkSparseBufferMemoryBindInfo* pBufferBinds;
  uint32_t imageOpaqueBindCount;
  const VkSparseImageOpaqueMemoryBindInfo* pImageOpaqueBinds;
  uint32_t imageBindCount;
  const VkSparseImageMemoryBindInfo* pImageBinds;
  uint32_t signalSemaphoreCount;
  const VkSemaphore* pSignalSemaphores;
} VkBindSparseInfo;
```

간헐 자원에 대한 결속 메모리의 처리는 실제로는 장치에서 처리되는 다른 작업과 같이 파이프라인화된다. 1장에서 읽었듯이, 처리되는 작업들은 큐에 전송된다. 결속은 같은 큐에 전달된 명령어의 수행을 따라서 처리된다. vkQueueBindSparse()가 많은 명령어를 제출하기에, VkBindSparseInfo는 동기화와 관련된 많은 항목을 가지고 있다.

VkBindSparseInfo의 sType 항목은 VK_STRUCTURE_TYPE_BIND_SPARSE_INFO로 설정돼야 하며, pNext는 nullptr로 설정돼야 한다. VkSubmitInfo와 같이, 각 간헐 결속 연산은 연산의 실행 전에 추가적으로 하나 이상의 세마포어를 기다릴 수 있으며, 처리 된 뒤에 하나 이상의 세모포어를 해제할 수 있다. 이는 간헐 자원의 결속이 장치에서 처리되는 다른 작업과 동기화가 되면서 갱신을 가능하게 한다.

기다리는 세마포어의 수는 waitSemaphoreCount에 설정되며, 해제하는 세마포어의 수는 signalSemaphoreCount에 설정된다. pWaitSemaphores 항목은 waitSemaphoreCount개의 기다리는 세마포어 핸들의 배열에 대한 포인터이며, pSignalSemaphores는 signalSemaphoreCount개의 해제하는 세마포어의 배열에 대한 포인터이다. 세마포어는 11장에서 자세히 다룬다.

각 결속 연산은 버퍼와 이미지에 대한 갱신을 포함한다. 갱신할 버퍼 결속의 수는 bufferBindCount에 있으며, pBufferBinds는 VkSparseBufferMemory BindInfo 구조체의 bufferBindCount 개의 배열에 대한 포인터로, 각각이 하나의 버퍼 메모리 결속 연산에 대해 설명한다. VkSparseBufferMemoryBindInfo의 정의는 다음과 같다.

```
typedef struct VkSparseBufferMemoryBindInfo {
  VkBuffer buffer;
  uint32_t bindCount;
  const VkSparseMemoryBind* pBinds;
} VkSparseBufferMemoryBindInfo;
```

VkSparseBufferMemoryBindInfo의 각 인스턴스는 메모리가 결속될 버퍼의 핸들을 포함한다. 메모리의 영역의 수는 다른 오프셋에서 같은 버퍼에 결속될 수 있다. 메모리 영역의 수는 bindCount에 설정되며, 각 결속은 VkSparseMemoryBind

구조체의 인스턴스에 설명된다. pBinds는 bindCount개의 VkSparseMemoryBind 구조체의 배열에 대한 포인터이다. VkSparseMemoryBind의 정의는 다음과 같다.

```
typedef struct VkSparseMemoryBind {
  VkDeviceSize resourceOffset;
  VkDeviceSize size;
  VkDeviceMemory memory;
  VkDeviceSize memoryOffset;
  VkSparseMemoryBindFlags flags;
} VkSparseMemoryBind;
```

자원에 결속할 메모리의 구획의 크기는 size에 포함되어 있다. 자원과 메모리 객체에서의 구획의 오프셋은 resourceOffset과 memoryOffset에 각각 포함되어 있으며, 둘 다 바이트 단위이다. 메모리 객체는 memory에 설정된 결속에 대한 저장의 원점이다. 결속이 수행될 때, size 바이트 크기의 memory 객체에서 설정된 메모리 객체에서 memoryOffset 오프셋 바이트에서 시작하는 메모리의 구획이 VkSparseBufferMemoryBindInfo 구조체의 buffer 항목 안에 설정된 버퍼에 결속된다.

Flags 항목은 결속의 추가적인 조절을 위해서 사용할 수 있는 추가 플래그를 가진다. 버퍼 자원에 대해서는 플래그가 없는 것이 사용된다. 하지만, 이미지 자원은 이미지에 직접적으로 메모리 결속을 영향을 주기 위해서 같은 VkSparseMemoryBind 구조체가 사용된다. 이는 불투명한 이미지 메모리 결속으로 알려져 있으며, 처리되어야 할 불투명한 이미지 메모리 결속 역시 VkBindSparseInfo 구조체를 통해서 전송된다. VkBindSparseInfo의 pImageOpaqueBinds는 불투명한 메모리 결속을 정의하는 imageOpaqueBindCount 개의 VkSparseImageOpaqueMemoryBindInfo 구조체의 배열을 가리킨다. VkSparse ImageOpaqueMemoryBindInfo의 정의는 다음과 같다.

```
typedef struct VkSparseImageOpaqueMemoryBindInfo {
  VkImage image;
  uint32_t bindCount;
  const VkSparseMemoryBind* pBinds;
} VkSparseImageOpaqueMemoryBindInfo;
```

VkSparseBufferMemoryBindInfo와 같이, VkSparseImageOpaqueMemoryBindInfo는 image에 메모리를 결속하는 이미지의 핸들과 pBinds에 bindCount개의 VkSparseMemoryBind 구조체의 배열에 대한 포인터를 가진다. 이는 버퍼 메모리 결속에 사용되는 것과 같은 구조체이다. 하지만, 이 구조체가 이미지에 사용될 때, 각 VkSparseMemoryBind 구조체의 flags 항목이 VK_SPARSE_MEMORY_BIND_METADATA_BIT 플래그를 포함하여 이미지와 연결된 메타자료에 대해 메모리를 명시적으로 결속하게 한다.

메모리가 간헐 이미지에 불투명하게 결속될 때, 메모리의 구획은 이미지의 텍셀과 정의된 어떤 상관관계도 정의되어 있지 않다. 차라리, 이미지의 저장소는 애플리케이션에 제공될 때 어떻게 텍셀이 배치되어 있는지에 대한 어떤 정보가 가지지 않은 크고 불투명한 메모리 영역으로 간주된다. 하지만 사용될 때 전체 이미지에 메모리가 결속되는 동안, 결과는 여전히 잘 정의되고 일관성이 있어야 한다. 이는 간헐 이미지가 여러 작은 메모리 객체에 저장되는 것을 가능하게 하며, 잠재적으로 풀 할당 전략 등이 쉬워진다.

이미지의 명시적인 영역에 메모리를 결속하기 위해서, vkQueueBindSparse()에 전달된 VkBindSparseInfo 구조체를 통해서 하나 이상의 VkSparseImageMemoryBindInfo 를 전달해서 이미지 메모리 결속을 투명하게 처리할 수 있다. VkSparseImageMemoryBindInfo의 정의는 다음과 같다.

```
typedef struct VkSparseImageMemoryBindInfo {
  VkImage image;
  uint32_t bindCount;
  const VkSparseImageMemoryBind* pBinds;
} VkSparseImageMemoryBindInfo;
```

다시, VkSparseImageMemoryBindInfo 구조체는 image에 메모리를 결속하는 이미지의 핸들을 포함하며, bindCount에 수행할 결속의 수를, 결속을 설명할 구조체의 배열에 대한 포인터를 pBinds에 저장한다. 하지만 이번엔 pBinds가 bindCount개의 VkSparseImageMemoryBind 구조체의 배열을 가리키며, 정의는 다음과 같다.

```
typedef struct VkSparseImageMemoryBind {
  VkImageSubresource subresource;
  VkOffset3D offset;
  VkExtent3D extent;
  VkDeviceMemory memory;
  VkDeviceSize memoryOffset;
  VkSparseMemoryBindFlags flags;
} VkSparseImageMemoryBind;
```

VkSparseImageMemoryBind 구조체는 이미지 자원이 어떻게 메모리에 결속되는지에 대해 훨씬 더 많은 정보를 포함한다. 각 결속에 대해 결속될 메모리에 대한 이미지 세부 자원은 subresource에 설정되며, 이는 VkImageSubresource의 인스턴스로, 다음의 정의를 가진다.

```
typedef struct VkImageSubresource {
  VkImageAspectFlags aspectMask;
  uint32_t mipLevel;
  uint32_t arrayLayer;
} VkImageSubresource;
```

VkImageSubresource는 이미지의 측면(예를 들어 VK_IMAGE_ASPECT_COLOR_BIT, VK_IMAGE_ASPECT_DEPTH_BIT, VK_IMAGE_ASPECT_STENCIL_BIT 등)을 aspectMask에 설정하는 것을 가능하게 하며, 메모리를 결속하고 싶은 밉맵 단계는 mipLevel에, 메모리가 결속될 배열 레이어는 arrayLayer에 있다. 배열이 아닌 이미지에 대해서는 arrayLayer는 0으로 설정해야 한다.

세부 자원 안에서, VkSparseImageMemoryBind 구조체의 offset과 extent 항목은 이미지 자료가 결속될 텍셀의 영역의 오프셋과 크기를 정의한다. 이는 반드시 타일 크기 경계에 정렬되어야 하며, 이는 표 2.1의 표준 크기이거나 vkGetPhysicalDeviceSparseImageFormatProperties()에서 얻을 수 있는 형식별 구획 크기에서 볼 수 있다.

또다시, 메모리를 결속할 메모리 객체는 memory에 설정되고, 저장되는 메모리 안에서의 오프셋은 memoryOffset에 설정된다. 같은 플래그가 VkSparseImageMemoryBind의 flags 항목에서 가용하다.

❖ 요약

이 장에서는 불칸에서 사용되는 여러 종류의 자원을 소개한다. 어떻게 사용될 메모리를 할당하고 연결하는지 설명하였다. 또한 불칸에서 사용하는 애플리케이션 메모리를 특별 주문 할당자를 사용해서 어떻게 관리하는지 설명하였다. 자원을 상태에서 상태로 어떻게 이동하는지 보았고, 이에 대한 접근을 파이프라인 방벽을 통해서 동기화하는지 보여주었다. 이는 불칸 파이프라인의 여러 단계에서와 주 시스템에서 모두 자원에 대해서 효율적이고 병렬적인 접근을 가능하게 한다.

3장 | 큐와 명령어

이 장에서 배울 내용

■ 큐의 개념과 사용법

■ 명령어 생성 방법과 불칸에 보내는 방법

■ 장비가 작업의 처리를 끝낸 것을 보장하는 방법

불칸 장치는 작업을 처리하는 여러 큐를 제공한다. 이 장에서는 다양한 큐 형에 대해서 알아보고 명령어 버퍼의 형태로 어떻게 작업을 전송하는지 설명한다. 또한 전송한 모든 작업을 완료하도록 어떻게 큐에 지시하는지 보여준다.

❖ 장치 큐

불칸의 각 장치는 하나 이상의 큐를 가진다. 큐는 실제로 작업을 처리하는 장치의 일부다. 이는 장치의 기능의 일부를 제공하는 세부 장치로 생각할 수 있다. 일부 구현에서는 각 큐가 물리적으로 시스템에서 분리된 부분일 수도 있다.

큐는 하나 이상의 큐 가족으로 묶일 수 있으며, 각각이 하나 이상의 큐를 포함한다. 단일 가족 안의 큐는 본질적으로 동일하다. 능력도 같으며, 처리 속도 단계와 시스템 자원에 대한 접근도 같으며, 서로에게 작업을 전송할 때 비용이 없다

(동기화 제외). 만약 장치가 같은 능력을 가지지만 처리 속도, 메모리 접근, 혹은 다른 일부 인자가 다른 여러 코어를 포함하면, 이는 동일하게 처리될 수 없다는 것을 의미하며, 이를 다른 가족으로 제공해야 한다.

1장에서 논의했듯이, 각 물리 장치의 큐 가족의 특성을 vkGetPhysicalDeviceQueueFamilyProperties()를 호출하여 질의할 수 있다. 이 함수는 큐 가족의 특성을 제공한 VkQueueFamilyProperties 구조체의 인스턴스에 쓴다.

장치를 생성할 때 사용하려는 큐의 수와 종류를 반드시 설정해야 한다. 앞서 1장에서 봤듯이, vkCreateDevice()에 전달한 VkDeviceCreateInfo 구조체는 queueCreateInfoCount와 pQueueCreateInfos 구성원을 포함한다. 1장에서 간단히 살펴보았지만 자세히 알아볼 시간이다. queueCreateInfoCount 구성원은 pQueueCreateInfos가 가리키는 배열이 저장한 VkDeviceQueueCreateInfo 구조체의 수를 저장한다. VkDeviceQueueCreateInfo 구조체의 정의는 다음과 같다.

```
typedef struct VkDeviceQueueCreateInfo {
    VkStructureType sType;
    const void* pNext;
    VkDeviceQueueCreateFlags flags;
    uint32_t queueFamilyIndex;
    uint32_t queueCount;
    const float* pQueuePriorities;
} VkDeviceQueueCreateInfo;
```

대부분의 불칸 구조체와 같이, sType 항목은 구조체 종류이며, 이 경우에는 VK_STRUCTURE_TYPE_QUEUE_CREATE_INFO이어야 하며, pNext는 확장에서 사용할 것으로 아무 확장을 사용하지 않으면 nullptr로 설정한다. flags 항목은 큐 생성을 조정하는 플래그를 포함하고 있지만, 불칸의 현재 버전에서 사용되는 플래그가 정의되어 있지 않으므로 이 항목은 0으로 설정한다.

여기서 관심 가는 항목은 queueFamilyIndex와 queueCount이다. queueFamilyIndex 항목은 큐를 할당하는 걸 원하는 가족을 설정하며, queueCount 항목은 해당 가족에서 할당할 큐의 수를 설정한다. 여러 가족에서 큐를 할당하기 위해서는 pQueueCreateInfos에 하나 초과의 VkDeviceQueueCreateInfo 구조체를 가진 배열을 VkDeviceCreateInfo 구조체의 pQueueCreateInfos에 넘겨주면 된다.

장치가 생성될 때 큐가 생성된다. 이로 인해, 큐를 생성하지 않으며, 장치에서 가져오게 된다. 이를 처리하기 위해서 vkGetDeviceQueue()를 호출한다.

```
void vkGetDeviceQueue (
  VkDevice device,
  uint32_t queueFamilyIndex,
  uint32_t queueIndex,
  VkQueue* pQueue);
```

vkGetDeviceQueue() 함수는 큐를 얻으려 하는 장치, 가족 색인, 가족 안의 큐의 색인을 인자로 받는다. 이는 각각 device, queueFamilyIndex, queueIndex에 설정된다. pQueue 매개변수는 큐의 핸들로 채워질 VkQueue 핸들을 가리킨다. 이를 처리하면, 큐 핸들은 pQueue가 가리킨 변수에 위치한다. 그렇지 않으면, 이 변수는 VK_NULL_HANDLE로 설정된다.

◆ 명령어 버퍼의 생성

큐의 주요 목적은 애플리케이션을 위해서 작업을 처리하는 것이다. 작업은 명령어 버퍼에 저장되는 명령어의 연속으로 표현된다. 애플리케이션은 처리할 작업을 포함하는 명령어 버퍼를 생성하고 이를 수행을 위해 큐 중 하나에 제출한다. 명령어를 기록할 수 있기 이전에, 명령어 버퍼를 생성해야 한다. 명령어 버퍼는 직접 생성할 수 없으며, 풀을 통해서 할당할 수 있다. 풀을 생성하기 위해서 vkCreateCommandPool()를 호출하며, 함수 원형은 다음과 같다.

```
VkResult vkCreateCommandPool (
  VkDevice device,
  const VkCommandPoolCreateInfo* pCreateInfo,
  const VkAllocationCallbacks* pAllocator,
  VkCommandPool* pCommandPool);
```

대부분의 불칸 객체 생성 함수와 같이, 첫 매개변수 device는 새 풀 객체를 가질 장치에 대한 핸들이며, 풀의 서술서는 구조체를 통해서 전달되고, pCreateInfo

에 포인터가 저장된다. 이 구조체는 VkCommandPoolCreateInfo의 인스턴스로, 정의는 다음과 같다.

```
typedef struct VkCommandPoolCreateInfo {
  VkStructureType sType;
  const void* pNext;
  VkCommandPoolCreateFlags flags;
  uint32_t queueFamilyIndex;
} VkCommandPoolCreateInfo;
```

대부분의 불칸 구조체와 같이, 첫 두 항목 sType와 pNext는 구조체 종류와 생성될 풀에 대한 더 많은 정보를 포함한 다른 구조체의 포인터를 포함한다. 여기서는 sType을 VK_STRUCTURE_TYPE_COMMAND_POOL_CREATE_INFO로 설정하고, 어떤 추가 정보도 전달하지 않으므로 pNext를 nullptr로 한다.

Flags 항목은 풀과 이로 할당되는 명령어 버퍼의 형태를 정의하는 플래그를 포함한다. 이는 VkCommandPoolCreateFlagBits 열거형의 구성원으로, 현재 사용을 위해 두 개의 플래그가 정의되어 있다.

- VK_COMMAND_POOL_CREATE_TRANSIENT_BIT의 설정은 풀에서 가져온 명령어 버퍼가 단명하며 사용 후 금방 풀로 돌아간다는 것을 알려준다. 명령어 버퍼를 일정 시간 유지하려면 이 비트를 설정하지 않는 것을 추천한다.

- VK_COMMAND_POOL_CREATE_RESET_COMMAND_BUFFER_BIT를 설정하는 것은 개별 명령어 버퍼가 재설정하거나 재시작해서 재사용될 수 있게 한다(금방 다룰 것이니 걱정 말아라). 만약 이 비트가 설정되지 않으면, 풀 자체만 재설정이 가능하며, 잠재적으로 풀이 할당한 모든 명령어 버퍼를 재활용한다.

이 비트의 각각은 불칸 구현이 처리하는 작업에 자원의 추적이나 할당 전략을 변경하는 등으로 인해 일부 부하를 추가한다. 예를 들어, VK_COMMAND_POOL_CREATE_TRANSIENT_BIT의 설정은 불칸 구현이 명령어 버퍼가 빈번히 할당되고 해제되는 것으로 인한 파편화를 방지하기 위해서 풀에 대한 더 발전된 할당 전략을 사용하도록 한다. VK_COMMAND_POOL_CREATE_RESET_COMMAND_BUFFER_BIT를 설정하면 풀 단계에서 단순히 추적하지 않고 각각의 명령어 버퍼의 재설정 상태를 추적하도록 한다.

이 경우, 실제로 두 비트 모두 설정한다. 이는 최고의 유연성을 제공하며, 명령어 버퍼를 많은 수로 관리할 때 일부 성능 저하를 감수해야 한다.

마지막으로 VkCommandPoolCreateInfo의 queueFamilyIndex 항목은 이 풀에서 할당된 명령어 버퍼가 제출될 큐 가족을 설정한다. 이는 장치의 두 큐가 같은 능력을 지니고 똑같은 명령어 집합을 지원할 때라도, 특정 명령어를 한 큐에 요청하는 것은 다른 큐에 같은 명령어를 요청하는 것과 다르게 동작할 수 있기 때문이다.

pAllocator 매개변수는 2장에서 다룬 애플리케이션이 관리하는 주 시스템 메모리 할당에 사용된다. 명령어 풀의 성공적인 생성을 가정하면, 핸들이 pCommandPool이 가리키는 변수에 써지며, vkCreateCommandPool()는 VK_SUCCESS를 반환한다.

한번 명령어 버퍼를 할당할 풀을 가지게 되면, 새 명령어 버퍼를 vkAllocateCommandBuffers()를 호출해서 얻을 수 있으며, 다음으로 정의된다.

```
VkResult vkAllocateCommandBuffers (
  VkDevice device,
  const VkCommandBufferAllocateInfo* pAllocateInfo,
  VkCommandBuffer* pCommandBuffers);
```

명령어 버퍼가 할당하는 데 사용한 장치는 device에 전달되며, 할당할 명령어 버퍼를 설명하는 남은 매개변수는 VkCommandBufferAllocateInfo 구조체의 인스턴스로 전달되며, 그 주소가 pCommandBuffers에 전달된다. VkCommandBufferAllocateInfo의 정의는 다음과 같다.

```
typedef struct VkCommandBufferAllocateInfo {
  VkStructureType sType;
  const void* pNext;
  VkCommandPool commandPool;
  VkCommandBufferLevel level;
  uint32_t commandBufferCount;
} VkCommandBufferAllocateInfo;
```

sType 항목은 VK_STRUCTURE_TYPE_COMMAND_BUFFER_ALLOCATE_INFO에 설정되며, 핵심 기능 집합만 여기서 사용하기에, pNext 매개변수를 nullptr로 설정한다. 앞서 생성한 명령어 풀에 대한 핸들은 commandPool 매개변수에 배치된다.

level 매개변수는 할당하려는 명령어 버퍼의 단계를 설정한다. 이는 VK_COMMAND_BUFFER_LEVEL_PRIMARY거나 VK_COMMAND_BUFFER_LEVEL_SECONDARY로 설정한다. 불칸은 주 명령어 버퍼가 부 명령어 버퍼를 호출하는 것을 허용한다. 초기 몇 예제에서 단지 주 단계 명령어 버퍼만 사용한다. 부 단계 명령어 버퍼는 이 책의 나중에 다룬다.

마지막으로 commandBufferCount는 풀에서 할당하려 하는 명령어 버퍼의 수를 설정한다. 불칸에게 생성하는 명령어 버퍼의 길이나 크기에 대해서 아무것도 알려주지 않는 것을 기억하자. 장치 명령어를 표현하는 내부 자료 구조는 일반적으로 바이트 수나, 명령어 수 같은 의미 있는 어떤 측정 단위로도 너무 크게 변화한다. 불칸이 버퍼 메모리를 관리해줄 것이다.

만약 vkAllocateCommandBuffers()가 성공적이면, VK_SUCCESS를 반환하고 pCommandBuffers가 가리키는 배열 안의 할당된 명령어 버퍼에 대한 핸들을 전달한다. 이 배열은 모든 핸들을 포함할 만큼 충분히 커야 한다. 물론, 만약 단지 하나의 명령어 버퍼를 할당하고 싶다면, 이를 정규 VkCommandBuffer 핸들을 가리키게 할 수 있다.

명령어 버퍼를 해제하기 위해서 vkFreeCommandBuffers()를 사용하며, 이는 다음으로 정의된다.

```
void vkFreeCommandBuffers (
  VkDevice device,
  VkCommandPool commandPool,
  uint32_t commandBufferCount,
  const VkCommandBuffer* pCommandBuffers);
```

device 매개변수는 명령어 버퍼가 할당된 풀을 가지는 장치이다. commandPool는 해당 풀에 대한 핸들로, commandBufferCount는 해제할 명령어 버퍼의 수, pCommandBuffers는 해제할 commandBufferCount개의 핸들의 배열에 대한 포인터이다. 명령어 버퍼의 해제가 연관된 모든 자원의 해제가 아닌 단순히 할당된 풀로 돌려주는 것을 기억하자.

명령어 풀이 사용한 모든 자원을 해제하고 할당된 모든 명령어 버퍼를 해제하기 위해서는 vkDestroyCommandPool()을 호출하며, 함수 원형은 다음과 같다.

```
void vkDestroyCommandPool (
    VkDevice device,
    VkCommandPool commandPool,
    const VkAllocationCallbacks* pAllocator);
```

명령어 풀을 소유한 장치는 device 매개변수에 전달되며, 소멸시킬 명령어 풀에 대한 핸들은 commandPool에 전달한다. 풀을 생성할 때 사용된 것과 호환되는 주 시스템 메모리 할당 구조체에 대한 포인터가 pAllocator에 전달되었다. 이 매개변수는 만약 vkCreateCommandPool()의 pAllocator가 nullptr이면 역시 nullptr이어야 한다.

풀을 소명하기 전에 명시적으로 풀이 할당한 명령어 버퍼를 해제하는 것은 필요 없다. 풀이 할당한 명령어 버퍼는 풀의 소멸 과정의 일부로 해제되고 버퍼의 자원 역시 해제된다. 하지만 여전히 조심해야 하는데, vkDestroyCommandPool()가 호출될 때 풀에서 할당한 명령어 버퍼가 여전히 실행되고 있거나 실행을 위해서 큐에 들어 있으면 안 된다.

❖ 명령어 기록

불칸 명령어 함수를 사용해서 명령어 버퍼에 기록한 명령어는 모두 첫 매개변수로 명령어 버퍼 핸들을 받는다. 명령어 버퍼에 대한 접근은 반드시 외부적으로 동기화되어야 하며, 이는 동시에 두 스레드가 같은 명령어 버퍼에 명령어를 기록하려는 시도를 막는 것은 애플리케이션의 책임이라는 것을 의미한다. 하지만 다음의 경우는 완벽히 용인된다.

- 한 스레드가 단순히 다른 명령어 버퍼에 연속으로 명령어 버퍼 함수를 호출하여 여러 명령어 버퍼에 명령어를 기록할 수 있다.
- 두 개 이상의 스레드는 단일 명령어 버퍼 생성에 참여할 수 있으며, 이는 애플리케이션이 어떤 두 개의 스레드도 동시에 명령어 버퍼 생성 함수를 실행하지 않는 것을 보장할 수 있을 때 가능하다.

불칸의 핵심 구성 원칙 중 하나는 효율적인 멀티 스레딩을 가능하게 하는 것이다. 이를 성취하기 위해, 애플리케이션의 스레드가 다른 것의 실행을 막지 않는 것이 중요하며, 예를 들면 공유 자원을 얻기 위해 뮤텍스를 얻는 경우 등이다. 이런 이유로 인해, 하나의 명령어 버퍼를 공유하기 보다는 하나 이상의 명령어 버퍼를 각 스레드가 가지는 것이 최선이다. 더욱이, 풀에서 명령어 버퍼가 할당되면, 더 나아가 각 스레드 마다 명령어 풀을 생성하여, 명령어 버퍼를 작업 스레드가 상호작용 없이 각각의 풀에서 할당할 수 있게 된다.

명령어 버퍼에 기록 명령을 시작할 수 있기 전에 명령어 버퍼를 시작해야 하며, 이는 버퍼를 초기 상태로 재설정한다. 이를 위해 vkBeginCommandBuffer()를 호출하며, 함수 원형은 다음과 같다.

```
VkResult vkBeginCommandBuffer (
  VkCommandBuffer commandBuffer,
  const VkCommandBufferBeginInfo* pBeginInfo);
```

기록을 시작할 명령어 버퍼는 commandBuffer에 전달되며, 명령어 버퍼의 기록에 사용된 매개변수는 pBeginInfo에 정의된 VkCommandBufferBeginInfo 구조체의 포인터를 통해 전달된다. VkCommandBufferBeginInfo의 정의는 다음과 같다.

```
typedef struct VkCommandBufferBeginInfo {
  VkStructureType sType;
  const void* pNext;
  VkCommandBufferUsageFlags flags;
  const VkCommandBufferInheritanceInfo* pInheritanceInfo;
} VkCommandBufferBeginInfo;
```

VkCommandBufferBeginInfo의 sType 항목은 VK_STRUCTURE_TYPE_COMMAND_
BUFFER_BEGIN_INFO로 설정해야 하며, pNext는 nullptr로 설정돼야 한다.
flags 항목은 불칸에게 명령어 버퍼가 어떻게 사용될 지를 알려준다. 이는
VkCommandBufferUsageFlagBits 열거형의 구성원의 비트별 조합으로 다음을 포
함한다.

- VK_COMMAND_BUFFER_USAGE_ONE_TIME_SUBMIT_BIT는 명령어 버퍼가 기록되
  고, 단지 한 번만 실행되고, 소멸되거나 재활용된다.

- VK_COMMAND_BUFFER_USAGE_RENDER_PASS_CONTINUE_BIT는 명령어 버퍼가 렌
  더패스 안에서 사용될 것을 의미하며, 단지 부 명령어 버퍼에만 유효하다. 주
  명령어 버퍼를 생성하면 무시되며, 이 장에서 다룰 것이다. 렌더패스와 부 명
  령어 버퍼는 13장에서 더 자세히 다룬다.

- VK_COMMAND_BUFFER_USAGE_SIMULTANEOUS_USE_BIT는 명령어 버퍼가 한 번
  이상 실행되거나 실행이 대기될 수 있다는 것을 의미한다.

현재의 목적을 위해서 flags를 0으로 설정하는 것이 안전하며, 이는 명령어 버
퍼를 한번 초과를 실행할 수 있지만 동시 실행하지는 않으며, 부 명령어 버퍼를
생성하지 않는다는 것이다.

VkCommandBufferBeginInfo의 pInheritanceInfo 구성원은 부 명령어 버
퍼의 시작할 때 어떤 상태가 이를 호출한 주 명령어 버퍼에서 상속받을 수
있는지를 정의하는 것이다. 주 명령어 버퍼의 경우 이 포인터는 무시된다.
VkCommandBufferInheritanceInfo 구조체의 내용은 13장에서 부 명령어 버퍼를
소개할 때 다룰 것이다.

이제 첫 명령어를 생성할 때다. 2장으로 돌아가면, 버퍼, 이미지, 메모리에 대해
배웠다. vkCmdCopyBuffer() 명령어는 두 버퍼 객체 사이에 자료를 복사하는 데
사용된다. 함수 원형은 다음과 같다.

```
void vkCmdCopyBuffer (
  VkCommandBuffer commandBuffer,
```

```
VkBuffer srcBuffer,
VkBuffer dstBuffer,
uint32_t regionCount,
const VkBufferCopy* pRegions);
```

이는 모든 불칸 명령어의 일반적인 형태다. 첫 매개변수 commandBuffer는 명령어가 첨부된 명령어 버퍼다. srcBuffer와 dstBuffer 매개변수는 각각 복사의 읽는 지점과 쓰는 지점으로 사용될 버퍼 객체를 설정한다. 영역의 수는 regionCount에 설정되며, 영역의 배열의 주소는 pRegions에 정의된다. 각 영역은 VkBufferCopy 구조체의 인스턴스로 표현되며, 정의는 다음과 같다.

```
typedef struct VkBufferCopy {
  VkDeviceSize srcOffset;
  VkDeviceSize dstOffset;
  VkDeviceSize size;
} VkBufferCopy;
```

배열의 각 요소는 단순히 읽는 지점과 쓰는 지점의 오프셋과 복사될 각 영역의 크기를 각각 srcOffset, dstOffset, size에 저장한다. 명령어가 수행되면, pRegions의 각 영역에서 size 바이트의 자료가 srcBuffer의 srcOffset 위치에서 dstBuffer의 dstOffset에 복사된다. 오프셋 역시 바이트 크기다.

불칸 연산의 한 가지 근본적인 부분은 명령어가 호출될 때 실행되지 않는다는 것이다. 그보다는 단순히 특정 명령어 버퍼의 끝에 더해진다. 만약 주 시스템에게 보이는 메모리 영역(예로 연결된 경우)에 자료를 복사하거나 복사해 넣을 때 몇 가지를 보장해야 한다.

- 장치에서 명령어가 실행되기 전에 읽기 지점 영역의 자료가 있는 것을 보장한다.
- 장치에서 명령어가 실행된 직후까지 읽기 지점 영역의 자료가 유효한 것을 보장한다.
- 장치에서 명령어가 실행되기 직후까지 쓰기 지점의 자료를 읽지 않는다.

첫 번째가 아마도 가장 흥미로운 것일 것이다. 특히, 메모리에 원본 자료를 넣기 전에 복사 명령어를 포함한 명령어 버퍼를 생성할 수 있다는 것이다. 원본 자료가 명령어 버퍼가 실행되기 전까지 적절한 위치에 있기만 하면 작업은 잘 처리된다.

코드 3.1은 어떻게 `vkCmdCopyBuffer()`를 사용해서 자료의 일부를 한 버퍼에서 다른 버퍼로 복사하는지를 보여준다. 복사를 처리하는 명령어 버퍼는 `cmdBuffer` 매개변수에, 읽는 지점과 쓰는 지점 버퍼는 `srcBuffer`와 `dstBuffer` 매개변수에 각각 전달된다. `srcOffset`와 `dstOffset` 매개변수가 자료의 오프셋으로 전달된다. 함수는 이 매개변수와 복사의 크기를 `VkBufferCopy` 구조체에 넣고 `vkCmdCopyBuffer()`를 호출하여 복사 연산을 처리한다.

코드 3.1 vkCmdCopyBuffer()의 사용 예

```
void CopyDataBetweenBuffers(VkCmdBuffer cmdBuffer,
  VkBuffer srcBuffer, VkDeviceSize srcOffset,
  VkBuffer dstBuffer, VkDeviceSize dstOffset,
  VkDeviceSize size)
{
  const VkBufferCopy copyRegion =
  {
    srcOffset, dstOffset, size
  };
  vkCmdCopyBuffer(cmdBuffer, srcBuffer, dstBuffer, 1, &copyRegion);
}
```

`srcOffset`와 `dstOffset`가 각각 읽는 지점과 쓰는 지점 버퍼의 시작에서 상대적이지만, 각각의 버퍼는 메모리에 다른 오프셋에 결속되어 있어 잠재적으로 같은 메모리 객체에 결속될 수 있다는 것을 기억하자. 그러므로, 만약 메모리 객체 중 하나가 연결되었다면, 메모리 객체 안의 오프셋은 결속된 버퍼 객체의 오프셋에 `vkCmdCopyBuffer()`에 전달한 오프셋을 더한 것이다.

명령어 버퍼가 실행을 위해 장치에 전달 준비 되기 전에, 반드시 불칸에게 명령어기록이 끝났다는 것을 알려줘야 한다. 이를 위해 `vkEndCommandBuffer()`를 호출하며, 함수 원형은 다음과 같다.

```
VkResult vkEndCommandBuffer (
  VkCommandBuffer commandBuffer);
```

vkEndCommandBuffer() 함수는 단지 단일 매개변수 commandBuffer를 받으며, 이는 명령어 버퍼에게 기록을 종료시킨다.

❖ 명령어 버퍼 재사용

많은 애플리케이션에서 명령어의 비슷한 연속이 각 프레임의 전체나 일부를 렌더링하는 데 사용된다. 그러므로, 비슷한 명령어 버퍼를 반복해서 기록할 가능성이 높다. 이제까지 소개한 명령어를 사용하여, vkAllocateCommandBuffers()를 호출하여 하나 이상의 명령어 버퍼 핸들을 잡아서 명령어를 기록한 뒤, vkFreeCommandBuffers()를 호출하여 각각의 풀에 명령어 버퍼를 돌려준다. 이는 상대적으로 무거운 연산으로, 만약 연속으로 비슷한 작업에 많은 회수로 명령어 버퍼를 재사용하게 되면, 재설정하는 것보다 더 효율적이다. 이는 효과적으로 명령어 버퍼를 원래 상태로 돌려놓지만 풀과 전혀 상호작용할 필요가 없다. 그러므로, 만약 명령어 버퍼가 풀에서 자신의 성장에 맞춰 동적으로 자원을 할당하게 되면, 자원을 계속 유지하면서 재할당 시에 재생성을 위한 재할당 비용을 피할 수 있게 된다. 명령어 버퍼를 재설정하기 위해 vkResetCommandBuffer()를 호출하며, 함수 원형은 다음과 같다.

```
VkResult vkResetCommandBuffer (
  VkCommandBuffer commandBuffer,
  VkCommandBufferResetFlags flags);
```

명령어 풀을 가진 장치는 device에 설정되며, 재설정할 풀은 commandPool에 설정된다. vkResetCommandBuffer()와 같이 flags 매개변수는 풀의 재설정의 일부로서 추가적인 행동을 설정한다. 또다시, 여기서 사용하도록 정의된 유일한 플래그는 VK_COMMAND_POOL_RESET_RELEASE_RESOURCES_BIT이다. 이 비트가 설정되면, 풀에 의해서 동적으로 할당된 자원은 재설정 연산의 일부로서 해제된다.

할당된 명령어 버퍼는 vkResetCommandPool()로 해제되지 않지만, 새로 할당된 것처럼 초기 상태로 모두 재진입한다. vkResetCommandPool()은 일반적으로 재사용 가능한 명령어 버퍼를 개별적으로 개별 명령어 버퍼를 재설정하는 것보다 한 번에 풀에 돌려주는 데 사용한다.

풀의 자원을 반환하지 않은 채 재설정되어 여러 번 사용될 때 명령어 버퍼의 복잡도를 일관성 있게 유지하기 위해 관리가 필요하다. 명령어 버퍼가 성장하면서, 풀에서 동적으로 자원을 할당할 수 있으며, 명령어 버퍼가 시스템 전체 풀에서 자원을 할당할 수 있다. 명령어 버퍼가 소모할 자원의 양은 본질적으로 한계가 없으며, 이유는 단일 명령어 버퍼에 배치할 수 있는 명령어의 수가 제한이 없기 때문이다. 만약 애플리케이션이 아주 작은 명령어 버퍼와 아주 큰 명령어 버퍼의 혼합을 사용하면, 결과적으로 모든 명령어 버퍼가 가장 복잡한 명령어 버퍼와 같이 커질 수 있다.

이를 피하기 위해, 명령어 버퍼나 풀을 재설정할 때 주기적으로 VK_COMMAND_BUFFER_RESET_RELEASE_RESOURCES_BIT나 VK_COMMAND_POOL_RESET_RELEASE_RESOURCES_BIT를 각각 설정하거나, 같은 명령어 버퍼를 항상 같은 방식으로(짧고 단순한 명령어 버퍼나, 길고 복잡한 명령어 버퍼나) 사용하는 것을 보장해야 한다. 섞어서 쓰는 사용 방식을 피하라.

❖ 명령어의 제출

명령어 버퍼를 장치에서 실행하기 위해서, 이를 장치 큐의 하나에 제출해야 한다. 이를 위해 vkQueueSubmit()을 호출하며, 함수 원형은 다음과 같다.

```
VkResult vkQueueSubmit (
  VkQueue queue,
  uint32_t submitCount,
  const VkSubmitInfo* pSubmits,
  VkFence fence);
```

이 명령어는 하나 이상의 명령어 버퍼를 장치에 실행을 위해 제출한다. queue 매개변수는 명령어 버퍼를 전송할 장치 큐를 설정한다. 큐의 접근은 반드시 외부적으로 동기화되어야 한다. 제출된 모든 명령어 버퍼가 풀에 할당되어야 하며, 해당 풀은 장치 큐 가족 중 하나에 대해서 생성되어야 한다. 이는 vkCreateCommandPool()에 전달된 VkCommandPoolCreateInfo 구조체의 queueFamilyIndex 구성원이다.

제출의 수는 submitCount에 설정되며, 각각의 제출을 설명하는 구조체의 배열은 pSubmits에 설정된다. 각 제출은 VkSubmitInfo 구조체의 인스턴스로 표현되며, 정의는 다음과 같다.

```
typedef struct VkSubmitInfo {
  VkStructureType sType;
  const void* pNext;
  uint32_t waitSemaphoreCount;
  const VkSemaphore* pWaitSemaphores;
  const VkPipelineStageFlags* pWaitDstStageMask;
  uint32_t commandBufferCount;
  const VkCommandBuffer* pCommandBuffers;
  uint32_t signalSemaphoreCount;
  const VkSemaphore* pSignalSemaphores;
} VkSubmitInfo;
```

VkSubmitInfo의 sType은 VK_STRUCTURE_TYPE_SUBMIT_INFO으로 설정돼야 하며, pNext는 nullptr로 설정돼야 한다. 각 VkSubmitInfo 구조체는 장치에서 실행되는 다중 명령어 버퍼를 표현한다.

각 명령어 버퍼의 집합은 실행의 시작 전에 기다리고 실행이 끝났을 때 하나 이상의 세마포어를 해제할 수 있기에 세마포어의 집합이 들어가 있다. 세마포어는 동기화 기본체로 다른 큐에서 실행되는 작업이 일정을 맞춰 정확하게 조율될 수 있도록 한다. 세마포어는 다른 동기화 기본체와 함께 11장에서 다룬다. 지금은 이 항목을 사용하지 않을 것이므로 waitSemaphoreCount와 signalSemaphoreCount를 0으로, pWaitSemaphores, pWaitDstStageMask, pSignalSemaphores는 nullptr로 설정한다.

실행하려는 명령어 버퍼는 배열에 배치되며, 주소는 pCommandBuffers에 전달된다. 실행할 명령어 버퍼의 수(pCommandBuffers 배열의 길이)는 commandBufferCount에 설정된다. vkQueueSubmit() 명령어가 호출된 이후 얼마 뒤에 명령어 버퍼 안의 명령어는 장치에서 실행을 시작한다. 같은 장치의 다른 큐들(혹은 다른 장치에 속한 큐 들)에 제출된 명령어는 병렬로 실행될 수 있다. vkQueueSubmit()은 특정 명령어 버퍼가 일정이 잡힐 때 바로 반환하게 되며, 심지어 실행을 시작하기 한참 이전에 가능하다.

vkQueueSubmit()의 fence 매개변수는 펜스 객체에 대한 핸들로, 제출에 의해 실행되는 명령어의 완료를 기다리는 데 사용할 수 있다. 펜스는 11장에서 다룰 또 다른 동기화 기본체이다. 지금은 fence를 VK_NULL_HANDLE로 설정하자. 펜스를 다루기 전까지는, 큐에 제출된 모든 작업이 완료될 때까지 vkQueueWaitIdle()을 호출해서 기다릴 수 있다. 함수 원형은 다음과 같다.

```
VkResult vkQueueWaitIdle (
  VkQueue queue);
```

vkQueueWaitIdle()의 유일한 매개변수인 queue는 기다릴 큐이다. vkQueueWaitIdle()이 반환되면, queue에 제출한 모든 명령어 버퍼는 실행의 완료가 보장된다. 단일 장치 위의 모든 큐에 제출된 모든 명령어를 기다리는 간단한 방법은 vkDeviceWaitIdle()이다. 함수 원형은 다음과 같다.

```
VkResult vkDeviceWaitIdle (
  VkDevice device);
```

vkQueueWaitIdle()이나 vkDeviceWaitIdle()을 호출하는 것은 실제로 추천되지 않는데, 이는 큐나 장치의 모든 작업을 완전히 배출하고 매우 부하가 큰 연산이기 때문이다. 애플리케이션의 성능 중요 부분에서는 둘 다 사용해서는 안 된다. 적절한 사용 예는 단지 애플리케이션 종료 전이나 스레드 관리, 메모리 관리 등의 애플리케이션의 세부 시스템을 재초기화할 때 등으로, 어쨌든 상당한 멈춤이 있을 곳들이다.

❖요약

이 장은 애플리케이션이 불칸 장치와 명령어로 통신하는 데 사용하는 메커니즘인 명령어 버퍼를 소개하였다. 첫 불칸 명령어를 소개하고 장치에게 작업을 실행 요청하는 방법을 보여주었다.

명령어 버퍼를 불칸 장치에 실행을 위해 큐에 제출하여 어떻게 전송하는지를 논의하였다. 큐에 제출된 모든 작업이나 장치가 실행을 끝났는지를 어떻게 보장하는지를 보여주었다. 비록 하나의 명령어 버퍼를 다른 버퍼에서 호출하는지나 주 시스템과 장치 사이나 장치의 큐 사이의 정밀한 동기화를 어떻게 구현하는지 등의 많은 중요한 주제를 훑고 넘어갔지만, 이 주제들은 추후 장에서 다룰 것이다.

4장 | 자료 이동

이 장에서 배울 내용

■ 불칸이 사용하는 자원의 상태를 관리하는 방법
■ 자원 사이의 자료를 어떻게 복사하고 버퍼와 이미지를 알려진 값으로 채우는 방법
■ 이미지 자료를 늘리고 크기 조절하기 위해서 블릿 연산(blit operation)을 처리하는 방법

그래픽과 계산 연산은 일반적으로 자료 집약적이다. 불칸은 자료를 저장하고 조작하기 위한 방법을 제공하는 여러 객체를 포함한다. 종종 자료를 이 객체들의 안이나 밖으로 자료를 이동할 필요가 있으며, 여러 명령어가 정확히 이를 위해서, 즉 자료를 복사하고 버퍼와 이미지 객체를 채우기 위해 제공된다. 더욱이, 특정 시점에서 자원은 여러 상태 중 하나이며, 불칸 파이프라인의 많은 부분은 이를 접근할 필요가 있다. 이 장은 자료를 복사하고 메모리를 채울 수 있는 자료 이동 명령어, 즉 애플리케이션이 접근하는 자원의 상태를 관리하는 데 필요한 명령어를 다룬다.

3장은 장치에서 실행된 명령어가 명령어 버퍼에 배치되고 실행을 위해 큐 중하나에 제출되는 것을 보여주었다. 이는 애플리케이션에서 호출했기에 명령어가실행되는 것이 아니고, 장치에 제출한 명령어 버퍼를 통해서 장치에 도달했을 실행된다는 것을 의미하기에 중요하다. 첫 명령어 vkCmdCopyBuffer()는 두 버퍼나

같은 버퍼의 다른 영역 사이의 자료를 복사한다. 이는 불칸의 버퍼, 이미지, 다른 객체에 영향을 주는 많은 명령어 중 하나다. 이 장은 버퍼와 이미지의 채우기, 복사, 비우기clearing를 다룬다.

◈ 자원 상태 관리

애플리케이션의 실행의 특정 시점에서, 각 자원은 많은 다른 상태 중 하나가 될 수 있다. 예를 들어, 만약 그래픽 파이프라인이 이미지에 그리거나 이를 텍스처 자료의 원본으로 사용하는 경우나, 만약 불칸이 주 시스템에서 이미지로 자료를 복사할 경우에 각각의 사용 방식이 다르다. 일부 불칸 구현에 대해 이 상태들 중 일부 사이에 실제로 차이가 없을 수 있으며, 다른 경우 주어진 시점의 자원의 상태를 정확히 아는 것이 애플리케이션 작업이나 렌더링 사이의 차이를 만들어 준다.

명령어 버퍼의 명령어가 대부분의 자원의 접근에 대해서 책임이 있고, 명령어 버퍼가 실행을 위해서 제출되는 순서와 다른 순서로 생성될 수 있기에, 불칸 구현이 자원의 상태를 추적하려고 시도하고 각 사용 시나리오에 맞는지 보장해주는 것은 현실적이지 못하다. 특히 자원이 한 상태에서 시작해서 다른 상태로 명령어 버퍼의 실행으로 인해 옮겨갈 수 있다. 명령어 버퍼에 사용된 자원의 상태를 드라이버가 추적할 수 있지만, 명령어 버퍼 사이의 상태를 추적하는 것은 명령어 버퍼가 실행을 위해서 제출되었을 때 엄청난 노력[1]을 요구하게 된다. 그러므로, 이 책임은 애플리케이션에게 넘겨진다. 자원 상태는 아마도 이미지에 있어서 가장 중요한데, 이는 복잡하고 구조화된 자원이기 때문이다.

이미지의 상태는 두 개의 본질적으로 직교하는 상태의 조각들로 크게 나뉜다. 앞서서 간략히 논의된 자료가 메모리에서 어떻게 배치되는지 결정하는 배치와, 장치의 캐싱과 자료 일관성에 영향을 주는 이미지에 마지막에 쓴 기록이다. 이미

---

1 검증 레이어가 실은 이 상태를 추적하려고 시도한다. 이는 엄청난 성능에 영향을 주지만, 이 레이어는 많은 자원 상태 관련 사안들을 찾아서 보고할 수 있는 능력이 있다.

지의 초기 배치는 생성되었을 때 설정되며, 그 뒤 이미지의 생애 주기 동안 명시적으로 방벽이나 잠재적으로 렌더패스를 통해서 변경될 수 있다. 방벽은 또한 불칸 파이프라인의 다른 부분에서 자원에 대한 접근을 모으고, 일부의 경우 자원을 한 배치에서 다른 배치로 전이시키는 것을 방벽이 처리하는 동기화 작업의 중간 파이프라인 단계에서 처리될 수 있다.

파이프라인 방벽

방벽은 불칸 파이프라인의 단계 안에서 메모리 접근 관리와 자원 상태 이동에 대한 동기화 메커니즘이다. 자원에 대한 접근을 동기화하고 이의 상태를 변경하는 주된 명령어는 vkCmdPipelineBarrier()이며, 함수 원형은 다음과 같다.

```
void vkCmdPipelineBarrier (
  VkCommandBuffer commandBuffer,
  VkPipelineStageFlags srcStageMask,
  VkPipelineStageFlags dstStageMask,
  VkDependencyFlags dependencyFlags,
  uint32_t memoryBarrierCount,
  const VkMemoryBarrier* pMemoryBarriers,
  uint32_t bufferMemoryBarrierCount,
  const VkBufferMemoryBarrier* pBufferMemoryBarriers,
  uint32_t imageMemoryBarrierCount,
  const VkImageMemoryBarrier* pImageMemoryBarriers);
```

방벽을 실행할 명령어 버퍼는 commandBuffer에 전달된다. 다음 두 매개변수 srcStageMask와 dstStageMask는 각각 어떤 파이프라인 단계가 마지막에 자원에 쓰고 어떤 단계가 자원을 다음에 읽을 것인지 명시해준다. 이는 방벽으로 표현되는 자료 흐름의 읽기 지점과 쓰기 지점을 명시하는 것이다. 각각은 VkPipelineStageFlagBits 열거형의 여러 구성원으로 생성된다.

- VK_PIPELINE_STAGE_TOP_OF_PIPE_BIT: 파이프 꼭대기는 장치가 명령어를 처리하자마자 도달한다고 간주되는 단계이다.

- VK_PIPELINE_STAGE_DRAW_INDIRECT_BIT: 파이프라인이 indirect 명령어를 실행하면, 이는 일부 매개변수를 명령어를 위해서 메모리에서 미리 읽는다. 이는 해당 매개변수를 미리 읽는 단계이다.

- VK_PIPELINE_STAGE_VERTEX_INPUT_BIT: 이는 정점 속성이 각각의 버퍼에서 읽어지는 단계이다. 이 뒤에 심지어 정점 셰이더가 아직 실행이 완료되지 않아도 정점 버퍼의 내용이 덮어 써진다.

- VK_PIPELINE_STAGE_VERTEX_SHADER_BIT: 이 단계는 그리기 명령어로 인한 모든 정점 셰이더 작업이 끝났을 때 지나간다.

- VK_PIPELINE_STAGE_TESSELLATION_CONTROL_SHADER_BIT: 이 단계는 실행을 끝낸 그리기 명령어의 결과로 생성된 모든 테셀레이션 조절 셰이더 호출이 생성되었을 때 지나간다.

- VK_PIPELINE_STAGE_TESSELLATION_EVALUATION_SHADER_BIT: 이 단계는 실행을 끝낸 그리기 명령어의 결과로 생성된 모든 테셀레이션 연산 셰이더 호출이 생성되었을 때 지나간다.

- VK_PIPELINE_STAGE_GEOMETRY_SHADER_BIT: 이 단계는 실행을 끝낸 그리기 명령어의 결과로 생성된 모든 기하구조 셰이더 호출이 생성되었을 때 지나간다.

- VK_PIPELINE_STAGE_FRAGMENT_SHADER_BIT: 이 단계는 실행을 끝낸 그리기 명령어의 결과로 생성된 모든 화소 셰이더 호출이 생성되었을 때 지나간다. 기본체가 완전하게 래스터라이즈되었지만 결과 화소 셰이더가 아직 끝나지 않는지 알 수 있는 방법은 없다. 하지만 레스터라이제이션은 메모리에 접근하지 않으므로, 어떤 정보도 여기서 손실되지 않는다.

- VK_PIPELINE_STAGE_EARLY_FRAGMENT_TESTS_BIT: 화소 셰이더가 호출되기 전에 일어날 수 있는 모든 화소 당 시험이 끝난 단계이다.

- VK_PIPELINE_STAGE_LATE_FRAGMENT_TESTS_BIT: 화소 셰이더가 실행된 이후에 일어날 수 있는 모든 화소 당 시험이 끝난 단계이다. 깊이와 스텐실 첨부에

출력은 시험의 부분으로서 일어나므로, 이 단계와 초기 화소 시험 단계는 깊이와 스텐실 출력을 포함한다.

- VK_PIPELINE_STAGE_COLOR_ATTACHMENT_OUTPUT_BIT: 파이프라인에서 생성된 화소가 색 첨부에 쓰기가 완료된 단계이다.

- VK_PIPELINE_STAGE_COMPUTE_SHADER_BIT: 실행 처리dispatch의 결과로 생성된 계산 셰이더 호출이 완료된 단계이다.

- VK_PIPELINE_STAGE_TRANSFER_BIT: vkCmdCopyImage()나 vkCmdCopyBuffer() 등의 호출의 결과로 유발된 대기하던 전송이 완료된 단계이다.

- VK_PIPELINE_STAGE_BOTTOM_OF_PIPE_BIT: 그래픽 파이프라인의 부분으로서 고려되는 모든 연산이 완료된 단계이다.

- VK_PIPELINE_STAGE_HOST_BIT: 이 파이프라인 단계는 주 시스템에서의 접근에 대응한다.

- VK_PIPELINE_STAGE_ALL_GRAPHICS_BIT: 쓰기 지점으로서 사용될 때, 이 특수 플래그는 메모리에 접근할 수 있는 모든 파이프라인 단계를 의미한다. 읽기 지점으로서는 실질적으로 VK_PIPELINE_STAGE_BOTTOM_OF_PIPE_BIT와 동일하다.

- VK_PIPELINE_STAGE_ALL_COMMANDS_BIT: 이 단계는 거대 망치다. 언제든 뭐가 일어나는지 모를 때 이걸 사용하라. 이는 모든 것에 모든 것을 동기화한다. 단지 현명하게 사용해야 한다.

srcStageMask와 dstStageMask에 설정된 플래그가 일이 일어나는 시점을 가리키는 데 사용하였기 때문에, 불칸 구현이 이를 옮겨 다니거나 다양한 방식으로 해석하는 것은 용인된다. srcStageMask는 읽기 지점 단계가 자원에서 읽기를 끝냈거나 자원에 쓰는 게 언제 끝났는지 알려준다. 결과로서, 해당 단계의 파이프라인의 효과적인 위치로의 뒤로 이동은 해당 접근이 끝났다는 사실에 변경을 주지 않는다. 이는 단지 구현이 완료되기에 실제로 기다려야 하는 것보다 좀 더 기다리는 것만 의미한다.

비슷하게 dstStageMask는 처리 이전에 파이프라인이 기다려야 하는 지점을 명시한다. 만약 구현이 이 대기 지점을 더 일찍 당겨도 여전히 동작한다. 기다리는 사건은 여전히 논리적으로 파이프라인 실행 시작의 나중 부분에서 완료된다. 구현은 단지 작업을 처리할 기회를 잃고 대기할 뿐이다.

dependencyFlags 매개변수는 방벽이 표현하는 의존 관계가 어떻게 방벽이 참조하는 자원에 영향을 주는지 설명하는 플래그의 집합을 설명한다. 유일하게 정의된 플래그는 VK_DEPENDENCY_BY_REGION_BIT이며, 이는 방벽이 단지 시작 단계에서 변경된 영역만(확인할 수 있을 때) 영향을 준다는 것을 가리키며, 이 영역은 또한 도착 단계에서 소모된다.

vkCmdPipelineBarrier()의 단일 호출은 많은 방벽 연산을 발동하는 데 사용할 수 있다. 세 가지 종류의 방벽 연산이 있다. 전역 메모리 방벽, 버퍼 방벽, 이미지 방벽이다. 전역 메모리 방벽은 주 시스템과 장치 사이의 연결 메모리를 동기화 접근 하는 일에 영향을 준다. 버퍼와 이미지 방벽은 주로 장치의 버퍼 접근과 이미지 자원의 접근에 각각 영향을 준다.

전역 메모리 방벽

vkCmdPipelineBarrier()에서 발동할 전역 메모리 방벽의 수는 memoryBarrierCount에 설정한다. 만약 이가 0이 아니면, pMemoryBarriers는 memoryBarrierCount개의 VkMemoryBarrier 구조체의 배열을 가리키며, 각각이 단일 메모리 방벽을 정의한다. VkMemoryBarrier의 정의는 다음과 같다.

```
typedef struct VkMemoryBarrier {
  VkStructureType sType;
  const void* pNext;
  VkAccessFlags srcAccessMask;
  VkAccessFlags dstAccessMask;
} VkMemoryBarrier;
```

VkMemoryBarrier의 sType 항목은 VK_STRUCTURE_TYPE_MEMORY_BARRIER으로 설정돼야 하며, pNext는 nullptr로 설정돼야 한다. 구조체에서 유일하게 다른 항목

은 각각 읽기 지점과 쓰기 지점 접근 마스크인 `srcAccessMask`와 `dstAccessMask`이다. 접근 마스크는 `VkAccessFlagBits`의 구성원을 포함한 비트필드다. 읽기 지점 접근 마스크는 어떻게 메모리가 마지막에 쓰이는지 설정하고, 쓰기 지점 마스크는 메모리가 어떻게 다음에 읽어질지를 설정한다. 가용한 접근 플래그는 다음과 같다.

- `VK_ACCESS_INDIRECT_COMMAND_READ_BIT`: 참조된 메모리는 `vkCmdDrawIndirect()`나 `vkCmdDispatchIndirect()` 같은 간접 그리기나, 실행 처리 명령어의 읽기 지점이 된다.

- `VK_ACCESS_INDEX_READ_BIT`: 참조된 메모리는 `vkCmdDrawIndexed()`나 `vkCmdDrawIndexedIndirect()` 같은 색인 그리기 명령어의 색인 자료의 읽기 지점으로 사용된다.

- `VK_ACCESS_VERTEX_ATTRIBUTE_READ_BIT`: 참조된 메모리는 불칸의 고정 함수 정점 조합 단계에서 추출된 정점 자료의 읽기 지점으로 사용된다.

- `VK_ACCESS_UNIFORM_READ_BIT`: 참조된 메모리는 셰이더가 접근하는 균일 구획을 위한 자료의 읽기 지점으로 사용된다.

- `VK_ACCESS_INPUT_ATTACHMENT_READ_BIT`: 참조된 메모리는 입력 첨부로 사용되는 이미지가 저장되는 것으로 사용된다.

- `VK_ACCESS_SHADER_READ_BIT`: 참조된 메모리는 셰이더에서 이미지나 텍스처 읽기를 사용해서 읽어낸 이미지 객체를 저장하는 데 사용된다.

- `VK_ACCESS_SHADER_WRITE_BIT`: 참조된 메모리는 셰이더에서 이미지를 저장하는 데 사용하는 이미지 객체를 저장하는 데 사용된다.

- `VK_ACCESS_COLOR_ATTACHMENT_READ_BIT`: 참조된 메모리는 보통 색 혼합이 활성화되었기에 읽기가 처리되는 곳의 색 첨부로 사용되는 이미지를 저장하는 데 사용된다. 이는 자료가 화소 셰이더에서 명시적으로 읽어지는 입력 첨부와는 다르다는 것을 기억하자.

- VK_ACCESS_COLOR_ATTACHMENT_WRITE_BIT: 참조된 메모리는 쓰여질 책 첨부로 사용될 이미지를 저장하는 데 사용한다.

- VK_ACCESS_DEPTH_STENCIL_ATTACHMENT_READ_BIT: 참조된 메모리는 관련 시험이 활성화되었기에 읽게 되는 깊이나 스텐실 첨부로 사용되는 이미지를 저장하는 데 사용된다.

- VK_ACCESS_DEPTH_STENCIL_ATTACHMENT_WRITE_BIT: 참조된 메모리는 관련 쓰기 마스크가 활성화되었기에 깊이나 스텐실 첨부로 사용되는 이미지를 저장하는 데 사용된다.

- VK_ACCESS_TRANSFER_READ_BIT: 참조된 메모리는 vkCmdCopyImage(), vkCmdCopyBuffer(), vkCmdCopyBufferToImage() 같은 전송 연산의 자료의 읽기 지점으로 사용된다.

- VK_ACCESS_TRANSFER_WRITE_BIT: 참조된 메모리는 전송 연산의 쓰기 지점으로 사용된다.

- VK_ACCESS_HOST_READ_BIT: 참조된 메모리는 연결되었으며 주 시스템이 읽을 것이다.

- VK_ACCESS_HOST_WRITE_BIT: 참조된 메모리는 연결되었으며 주 시스템이 쓸 것이다.

- VK_ACCESS_MEMORY_READ_BIT: 이전 경우에서 명시적으로 포함되지 않는 모든 다른 메모리 읽기는 이 비트를 설정해야 한다.

- VK_ACCESS_MEMORY_WRITE_BIT: 이전 경우에서 명시적으로 포함되지 않는 모든 다른 메모리 쓰기는 이 비트를 설정해야 한다.

메모리 방벽은 기능성의 두 가지 중요한 조각을 제공한다. 첫째로, 위험[hazard]을 회피하는 것을 도우며, 둘째로 자료 일관성을 보장하는 데 도움을 준다.

위험은 읽기와 쓰기 연산이 프로그래머가 실행되기 기대하는 순서와 달리 재정렬될 때 일어난다. 이는 매우 진단하기 어려운데, 왜냐하면 종종 플랫폼 혹은 시점에 종속적이기 때문이다. 세 가지 종류의 위험이 있다.

- 쓰기 뒤 읽기(RaW) 위험은 프로그래머가 최근에 쓰여진 메모리의 일부를 읽고 쓰기의 결과를 보기를 기대할 때 일어난다. 만약 읽기가 재일정화되어 쓰기가 완료되기 전에 실행되면, 읽기는 오래된 자료를 보게 된다.

- 읽기 후 쓰기(WaR) 위험은 프로그래머가 프로그램의 다른 부분에서 이전에 읽은 메모리의 일부를 덮어 쓰기를 기대할 때 일어난다. 만약 쓰기 연산이 읽기 연산 전으로 재일정화되면, 읽기 연산은 기대한 오래된 자료가 아닌 새 자료를 보게 된다.

- 읽기 후 읽기(WaW) 위험은 프로그래머가 메모리의 같은 위치를 여러 번 덮어 쓰고 마지막에 쓴 결과만 이후의 읽기에서 보이길 기대할 때 일어난다. 만약 읽기가 서로 간에 대해서 재일정화되었을 때, 결과적으로 우연히 마지막에 실행되게 된 결과만이 읽기에 보여지게 된다.

읽기 후 읽기 같은 위험은 자료가 변경되지 않았기에 존재하지 않는다.

메모리 방벽에서는 읽는 지점은 자료의 생산자일 필요 없지만 방벽으로 보호되는 최초의 연산이다. RaW 위험을 피하기 위해서는, 실제로 읽는 지점이 읽기 연산이어야 한다.

예를 들어, 복사 연산으로 이미지를 덮어 쓰기 전에 모든 텍스처 읽기가 완료되는 것을 보장하려면, srcAccessMask 항목에 VK_ACCESS_SHADER_READ_BIT를 설정해야 하며, dstAccessMask 항목에 VK_ACCESS_TRANSFER_WRITE_BIT를 설정해야 한다. 이는 불칸에게 셰이더에서 이미지에서 읽는 것이 첫 단계임을 알려주고, 두 번째 단계는 이미지를 덮어 쓰는 것일 수 있다는 것을 알려주어, 이로부터 읽을 수 있는 어떤 셰이더 이전에 이미지에 복사를 위치하는 재배치를 해서는 안 된다.

VkAccessFlagBits의 비트와 VkPipelineStageFlagBits의 비트 사이에 일부 중첩이 있다는 것을 알 수 있다. VkAccessFlagBits는 어떤 연산이 처리되는지 설정하고, VkPipelineStageFlagBits는 액션이 파이프라인에서 어디서 처리되는지 설정한다.

메모리 방벽이 제공하는 기능성의 두 번째 조각은 파이프라인의 다른 부분에서의 자료 시야 사이의 일관성을 보장하는 것이다. 예를 들어, 만약 애플리케이션이 셰이더에서 버퍼를 쓰는 셰이더를 포함하고, 내제된 메모리 객체에 연결하여 버퍼에서 다시 해당 자료를 읽어올 때, srcAccessMask에 VK_ACCESS_SHADER_WRITE_BIT를 설정하고 dstAccessMask에 VK_ACCESS_HOST_READ_BIT를 설정해야 한다. 만약 셰이더가 처리하는 버퍼 쓰기가 장치에 캐시가 있다면, 해당 캐시는 주 시스템이 쓰기 연산의 결과를 보기 위해서 배출해야 한다.

버퍼 메모리 방벽

버퍼 메모리 방벽은 버퍼 객체에 메모리를 저장하기 위해서 메모리의 더 정교한 조절을 제공한다. vkCmdPipelineBarrier()의 호출 실행으로 처리되는 버퍼 메모리 방벽의 수는 bufferMemoryBarrierCount 매개변수에 설정되어 있으며, pBufferMemoryBarriers 항목은 같은 수의 VkBufferMemoryBarrier 구조체의 배열에 대한 포인터 이며, 각각이 버퍼 메모리 방벽을 정의한다. VkBufferMemoryBarrier의 정의는 다음과 같다.

```
typedef struct VkBufferMemoryBarrier {
  VkStructureType sType;
  const void* pNext;
  VkAccessFlags srcAccessMask;
  VkAccessFlags dstAccessMask;
  uint32_t srcQueueFamilyIndex;
  uint32_t dstQueueFamilyIndex;
  VkBuffer buffer;
  VkDeviceSize offset;
  VkDeviceSize size;
} VkBufferMemoryBarrier;
```

각 VkBufferMemoryBarrier 구조체의 sType 항목은 VK_STRUCTURE_TYPE_BUFFER_MEMORY_BARRIER로 설정돼야 하며, pNext는 nullptr로 설정돼야 한다. srcAccessMask와 dstAccessMask 항목은 VkMemoryBarrier 구조체와 같은 의미를 가진다. 명백히, 플래그의 일부는 색이나 깊이 첨부처럼 이미지에 특별히 대응하며, 버퍼 메모리를 처리할 때 거의 의미를 가지지 않는다.

버퍼의 소유권은 한 큐에서 다른 가족에 있는 다른 큐로 전송될 수 있으며, 시작 큐와 도착 큐의 가족 색인이 반드시 각각 srcQueueFamilyIndex와 dstQueueFamilyIndex에 제공된다. 만약 소유권에 전송이 없다면, srcQueueFamilyIndex와 dstQueueFamilyIndex는 둘 다 VK_QUEUE_FAMILY_IGNORED로 설정할 수 있다. 이 경우, 소유권은 명령어 버퍼가 생성된 큐 가족으로 가정될 수 있다.

방벽으로 접근이 조절되는 버퍼는 buffer에 설정된다. 버퍼의 범위에 접근을 동기화하기 위해서, 구조체의 offset과 size 항목으로 범위를 바이트 단위로 설정한다. 전체 버퍼에 접근 조절을 위해서, 단순히 offset을 0으로 하고 size를 VK_WHOLE_SIZE로 설정한다.

만약 버퍼가 한 큐 초과에서 수행되는 작업에 의해서 접근되고, 해당 큐들은 다른 가족에 속하면 애플리케이션에서 추가적인 행동이 필요하다. 다중 큐 가족을 노출하는 단일 장치가 실제로 다중 물리 요소로 구성되어 있을 수 있고, 해당 요소들이 고유의 캐시, 일정화 구조체, 메모리 조절기 등을 가질 수 있으므로, 불칸은 언제 자원이 큐에서 큐로 이동되는지 알아야 한다. 만약 이 경우라면, 시작 큐의 큐 가족 색인을 srcQueueFamilyIndex에 도착 큐의 가족 색인을 dstQueueFamilyIndex에 둔다.

이미지 메모리 방벽과 비슷하게, 만약 자원이 다른 가족 간의 큐 사이에서 전송되지 않으면, srcQueueFamilyIndex와 dstQueueFamilyIndex는 둘 다 VK_QUEUE_FAMILY_IGNORED로 설정할 수 있다.

이미지 메모리 방벽

버퍼와 마찬가지로, 이미지에 특별한 주의가 필요하며, 이미지 메모리 방벽은 이미지의 접근을 조절하는 데 사용된다. vkCmdPipelineBarrier()의 호출로 처리되는 이미지 메모리 방벽의 수는 imageMemoryBarrierCount 매개변수에 설정되며, pImageMemoryBarriers는 동일한 수의 VkImageMemoryBarrier 구조체의 배열에 대한 포인터이며, 각각이 하나의 방벽을 설명한다. VkImageMemoryBarrier의 정의는 다음과 같다.

```
typedef struct VkImageMemoryBarrier {
  VkStructureType sType;
  const void* pNext;
  VkAccessFlags srcAccessMask;
  VkAccessFlags dstAccessMask;
  VkImageLayout oldLayout;
  VkImageLayout newLayout;
  uint32_t srcQueueFamilyIndex;
  uint32_t dstQueueFamilyIndex;
  VkImage image;
  VkImageSubresourceRange subresourceRange;
} VkImageMemoryBarrier;
```

각 VkImageMemoryBarrier 구조체의 sType 항목은 VK_STRUCTURE_TYPE_IMAGE_MEMORY_BARRIER로 설정돼야 하며, pNext는 nullptr로 설정돼야 한다. 다른 메모리 방벽과 같이, srcAccessMask와 dstAccessMask 항목은 읽기 점과 쓰기 점의 접근 종류를 설정한다. 또다시, 접근 종류의 일부분만이 이미지에 적용된다. 또한 큐 사이의 접근을 조절할 때, srcQueueFamilyIndex와 dstQueueFamilyIndex는 작업이 일어나는 시작점과 도착점의 가족 색인으로 설정할 수 있다.

oldLayout와 newLayout 항목은 방벽 이전과 이후에 이미지에 사용되는 배치를 설정한다. 이는 이미지를 생성할 때 사용될 수 있는 것과 같은 항목이다. 방벽이 영향을 주는 이미지는 image에 설정되며, 방벽에 영향을 받는 이미지의 부분은 subresourceRange에 설정되며, 이는 VkImageSubresourceRange 구조체의 인스턴스로 정의는 다음과 같다.

```
typedef struct VkImageSubresourceRange {
  VkImageAspectFlags aspectMask;
  uint32_t baseMipLevel;
  uint32_t levelCount;
  uint32_t baseArrayLayer;
  uint32_t layerCount;
} VkImageSubresourceRange;
```

이미지 측면은 방벽에 포함되는 이미지의 부분이다. 대부분의 이미지 형식과 종류는 단지 한 가지 측면만 갖는다. 흔한 예외는 깊이-스텐실 이미지로, 이는 이미지의 깊이와 스텐실 요소가 각각 구분된 측면을 가질 수 있다. 예를 들어 측면 플래그를 사용하여 깊이 자료를 이후 표본화를 위해서 깊이 자료를 유지하면서 스텐실 자료를 제거할 수 있다.

밉맵을 가진 이미지에 대해서, 밉맵의 부분 집합을 가장 낮은 수(가장 높은 해상도)의 밉맵 단계를 baseMipLevel에 설정하고 단계의 수를 levelCount에 설정하여 포함할 수 있다. 만약 이미지가 전체 밉맵 연쇄를 가지지 않으면, baseMipLevel는 0으로, levelCount는 1로 설정해야 한다.

비슷하게 배열 이미지에 대해서, baseArrayLayer를 첫 레이어의 색인으로 설정하고, layerCount를 레이어의 수로 설정하여 방벽에 이미지 레이어의 부분 집합을 포함할 수 있다. 간단히 말해서, 모든 이미지를 밉맵을 가진 것으로 간주하고(단지 한 단계만 가지고 있어도), 모든 이미지를 배열인 것처럼(단지 한 레이어만 있어도) 간주한다.

코드 4.1은 이미지 메모리 방벽을 어떻게 처리하는지 예를 보여준다.

코드 4.1 이미지 메모리 방벽

```
const VkImageMemoryBarrier imageMemoryBarriers =
{
  VK_STRUCTURE_TYPE_IMAGE_MEMORY_BARRIER,        // sType
  nullptr,                                        // pNext
  VK_ACCESS_COLOR_ATTACHMENT_WRITE_BIT,          // srcAccessMask
  VK_ACCESS_SHADER_READ_BIT,                     // dstAccessMask
  VK_IMAGE_LAYOUT_COLOR_ATTACHMENT_OPTIMAL,      // oldLayout
  VK_IMAGE_LAYOUT_SHADER_READ_ONLY_OPTIMAL,      // newLayout
  VK_QUEUE_FAMILY_IGNORED,                       // srcQueueFamilyIndex
  VK_QUEUE_FAMILY_IGNORED,                       // dstQueueFamilyIndex
  image,                                          // image
  {                                               // subresourceRange
    VK_IMAGE_ASPECT_COLOR_BIT,                   // aspectMask
    0,                                            // baseMipLevel
    VK_REMAINING_MIP_LEVELS,                     // levelCount
    0,                                            // baseArrayLayer
    VK_REMAINING_ARRAY_LAYERS                    // layerCount
```

```
      }
};

vkCmdPipelineBarrier(m_currentCommandBuffer,
  VK_PIPELINE_STAGE_COLOR_ATTACHMENT_OUTPUT_BIT,
  VK_PIPELINE_STAGE_FRAGMENT_SHADER_BIT,
  0,
  0, nullptr,
  0, nullptr,
  1, &imageMemoryBarrier);
```

이미지 메모리 방벽은 코드 4.1에서 이전에 `VK_IMAGE_LAYOUT_COLOR_ATTACHMENT_OPTIMAL`였던 이미지를 받아서 `VK_IMAGE_LAYOUT_SHADER_READ_ONLY_OPTIMAL` 배치로 변경시킨다. 자료의 읽기 지점은 `VK_ACCESS_COLOR_ATTACHMENT_WRITE_BIT`로 설정된 파이프라인의 색 출력이며, 쓰기 지점은 `VK_ACCESS_SHADER_READ_BIT`로 설정된 셰이더가 표본화하는 곳이다.

큐 사이의 소유권 이전이 없으면, `srcQueueFamilyIndex`와 `dstQueueFamilyIndex`는 `VK_QUEUE_FAMILY_IGNORED`로 설정된다. 또한, 모든 밉맵 단계와 이미지의 배열 레이어 사이에 방벽을 처리하므로, `subresourceRange` 구조체의 `levelCount`와 `layerCount`는 `VK_REMAINING_MIP_LEVELS`와 `VK_REMAINING_ARRAY_LAYERS`로 각각 설정한다.

이 방벽은 이전에 그래픽 파이프라인에 의해서 색 첨부로 써진 이미지를 받아서 셰이더가 읽을 수 있는 상태로 이동시킨다.

❖ 버퍼의 비우기와 채우기

2장에서 버퍼 객체를 소개했었다. 버퍼는 메모리가 저장되는 선형적인 자료 영역이다. 일부의 경우, 단순히 전체 버퍼를 알려진 값으로 비우는 것이 전부이다. 이는 예를 들어 셰이더나 일부 다른 연산을 통해서 결과적으로 쓰여질 버퍼를 초기화하는 것을 가능하게 한다.

버퍼를 고정 값을 채우기 위해서는 vkCmdFillBuffer()를 호출하며, 함수 원형은 다음과 같다.

```
void vkCmdFillBuffer (
  VkCommandBuffer commandBuffer,
  VkBuffer dstBuffer,
  VkDeviceSize dstOffset,
  VkDeviceSize size,
  uint32_t data);
```

명령어를 배치하는 명령어 버퍼는 commandBuffer에 설정한다. 자료를 채울 버퍼는 dstBuffer에 설정한다. 자료로 버퍼의 구획을 채우기 위해서, 채우기 연산의 시작 오프셋을 바이트로 dstOffset에 설정하고, 영역의 크기를 바이트로 size에 설정한다. dstOffset와 size는 반드시 4의 곱이어야 한다. dstOffset에서 버퍼의 끝까지 채우기 위해서는 특별한 값인 VK_WHOLE_SIZE를 size 매개변수에 넣어야 한다. 그러므로 전체 버퍼를 채우기 위해서는 단순히 dstOffset을 0으로 하고 size를 VK_WHOLE_SIZE로 설정한다.

버퍼를 채우고 싶은 값은 data에 전달된다. 이는 단순히 채우기 연산의 영역을 복사하기 위한 uint32_t 변수다. 버퍼가 uint32_t의 배열로 간주되고, dstOffset에서 영역의 끝까지 각 요소가 이 값으로 채워진다. 버퍼를 부동소수점 값으로 비우기 위해서, 부동소수점 값을 uint32_t 값으로 재해석해서 이를 vkCmdFillBuffer()에 넘길 수 있다. 코드 4.2는 이를 시연한다.

코드 4.2 부동소수점 자료로 버퍼를 채우기

```
void FillBufferWithFloats(VkCommandBuffer cmdBuffer,
  VkBuffer dstBuffer,
  VkDeviceSize offset,
  VkDeviceSize length,
  const float value)
{
  vkCmdFillBuffer(cmdBuffer,
  dstBuffer,
  0,
  1024,
  *(const uint32_t*)&value);
}
```

종종 버퍼를 고정된 값으로 채우는 것이 충분하지 않으며, 버퍼 객체에 자료를 배치하는 것을 좀더 명시적으로 할 필요가 있다. 많은 양의 자료가 버퍼로 전송되거나 버퍼 사이에 전송될 필요가 있을 때, 버퍼에 연결하여 주 시스템에서 이를 쓰거나, vkCmdCopyBuffer()로 다른 버퍼(연결된 버퍼일 수 있는)의 자료를 복사하는 것이 더 적절하다. 하지만, 벡터의 값이나 작은 자료 구조의 값을 갱신하는 것 같은 작은 갱신의 경우, vkCmdUpdateBuffer()가 자료를 버퍼 객체에 직접 배치하는 데 사용할 수 있다.

vkCmdUpdateBuffer()의 함수 원형은 다음과 같다.

```
void vkCmdUpdateBuffer (
  VkCommandBuffer commandBuffer,
  VkBuffer dstBuffer,
  VkDeviceSize dstOffset,
  VkDeviceSize dataSize,
  const uint32_t* pData);
```

vkCmdUpdateBuffer()는 자료를 주 시스템 메모리에서 버퍼 객체로 직접 복사한다. 자료는 vkCmdUpdateBuffer()가 호출되자마자 바로 주 시스템 메모리에서 소비되며, 그러므로 한 번 vkCmdUpdateBuffer()가 반환되면 주 시스템 자료 구조를 해제하거나 내용물을 덮어 쓰는 것은 괜찮다. 하지만 명령어 버퍼가 제출된 뒤에 장치에 의해서 vkCmdUpdateBuffer()가 수행되기 전까지는 버퍼에 자료가 써지지 않는 다는 것으로 주의하자. 이 이유로 인해, 불칸은 반드시 제공하는 자료의 복사본을 만들어 이를 명령어 버퍼와 연결된 일부 예비 자료 구조에 유지하거나, 직접 명령어 버퍼 안에 보존한다.

또다시, 명령어를 포함한 명령어 버퍼는 commandBuffer에 전달되며, 쓰는 지점 버퍼 객체는 dstBuffer에 전달된다. 자료가 배치될 오프셋은 dstOffset에 전달되며, 버퍼에 배치될 자료의 크기는 dataSize에 전달된다. dstOffset과 dataSize는 둘 다 바이트의 단위이지만, vkCmdFillBuffer()와 같이 둘 다 반드시 4의 배수여야 한다. 특별한 값 VK_WHOLE_SIZE는 vkCmdUpdateBuffer()의 size 매개변수로 받아들여지지 않는데, 이는 또한 자료의 읽기 지점인 주 시스템 메모리의 영역의 크기로 사용되기 때문이다. vkCmdUpdateBuffer()로 버퍼에 배치할 수 있는 자료의 최대 크기는 65,536바이트이다.

pData는 결과적으로 버퍼 객체에 배치될 자료를 포함한 주 시스템 메모리를 가리킨다. 비록 여기서 기대되는 변수의 종류는 uint32_t의 포인터이지만, 어떤 자료도 버퍼에 들어갈 수 있다. 단순히 주 시스템에서 읽을 수 있는 어떤 메모리 영역에 대한 포인터를 const uint32_t*로 형변환하고, 이를 pData에 넘기면 된다. 자료 영역이 최소한 size 바이트의 크기여야 하는 것을 보장하자. 예를 들어, 균일 혹은 셰이더 저장 구획의 배치에 일치하는 C++ 자료 구조를 생성해서 단순히 전체 내용을 셰이더에서 적절히 사용될 버퍼에 복사하는 것은 합리적이다.

또다시, vkCmdFillBuffer()를 사용할 때 주의해야 한다. 이는 버퍼에 대해서 짧고 즉시 갱신하도록 의도되었다. 예를 들어, 균일 버퍼에 단일 값을 쓰는 것은 vkCmdFillBuffer()를 통해 처리하는 것이 버퍼를 연결해서 vkCmdCopyBuffer()를 호출하는 것보다 훨씬 더 효율적일 가능성이 높다.

❖ 이미지를 비우고 채우기

버퍼와 같이, 자료를 직접 이미지 사이에서 복사하고 고정 값으로 이미지를 채우는 것이 가능하다. 이미지는 더 크고, 더 복잡하며, 불투명한 자료 구조이므로, 순수 오프셋과 자료는 일반적으로 애플리케이션에게 보이지 않는다.[2]

고정 값으로 이미지를 비우기 위해서, vkCmdClearColorImage()를 호출하며, 함수 원형은 다음과 같다.

```
void vkCmdClearColorImage (
  VkCommandBuffer commandBuffer,
  VkImage image,
  VkImageLayout imageLayout,
  const VkClearColorValue* pColor,
```

---

2 물론, 이미지를 저장하는 데 사용되는 메모리를 연결하는 것은 가능하다. 특히, 이미지에 선형 타일링이 사용되었다면, 이는 표준적인 방식이다. 하지만 일반적으로 이는 추천되지 않는다.

```
    uint32_t rangeCount,
    const VkImageSubresourceRange* pRanges);
```

비우기 명령어를 포함한 명령어 버퍼는 commandBuffer에 전달된다. 비워질 이미지는 iamge에 전달되며, 비우기 명령어가 실행될 때 이미지가 가지고 있을 배치는 imageLayout에 전달된다.

imageLayout에 허용되는 배치는 VK_IMAGE_LAYOUT_GENERAL와 VK_IMAGE_LAYOUT_TRANSFER_DST_OPTIMAL가 있다. 다른 배치에 있는 이미지를 비우기 위해서, 비우기 명령어를 실행하기 전에 두 이미지 모두 둘 중 하나의 배치로 파이프라인 방벽을 이동해야 한다.

이미지를 비우기 위한 값은 VkClearColorValue 공용체union의 인스턴스에 설정되며, 정의는 다음과 같다.

```
typedef union VkClearColorValue {
    float float32[4];
    int32_t int32[4];
    uint32_t uint32[4];
} VkClearColorValue;
```

VkClearColorValue는 단순히 네 개의 값을 가진 세 개의 배열의 공용체이다. 하나는 부동소수점 자료, 하나는 유부호 정수 자료, 하나는 무부호 정수 자료이다. 불칸은 비워지는 이미지의 형식에 맞는 적절한 구성원을 읽는다. 애플리케이션은 자료의 읽기 지점과 일치하는 구성원에 쓸 수 있다. vkCmdClearColorImage()에서 자료 변환은 수행되지 않는다. VkClearColorValue 공용체를 정확하게 채우는 것은 애플리케이션의 작업이다.

쓰기 지점 이미지의 어떤 수의 영역도 단일 vkCmdClearColorImage() 호출로 비워질 수 있으며, 각각이 같은 값으로 비워지는 제한은 있다. 만약 같은 이미지의 여러 영역을 다른 색으로 비울 필요가 있다면, vkCmdClearColorImage()를 여러 번 부를 필요가 있다. 하지만, 모든 영역을 같은 값으로 비운다면, 영역의 수를 rangeCount에 설정하고, rangeCount개의 VkImageSubresourceRange 구조체의 포인터를 pRanges에 넘겨준다. VkImageSubresourceRange의 정의는 다음과 같다.

```
typedef struct VkImageSubresourceRange {
  VkImageAspectFlags aspectMask;
  uint32_t baseMipLevel;
  uint32_t levelCount;
  uint32_t baseArrayLayer;
  uint32_t layerCount;
} VkImageSubresourceRange;
```

이 구조체는 2장에서 처음 소개되었으며, 이미지 시야의 생성을 논의했을 때다. 여기서는 비우고 싶은 이미지의 영역을 정의하는 데 사용된다. 색 이미지를 비우기 때문에, aspectMask는 반드시 VK_IMAGE_ASPECT_COLOR_BIT여야 한다. baseMipLevel과 levelCount 항목은 비우기 위한 밉맵의 시작 단계와 단계의 수를 각각 설정하는 데 사용되며, 만약 이미지가 배열 이미지라면, baseArrayLayer와 layerCount 항목은 비우기 위한 레이어의 시작과 레이어의 수를 설정하는 데 사용된다. 만약 이미지가 배열 이미지가 아니라면, 이 항목은 0과 1로 각각 설정돼야 한다.

깊이-스텐실 이미지를 비우는 것은 색 이미지를 비우는 것과 유사하지만, 특별한 VkClearDepthStencilValue 구조체로 비우는 값을 설정하는 것만이 다르다. vkCmdClearDepthStencilImage()의 함수 원형은 vkCmdClearColorImage()와 유사하며, 다음과 같다.

```
void vkCmdClearDepthStencilImage (
  VkCommandBuffer commandBuffer,
  VkImage image,
  VkImageLayout imageLayout,
  const VkClearDepthStencilValue* pDepthStencil,
  uint32_t rangeCount,
  const VkImageSubresourceRange* pRanges);
```

또다시, 비우는 연산을 처리할 명령어 버퍼는 commandBuffer에 설정되며, 비워질 이미지는 image에 설정되고, 비우는 연산의 순간에 기대되는 이미지의 배치는 imageLayout에 설정된다. vkCmdClearColorImage()와 같이, imageLayout는 VK_IMAGE_LAYOUT_GENERAL와 VK_IMAGE_LAYOUT_TRANSFER_DST_OPTIMAL 중 하나여야 한다. 다른 배치는 비우기 연산에서 유효하지 않다.

깊이-스텐실 이미지를 비우는 값은 VkClearDepthStencilValue 구조체의 인스턴스로 전달되며, 이는 깊이와 스텐실 비우는 값을 둘 다 포함한다. 정의는 다음과 같다.

```
typedef struct VkClearDepthStencilValue {
  float depth;
  uint32_t stencil;
} VkClearDepthStencilValue;
```

vkCmdClearColorImage()와 같이, 이미지의 여러 범위가 단일 vkCmdClearDepthStencilImage() 호출로 비워질 수 있다. 범위의 수는 rangeCount에 설정되며, pRanges 매개변수는 비워질 범위를 정의하는 rangeCount개의 VkImageSubresourceRange 구조체의 배열을 가리켜야 한다.

깊이-스텐실 이미지가 깊이와 스텐실 측면을 둘 다 가질 수 있기에, pRanges의 각 구성원의 aspectMask 항목은 VK_IMAGE_ASPECT_DEPTH_BIT, VK_IMAGE_ASPECT_STENCIL_BIT, 혹은 둘 다를 가질 수 있다. 만약 aspectMask가 VK_IMAGE_ASPECT_DEPTH_BIT를 포함하면, VkClearDepthStencilValue 구조체의 depth 항목에 저장된 값은 설정된 범위의 깊이 측면으로 비우는 데 사용될 수 있다. 비슷하게, 만약 aspectMask가 VK_IMAGE_ASPECT_STENCIL_BIT를 포함하면, 설정한 범위의 스텐실 측면이 VkClearDepthStencilValue 구조체의 stencil 구성원을 사용해서 비워질 것이다.

일반적으로 한 영역을 VK_IMAGE_ASPECT_DEPTH_BIT와 VK_IMAGE_ASPECT_STENCIL_BIT를 둘 다 설정하는 것이 두 영역을 하나의 비트만 각각 설정하는 것보다 훨씬 효율적이라는 것을 기억하자.

❖ 이미지 자료의 복사

기존 절에서 단순한 구조체로 전달된 고정 값으로 이미지를 비우는 것을 논의하였다. 하지만 많은 경우에 텍스처 자료를 이미지에 올리거나, 이미지 자료를 이미지 사이에서 복사할 필요가 있다. 불칸은 버퍼에서 이미지로, 이미지 사이, 이미지에서 버퍼로의 자료의 복사를 지원한다.

버퍼에서 하나 이상의 이미지의 영역으로 자료를 복사하기 위해 vkCmdCopyBufferToImage()를 호출하며, 함수 원형은 다음과 같다.

```
void vkCmdCopyBufferToImage (
  VkCommandBuffer commandBuffer,
  VkBuffer srcBuffer,
  VkImage dstImage,
  VkImageLayout dstImageLayout,
  uint32_t regionCount,
  const VkBufferImageCopy* pRegions);
```

명령을 실행할 명령어 버퍼는 commandBuffer에 설정되며, 원본 버퍼 객체는 srcBuffer에, 자료가 복사되어 들어가는 이미지는 dstImage에 설정된다. 비우기에서의 쓰기 지점 이미지처럼, 복사의 쓰기 지점 이미지의 배치는 VK_IMAGE_LAYOUT_GENERAL나 VK_IMAGE_LAYOUT_TRANSFER_DST_OPTIMAL로 기대되며 dstImageLayout에 설정된다.

갱신될 영역의 수는 regionCount에 주어지며, pRegions은 regionCount개의 VkBufferImageCopy 구조체의 배열에 대한 포인터이며, 각각이 자료가 복사해서 들어가는 이미지의 영역을 정의한다. VkBufferImageCopy의 정의는 다음과 같다.

```
typedef struct VkBufferImageCopy {
  VkDeviceSize bufferOffset;
  uint32_t bufferRowLength;
  uint32_t bufferImageHeight;
  VkImageSubresourceLayers imageSubresource;
  VkOffset3D imageOffset;
  VkExtent3D imageExtent;
} VkBufferImageCopy;
```

bufferOffset 항목은 버퍼의 자료의 오프셋을 바이트로 포함한다. 버퍼 안의 자료는 그림 4.1에서 보이는 것처럼 왼쪽에서 오른쪽으로, 위에서 아래로 배치된다. bufferRowLength 항목은 원본 이미지의 텍셀의 수를 설정하며, bufferImageHeight는 이미지의 자료의 행의 수를 설정한다. 만약

bufferRowLength가 0이면, 이미지는 버퍼에 밀집하여 있으며 imageExtent.width와 동일하다. 비슷하게, 만약 bufferImageHeight가 0이면, 원본 이미지의 행의 수는 이미지 범위의 높이와 같으며 imageExtent.height이다.

이미지 자료를 복사하려는 세부 자원은 VkImageSubresourceLayers 구조체의 인스턴스로 설정되며, 이의 정의는 다음과 같다.

```
typedef struct VkImageSubresourceLayers {
  VkImageAspectFlags aspectMask;
  uint32_t mipLevel;
  uint32_t baseArrayLayer;
  uint32_t layerCount;
} VkImageSubresourceLayers;
```

VkImageSubresourceLayers의 aspectMask 항목은 이미지 복사의 쓰는 지점의 측면을 포함한다. 보통 이는 VkImageAspectFlagBits 열거형의 단일 비트로 설정된다. 만약 대상 이미지가 색 이미지라면, 이는 단순히 VK_IMAGE_ASPECT_COLOR_BIT로 설정된다. 만약 이미지가 깊이 전용 이미지라면, 이는 VK_IMAGE_ASPECT_DEPTH_BIT이며, 만약 이미지가 스텐실 전용 이미지면 이는 VK_IMAGE_ASPECT_STENCIL_BIT가 되어야 한다. 만약 이미지가 깊이-스텐실 조합 이미지면, VK_IMAGE_ASPECT_DEPTH_BIT와 VK_IMAGE_ASPECT_STENCIL_BIT를 동시에 설정해서 깊이와 스텐실 측면의 자료를 동시에 복사할 수 있다.

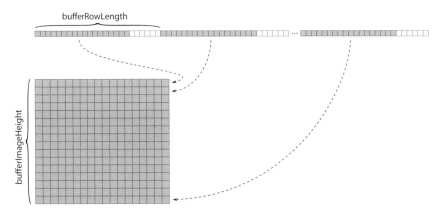

그림 4.1 버퍼에 저장된 이미지의 배치

대상 밉맵 단계는 mipLevel에 설정된다. pRegions 배열의 각 요소로 단일 밉맵 단계에 자료를 복사해 넣을 수 있으며, 물론 각각을 다른 단계를 설정하여 다중 요소를 설정할 수도 있다.

만약 대상 이미지가 배열 이미지라면, 복사할 이미지의 시작 레이어와 레이어의 수를 baseArrayLayer와 layerCount에 각각 설정할 수 있다. 만약 이미지가 배열 이미지가 아니라면, 이 항목은 0과 1로 설정해야 한다.

각 영역이 적체 밉맵 단계를 가리키거나 각 밉맵 단계 안의 더 작은 윈도우를 대상으로 할 수 있다. 윈도우의 오프셋은 imageOffset에 설정되며, 윈도우의 크기는 imageExtent에 설정된다. 전체 밉맵 단계를 덮어 쓰기 위해서, imageOffset.x와 imageOffset.y를 0으로 설정하고, imageExtent.width와 imageExtent.height를 밉맵 단계의 크기로 설정한다. 이를 계산하는 것은 직접 처리해야 한다. 불칸이 처리해주지 않는다.

또한 복사를 반대 방향으로 처리하는 것, 즉 자료를 이미지에서 버퍼로 복사하는 것이 가능하다. 이를 위해서는 vkCmdCopyImageToBuffer()를 호출하며, 이의 함수 원형은 다음과 같다.

```
void vkCmdCopyImageToBuffer (
  VkCommandBuffer commandBuffer,
  VkImage srcImage,
  VkImageLayout srcImageLayout,
  VkBuffer dstBuffer,
  uint32_t regionCount,
  const VkBufferImageCopy* pRegions);
```

복사를 실행하는 명령어 버퍼는 commandBufer에 설정되며, 읽는 지점 이미지는 srcImage, 쓰는 지점 버퍼는 dstBuffer이다. 다른 복사 명령어 같이, srcImageLayout 매개변수는 읽기 지점 이미지의 예상되는 배치를 설정한다. 이미지가 이제 자료의 source이므로, 배치는 VK_IMAGE_LAYOUT_GENERAL이거나 VK_IMAGE_LAYOUT_TRANSFER_SRC_OPTIMAL이다.

또한, 여러 영역이 단일 vkCmdCopyImageToBuffer() 호출로 복사될 수 있으며, 각각은 VkBufferImageCopy 구조체의 인스턴스로 표현된다. 복사할 영역의 수는 regionCount에 설정되며, pRegions 매개변수는 각각이 영역을 정의하는 regionCount개의 VkBufferImageCopy 구조체 배열의 포인터를 포함한다. 이는 vkCmdCopyBufferToImage()가 받는 것과 동일한 구조체다. 하지만, 이 경우 bufferOffset, bufferRowLength, bufferImageHeight는 복사의 대상의 매개변수를 포함하며, imageSubresource, imageOffset, imageExtent는 복사의 원본의 매개변수를 포함한다.

마지막으로 두 이미지 사이의 자료를 복사하는 것도 가능하다. 이를 위해서 vkCmdCopyImage() 명령어를 사용하며, 함수 원형은 다음과 같다.

```
void vkCmdCopyImage (
  VkCommandBuffer commandBuffer,
  VkImage srcImage,
  VkImageLayout srcImageLayout,
  VkImage dstImage,
  VkImageLayout dstImageLayout,
  uint32_t regionCount,
  const VkImageCopy* pRegions);
```

명령어를 실행할 명령어 버퍼는 commandBuffer에, 원본 자료를 포함하는 이미지는 srcImage에, 복사의 대상인 이미지는 dstImage에 전달된다. 또다시 두 이미지의 배치는 반드시 복사 명령어에 전달되어야 한다. srcImageLayout는 원본 이미지의 복사 시점의 예상되는 배치이며, VK_IMAGE_LAYOUT_GENERAL나 VK_IMAGE_LAYOUT_TRANSFER_SRC_OPTIMAL여야 한다(전송 연산의 읽기 지점이기 때문이다). 비슷하게, dstImageLayout은 대상 이미지의 예상되는 배치로서 VK_IMAGE_LAYOUT_GENERAL나 VK_IMAGE_LAYOUT_TRANSFER_DST_OPTIMAL이여야 한다.

버퍼에서 이미지로, 혹은 이미지에서 버퍼로 복사 명령어와 같이, vkCmdCopyImage()도 여러 영역을 한번에 복사할 수 있다. 복사할 영역의 수는 regionCount에 설정되며, 각각은 배열에 포함된다. VkImageCopy 인스턴스로 표현되며, pRegions에 주소가 전달된다. VkImageCopy의 정의는 다음과 같다.

```
typedef struct VkImageCopy {
  VkImageSubresourceLayers srcSubresource;
  VkOffset3D srcOffset;
  VkImageSubresourceLayers dstSubresource;
  VkOffset3D dstOffset;
  VkExtent3D extent;
} VkImageCopy;
```

VkImageCopy의 각 인스턴스는 세부 자원 정보와 원본과 대상 윈도우의 오프셋을 포함한다. vkCmdCopyImage()는 이미지 자료를 크기 조절할 수 없으므로, 원본과 대상의 범위는 동일하며 extent 항목에 포함된다.

srcSubresource는 원본 자료의 세부 자원 정의를 포함하며 vkCmdCopyImageToBuffer()에 전달된 VkBufferImageCopy 구조체의 imageSubresource와 같은 의미를 지닌다. 비슷하게, dstSubresource 항목은 대상 영역의 세부 자원 정의를 포함하며, vkCmdCopyBufferToImage()에 전달된 VkBufferImageCopy 구조체의 imageSubresource와 같은 의미를 가진다.

srcOffset와 dstOffset 항목은 각각 원본과 대상 윈도우의 좌표를 포함한다.

❖ 압축된 이미지 자료를 복사

2장에서도 논의했듯이, 불칸은 여러 가지 압축 이미지 형식을 지원한다. 모든 압축 형식은 현재 고정 구획 크기를 가진 구획 기반 형식으로 정의되어 있다. 이 형식들의 대부분에서, 구획 크기는 4x4 텍셀이다. ASTC 형식에 대해서는 이미지마다 구획 크기가 변한다.

버퍼와 이미지 사이에서 자료를 복사할 때, 단지 완전한 구획만이 복사될 수 있다. 그러므로, 각 이미지 영역의 텍셀 단위의 너비나 높이는 반드시 이미지에 사용된 구획의 정수 배가 되어야 한다. 더욱이, 복사 영역의 원점 역시 구획 크기의 정수 배여야 한다.

또한 두 압축된 이미지 사이나, 압축된 이미지와 압축되지 않은 이미지 사이를 vkCmdCopyImage()를 사용해서 복사할 수 있다. 이를 처리할 때, 원본과 대상 이미지 형식은 반드시 같은 압축 구획 크기를 가져야 한다. 이는 예를 들어, 만약 압축된 구획의 크기가 64비트라면, 원본과 대상 형식이 둘 다 반드시 64비트 구획 크기를 가진 압축 이미지여야 하거나, 압축되지 않은 형식의 경우도 반드시 64비트 텍셀 당 형식이어야 한다.

압축되지 않은 이미지에서 압축된 이미지로 복사할 때, 각 원본 텍셀은 압축된 이미지의 구획과 같은 수의 비트를 포함한 단일 순수 값으로 간주된다. 이 값은 압축 자료였던 것처럼 압축 이미지에 직접 써질 수 있다. 텍셀 값은 불칸이 압축하지 않는다. 이는 압축 이미지 자료를 애플리케이션이나 셰이더에서 생성한 뒤 이를 차후 처리를 위해서 압축 이미지에 복사하는 것을 가능하게 한다. 불칸은 순수 이미지 자료를 압축해주지 않는다. 더욱이, 비압축에서 압축으로의 복사의 경우, VkImageCopy 구조체의 extent 항목은 원본 이미지의 텍셀 단위이지만, 대상 이미지의 구획 크기 요구사항에 맞아야 한다.

압축 형식에서 비압축 형식으로 복사할 때는 반대가 참이 된다. 불칸은 이미지 자료를 풀지 않는다. 그보다는, 순수 64비트나 128비트 압축 구획 값을 원본 이미지에서 가져온 뒤, 이를 대상 이미지에 저장한다. 이 경우, 대상 이미지는 원본 이미지의 구획당 비트 수와 같은 수의 텍셀당 비트 수를 가져야 한다. 압축에서 비압축으로의 복사를 위해, VkImageCopy 구조체의 extent 항목은 대상 이미지에서 텍셀 단위로 측정되지만, 원본 이미지에서의 구획 크기 요구사항에 맞아야 한다.

두 구획 압축 이미지 형식 사이의 복사도 허용되며, 두 형식이 같은 구획당 비트 수만 가지면 된다. 하지만, 이 경우에 한 형식으로 압축된 이미지 자료가 일반적으로 다른 형식으로 의미 있게 해석되지 않기에 논란의 여지가 있다. 그 가치와 상관없이, 이 연산을 처리할 경우, 복사되는 영역은 여전히 텍셀로 측정되지만, 모든 오프셋과 범위는 반드시 공통 구획 크기의 정수 배여야 한다.

압축된 이미지 사이나 압축된 이미지가 원본이나 대상으로 사용될 때 구획 크기의 배수에 정렬되어야 하는 법칙의 유일한 예외는 원본이나 대상 이미지의 너비나 높이가 구획 크기의 배수가 아니며, 복사될 영역이 이미지의 가장자리로 확장해서 복사될 때이다.

◈ 이미지 늘이기

지금까지 다룬 모든 이미지 관련된 명령 중에서 어떤 것도 형식 변환이나 복사 영역의 크기 조절을 지원하지 않는다. 이를 위해, vkCmdBlitImage() 명령으로 사용해야 하며, 다른 형식의 이미지를 받아서 대상 이미지로 쓰는 것처럼 복사될 영역을 늘리고 줄일 수 있다. 블릿^{blit}은 구획 이미지 전송^{block image transfer}의 약어로서 이미지 자료를 복사하는 연산뿐 아니라, 잠재적으로 같은 방식으로 처리하는 것도 포함한다.

vkCmdBlitImage()의 함수 원형은 다음과 같다.

```
void vkCmdBlitImage (
  VkCommandBuffer commandBuffer,
  VkImage srcImage,
  VkImageLayout srcImageLayout,
  VkImage dstImage,
  VkImageLayout dstImageLayout,
  uint32_t regionCount,
  const VkImageBlit* pRegions,
  VkFilter filter);
```

명령어를 실행하는 명령어 버퍼는 commandBuffer에서 처리된다. 원본과 대상 이미지는 srcImage와 dstImage에 각각 전달된다. vkCmdCopyImage()와 같이, 원본과 대상 이미지의 예상 배치는 srcImageLayout와 dstImageLayout에 전달된다. 원본 이미지의 배치는 반드시 VK_IMAGE_LAYOUT_GENERAL와 VK_IMAGE_LAYOUT_TRANSFER_SRC_OPTIMAL 중 하나여야 하며, 대상 이미지의 배치는 반드시 VK_IMAGE_LAYOUT_GENERAL와 VK_IMAGE_LAYOUT_TRANSFER_DST_OPTIMAL 중 하나여야 한다.

다른 복사 명령어와 마찬가지로, vkCmdBlitImage()는 원본 이미지의 어떤 수의 영역도 대상 이미지로 복사할 수 있으며, 각각은 자료 구조로 표현된다. 복사할 영역의 수는 regionCount에 전달되며, pRegion은 regionCount개의 VkImageBlit 구조체의 배열을 가리키며, 각각이 복사할 영역 하나를 정의한다. VkImageBlit의 정의는 다음과 같다.

```
typedef struct VkImageBlit {
  VkImageSubresourceLayers srcSubresource;
  VkOffset3D srcOffsets[2];
  VkImageSubresourceLayers dstSubresource;
  VkOffset3D dstOffsets[2];
} VkImageBlit;
```

VkImageBlit의 srcSubresource와 dstSubresource 항목은 원본과 대상 이미지의 세부 자원을 정의한다. VkImageCopy에서 각 영역은 VkOffset3D 구조체 하나와 공유된 VkExtent3D 구조체로 정의되며, VkImageBlit에서 각 영역은 VkOffset3D 구조체의 쌍으로서, 두 요소의 배열로 정의된다.

srcOffsets과 dstOffsets 배열의 첫 요소는 복사될 영역의 한 모서리를 정의하며, 이 배열의 두 번째 요소는 영역의 반대 모서리를 정의한다. 원본 이미지에서 srcOffsets로 정의된 영역은 대상 이미지의 dstOffsets로 정의된 영역으로 복사된다. 만약 어떤 영역이 다른 영역에 대해서 뒤집어져 있다면, 복사된 영역은 수직으로 뒤집힐 것이다. 비슷하게, 만약 한 영역이 다른 영역에 대해서 뒤에서 앞으로 되어 있다면, 이미지는 수평으로 뒤집어질 것이다. 만약 두 조건 모두 해당되면, 복사된 영역은 원본에 대해서 180도 돌아가게 된다.

만약 원본과 대상에서 영역이 다른 크기의 직사각형이면, 이미지 자료는 그에 맞게 확대되거나 축소된다. 이 경우, vkCmdBlitImage()의 filter 매개변수로 설정된 필터 방식이 자료를 필터링하는 데 사용된다. filter는 반드시 VK_FILTER_NEAREST나 VK_FILTER_LINEAR여야 하며, 각각 점 표본화와 선형 필터링을 적용한다.

원본 이미지의 형식은 반드시 VK_FORMAT_FEATURE_BLIT_SRC_BIT 기능을 지원해야 한다. 대부분의 구현에서, 이는 거의 모든 이미지 형식을 포함한다. 더욱이, 대상 형식은 반드시 VK_FORMAT_FEATURE_BLIT_DST_BIT를 지원해야 한다. 일반적으로, 이는 렌더링할 수 있거나 셰이더에서 이미지 저장을 통해서 장치에서 쓸 수 있는 모든 형식이다. 불칸 장치가 압축 이미지 형식으로의 블릿을 지원하지 않을 것이다.

❖요약

이 장은 어떻게 고정 값으로 이미지를 비우고 자료로 버퍼 객체를 채우는지를 논의했다. 명령어 버퍼 안의 내장된 명령어를 사용해서 적은 양의 자료의 직접 버퍼 객체에 넣고, 버퍼와 이미지 사이나 이미지 사이에서 어떻게 이미지 자료를 복사하는 가능한지를 설명하였다. 마지막으로 블릿, 즉 이미지 자료를 크기 조절하고 형식 변환을 복사하는 것처럼 처리하는 연산의 개념을 소개하였다. 이 연산은 많은 양의 자료를 추후 처리를 위해서 불칸 장치에 넣고, 장치로부터 가져오는 기반을 제공한다.

5장 | 프리젠테이션

불칸은 주로 그래픽 API로서, 기능성의 대부분이 이미지를 생성하고 처리하는 데 사용되기 때문이다. 대부분의 불칸 애플리케이션은 결과를 사용자에게 보여주도록 고안되었다. 이는 프리젠테이션으로 알려진 과정이다. 하지만, 불칸이 실행되는 플랫폼의 다양성이 매우 거대하고, 모든 응용 프로그램이 사용자에게 시각적으로 결과를 표현할 필요가 없기에, 프리젠테이션은 API의 핵심 부분이 아니며 확장의 집합으로 처리된다. 이 장은 이 확장들을 가용화하고 사용하여 화면에 그림을 얻는 방법을 논의한다.

❖ 프리젠테이션 확장

프리젠테이션은 불칸에서 핵심 API의 일부가 아니다. 사실, 불칸의 구현은 프리젠테이션을 아예 지원하지 않을 수 있다. 이를 위한 이유는 다음과 같다.

- 모든 불칸 애플리케이션이 이미지를 사용자에게 표시할 필요가 없다. 예를 들어 계산 중심 애플리케이션의 경우 시각적이지 않은 자료를 생성하거나 실시간으로 보여주지 않고 디스크에 저장만 하는 이미지를 생성할 수 있다.

- 프리젠테이션은 일반적으로 플랫폼마다 변경될 수 있는 운영체제, 윈도우 시스템, 다른 플랫폼 특화 라이브러리가 처리한다.

이로 인해, 프리젠테이션은 WSI, 혹은 윈도우 시스템 통합 시스템 확장으로 알려진 확장의 집합으로 총괄적으로 처리된다. 불칸의 확장은 사용할 수 있기 전에 명시적으로 활성화되어야 하며, 각 플랫폼이 필요로 하는 확장이 살짝 다르며, 일부 함수는 플랫폼 특화 매개변수를 받는다. 그러므로 어떤 프리젠테이션 관련 연산을 처리할 수 있기 전에 1장에서 설명한 메커니즘을 사용하여 적절한 프리젠테이션 관련 확장을 활성화해야 한다.

불칸의 프리젠테이션은 확장의 작은 연속으로 처리된다. 사용자에게 그래픽 결과를 보여주는 것을 지원하는 거의 대부분의 플랫폼에 공통인 기능은 하나의 확장으로 지원되며, 각 플랫폼에 특화된 기능성은 여러 개의 더 작고 플랫폼 특화된 확장으로 지원된다.

❖ 프리젠테이션 표면

표시되기 위한 그래픽 자료를 렌더링하는 대상 객체는 표면으로 알려져 있으며, VkSurfaceKHR 핸들로 표현된다. 이 특별 객체는 VK_KHR_surface 확장으로 도입된다. 이 확장은 표면 객체를 처리하는 일반 기능을 추가하지만, 표면을 윈도우에 연결시키기 위한 플랫폼 특화 인터페이스를 제공하기 위해서 플랫폼별 기반에 대해서 특별화되었다. 인터페이스는 마이크로소프트 윈도우, 미르와 웨이랜드, XCB나 Xlib 인터페이스를 통한 X 윈도우, 안드로이드에 대해서 정의된다. 앞으로도 플랫폼이 추가될 것이다.

확장의 플랫폼 특화 부분에 대한 함수 원형과 자료 형은 vulkan.h 헤더 파일에 포함되지만, 플랫폼 특화 전처리어로 보호된다. 이 책의 코드는 윈도우 플랫폼과 Xlib와 Xcb 인터페이스를 통해서 리눅스 플랫폼을 지원한다. 이 플랫폼에 대해서 코드를 활성화하기 위해 vulkan.h를 인클루드하기 전에 VK_USE_PLATFORM_WIN32_KHR, VK_USE_PLATFORM_XLIB_KHR, VK_USE_PLATFORM_LIB_XCB_KHR 중 하나를 정의해야 한다. 책의 소스 코드의 빌드 시스템은 이를 컴파일러 명령어 추가 사항을 사용해서 처리한다.

불칸은 또한 넓은 범위의 다른 운영체제와 장치 형에 대해서 지원된다. 특히, 많은 불칸의 기능이 모바일과 엠베디드 장치에 맞게 설계되었다. 예를 들어, 불칸은 안드로이드 플랫폼에서 선택된 API로, 여기서 다룬 인터페이스에 추가로, 안드로이드 플랫폼은 자체 플랫폼 인터페이스를 통해서 완전한 지원을 가진다. 초기화 외에는, 안드로이드에서 불칸을 사용하는 것은 다른 플랫폼에서 불칸을 사용하는 것과 거의 흡사한 경험을 제공할 것이다.

마이크로소프트 윈도우에서의 프리젠테이션

표현할 수 있기 전에, 장치의 큐가 프리젠테이션 연산을 지원하는지를 확인해야 한다. 프리젠테이션 기능은 큐 가족 당 기능이다. 윈도우 플랫폼에서, vkGetPhysicalDeviceWin32PresentationSupportKHR() 함수를 호출하는 것으로 특정 큐 가족이 프리젠테이션을 지원하는지 알 수 있다. 함수 원형은 다음과 같다.

```
VkBool32 vkGetPhysicalDeviceWin32PresentationSupportKHR(
  VkPhysicalDevice physicalDevice,
  uint32_t queueFamilyIndex);
```

문의하는 물리 장치는 physicalDevice에 전달되며, 큐 가족 색인은 queueFamilyIndex에 전달된다. 만약 최소한 하나의 큐 가족이 프리젠테이션을 지원하면, 장치를 사용해서 표현 가능한 표면을 생성할 수 있다. 표면을 생성하기 위해서 vkCreateWin32SurfaceKHR() 함수를 호출하며, 함수 원형은 다음과 같다.

```
VkResult vkCreateWin32SurfaceKHR(
  VkInstance instance,
  const VkWin32SurfaceCreateInfoKHR* pCreateInfo,
  const VkAllocationCallbacks* pAllocator,
  VkSurfaceKHR* pSurface);
```

이 함수는 윈도우 고유 윈도우 핸들을 새 표면 객체와 함께 연결하며, pSurface 변수가 가리키는 변수에 객체를 반환한다. 불칸 인스턴스만이 필요하며, 그 핸들은 instance에 전달된다. 새 표면을 설명하면 정보는 VkWin32Surface CreateInfoKHR 구조체의 인스턴스에 대한 포인터인 pCreateInfo를 통해서 전달되며, 정의는 다음과 같다.

```
typedef struct VkWin32SurfaceCreateInfoKHR {
  VkStructureType sType;
  const void* pNext;
  VkWin32SurfaceCreateFlagsKHR flags;
  HINSTANCE hinstance;
  HWND hwnd;
} VkWin32SurfaceCreateInfoKHR;
```

VkWin32SurfaceCreateInfoKHR의 sType 항목은 VK_STRUCTURE_TYPE_DISPLAY_ SURFACE_CREATE_INFO_KHR로 설정돼야 하며, pNext는 다른 확장이 사용되어 구조체가 확장되지 않는 경우엔 nullptr로 설정해야 한다. flags 항목은 미래를 위해 예비되어 있으며 0으로 설정돼야 한다.

hinstance 매개변수는 애플리케이션이나 고유 윈도우를 생성하는 데 사용한 모듈의 HINSTANCE로 설정돼야 한다. 이는 일반적으로 애플리케이션의 WinMain 의 첫 매개변수로 전달되거나, GetModuleHandle Win32 함수를 널 포인터로 호출해 얻을 수 있다. Hwnd는 불칸 표면과 연결할 고유 윈도우에 대한 핸들이다. 이는 표면을 위해 생성한 스왑 체인swap chain에 프리젠테이션의 결과가 표시될 윈도우이다.

Xlib 기반 플랫폼에서의 프리젠테이션

Xlib 기반 시스템에서 표면을 생성하는 과정은 비슷하다. 첫 번째로, 플랫폼이 X 서버에서 Xlib 표면에 대해서 프리젠테이션을 지원하는지를 결정해야 한다. 이를 위해 vkGetPhysicalDeviceXlibPresentationSupportKHR()을 호출하며, 함수 원형은 다음과 같다.

```
VkBool32 vkGetPhysicalDeviceXlibPresentationSupportKHR(
  VkPhysicalDevice physicalDevice,
  uint32_t queueFamilyIndex,
  Display* dpy,
  VisualID visualID);
```

물리 장치의 핸들은 physicalDevice에 설정되고, 큐 가족 색인은 queueFamily Index에 설정되며, vkGetPhysicalDeviceXlibPresentationSupportKHR()은 해당 큐 가족에서 큐가 주어진 X 서버에 대해서 Xlib 표면에 대한 프리젠테이션을 지원하는지를 보고한다. X 서버에 대한 연결은 dpy 매개변수로 표현된다. 프리젠테이션은 형식 별로 지원된다. XliB에서 형식은 시각 ID로 표현되며, 표면의 의도된 형식의 시각 ID는 visualID에 전달된다.

장치에서 최소한 하나의 큐 가족이 사용하려는 형식의 프리젠테이션을 지원한다고 가정했을 때, Xlib 윈도우를 위한 표면을 vkCreateXlibSurfaceKHR() 함수를 호출해 생성할 수 있으며, 함수 원형은 다음과 같다.

```
VkResult vkCreateXlibSurfaceKHR(
  VkInstance instance,
  const VkXlibSurfaceCreateInfoKHR* pCreateInfo,
  const VkAllocationCallbacks* pAllocator,
  VkSurfaceKHR* pSurface);
```

vkCreateXlibSurfaceKHR()은 Xlib 윈도우와 결속된 새 표면을 생성한다. 불칸 인스턴스는 instance에 전달돼야 하며, 표면의 생성을 조절하는 나머지 매개변수는 pCreateInfo에 전달되며, 이는 VkXlibSurfaceCreateInfoKHR 구조체의 인스턴스에 대한 포인터로, 정의는 다음과 같다.

```
typedef struct VkXlibSurfaceCreateInfoKHR {
  VkStructureType sType;
  const void* pNext;
  VkXlibSurfaceCreateFlagsKHR flags;
  Display* dpy;
  Window window;
} VkXlibSurfaceCreateInfoKHR;
```

VkXlibSurfaceCreateInfoKHR의 sType 항목은 VK_STRUCTURE_TYPE_XLIB_ SURFACE_CREATE_INFO_KHR로 설정돼야 하며, pNext는 nullptr로 설정돼야 한다. flags는 예비되었으며 0으로 설정돼야 한다.

dpy 항목은 X 서버와의 연결을 나타내는 Xlib Display이며, window는 새 표면 과 연결될 Xlib Window 핸들이다.

만약 vkCreateXlibSurfaceKHR()가 주 시스템 메모리를 요구하면, 이 는 pAllocator에 전달된 주 시스템 메모리 할당자를 사용할 것이다. 만약 pAllocator가 nullptr이면, 내부 할당자를 사용한다.

만약 표면 생성이 성공적이면, 결과 VkSurface 핸들은 pSurface가 가리키는 변 수에 써진다.

Xcb로 프리젠테이션

Xcb는 Xlib가 제공하는 것보다 X 프로토콜에 대한 살짝 낮은 단계의 인터페이스 로, 더 낮은 지연시간을 위한 애플리케이션을 위해서는 더 나은 선택이 될 수 있 다. Xlib와 다른 플랫폼과 같이, XcB 시스템에서 객체와 프리젠테이션을 생성하 기 전에, 물리 장치의 큐가 프리젠테이션을 지원하는지를 확인해야 한다. 이를 위 해 vkGetPhysicalDeviceXcbPresentationSupportKHR()을 호출하며, 함수 원형은 다음과 같다.

```
VkBool32 vkGetPhysicalDeviceXcbPresentationSupportKHR(
  VkPhysicalDevice physicalDevice,
  uint32_t queueFamilyIndex,
  xcb_connection_t* connection,
  xcb_visualid_t visual_id);
```

문의하는 물리 장치는 physicalDevice에 설정되며, 큐 가족의 색인은 queueFamilyIndex에 전달된다. X서버에 대한 연결은 connection에 전달된다. 다시금, 프리젠테이션 기능은 시각 ID별로 보고되며, 문의되는 시각 ID는 visual_id에 전달된다.

선택한 시각 ID에서 장치의 최소한 하나의 큐 가족이 프리젠테이션을 지원하는 것을 확인했으면, 렌더링할 표면을 vkCreateXcbSurfaceKHR()을 사용하여 생성할 수 있으며, 함수 원형은 다음과 같다.

```
VkResult vkCreateXcbSurfaceKHR(
  VkInstance instance,
  const VkXcbSurfaceCreateInfoKHR* pCreateInfo,
  const VkAllocationCallbacks* pAllocator,
  VkSurfaceKHR* pSurface);
```

불칸 인스턴스는 instance에 전달되며, 표면의 생성을 조절하는 남은 매개변수는 pCreateInfo가 가리키는 VkXcbSurfaceCreateInfoKHR 구조체의 인스턴스로 전달된다. VkXcbSurfaceCreateInfoKHR의 정의는 다음과 같다.

```
typedef struct VkXcbSurfaceCreateInfoKHR {
  VkStructureType sType;
  const void* pNext;
  VkXcbSurfaceCreateFlagsKHR flags;
  xcb_connection_t* connection;
  xcb_window_t window;
} VkXcbSurfaceCreateInfoKHR;
```

VkXcbSurfaceCreateInfoKHR의 sType은 VK_STRUCTURE_TYPE_XCB_SURFACE_CREATE_INFO_KHR로 설정돼야 하며, pNext는 nullptr로 설정돼야 한다. flags 항목은 예비되었으며 0으로 설정돼야 한다. X 서버에 대한 연결은 connection 항목에 전달되며, 윈도우에 대한 핸들은 윈도우에 전달된다.

vkCreateXcbSurfaceKHR()가 성공적이면, pSurface가 가리키는 변수에 새 표면의 핸들을 쓴다. 만약 핸들을 생성하기 위해서 주 시스템 메모리가 필요하고 pAllocator가 nullptr가 아니라면, 해당 메모리를 요청하기 위해 제공한 할당자를 사용한다.

❖ 스왑 체인

어떤 플랫폼에서 실행하던지, 결과 VkSurfaceKHR 핸들은 윈도우에 대한 불칸의 시야를 참조한다. 해당 표면에 실제로 어떤 것을 표현하기 위해서, 윈도우의 자료를 저장하는 데 사용할 수 있는 특별한 이미지를 생성해야 한다. 대부분의 플랫폼에서, 이 형식의 이미지는 윈도우 시스템이 소유하거나 긴밀히 통합되어 있으므로, 일반 불칸 이미지 객체를 생성하기보다는 스왑 체인로 불리는 두 번째 객체를 사용하여 하나 이상의 이미지 객체를 관리한다.

스왑 체인 객체는 고유 윈도우 시스템에 불칸 표면에 표현하는 데 사용하는 하나 이상의 이미지를 생성하는 것을 요청하는 데 사용된다. 이는 VK_KHR_swapchain 확장을 사용하여 노출된다. 각 스왑 체인 객체는 이미지의 집합을 관리하며, 보통 링 버퍼의 형태이다. 애플리케이션이 스왑 체인에게 다음 가용한 이미지를 요청하고, 렌더링하고, 그 뒤 이미지를 다시 스왑 체인에 돌려서 디스플레이하는 준비가 되게 할 수 있다. 링이나 큐로 표현 가능한 이미지를 관리하여, 하나의 이미지가 디스플레이에 표현되는 동안 다른 이미지에 애플리케이션이 그리고 있으며, 윈도우 시스템의 연산과 애플리케이션의 연산을 중첩시킬 수 있다.

스왑 체인 객체를 생성하기 위해서, vkCreateSwapchainKHR()을 호출하며, 함수 원형은 다음과 같다.

```
VkResult vkCreateSwapchainKHR(
    VkDevice device,
    const VkSwapchainCreateInfoKHR* pCreateInfo,
    const VkAllocationCallbacks* pAllocator,
    VkSwapchainKHR* pSwapchain);
```

스왑 체인이 연결될 장치는 device에 전달된다. 결과 스왑 체인은 프리젠테이션을 지원하는 device의 어떤 큐와도 사용할 수 있다. 스왑 체인에 대한 정보는 VkSwapchainCreateInfoKHR 구조체의 인스턴스로 전달되며, 주소는 pCreateInfo에 전달된다. VkSwapchainCreateInfoKHR의 정의는 다음과 같다.

```
typedef struct VkSwapchainCreateInfoKHR {
    VkStructureType sType;
```

```
    const void* pNext;
    VkSwapchainCreateFlagsKHR flags;
    VkSurfaceKHR surface;
    uint32_t minImageCount;
    VkFormat imageFormat;
    VkColorSpaceKHR imageColorSpace;
    VkExtent2D imageExtent;
    uint32_t imageArrayLayers;
    VkImageUsageFlags imageUsage;
    VkSharingMode imageSharingMode;
    uint32_t queueFamilyIndexCount;
    const uint32_t* pQueueFamilyIndices;
    VkSurfaceTransformFlagBitsKHR preTransform;
    VkCompositeAlphaFlagBitsKHR compositeAlpha;
    VkPresentModeKHR presentMode;
    VkBool32 clipped;
    VkSwapchainKHR oldSwapchain;
} VkSwapchainCreateInfoKHR;
```

VkSwapchainCreateInfoKHR의 sType 항목은 VK_STRUCTURE_TYPE_SWAPCHAIN_
CREATE_INFO_KHR로 설정되며, pNext는 nullptr여야 한다. flags는 미래의 VK_KHR_
swapchain 확장을 위해서 예비되었으며 0으로 설정해야 한다.

새 스왑 체인이 표현될 표면은 surface에 전달된다. 이는 vkCreateWin32
SurfaceKHR()나 vkCreateXlibSurfaceKHR() 같은 플랫폼 특화 표면 생성 함수로
생성된 표면이어야 한다. 스왑 체인의 이미지의 수는 minImageCount에 전달된다.
예를 들어, 이중 혹은 삼중 버퍼링을 활성화하기 위해 minImageCount를 각각 2와
3으로 설정해야 한다. minImageCount를 1로 설정하는 것은 전위 버퍼에 렌더링하
거나 직접 디스플레이에 렌더링하는 요청을 표현한다. 일부 플랫폼은 이를 지원
하지 않는다(심지어 이중 버퍼링도 지원하지 않을 수 있다). 스왑 체인에서 지원되는
최소와 최대 수를 확인하기 위해서는 vkGetPhysicalDeviceSurfaceCapabilities
KHR()을 호출하며, 이 절의 뒤에서 다룬다.

minImageCount를 2로 설정하는 것이 단일 전위 버퍼를 가지고 단일 후위 버
퍼를 가진다는 것을 의미하는 것을 기억하자. 완료된 후위 버퍼의 프리젠테이션
을 실행한 뒤에, 프리젠테이션이 끝나기 전에 다른 버퍼에 렌더링을 시작할 수 없

다. 최고의 성능을 위해서, 약간의 지연 시간을 감수하고라도 장치가 지원할 경우 minImageCount를 최소 3 이상으로 설정하자.

표현 가능한 이미지의 형식과 색 공간은 imageFormat과 imageColorSpace에 설정되었다. 형식은 반드시 장치가 프리젠테이션 기능을 보고한 불칸 형식이어야 한다. imageColorSpace는 VkColorSpaceKHR 열거형의 구성원이어야 하며, 유일한 구성원은 VK_COLORSPACE_SRGB_NONLINEAR_KHR으로, 이는 프리젠테이션 엔진이 만약 imageFormat가 sRGB 형식 이미지를 가리키면 sRGB 비선형 자료를 기대하는 것을 의미한다.

imageExtent 항목은 스왑 체인의 이미지의 차원을 픽셀 단위로 설정하며, imageArrayLayers 항목은 각 이미지의 레이어의 수를 설정한다. 이는 레이어된 이미지를 렌더링하고 그 뒤 특정 레이어를 사용자에게 표현하는 데 사용할 수 있다. imageUsage 항목은 이미지가 어떻게 사용될지(표현 원본으로 사용되는 것에 추가하여)를 설정하는 표준 VkImageUsageFlags 열거형의 묶음이다. 예를 들어, 만약 이미지를 일반 색 첨부로 렌더링하기를 원하면, VK_IMAGE_USAGE_COLOR_ATTACHMENT_BIT를 포함하며, 만약 셰이더로 직접 쓰고 싶다면, VK_IMAGE_USAGE_STORAGE_BIT를 포함할 것이다.

imageUsage에 포함되어 있는 사용법의 집합은 반드시 스왑 체인 이미지에서 지원하는 사용법에서 선택되어야 한다. 이는 vkGetPhysicalDeviceSurfaceCapabilitiesKHR()을 호출하여 확인할 수 있다.

sharingMode는 이미지가 어떻게 큐 사이에서 공유되는지를 설명한다. 만약 이미지가 단지 한 번에 하나의 큐에 사용될 예정이면(표현 가능한 이미지들이 일반적으로 쓰기 전용인 경우와 같이), 이를 VK_SHARING_MODE_EXCLUSIVE로 설정한다. 만약 이미지가 다중 큐에서 사용된다면, 이는 VK_SHARING_MODE_CONCURRENT로 설정될 수 있다. 이 경우에, pQueueFamilyIndices는 이미지가 사용될 큐의 색인의 배열에 대한 포인터이며, queueFamilyIndexCount는 배열의 요소 단위의 길이이다. sharingMode가 VK_SHARING_MODE_EXCLUSIVE일 때, 이 두 항목은 무시된다.

preTransform 항목은 이미지가 사용자에게 프리젠테이션되기 전에 어떻게 변환되는지를 설명한다. 이는 이미지를 회전하거나 뒤집어서 세로 방향 디스플레이나 후방 투사 시스템 같은 경우를 처리할 수 있게 한다. 이는 VkSurfaceTransformFlagBitsKHR 열거형의 구성원의 선택의 비트 단위 조합이다.

compositeAlpha 항목은 윈도우에서 처리되는 알파 조합이 어떻게 되는지를 처리한다. 이는 VkCompositeAlphaFlagBitsKHR 열거형의 구성원이다. 만약 VK_COMPOSITE_ALPHA_OPAQUE_BIT_KHR로 설정되어 있으면, 표현 가능한 이미지의 알파 채널(존재한다면)은 무시되고 상수 1.0 값을 가진 것으로 간주된다. compositeAlpha의 다른 값은 부분적으로 투명한 이미지가 고유 윈도우 시스템에서 조합될 수 있게 한다.

presentMode 항목은 윈도우 시스템과의 동기화와 이미지가 표면에 표현되는 빈도를 조절한다. 가능한 방식은 다음과 같다.

- VK_PRESENT_MODE_IMMEDIATE_KHR: 프리젠테이션이 일정화될 때, 이미지는 사용자에게 가능한 빨리 표현되며, 수직 소거$^{vertical\ blanking}$ 같은 어떤 외부 사건을 기다리지 않는다. 이는 가능한 가장 빠른 주사율을 제공하지만 티어링^{tearing}이나 다른 오류를 생성할 수 있다.

- VK_PRESENT_MODE_MAILBOX_KHR: 새 이미지가 표현되면, 이는 대기 이미지로 표기되며, 다음 기회에(아마도 다음 수직 갱신 이후에) 시스템이 사용자에게 표시한다. 만약 새 이미지가 이가 일어나기 전에 표현되면, 해당 이미지는 보여지며, 기존에 표시된 이미지는 버려진다.

- VK_PRESENT_MODE_FIFO_KHR: 표시될 이미지는 내부 큐에 저장되어 순서대로 사용자에게 보여진다. 새 이미지는 큐에서 정규 간격(보통 각 수직 갱신 이후)으로 추출된다.

- VK_PRESENT_MODE_FIFO_RELAXED_KHR: 이 방식은 VK_PRESENT_MODE_FIFO_KHR와 비슷하게 행동하지만, 한 가지 다른 점은 큐가 비어 있고 수직 갱신이 일어났을 때, 큐에 들어오는 다음 이미지가 VK_PRESENT_MODE_IMMEDIATE_KHR와

비슷하게 바로 표시된다. 이는 애플리케이션이 수직 갱신율보다 빠르게 실행될 때에 티어링을 방지하면서도, 여전히 더 느리게 실행될 때 가능한 빠르게 동작한다.

일반적인 법칙으로, 만약 수직 동기화^{vsync}를 활성화하고 실행하고 싶으면 VK_PRESENT_MODE_FIFO_KHR를 선택하고, 가능한 빨리 실행하고 싶으면 VK_PRESENT_MODE_IMMEDIATE_KHR나 VK_PRESENT_MODE_MAILBOX_KHR를 선택해야 한다. VK_PRESENT_MODE_IMMEDIATE_KHR는 대부분의 경우 보이는 티어링을 생성하지만 가능한 가장 낮은 대기 시간을 제공한다. VK_PRESENT_MODE_MAILBOX_KHR는 정규 간격에서 계속 표시되며, 한 번의 수직 갱신에 대해서 최대의 대기 시간을 생성하지만 티어링이 생기지 않는다.

VkSwapchainCreateInfoKHR의 clipped 항목은 모든 표면이 보이지 않을 경우에 최적화를 위해서 사용된다. 예를 들어, 만약 이미지가 표현되는 표면이 덮여 있거나 부분적으로 화면 밖에 있는 윈도우를 표현한다면, 사용자가 보지 않을 곳에 대한 렌더링을 피할 수 있다. 만약 clipped이 VK_TRUE라면, 불칸은 이미지의 해당 부분을 렌더링 연산에서 제거한다. 만약 VK_FALSE라면, 불칸은 보이든 보이지 않던 관계없이 전체 이미지를 렌더링한다.

마지막으로, VkSwapchainCreateInfoKHR의 oldSwapchain 항목은 표면과 결합된 존재하는 스왑 체인을 불칸에 재활용을 위해서 전달하는 데 사용할 수 있다. 이는 한 스왑 체인이 다른 것으로 대체될 때 사용되며, 예를 들어 윈도우가 크기 조절되고 스왑 체인이 더 큰 이미지를 위해서 재할당되어야 할 때 같은 경우다.

VkSwapchainCreateInfoKHR 구조체에 포함된 매개변수는 반드시 모두 표면의 기능과 맞아야 하며, 이는 vkGetPhysicalDeviceSurfaceCapabilitiesKHR()을 호출하여 얻을 수 있다. 함수 원형은 다음과 같다.

```
VkResult vkGetPhysicalDeviceSurfaceCapabilitiesKHR(
  VkPhysicalDevice physicalDevice,
  VkSurfaceKHR surface,
  VkSurfaceCapabilitiesKHR* pSurfaceCapabilities);
```

표면을 가지는 물리 장치는 physicalDevice에 전달되며, 기능을 문의하는 표면은 surface에 전달된다. vkGetPhysicalDeviceSurfaceCapabilitiesKHR()은 그 뒤 표면의 정보를 VkSurfaceCapabilitiesKHR 구조체의 인스턴스 안에 넣으며, pSurfaceCapabilities 매개변수를 통해서 포인터를 반환한다.

```
typedef struct VkSurfaceCapabilitiesKHR {
    uint32_t minImageCount;
    uint32_t maxImageCount;
    VkExtent2D currentExtent;
    VkExtent2D minImageExtent;
    VkExtent2D maxImageExtent;
    uint32_t maxImageArrayLayers;
    VkSurfaceTransformFlagsKHR supportedTransforms;
    VkSurfaceTransformFlagBitsKHR currentTransform;
    VkCompositeAlphaFlagsKHR supportedCompositeAlpha;
    VkImageUsageFlags supportedUsageFlags;
} VkSurfaceCapabilitiesKHR;
```

스왑 체인 안의 이미지의 수는 반드시 표면의 기능의 minImageCount와 maxImageCount 매개변수 사이에 들어가야 한다. 문의 시점의 표면의 현재 크기는 currentExtent에 반환된다. 만약 표면이 크기조절이 가능하면(데스크톱의 크기 조절 가능한 윈도우처럼), 표면이 변경될 수 있는 가장 작고 가장 큰 크기가 minImageExtent와 maxImageExtent에 반환된다. 만약 표면이 배열 이미지에서 프리젠테이션을 지원하면, 해당 이미지의 레이어의 최대 개수는 minArrayLayers에 반환된다.

일부 표면은 표현하고 있는 이미지에 대한 변환의 처리를 지원한다. 예를 들어, 디스플레이나 비표준 각도를 가진 다른 장치에 프리젠테이션을 맞추기 위해서 이미지가 뒤집어지거나 회전될 수 있다. 지원되는 변환은 VkSurfaceCapabilitiesKHR의 supportedTransforms에 반환되며, VkSurfaceTransformFlagBitsKHR 열거형의 구성원의 선택으로 이루어진다. currentTransform에 이 비트 중 하나가 설정되고, 문의가 생성되었을 때 적용된 현재 변환을 포함한다.

만약 표면이 조합을 지원하면, 지원되는 조합 방식은 supportedComposite
Alpha 항목에 VkCompositeAlphaFlagBitsKHR 열거형에서 플래그의 조합으로 저
장된다.

마지막으로, 이 표면의 스왑 체인을 통해서 생성된 이미지의 허용되는 사용법
은 supportedUsageFlags에 반환된다.

표현하고 싶은 표면과 연결된 스왑 체인을 가지면, 이제 해당 체인 안의 항목
을 표현하는 이미지에 대한 핸들을 가져야 한다. 이를 위해서, vkGetSwapchain
ImagesKHR()을 호출하며, 함수 원형은 다음과 같다.

```
VkResult vkGetSwapchainImagesKHR(
    VkDevice device,
    VkSwapchainKHR swapchain,
    uint32_t* pSwapchainImageCount,
    VkImage* pSwapchainImages);
```

스왑 체인을 가진 장치는 device에 전달되며, 이미지를 요청하는 스왑 체
인은 swapchain에 전달되어야 한다. pSwapchainImageCount는 받은 이미지
의 수를 포함할 변수를 가리킨다. 만약 pSwapchainImages가 nullptr이면,
pSwapchainImageCount의 초깃값은 무시되며, 변수는 스왑 체인 객체에 있는 스왑
체인 이미지의 수로 덮어 써지게 된다. 만약 pSwapchainImages가 nullptr이 아
니면, 스왑 체인의 이미지로 채워진 VkImage 핸들의 배열에 대한 포인터가 된다.
pSwapchainImageCount가 가리지는 변수의 초깃값은 배열의 길이가 되며, 이는 실
제로 배열에 배치된 이미지의 수로 덮어 써진다.

스왑 체인을 생성할 때 스왑 체인에 있는 이미지의 최소 수만 설정하고 정확한
이미지의 수를 설정하지 않기 때문에, vkGetSwapchainImagesKHR()을 사용해서
얼마나 많은 이미지가 실제로 스왑 체인에 있는지 확인해야 하며, 이는 심지어 바
로 생성했을 때도 그렇다. 코드 5.1은 존재하는 표면에 대해서 스왑 체인을 어떻
게 만들고, 그 안의 이미지의 수를 문의하고, 실제 이미지 핸들을 문의하는 것을
보여준다.

```
VkResult result;
// 우선 스왑 체인을 생성한다.
VkSwapchainCreateInfoKHR swapChainCreateInfo =
{
  VK_STRUCTURE_TYPE_SWAPCHAIN_CREATE_INFO_KHR, // sType
  nullptr,                                     // pNext
  0,                                           // flags
  m_mainSurface,                               // surface
  2,                                           // minImageCount
  VK_FORMAT_R8G8B8A8_UNORM,                     // imageFormat
  VK_COLORSPACE_SRGB_NONLINEAR_KHR,             // imageColorSpace
  { 1024, 768 },                               // imageExtent
  1,                                           // imageArrayLayers
  VK_IMAGE_USAGE_COLOR_ATTACHMENT_BIT,          // imageUsage
  VK_SHARING_MODE_EXCLUSIVE,                    // imageSharingMode
  0,                                           // queueFamilyIndexCount
  nullptr,                                     // pQueueFamilyIndices
  VK_SURFACE_TRANSFORM_INHERIT_BIT_KHR,         // preTransform
  VK_COMPOSITE_ALPHA_OPAQUE_BIT_KHR,            // compositeAlpha
  VK_PRESENT_MODE_FIFO_KHR,                     // presentMode
  VK_TRUE,                                     // clipped
  m_swapChain                                  // oldSwapchain
};

result = vkCreateSwapchainKHR(m_logicalDevice,
  &swapChainCreateInfo,
  nullptr,
  &m_swapChain);

// 다음으로, 실제로 스왑 체인이 포함하는 이미지의 수에 대해서 질의한다.
uint32_t swapChainImageCount = 0;
if (result == VK_SUCCESS)
{
  result = vkGetSwapchainImagesKHR(m_logicalDevice,
  m_swapChain,
  &swapChainImageCount,
  nullptr);
}

if (result == VK_SUCCESS)
{
  // 이제 이미지 배열을 크기 조절하고 스왑 체인으로부터 이미지 핸들을 받아온다.
```

```
    m_swapChainImages.resize(swapChainImageCount);
    result = vkGetSwapchainImagesKHR(m_logicalDevice,
    m_swapChain,
    &swapChainImageCount,
    m_swapChainImages.data());
}
return result == VK_SUCCESS ? m_swapChain : VK_NULL_HANDLE;
```

코드 5.1에 있는 코드는 많은 하드코딩 값을 가진 것을 기억하자. 좀 더 유연한
애플리케이션을 위해서는 vkGetPhysicalDeviceSurfaceCapabilitiesKHR()을 호
출하여 표면을 표현하는 데 관련된 장치의 기능과 변환 방식 같은 매개변수를 지
원하는 표면의 기능, 스왑 체인 안의 이미지 수 등을 확인해야 한다.

특히, VkSwapchainCreateInfoKHR의 imageFormat 항목에 선택된 표면 형식은
반드시 표면이 지원하는 형식이어야 한다. 표면과 연결된 스왑 체인에 사용될 수
있는 형식을 확인하기 위해서 vkGetPhysicalDeviceSurfaceFormatsKHR()을 호출
하며, 함수 원형은 다음과 같다.

```
VKAPI_ATTR VkResult VKAPI_CALL vkGetPhysicalDeviceSurfaceFormatsKHR(
  VkPhysicalDevice physicalDevice,
  VkSurfaceKHR surface,
  uint32_t* pSurfaceFormatCount,
  VkSurfaceFormatKHR* pSurfaceFormats);
```

문의하는 물리 장치는 physicalDevice에 전달되며, 표현하고 싶
은 표면은 surface에 전달된다. 만약 pSurfaceFormats가 nullptr이면,
pSurfaceFormatCount가 가리키는 변수는 표면이 지원하는 형식의 수로 덮어 써
진다. 만약 pSurfaceFormats가 nullptr이 아니면, 표면이 지원하는 형식의 수만
큼을 받기에 충분히 큰 VkSurfaceFormatKHR 구조체의 배열에 대한 포인터이다.
이 경우, 배열의 요소의 수는 pSurfaceFormats가 가리키는 변수의 초깃값으로 전
달되며, 실제로 배열에 써진 형식의 수로 덮어 써진다.

VkSurfaceFormatKHR의 정의는 다음과 같다.

```
typedef struct VkSurfaceFormatKHR {
  VkFormat format;
  VkColorSpaceKHR colorSpace;
} VkSurfaceFormatKHR;
```

VkSurfaceFormatKHR의 format 항목은 표면에 대한 메모리의 픽셀의 형식이며, colorSpace는 지원되는 색 공간이다. 현재 유일하게 정의된 색 공간은 VK_COLORSPACE_SRGB_NONLINEAR_KHR이다.

일부의 경우, 장치는 거의 모든 형식에 대한 프리젠테이션을 지원한다. 이는 일반적으로 렌더링한 이미지를 다른 추가 처리를 위한 입력으로 사용되는 조합 시스템에 대해서 참이다. 하지만, 다른 장치는 굉장히 제안된 표면 형식의 집합만 지원할 수 있으며, 특정 표면에 대해서 단지 하나의 형식만 가능할 수 있다. 이는 디스플레이 장치에 직접 표현을 할 경우에 주로 그러하다.

vkGetSwapchainImagesKHR() 함수 호출로 받은 이미지는 즉시 사용 가능하지 않다. 어떤 자료를 거기 쓰기 전에, vkAcquireNextImageKHR()을 호출하여 다음 가용한 이미지를 얻어야 한다. 이 함수는 응용 프로그램이 렌더링하는 스왑 체인의 다음 이미지의 색인을 받는다. 함수 원형은 다음과 같다.

```
VkResult vkAcquireNextImageKHR(
  VkDevice device,
  VkSwapchainKHR swapchain,
  uint64_t timeout,
  VkSemaphore semaphore,
  VkFence fence,
  uint32_t* pImageIndex);
```

device 매개변수는 스왑 체인을 소유한 장치이며, swapchain은 다음 스왑 체인 이미지 색인을 받을 스왑 체인에 대한 핸들이다.

vkAcquireNextImageKHR()은 애플리케이션에 반환하기 전에 새 이미지가 가용하기를 기다린다. Timeout은 나노초의 단위로 반환 전에 기다릴 시간을 설정한다. 만약 제한시간이 초과되면, vkAcquireNextImageKHR()은 VK_NOT_READY를 호출한다. timeout을 0으로 설정하여, 논블로킹 방식을 구현할 수 있으며,

`vkAcquireNextImageKHR()`은 새 이미지를 바로 반환하거나, 0이 아닌 제한시간으로 호출했을 때 블로킹되는 경우인 `VK_NOT_READY`를 반환한다.

애플리케이션이 렌더링할 다음 이미지의 색인은 `pImageIndex`가 가리킨 변수에 써진다. 프리젠테이션 엔진은 여전히 이미지에서 자료를 읽을 수 있으며, 이미지에 대한 접근을 동기화하기 위해서 `semaphore` 매개변수를 이미지가 렌더링될 수 있을 때 해제되는 세마포어에 대한 핸들을 전달하는 데 사용하거나, `fence` 매개변수를 이미지를 렌더링하기 안전할 때 해제되는 펜스의 핸들을 전달하는 데 사용한다.

세마포어와 펜스는 불칸이 지원하는 동기화 기본체의 두 종류이다. 동기화 기본체에 대해서는 11장에서 더 자세히 다룬다.

◆ 전체 화면 표면

이전 절에서 언급한 플랫폼 특화 확장은 운영 체제나 윈도우 시스템이 소유한 고유 윈도우를 표현하는 `VkSurface`의 생성을 가능하게 한다. 이 확장은 보통 데스크탑에 보이는 윈도우에 렌더링하는 데 사용된다. 비록 전체 디스플레이를 커버하는 가장자리가 없는 윈도우를 생성하는 것이 가능하지만, 종종 디스플레이에 직접 렌더링하는 것이 더 효율적이다.

이 기능은 `VK_KHR_display`와 `VK_KHR_display_swapchain` 확장으로 제공된다. 이 확장은 시스템에 부탁된 디스플레이를 찾아내고, 특성과 지원하는 방식을 확인하는 등의 플랫폼 독립 메커니즘을 제공한다.

만약 불칸 구현이 `VK_KHR_display`를 지원하면, 물리 장치에 부탁된 디스플레이 장치의 수를 `vkGetPhysicalDeviceDisplayPropertiesKHR()`을 호출하여 알아낼 수 있으며, 함수 원형은 다음과 같다.

```
VkResult vkGetPhysicalDeviceDisplayPropertiesKHR(
  VkPhysicalDevice physicalDevice,
  uint32_t* pPropertyCount,
  VkDisplayPropertiesKHR* pProperties);
```

디스플레이는 물리 장치에 부착되며, 디스플레이의 정보를 얻기 원하는 물리 장치는 physicalDevice 매개변수에 전달되며, pPropertyCount는 디스플레이에 부착된 물리 장치의 수로 덮어 써질 변수에 대한 포인터이다. 만약 pProperties 가 nullptr이면, pPropertyCount가 가리키는 변수의 초깃값은 무시되며, 장치에 부착된 디스플레이의 전체 수로 단순히 덮어 써진다. 하지만, pPropertyCount 가 nullptr가 아니면, 이는 VkDisplayPropertiesKHR의 배열에 대한 포인터이다. 이 배열의 길이는 pPropertyCount가 가리키는 변수의 초깃값으로 넘겨진다. VkDisplayPropertiesKHR의 정의는 다음과 같다.

```
typedef struct VkDisplayPropertiesKHR {
  VkDisplayKHR display;
  const char* displayName;
  VkExtent2D physicalDimensions;
  VkExtent2D physicalResolution;
  VkSurfaceTransformFlagsKHR supportedTransforms;
  VkBool32 planeReorderPossible;
  VkBool32 persistentContent;
} VkDisplayPropertiesKHR;
```

VkDisplayPropertiesKHR 구조체의 각각의 display 구성원은 나중에 참조하는 데 사용하는 디스플레이에 대한 핸들이다. displayName은 디스플레이를 설명하는 인간이 읽을 수 있는 문자열이다. physicalDimensions 항목은 디스플레이의 차원을 밀리미터 단위로 제공하며, physicalResolution 항목은 디스플레이의 고유 해상도를 픽셀 단위로 제공한다.

일부 디스플레이(혹은 디스플레이 컨트롤러)는 표시하는 이미지를 뒤집거나 회전 시킬 수 있다. 이 경우 supportedTransforms 항목에 해당 기능이 보고된다. 이 비트필드는 앞서 언급한 VkSurfaceTransformsFlagsKHR 열거형의 구성원으로 만들어진다.

만약 디스플레이가 하나의 면 이상을 지원하면, 여러 면들이 서로에 대해서 재배치가 가능하면 planeReorderPossible이 VK_TRUE로 설정된다. 만약 면이 고정 순서로만 보여질 수 있다면, planeReorderPossible은 VK_FALSE로 설정된다.

마지막으로 일부 디스플레이는 부분이나 간헐적 갱신을 허용하며, 많은 경우 에너지 효율을 증가시킨다. 만약 디스플레이가 이 방식의 갱신을 지원하면, persistentContent는 VK_TRUE로 설정되며, 아니면 VK_FALSE로 설정된다.

모든 장치는 최소한 하나의 면을 각각의 연결된 디스플레이에서 지원한다. 면은 이미지를 사용자에게 디스플레이할 수 있다. 일부의 경우, 장치는 한 면 이상을 지원하여 최종 이미지를 생성하기 위해서 다른 면들과 다양하게 혼합할 수 있다. 이 면들은 오버레이 면으로 종종 알려지는데, 각 면은 논리적으로 그 아래에 있는 것을 덮을 수 있기 때문이다. 불칸 애플리케이션이 표현될 때, 디스플레이어 하나의 면에 표현한다. 같은 응용 프로그램이 여러 면에 대해서 표현하는 것이 가능하다.

지원되는 면의 수의 장치의 일부로 간주되며, 일반적으로 장치(물리 장치가 아닌)가 면에서 정보를 융합하여 하나의 이미지로 만드는 조합 연산을 처리하기 때문이다. 물리 장치는 그 뒤에 각 연결된 디스플레이에 지원되는 면의 부분 집합을 디스플레이할 수 있다. 장치가 지원하는 면의 수와 형을 확인하기 위해서 vkGetPhysicalDeviceDisplayPlanePropertiesKHR()을 호출하며, 함수 원형은 다음과 같다.

```
VkResult vkGetPhysicalDeviceDisplayPlanePropertiesKHR(
    VkPhysicalDevice physicalDevice,
    uint32_t* pPropertyCount,
    VkDisplayPlanePropertiesKHR* pProperties);
```

오버레이 기능을 문의하려는 물리 장치는 physicalDevice에 전달된다. 만약 pProperties가 nullptr이면, pPropertyCount가 장치가 지원하는 디스플레이 면의 수로 덮어 써진다. 만약 pProperties가 nullptr이 아니면, 반드시 지원하는 디스플레이 면에 대한 정보를 유지하기에 충분히 많은 수의 VkDisplayPlanePropertiesKHR의 구조체의 배열에 대한 포인터여야 한다. 배열의 요소의 수는 pPropertyCount가 가리키는 변수의 초깃값으로 결정된다. VkDisplayPlanePropertiesKHR의 정의는 다음과 같다.

```
typedef struct VkDisplayPlanePropertiesKHR {
  VkDisplayKHR currentDisplay;
  uint32_t currentStackIndex;
} VkDisplayPlanePropertiesKHR;
```

장치가 지원하는 각 디스플레이 면에 대하여, pProperties 배열에 하나의 항목이 배치된다. currentDisplay 구성원으로 표현되는 하나의 물리 디스플레이에 각 면이 나타나며, 만약 장치가 각 디스플레이에 하나 이상의 면을 지원하면, currentStackIndex가 서로 간에 오버레이되는 면의 순서를 나타낸다.

장치의 디스플레이 면의 일부는 다중 물리 디스플레이로 확장된다. 어떤 디스플레이 장치가 디스플레이 면을 보여주고 있는 확인하기 위해서 vkGetDisplayPlaneSupportedDisplaysKHR()을 호출할 수 있으며, 다음과 같이 정의된다.

```
VkResult vkGetDisplayPlaneSupportedDisplaysKHR(
  VkPhysicalDevice physicalDevice,
  uint32_t planeIndex,
  uint32_t* pDisplayCount,
  VkDisplayKHR* pDisplays);
```

physicalDevice에 설정된 주어진 물리 디스플레이와 planeIndex에 설정된 디스플레이 면에 대해서 vkGetDisplayPlaneSupportedDisplaysKHR()은 해당 면이 보이는 디스플레이의 수를 pDisplayCount가 가리키는 변수에 쓴다. pDisplays가 nullptr이 아니라면, 해당 디스플레이에 대한 핸들이 가리키는 배열에 쓰여진다.

각 디스플레이 면은 최대 해상도나 다양한 조합 방식을 지원하는지 여부 같은 기능의 집합을 가지며, 이 기능은 디스플레이 방식에 따라 변화한다. 해당 기능을 확인하기 위해서, vkGetDisplayPlaneCapabilitiesKHR()을 호출하며, 함수 원형은 다음과 같다.

```
VkResult vkGetDisplayPlaneCapabilitiesKHR(
  VkPhysicalDevice physicalDevice,
  VkDisplayModeKHR mode,
  uint32_t planeIndex,
  VkDisplayPlaneCapabilitiesKHR* pCapabilities);
```

주어진 장치(physicalDevice에 전달된)와 디스플레이 방식(mode에 핸들이 전달된)에 대해서, planeIndex에 설정된 면에서 방식이 지원하는 기능이 VkDisplayPlaneCapabilitiesKHR 구조체의 인스턴스로 쓰여지며, 주소가 pCapabilities에 전달된다. VkDisplayPlaneCapabilitiesKHR의 정의는 다음과 같다.

```
typedef struct VkDisplayPlaneCapabilitiesKHR {
  VkDisplayPlaneAlphaFlagsKHR supportedAlpha;
  VkOffset2D minSrcPosition;
  VkOffset2D maxSrcPosition;
  VkExtent2D minSrcExtent;
  VkExtent2D maxSrcExtent;
  VkOffset2D minDstPosition;
  VkOffset2D maxDstPosition;
  VkExtent2D minDstExtent;
  VkExtent2D maxDstExtent;
} VkDisplayPlaneCapabilitiesKHR;
```

디스플레이 면에 대한 지원되는 조합 방식은 supportedAlpha에 보고된다. 이는 VkDisplayPlaneAlphaFlagBitsKHR에 정의된 비트의 조합으로 다음을 포함한다.

- VK_DISPLAY_PLANE_ALPHA_OPAQUE_BIT_KHR: 면은 혼합 조합을 전혀 지원하지 않으며, 해당 면에 표현되는 모든 표면은 완전 불투명으로 간주된다.

- VK_DISPLAY_PLANE_ALPHA_GLOBAL_BIT_KHR: 면은 단일 전역 알파 값을 가지며, 이는 표면을 생성할 때 사용되는 VkDisplaySurfaceCreateInfoKHR 구조체의 globalAlpha 구성원으로 전달된다.

- VK_DISPLAY_PLANE_ALPHA_PER_PIXEL_BIT_KHR: 면은 픽셀 단위 투명을 지원하며, 값은 표면을 표현하는 이미지의 알파 채널에서 얻어온다.

minSrcPosition과 maxSrcPosition 항목은 표현 가능한 표면 안의 디스플레이 가능한 영역의 최소와 최대 오프셋을 설정하며, minSrcExtent와 maxSrcExtent 항목이 최소 최대 크기를 설정한다.

minDstPosition과 maxDstPosition 항목은 대응하는 물리 디스플레이에 배치될 수 있는 면의 최대 최소 오프셋을 설정하며, minDstExtent와 maxDstExtent는 디스플레이에서의 물리 크기를 픽셀 단위로 알려준다.

이 항목들이 합쳐서 표면의 부분 집합이 하나 이상의 물리 디스플레이에 퍼져 있는 윈도우 안에 표현될 수 있다. 이는 상대적으로 고급 디스플레이 기능으로, 실제로는 대부분의 장치가 minSrcPosition, minDstPosition, maxSrcPosition, maxDstPosition을 디스플레이의 원점과 디스플레이가 지원하는 해상도의 최대 범위로 보고한다.

각 물리 장치는 다중 디스플레이 방식을 지원할 수 있다. 각 방식은 VkDisplayModeKHR 핸들로 표현되며, 여러 특성을 가지고 있다. 각 디스플레이는 선정의된 디스플레이 방식의 목록을 보고할 수 있으며, 이는 vkGetDisplayModePropertiesKHR()을 호출하여 얻어올 수 있으며, 함수 원형은 다음과 같다.

```
VkResult vkGetDisplayModePropertiesKHR(
  VkPhysicalDevice physicalDevice,
  VkDisplayKHR display,
  uint32_t* pPropertyCount,
  VkDisplayModePropertiesKHR* pProperties);
```

디스플레이가 부착된 물리 장치는 physicalDevice에 전달되며, 방식을 문의하려는 디스플레이는 display에 전달된다. 다중 디스플레이가 단일 물리 장치에 연결될 수 있으며 각각이 디스플레이 방식의 다른 선택 집합을 지원할 수 있다는 것을 기억하자. pPropertyCount 매개변수는 지원되는 디스플레이 방식의 수로 덮어 써질 변수를 가리킨다. 이 변수의 초깃값은 pProperties가 nullptr일 경우 무시된다. 만약 pProperties가 nullptr가 아니면 디스플레이 방식의 정보로 채워질 VkDisplayModePropertiesKHR 구조체의 배열을 가리켜야 한다. VkDisplayModePropertiesKHR의 정의는 다음과 같다.

```
typedef struct VkDisplayModePropertiesKHR {
  VkDisplayModeKHR displayMode;
  VkDisplayModeParametersKHR parameters;
} VkDisplayModePropertiesKHR;
```

VkDisplayModePropertiesKHR의 첫 구성원 displayMode는 디스플레이 방식에 대한 VkDisplayModeKHR 핸들로 명시적으로 참조하는 데 사용할 수 있다. 두 번째 구성원은 디스플레이 방식의 매개변수를 포함한 VkDisplayModeParametersKHR 구조체의 인스턴스이다. 이 구조체의 정의는 다음과 같다.

```
typedef struct VkDisplayModeParametersKHR {
  VkExtent2D visibleRegion;
  uint32_t refreshRate;
} VkDisplayModeParametersKHR;
```

디스플레이 방식의 매개변수는 아주 단순하며, 단지 VkDisplayMode ParametersKHR의 visibleRegion 구성원으로 표현되는 픽셀 단위의 디스플레이의 범위와, 천분의 일 헤르츠로 측정된 갱신 주기만을 가진다. 일반적으로 애플리케이션은 렌더링하려는 장치가 지원하는 디스플레이 방식을 열거한 뒤에 가장 적합한 방식을 선택한다. 만약 기존에 존재하는 디스플레이 방식 중 아무것도 적합하지 않다면, vkCreateDisplayModeKHR()을 호출하여 새로운 것을 생성하는 것이 가능하며, 함수 원형은 다음과 같다.

```
VkResult vkCreateDisplayModeKHR(
  VkPhysicalDevice physicalDevice,
  VkDisplayKHR display,
  const VkDisplayModeCreateInfoKHR* pCreateInfo,
  const VkAllocationCallbacks* pAllocator,
  VkDisplayModeKHR* pMode);
```

장치를 소유하는 물리 장치는 physicalDevice에 전달되며, 방식이 사용될 디스플레이는 display에 전달된다. 만약 새 방식의 생성이 성공적이면, 이에 대한 핸들이 pMode가 가리키는 변수에 쓰여진다. 새 방식의 매개변수는 VkDisplayModeCreateInfoKHR 구조체의 포인터를 통해서 전달되고, 정의는 다음과 같다.

```
typedef struct VkDisplayModeCreateInfoKHR {
  VkStructureType sType;
  const void* pNext;
  VkDisplayModeCreateFlagsKHR flags;
  VkDisplayModeParametersKHR parameters;
} VkDisplayModeCreateInfoKHR;
```

VkDisplayModeCreateInfoKHR 구조체의 sType 항목은 반드시 VK_STRUCTURE_TYPE_DISPLAY_MODE_CREATE_INFO_KHR로 설정돼야 하며, pNext는 nullptr여야 한다. flags 항목은 미래를 위해 예비되어 있으며 0으로 설정해야 한다. 새 디스플레이 방식의 남은 매개변수는 VkDisplayModeParametersKHR의 인스턴스에 포함된다.

시스템의 물리 장치에 연결된 디스플레이의 위상 구조, 지원하는 면, 디스플레이 방식을 확인하였다면, 이 중 하나를 참조하는 VkSurfaceKHR 객체를 생성할 수 있으며, 윈도우를 참조하는 표면처럼 사용할 수 있다. 이를 위해서, vkCreateDisplayPlaneSurfaceKHR()을 호출하며, 함수 원형은 다음과 같다.

```
VkResult vkCreateDisplayPlaneSurfaceKHR(
  VkInstance instance,
  const VkDisplaySurfaceCreateInfoKHR* pCreateInfo,
  const VkAllocationCallbacks* pAllocator,
  VkSurfaceKHR* pSurface);
```

vkCreateDisplayPlaneSurfaceKHR()은 인스턴스 단계에서 처리되는 함수로, 단일 디스플레이 방식이 여러 디스플레이의 여러 면에 펼쳐질 수 있기에, 여러 물리 장치와 연결되어 있을 수 있기 때문이다. 표면을 설명하는 매개변수는 VkDisplaySurfaceCreateInfoKHR 구조체의 인스턴스를 통해서 전달된다. VkDisplaySurfaceCreateInfoKHR의 정의는 다음과 같다.

```
typedef struct VkDisplaySurfaceCreateInfoKHR {
  VkStructureType sType;
  const void* pNext;
  VkDisplaySurfaceCreateFlagsKHR flags;
  VkDisplayModeKHR displayMode;
  uint32_t planeIndex;
  uint32_t planeStackIndex;
  VkSurfaceTransformFlagBitsKHR transform;
  float globalAlpha;
  VkDisplayPlaneAlphaFlagBitsKHR alphaMode;
  VkExtent2D imageExtent;
```

VkDisplaySurfaceCreateInfoKHR의 sType 항목은 VK_STRUCTURE_TYPE_ DISPLAY_SURFACE_CREATE_INFO_KHR로 설정돼야 하며, pNext는 nullptr로 설정돼야 한다. flags 항목은 추후 사용을 위해 예비되었으며 0으로 설정해야 한다. 새 표면에 대해서 사용될 디스플레이 방식에 대한 핸들은 displayMode 항목을 통해서 전달된다. 이는 vkGetDisplayModePropertiesKHR()의 호출에서 반환된 미리 정의된 디스플레이 방식 중 하나이거나 vkCreateDisplayModeKHR()의 호출로 생성된 유저 생성 디스플레이 방식이다.

표면이 표현되는 면은 planeIndex에 전달되며, 장치에서 다른 면들과 조합되어 표시될 때의 면의 상대적인 순서는 planeStackIndex에 전달된다. 프레젠테이션의 시점에서, 디스플레이가 해당 연산을 지원할 경우에 이미지는 뒤집히거나 회전될 수 있다. 처리될 연산은 transform에 설정되며, VkSurfaceTransformFlagBitsKHR 열거형에서 선택된 단일 비트이다. 이는 비디오 방식에서 지원되는 변환이어야만 한다.

만약 이미지가 다른 면의 위에서 조합될 경우, 표면의 투명도를 globalAlpha 와 alphaMode 항목을 사용해서 설정할 수 있다. alphaMode가 VK_DISPLAY_PLANE_ ALPHA_GLOBAL_BIT_KHR이면, globalAlpha는 조합을 위한 전역 알파 값으로 설정된다. 만약 alphaMode가 VK_DISPLAY_PLANE_ALPHA_PER_PIXEL_BIT_KHR이면, 각 픽셀의 알파 값은 표현되는 이미지에서 추출될 수 있으며, globalAlpha의 값은 무시된다. alphaMode가 VK_DISPLAY_PLANE_ALPHA_OPAQUE_BIT_KHR이면, 혼합 조합은 비활성화된다.

imageExtent 항목은 표현 가능한 표면의 크기를 설정한다. 일반적으로 전체화면 렌더링에 대해서, 이는 displayMode에 선택된 디스플레이 방식의 범위와 같다.

❖ 프리젠테이션의 수행

프리젠테이션은 큐의 문맥에서 일어나는 연산이다. 일반적으로, 큐에 제출된 명령어 버퍼 안에서 실행되는 명령어는 표현될 이미지를 생성하며, 그러므로 이 이미지는 자신이 생성된 렌더링 연산이 완료되었을 때에만 사용자에게 보여져야 한다. 시스템의 장치가 많은 큐를 지원하지만, 이들 모두가 프리젠테이션을 지원할 필요는 없다. 표면에 대한 프리젠테이션을 위해 큐를 사용할 수 있기 전에, 반드시 해당 큐가 표면에 대해서 프리젠테이션을 지원하는지를 확인해야 한다. 큐가 프리젠테이션을 지원하는지 확인하기 위해 물리 장치, 표면, 큐 가족을 vkGetPhysicalDeviceSurfaceSupportKHR()의 호출에 전달하며, 이의 함수 원형은 다음과 같다.

```
VkResult vkGetPhysicalDeviceSurfaceSupportKHR(
  VkPhysicalDevice physicalDevice,
  uint32_t queueFamilyIndex,
  VkSurfaceKHR surface,
  VkBool32* pSupported);
```

문의할 물리 장치는 physicalDevice에 전달된다. 모든 큐는 큐 가족의 구성원이며, 큐 가족의 모든 구성원은 동일 특성을 가진다고 가정한다. 그러므로, 큐가 프리젠테이션을 지원하는지를 확인하기 위해서 단지 큐의 가족만이 필요하다. 큐 가족 색인은 queueFamilyIndex이다.

표현할 큐의 기능은 표면에 독립적이다. 예를 들어, 일부 큐는 운영체제가 소유한 윈도우에 표현될 수 있으나, 전체 화면 표면을 조절하는 물리 하드웨어에 대한 직접 접근을 가지지 않을 수 있다. 그러므로, 표현하고자 하는 표면은 surface에 전달된다.

vkGetPhysicalDeviceSurfaceSupportKHR()가 성공적이면, 특정 가족 안의 큐의 surface로 설정된 표면에 표현하는 능력은 pSupported가 가리키는 변수에 써진다. VK_TRUE이면 지원 가능하며, VK_FALSE이면 지원 불가능이다. 만약 종종 잘못될 경우, vkGetPhysicalDeviceSurfaceSupportKHR()은 오류 코드를 반환하며, pSupported의 값은 덮어 써지지 않는다.

이미지가 표현될 수 있기 전에 반드시 정확한 배치에 있어야 한다. 이 상태는 VK_IMAGE_LAYOUT_PRESENT_SRC_KHR 배치이다. 2장에서 간단히 다뤘듯이 이미지는 한 배치에서 다른 배치로 이미지 메모리 방벽을 사용해서 전환될 수 있다. 코드 5.2는 어떻게 이미지를 이미지 메모리 방벽을 사용해서 VK_IMAGE_LAYOUT_COLOR_ATTACHMENT_OPTIMAL에서 VK_IMAGE_LAYOUT_PRESENT_SRC_KHR로 전환할 수 있는지 보여준다.

코드 5.2 이미지를 원본을 원본 표현으로 전환

```
const VkImageMemoryBarrier barrier =
{
  VK_STRUCTURE_TYPE_IMAGE_MEMORY_BARRIER,       // sType
  nullptr,                                       // pNext
  VK_ACCESS_COLOR_ATTACHMENT_WRITE_BIT,          // srcAccessMask
  VK_ACCESS_MEMORY_READ_BIT,                     // dstAccessMask
  VK_IMAGE_LAYOUT_COLOR_ATTACHMENT_OPTIMAL,      // oldLayout
  VK_IMAGE_LAYOUT_PRESENT_SRC_KHR,               // newLayout
  0,                                             // srcQueueFamilyIndex
  0,                                             // dstQueueFamilyIndex
  sourceImage,                                   // image
  {                                              // subresourceRange
    VK_IMAGE_ASPECT_COLOR_BIT,                   // aspectMask
    0,                                           // baseMipLevel
    1,                                           // levelCount
    0,                                           // baseArrayLayer
    1                                            // layerCount
  }
};

vkCmdPipelineBarrier(cmdBuffer,
  VK_PIPELINE_STAGE_COLOR_ATTACHMENT_OUTPUT_BIT,
  VK_PIPELINE_STAGE_BOTTOM_OF_PIPE_BIT,
  0,
  0, nullptr,
  0, nullptr,
  1, &barrier);
```

이미지 메모리 방벽이 명령어 버퍼 안에서 실행되고 이 명령어 버퍼는 실행을 위해서 장치 큐에 제출되어야 하는 것을 기억하자. 이미지가 VK_IMAGE_LAYOUT_

PRESENT_SRC_KHR 배치라면, 이는 vkQueuePresentKHR()을 호출하여 표현될 수 있으며, 함수 원형은 다음과 같다.

```
VkResult vkQueuePresentKHR(
  VkQueue queue,
  const VkPresentInfoKHR* pPresentInfo);
```

프리젠테이션을 위해서 이미지를 제출하는 큐는 queue에 설정되어 있다. 매개변수의 나머지는 명령어에 VkPresentInfoKHR 구조체의 인스턴스를 통해서 전달되며, 정의는 다음과 같다.

```
typedef struct VkPresentInfoKHR {
  VkStructureType sType;
  const void* pNext;
  uint32_t waitSemaphoreCount;
  const VkSemaphore* pWaitSemaphores;
  uint32_t swapchainCount;
  const VkSwapchainKHR* pSwapchains;
  const uint32_t* pImageIndices;
  VkResult* pResults;
} VkPresentInfoKHR;
```

VkPresentInfoKHR의 sType 항목은 VK_STRUCTURE_TYPE_PRESENT_INFO_KHR로 설정되며, pNext는 nullptr로 설정돼야 한다. 이미지가 표현되기 전에, 불칸은 프리젠테이션 연산과 동기화하는 이미지에 대한 렌더링을 활성화하기 위해 추가적으로 하나 이상의 세마포어를 기다릴 수 있다. 기다릴 세마포어의 수는 waitSemaphoreCount 구성원에 전달되며, pWaitSemaphores 구성원은 해당 수의 기다릴 세마포어 핸들을 가진 배열을 가리킨다.

vkQueuePresentKHR()의 단일 호출은 동시에 실제로 다중 이미지를 다중 스왑 체인에 표현할 수 있다. 이는 예를 들어 애플리케이션이 동시에 여러 윈도우에 렌더링하는 등에 사용할 수 있어 유용하다. 표현할 이미지의 수는 swapchain Count에 설정된다. pSwapchains는 표현할 스왑 체인 객체의 배열이다.

각각의 스왑 체인에 표현되는 이미지는 VkImage 핸들로 참조되지 않고 스왑 체인 객체에서 받은 스왑 체인 이미지 배열의 색인으로 참조된다. 표현될 각 스왑 체인에 대해서, 한 이미지 색인은 pImageIndices가 가리키는 배열 안의 대응하는 요소를 통해서 전달된다.

vkQueuePresentKHR()의 호출로 발동된 분리된 프리젠테이션 연산의 각각은 자체의 결과 코드를 생성한다. VkResult의 여러 값이 성공을 표시한다는 것을 기억하자. pResults는 swapchainCount 개수의 VkResult 변수의 배열에 대한 포인터로 프리젠테이션 연산의 결과로 채워질 것이다.

❖ 마무리 정리

애플리케이션에서 사용한 프리젠테이션의 방법에 상관없이, 정확하게 정리하는 것이 중요하다. 우선, 프리젠테이션을 하고 있는 스왑 체인을 소멸시켜야 한다. 이를 위해서 vkDestroySwapchainKHR()을 호출하며, 함수 원형은 다음과 같다.

```
void vkDestroySwapchainKHR(
    VkDevice device,
    VkSwapchainKHR swapchain,
    const VkAllocationCallbacks* pAllocator);
```

스왑 체인을 소유한 장치는 device에 전달되며, 소멸시킬 스왑 체인은 swapchain에 전달된다. 만약 주 시스템 메모리 할당자가 스왑 체인을 생성하는데 사용되면, 호환되는 할당자에 대한 포인터는 pAllocator에 전달된다.

스왑 체인이 소멸될 때, 해당 스왑 체인과 연결된 모든 표현 가능한 이미지 역시 소멸되어야 한다. 그러므로, 스왑 체인을 소멸시키기 전에, 어떤 표면에 쓰는 대기 작업이 없고, 스왑 체인에서 읽는 대기하는 프리젠테이션 연산이 없어야 한다. 이를 위한 가장 쉬운 방법은 장치에 vkDeviceWaitIdle()을 호출하는 것이다. 일반적으로 추천되지 않지만, 스왑 체인의 소멸은 보통 애플리케이션의 성능 중시 부분에서 일어나지 않으므로, 이 경우에는 단순한 게 최고다.

vkAcquireNextImageKHR()로 스왑 체인에서 이미지를 얻었거나 vkQueuePresentKHR()을 사용해서 프리젠테이션했을 경우, 해제하고 기다릴 세마포어를 이 함수들에게 각각 전달되어야 한다. 세마포어가 충분히 오래 생존해서 소멸되기 전에 스왑 체인이 어떤 해제 연산도 완료할 수 있도록 해야 한다. 이를 보장하기 위해서는 어떤 세마포어를 소멸시킬 때 이를 사용할 수 있는 스왑 체인을 먼저 소멸시켜야 한다.

❖ 요약

이 장에서는 이미지를 디스플레이 위에 표시하기 위해 불칸이 지원하는 연산에 대해서 배웠다. 다양한 윈도우 시스템에 표현하고, 어떤 이미지에 렌더링할지 결정하고, 시스템에 부착된 물리 디스플레이 장치를 열거하고 컨트롤하는 법을 다뤘다. 프리젠테이션에 포함된 동기화를 간략히 다루고 이후에 동기화 기본체에 대해서 더 깊게 다룰 것이다. 또한 디스플레이 동기화를 설정하는 방법에 대해서 논의했다. 이 장의 정보로 불칸이 사용자에게 이미지를 어떻게 프리젠테이션하는지에 대해 충분히 이해했을 것이다.

6장 | 셰이더와 파이프라인

이 장에서 배울 내용

■ 셰이더의 개요와 사용 방법

■ 불칸 셰이딩 언어인 SPIR-V의 기본

■ 셰이더 파이프라인을 생성하고 작동하게 하는 방법

셰이더는 장치에서 직접 실행되는 작은 프로그램이다. 이는 복잡한 불칸 프로그램의 기반이 되는 생성 덩어리이다. 셰이더는 어쩌면 불칸 API 자체보다도 프로그램에 더 중요한 연산이다. 이 장은 셰이더와 셰이더 모듈을 소개하고, 어떻게 SPIR-V 바이너리에서 생성하는지 보여주고, 이 바이너리가 표준 도구를 사용해서 어떻게 GLSL에서 생성되는지를 묘사한다. 셰이더와 이를 실행하는 데 필요로 하는 다른 정보를 포함하는 파이프라인의 생성을 설명하고, 장치에서 작동하게 하기 위해서 어떻게 실행하는지 보여준다.

셰이더는 장치에서 실행되는 작업의 기반 생성 덩어리이다. 불칸 셰이더는 SPIR-V로 표현되며, 이는 프로그램 코드의 이진 중간 표현이다. SPIR-V는 컴파일러를 사용해서 오프라인에서 생성이 가능하며, 혹은 애플리케이션 안에서 직접 온라인으로 생성하거나, 실행시간에 라이브러리에 고단계 언어를 전달해서 생성할 수 있다. 이 책에 함께 하는 표본 애플리케이션은 첫 번째 방식을 따른다. 셰이더를 오프라인에서 컴파일하고 결과 SPIR-V 바이너리를 디스크에서 읽어오는 것이다.

GLSL로 쓰여진 원본 셰이더는 불칸 프로파일을 사용한다. 이는 OpenGL에서 사용된 셰이딩 언어의 수정되고 개선된 버전이다. 그러므로 대부분의 예제는 불칸 기능은 GLSL에서의 표현으로 소개한다. 하지만 불칸 자체는 GLSL에 대해서 아무것도 모르며 SPIR-V 셰이더가 어디서 오는지 신경 쓰지 않는다는 것을 명심하자.

❖ GLSL의 개요

비록 불칸 기술 명세서의 공식 부분이 아니지만, 불칸은 OpenGL의 많은 유산을 공유한다. OpenGL에서 공식적으로 지원하는 고단계 언어는 GLSL, 즉 OpenGL 셰이딩 언어이다. 그러므로 SPIR-V의 디자인 과정에서, 최소한 하나의 고단계 언어가 SPIR-V 셰이더의 생성에 적합한 것을 보장하기 위해서 많은 주의가 소요되었다. 불칸과 사용하기 위해서 GLSL의 기술 명세에 작은 변경들이 가해졌다. 일부 기능은 불칸 시스템과 GLSL 셰이더가 명시적으로 상호작용을 가능하도록 추가되었으며, 불칸에서 가져가지 않을 OpenGL의 예전 기능들은 GLSL의 불칸 프로파일에서 제거되었다.

결과는 GLSL의 간략 버전으로 불칸의 대부분의 기능을 지원하며 OpenGL과 불칸 사이의 고단계 상호 이식이 가능해졌다. 간단히 말하면, 만약 OpenGL 애플리케이션에서 OpenGL의 최신 기능에만 사용하면, 셰이더에서 작성하는 대부분이 공식 컴파일러를 사용해서 직접 SPIR-V로 컴파일된다. 물론 선택한 언어에서 직접 컴파일러를 작성하거나 SPIR-V 모듈을 생성하는 서드파티 컴파일러를 사용해도 된다.

불칸과 사용하는 데 적합한 SPIR-V 셰이더를 생성하는 것은 허용하는 GLSL의 변경은 GL_KHR_vulkan_glsl 확장에 수록되어 있다.

이 절에서는 GLSL의 간략한 개요를 제공한다. 독자가 고단계 셰이더 언어에 일반적으로 친숙하고 필요할 경우 GLSL을 더 깊게 연구하는 것이 가능하다고 가정한다.

코드 6.1은 가능한 가장 단순한 GLSL 셰이더를 보여준다. 이는 단순히 빈 함수로, void를 반환하며 완전히 아무것도 하지 않는다. 이는 실제로 불칸 파이프라인에서의 어떤 단계에서도 유효한 셰이더이며, 비록 이를 일 단계에서 실행하는 것은 정의되지 않는 행동으로 이어질 수 있다.

코드 6.1 가능한 가장 단순한 GLSL 셰이더

```
#version 450 core

void main(void)
{
// 아무것도 하지 않는다.
}
```

모든 GLSL 셰이더는 #version 지시자로 시작해서 GLSL 컴파일러에게 어떤 버전의 GLSL을 사용하고 있는지 알려준다. 이는 컴파일러가 적절한 오류 확인을 가능하고 하고, 시간에 따라서 도입된 특정 언어 구조체를 허용한다.

불칸에서 사용하기 위해서 SPIR-V를 컴파일할 때, 컴파일러는 사용하는 GL_KHR_vulkan_glsl 확장 버전에 맞게 자동으로 VULKAN을 정의하여 GLSL 셰이더에서 #ifdef VULKAN이나 #if VULKAN > {version} 구획으로 불칸 특화 구조체나 기능을 감싸서 OpenGL과 불칸에 같은 셰이더를 사용하는 것을 가능하게 한다. 이 책에서, 불칸특화 기능이 GLSL의 문맥에서 논의되면, 쓰여지는 코드는 불칸에 독점적으로 사용되거나 적절한 #ifdef 전처리어 조건으로 감싸져서 불칸에서 컴파일된다고 가정한다.

GLSL은 C 같은 언어로, 문법이나 많은 시맨틱semantic이 C나 C++에서 가져왔다. C 프로그래머라면 for나 while 반복문, break나 continue 같은 흐름 제어 약속어, switch 선언문, ==, ⟨, ⟩ 같은 비교 연산자, a ? b : c 같은 삼항 연산자 등에 익숙할 것이다. 이 모든 것이 GLSL 셰이더에서 가용하다.

GLSL의 기반 자료 형은 부호/무부호 정수와, 부동소수점 값으로 int, uint, float으로 각각 표기된다. 배정밀도 부동소수점 값 역시 double 자료형으로 지원된다. GLSL에서 C처럼 정의된 비트 너비는 존재하지 않는다. GLSL은 stdint 같은 것이 없으며, 그러므로 변수에 특정한 비트 너비의 정의는 지원되지 않지만, GLSL과 SPIR-V 기술 명세서에는 불칸이 사용하는 수치 표현의 일부 최소 보장 범위와 정밀도를 제공한다. 하지만, 비트 너비와 배치는 변수를 위해 정의되고 메모리에 써진다. 정수형은 메모리에 2의 보수twos-complement형으로 저장되며, 부동소수점 변수는 가능할 때에 IEEE 규약을 따르지만 정밀도 요구사항, 비정상 값이나 비숫자(NaN) 값 등의 처리 등은 조금씩 다르다.

기본 스칼라 정수와 부동소수점 자료형에 추가하여, GLSL은 4개의 요소를 가진 짧은 벡터와 4x4 요소까지의 작은 행렬을 언어의 일급 객체first-class citizens로서 표현한다. 기반 자료형(부호/무부호 정수, 부동소수점 스칼라)에 대한 벡터와 행렬이 선언될 수 있다. 예를 들어 vec2, vec3, vec4 형의 경우는 각각 2, 3, 4개의 부동소수점 값의 벡터이다. 정수 벡터는 i나 u의 접두사를 부호/무부호 정수에 대해서 각각 표기한다. 그러므로, ivec4는 4개의 부호 정수의 벡터이며, uvec4는 4개의 무부호 정수의 벡터이다. d 접두사는 배정밀도 부동소수점을 표시한다. 그러므로 dvec4는 4개의 배정밀도 부동소수점 값의 벡터이다.

행렬은 matN이나 matNxM를 사용해서 써지며, N×N 행렬이나 N×M의 행렬을 각각 표시한다. d 접두어는 역시 행렬 자료형이 배정밀도이면 사용 가능하다. 그러므로, dmat4는 배정밀로 부동소수점의 4×4 행렬이다. 정수의 행렬은 하지만 지원되지 않는다. 행렬은 열-우선으로 간주되며 벡터의 배열로 간주된다. 그러므로 m이 mat4일 때 m[3]은 m의 마지막 열인 부동소수점 4요소 벡터(vec4)가 된다.

불 형 또한 GLSL의 일급 객체로 부동소수점과 정수 변수와 같이 벡터로 생성 가능하다(행렬은 불가). 불 변수는 bool 형을 사용해서 쓸 수 있다. 비교 연산자는 벡터를 비교해서 불의 벡터를 생성하며, 각 요소가 각각의 비교 결과를 표현한다. 특별한 내장 함수 any()와 all()은 각각 원본 벡터의 어떤 요소가 참인지 알려주거나, 모든 요소가 참인지를 알려준다.

시스템에서 생성된 자료는 내장 변수를 통해서 GLSL 셰이더에 전달된다. gl_FragCoord, gl_VertexIndex 같은 변수는 각각이 불칸의 관련된 부분에 도달할 때 소개된다. 내장 변수는 종종 특정 시맨틱을 가지며, 이들을 읽고 쓰는 것은 셰이더의 행태를 변경한다.

유저특화 자료는 일반적으로 메모리를 통해서 셰이더에 전달된다. 변수는 구획으로 같이 연결될 수 있으며, 이는 이후 응용 프로그램이 쓸 수 있는 메모리에 연결된 장치가 접근 가능한 자료로 연결된다. 이는 셰이더에 많은 양의 자료를 전달하는 것을 가능하게 한다. 더 작지만 빈번히 갱신되는 자료는, 푸시 상수^{push} ^{constants}라고 불리는 특별 변수에서 처리 가능하며 이 책의 나중에 다룬다.

GLSL은 아주 많은 수의 내장 함수를 제공한다. 하지만 C와 달리, GLSL은 헤더 파일이 없으며, 어떤 것도 #include할 필요가 없다. 그보다는 GLSL은 컴파일러가 자동으로 제공하는 표준 라이브러리와 동일하다. 이는 많은 양의 수학 함수, 텍스처 접근 함수, 장치에서 셰이더의 실행을 제어하는 흐름 제어 같은 특별 함수 등을 포함한다.

❖ SPIR-V 개요

SPIR-V 셰이더는 모듈에 포함된다. 각 모듈은 하나 이상의 셰이더를 포함한다. 각 셰이더는 이름과 셰이더 형을 가진 진입점을 가지며, 이는 셰이더가 어떤 셰이딩 단계에서 실행되는지를 정의하는 데 사용된다. 진입점은 실행될 때 셰이더가 실행을 시작하는 곳이다. SPIR-V 모듈은 불칸의 생성 정보로서 전달되고, 불칸은 모듈을 표현하는 객체를 반환한다. 모듈은 그 뒤 파이프라인을 생성하는 데 사용할 수 있으며, 이는 장치에서 실행하는 데 필요한 정보와 함께 완전히 컴파일된 단일 셰이더이다.

SPIR-V의 표현

SPIR-V는 불칸이 공식적으로 지원하는 유일한 셰이딩 언어이다. 이는 API 단계에서 수용되며 궁극적으로 불칸 장치가 애플리케이션을 위해서 작동하기 위해 설정하는 객체인 파이프라인을 생성하는 데 사용된다.

SPIR-V는 장치와 드라이버가 사용하기에 쉽도록 디자인되었다. 이는 구현 사이의 변화를 줄여서 이식성을 증가시킨다. SPIR-V 모듈의 고유 표현은 메모리에 저장된 32비트 워드의 흐름이다. 툴 작성자이거나 SPIR-V 자체를 생성하려고 계획하지 않는 한, SPIR-V의 이진 부호화를 직접 다룰 일은 없다. 그보다는 SPIR-V의 텍스처 표현을 보거나, SPIR-V를 공식 크로노스 GLSL 컴파일러인 glslangvalidator 같은 툴을 사용해서 생성할 것이다.

코드 6.1의 셰이더를 텍스트 파일로 확장자 .comp로 저장하면 glslang validator에게 셰이더가 계산 셰이더로 컴파일될 것이라는 것을 알려주는 것이다. 이 셰이더를 glslangvalidator를 다음 명령행으로 컴파일할 수 있다.

```
glslangvalidator simple.comp -o simple.spv
```

이는 simple.spv로 이름 지어진 SPIR-V 바이너리를 생성한다. SPIR-V 디스어셈블러 spirv-dis를 사용해서 이 바이너리를 디스어셈블할 수 있으며, 이는 인간이 읽을 수 있는 디스어셈블리를 생성한다. 이는 코드 6.2에서 보여진다.

코드 6.2 가장 단순한 SPIR-V

```
;    SPIR-V
;    Version:  1.0
;    Generator:  Khronos  Glslang  Reference  Front  End;  1
;    Bound:  6
;    Schema:  0
        OpCapability  Shader
        %1 = OpExtInstImport  "GLSL.std.450"
        OpMemoryModel  Logical  GLSL450
        OpEntryPoint  GLCompute  %4  "main"
        OpExecutionMode  %4  LocalSize  1  1  1
        OpSource  GLSL  450
        OpName  %4  "main"
        %2 = OpTypeVoid
        %3 = OpTypeFunction  %2
```

```
%4 = OpFunction %2 None %3
%5 = OpLabel
OpReturn
OpFunctionEnd
```

SPIR-V의 텍스트 형태가 어셈블리 언어의 이상한 사투리처럼 보일 것이다. 이 디스어셈블리를 살펴보면서 원래 입력에 어떻게 관련되어 있는지 살펴볼 수 있다. 출력 어셈블리의 각 라인은 단일 SPIR-V 연산을 표현하며, 다중 토큰으로 만들어질 수 있다.

스트림의 첫 연산인 OpCapability Shader는 활성화할 Shader 능력을 요청한다. SPIR-V 기능성은 크게 관련된 연산과 기능의 모임으로 나뉜다. 셰이더가 기능을 사용할 수 있기 전에, 반드시 기능이 속한 능력을 사용한다고 명시해야 한다. 코드 6.2의 셰이더는 그래픽 셰이더이므로 Shader 능력을 사용한다. 이는 대부분의 기반이 되는 능력이다. 이것 없이는 그래픽 셰이더를 컴파일할 수 없다. SPIR-V와 불칸의 기능을 더 도입할수록, 각 기능이 의지하는 다양한 능력을 도입해야 한다.

다음으로 %1 = OpExtInstImport "GLSL.std.450"이다. 이는 본질적으로 원래 셰이더가 작성된 GLSL 버전 450에 포함된 기능성에 대응하는 추가적인 연산 집합을 가져오는 것이다. 이 연산이 %1 =가 앞서 있다는 것을 기억하자. 이는 연산의 결과에 ID를 할당하여 이름을 짓는 것이다. OpExtInstImport 연산의 결과는 결과적으로 라이브러리이다. 이 라이브러리에 함수를 호출하기를 원하면, OpExtInst 연산을 사용해서 처리할 수 있으며, 이는 라이브러리(OpExtInstImport 연산의 결과)와 연산 색인을 둘 다 받는다. 이는 SPIR-V 연산 집합이 임의적으로 확장되는 것을 가능하게 한다.

다음으로 일부 추가적인 선언을 볼 수 있다. OpMemoryModel은 이 모듈의 작동하는 메모리 모델을 설정하며, 이 경우 GLSL 버전 450에 대응하는 논리 메모리 모델이다. 이는 모든 메모리 접근이 포인터로 접근하는 물리 메모리 모델이 아닌 자원을 통해서 처리되는 것을 의미한다.

다음은 모듈의 진입점의 선언이다. `OpEntryPoint GLCompute %4 "main"` 연산은 OpenGL 계산 셰이더에 대응하는 가용한 진입점이 있다는 것을 의미하며 ID 4로 main이라는 함수 이름으로 얻어진다. 이 이름은 결과 셰이더 모듈을 불칸에 연결했을 때 진입점을 참조하는 데 사용된다.

이 ID를 이어지는 연산 `OpExecutionMode %4 LocalSize 1 1 1`에 사용하며, 이는 이 셰이더의 실행 집합 크기를 1x1x1 작업 단위로 정의한다. 이는 GLSL에 `layout` 한정자qualifier가 없으면 암묵적으로 사용된다.

다음 두 연산은 단순히 정보적인 것이다. `OpSource GLSL 450`은 모듈이 GLSL 버전 450으로 컴파일되었다는 것을 나타내며, `OpName 4 "main"`은 ID 4의 토큰에 대한 이름을 제공한다.

이제 함수의 진짜 내용을 보게 된다. 우선 `%2 = OpTypeVoid`는 ID 2를 void 형으로 사용하고 싶다고 선언한다. SPIR-V의 모든 것은 ID를 가지며, 심지어 형 정의도 마찬가지다. 크고 혼합된 형은 더 작고 단순한 형을 연속적으로 참조하여 생성이 가능하다. 하지만, 어디선가부터 시작해야 하므로, void에 하나의 형을 할당하여 시작한다.

`%3 = OpTypeFunction %2`는 ID 3를 void를 받는 함수(기존에 ID 2로 선언된)의 형으로 정의하고 매개변수를 받지 않는다는 것을 의미한다. 이를 다음의 이어지는 `%4 = OpFunction %2 None %3`에서 사용한다. 이는 ID 4를 (기존에 "main"이라고 이름 지어진) 함수 3(위에 선언된)의 인스턴스로 선언하며, void(ID 2)를 반환하고, 특별한 선언을 가지지 않는 것을 의미한다. 이는 이 연산에서는 None으로 지시되고, 인라인, 변수가 상수인지 등에 사용할 수 있다.

마지막으로 레이블의 선언(사용되지 않고 단지 컴파일러의 동작 중에 부가 작용), 암시적 반환, 그리고 결과적으로 함수의 마지막이다. 이는 SPIR-V 모듈의 끝이다.

완전한 셰이더의 바이너리 덤프는 192바이트 길이다. SPIR-V는 상당히 시끄러우며, 192바이트는 원래 셰이더보다 상당히 길다. 하지만 SPIR-V는 원래 셰이딩 언어에서 암묵적인 것들을 명시적으로 만든다. 예를 들어, 메모리 모델의 선언은

GLSL에서 필요하지 않는데, 이는 단지 하나의 논리 메모리 모델만 지원하기 때문이다. 더욱이, 여기서 컴파일된 SPIR-V 모듈에는 일부 중복된 부분이 있다. 주 함수의 이름에 대해서 신경을 쓰지 않기에, ID 5의 레이블은 결코 사용되지 않으며, 셰이더는 GLSL.std.450 라이브러리를 가져오지만 결코 사용하지 않는다. 모듈에서 이런 필요 없는 연산을 제거하는 것이 가능하다. 이를 처리한 뒤에도, SPIR-V는 상대적으로 간헐적으로 부호화되며, 결과 바이너리는 범용적인 압축기로 압축해도 상당히 쉽게 압축되며 특화된 압축 라이브러리에 대해서는 훨씬 더 압축될 수 있다.

모든 SPIR-V 코드는 SSA(단일 고정 선언)형으로 쓰여지며, 이는 모든 가상 레지스터(위 목록에서 %n으로 쓰여진 토큰)이 정확히 한번 쓰여지는 것을 의미한다. 거의 모든 연산은 결과 식별자를 생성한다. 더 복잡한 셰이더에 진행할수록, 기계 생성 SPIR-V는 다루기 불편하며, 이는 장황함과 강요된 SSA 형으로 인한 것으로, 손으로 쓰기에 매우 어렵다. 컴파일러를 사용하여 오프라인에서 SPIR-V를 생성하거나, 애플리케이션이 링킹할 수 있는 라이브러리로서 컴파일러를 사용하여 온라인으로 생성하는 것을 강력히 추천한다.

만약 SPIR-V 모듈을 자체적으로 생성하거나 해석하려고 한다면, 정의된 이진 부호기를 사용하여 파싱하거나 생성하는 툴을 생성할 수 있다. 하지만, 이 장의 나중에 설명할 장 정의된 이진 저장 형식을 가지고 있다.

모든 SPIR-V 모듈은 약하게 검증하는 데 사용할 수 있는 매직 넘버로 시작한다. 이 매직 넘버는 순수 무부호 정수로 봤을 때 0x07230203로 볼 수 있다. 이 수는 또한 모듈의 엔디언을 감소시키는 데도 사용할 수 있다. 각 SPIR-V 토큰은 32비트 워드이기에, 만약 SPIR-V 모듈이 디스크에 전달되거나 다른 엔디안을 가진 시스템에 네트워크로 전달될 때, 워드의 바이트는 교환되어 값이 바뀐다. 예를 들어, 만약 SPIR-V이 리틀 엔디언 형식으로 저장되고 빅엔디언 시스템에서 불러지면, 매직 넘버는 0x03022307이 되며, 시스템은 모듈 안의 워드의 바이트 순어를 바꿔야 하는 것을 알 수 있다.

이어지는 매직 넘버는 모듈의 특성을 설명하는 몇 가지 워드다. 첫 번째는 모듈에서 사용된 SPIR-V의 버전 넘버이다. 이는 16에서 23까지 주 버전을 포함하고 8에서 15까지 부 버전을 포함한 32비트 워드의 바이트를 사용해서 부호화된다. SPIR-V 1.0은 그러므로 0x00010000 부호화를 사용한다. 버전 수의 남은 비트는 예비되어있다. 다음은 SPIR-V 모듈을 생성한 툴의 버전을 포함한다. 이 값은 툴에 종속적이다.

다음은 모듈에서 사용하는 최대 ID의 수다. SPIR-V 모듈의 모든 변수, 함수, 다른 요소는 이 수보다 작은 ID로 할당되며, 그러므로 이를 미리 포함하는 것은 SPIR-V를 흡수하는 툴이 보관할 자료 구조의 배열을 필요할 때마다 할당하지 않고 미리 할당할 수 있게 해준다. 헤더의 마지막 워드는 예비되어 있으며 0으로 설정해야 한다. 이 뒤에는 연산의 연속이다.

SPIR-V를 불칸에 전달

불칸은 SPIR-V 셰이더와 모듈이 어디서 왔는지 크게 신경 쓰지 않는다. 보통 이들은 오프라인에서 애플리케이션의 일부로서 컴파일되거나, 온라인 컴파일러로 컴파일, 혹은 애플리케이션에서 직접 생성된다. 한 번 SPIR-V 모듈을 가지면, 이를 불칸에 넘겨서 셰이더 모듈 객체가 거기서 생성할 수 있도록 한다. 이를 위해서 vkCreateShaderModule()을 호출하며, 함수 원형은 다음과 같다.

```
VkResult vkCreateShaderModule (
  VkDevice device,
  const VkShaderModuleCreateInfo* pCreateInfo,
  const VkAllocationCallbacks* pAllocator,
  VkShaderModule* pShaderModule);
```

다른 모든 불칸 객체 생성 함수처럼 vkCreateShaderModule()은 장치 핸들을 생성되는 객체에 대한 설명을 포함한 구조체에 대한 포인터를 입력으로 하여 전달받는다. 이 경우 VkShaderModuleCreateInfo 구조체이며 정의는 다음과 같다.

```
typedef struct VkShaderModuleCreateInfo {
  VkStructureType sType;
  const void* pNext;
  VkShaderModuleCreateFlags flags;
  size_t codeSize;
  const uint32_t* pCode;
} VkShaderModuleCreateInfo;
```

VkShaderModuleCreateInfo의 sType은 VK_STRUCTURE_TYPE_SHADER_MODULE_
CREATE_INFO로 설정돼야 하며, pNext는 nullptr로 설정돼야 한다. flags 항목은
미래를 위해서 예비되었으며 0으로 설정돼야 한다. codeSize 항목은 SPIR-V 모
듈의 크기를 바이트로 포함하며, 코드는 pCode에 전달된다.

만약 SPIR-V 코드가 유효하여 불칸이 이해할 수 있다면, vkCreateShader
Module()은 VK_SUCCESS를 반환하고 pShaderModule이 가리키는 변수에 새 셰이더
모듈의 핸들을 넣는다. 그 뒤 파이프라인을 생성하는 데 셰이더 모듈을 사용할 수
있으며, 이는 장치에서 작동하는 데 사용되는 셰이더의 최종 형태다.

한 번 셰이더 모듈을 다 사용하면 소멸시켜서 자원을 반환해야 한다. 이는
vkDestroyShaderModule()을 호출하여 처리되며, 함수 원형은 다음과 같다.

```
void vkDestroyShaderModule (
  VkDevice device,
  VkShaderModule shaderModule,
  const VkAllocationCallbacks* pAllocator);
```

셰이더 모듈을 소유한 장치에 대한 핸들은 device에 전달되어야 하며, 소멸될
셰이더 모듈은 shaderModule에 전달된다. 셰이더 모듈에 대한 접근은 반드시 외
부적으로 동기화되어야 한다. 다른 셰이더 모듈에 대한 접근은 외부적으로 동기
화될 필요는 없다. 특히 다음 절에서 설명하듯이 병렬로 여러 파이프라인을 생성
할 때 같은 셰이더 모듈을 사용할 수 있다. 애플리케이션은 단지 같은 모듈을 접
근할 수 있는 다른 스레드에서 불칸 명령어를 실행하는 동안 셰이더 모듈이 소멸
되지 않는 것만 보장하면 된다.

모듈이 소멸된 뒤에 핸들은 즉시 무효화된다. 하지만 모듈을 사용해서 생성한
파이프라인은 소멸되기 전까지 유효하다. 만약 주 시스템 메모리 할당자가 셰이

더 모듈 생성에 사용되었다면, 호환 가능한 할당자에 대한 포인터는 pAllocator에 전달되어야 한다. 아니면 pAllocator은 nullptr여야 한다.

❖ 파이프라인

이전 절에서 읽었듯이, 불칸은 셰이더 모듈이 셰이더의 집합을 표현하는 데 사용한다. 셰이더 모듈은 vkCreateShaderModule()에 모듈 코드를 전달하여 생성되지만, 장치에서 유용한 작업을 하는 데 사용할 수 있기 전에 파이프라인을 생성해야 한다. 불칸에는 두 종류의 파이프라인이 있다. 계산과 그래픽이다. 그래픽 파이프라인은 더 복잡하고 셰이더와 관련 없는 많은 상태를 포함한다. 하지만 계산 파이프라인은 개념적으로 훨씬 단순하며 본질적으로 셰이더 코드 자체 이외에는 포함하지 않는다.

계산 파이프라인

계산 파이프라인의 생성을 설명하기 전에, 일반적으로 계산 셰이더의 기본을 다뤄야 한다. 셰이더가 실행은 불칸의 핵심이다. 불칸은 또한 다양한 고정 기능 구획에 대한 접근을 제공하여 자료의 복사나 픽셀 자료의 처리를 지원한다. 하지만, 셰이더는 중요한 애플리케이션의 핵심을 형성한다.

계산 셰이더는 불칸 장치의 계산 능력에 대한 원초적인 접근을 제공한다. 장치는 관련된 자료의 덩어리들에 작동하는 넓은 벡터 연산 장치의 집합으로 볼 수 있다. 계산 셰이더는 연속된 단일 실행 선로로서 작성된다. 하지만 많은 실행 선로가 동시에 실행될 수 있는 암시가 있다. 이는 실은 대부분의 불칸 장치가 어떻게 생성되는 가를 말해진다. 각 실행의 선로는 발동^{invocation}으로 알려져 있다.

계산 셰이더가 실행될 때 많은 발동이 한 번에 시작된다. 발동은 고정 크기의 지역 작업 그룹으로 묶이며, 그 뒤 하나 이상의 그룹들이 전역 작업 그룹에서 묶여서 발동된다. 논리적으로, 지역과 전역 작업 그룹은 둘 다 3차원이다. 하지만 3차원의 하나의 차원의 크기를 1로 설정하면 그룹의 차원을 줄일 수 있다.

지역 작업 그룹의 크기는 계산 셰이더 안에서 설정된다. GLSL에서 이는 배치 한정자를 사용해서 처리되며, 이는 불칸에 전달되는 SPIR-V 셰이더의 OpExecutionMode 선언의 LocalSize로 번역된다. 코드 6.3은 GLSL 셰이더에 적용되는 크기 선언을 보여주며, 코드 6.4는 결과 SPIR-V의 디스어셈블리를 보여주며, 명시성을 위해서 잘려진다.

코드 6.3 계산 셰이더의 지역 크기 선언(GLSL)

```
#version 450 core

layout (local_size_x = 4, local_size_y = 5, local_size_z 6) in;

void main(void)
{
  // 아무것도 하지 않는다.
}
```

코드 6.4 계산 셰이더의 지역 크기 선언(SPIR-V)

```
...
        OpCapability Shader
        %1 = OpExtInstImport "GLSL.std.450"
        OpMemoryModel Logical GLSL450
        OpEntryPoint GLCompute %4 "main"
        OpExecutionMode %4 LocalSize 4 5 6
        OpSource GLSL 450
...
```

여기서 보듯이, 코드 6.4의 OpExecutionMode 연산은 코드 6.3에 선언된 셰이더의 지역크기를 {4, 5, 6}으로 설정한다.

계산 셰이더의 최대 지역 작업 그룹 크기는 일반적으로 상당히 작으며 단지 최소 x와 y차원에서 128 발동과 z차원에서 64 발동을 요구한다. 더욱이, 전체 작업 그룹의 부피(x, y, z 방향의 한계의 곱)은 추가 한계를 제공하며, 이는 단지 최소 128 발동이어야 한다. 비록 많은 구현이 더 높은 제한을 제공하지만, 요구되는 최소한을 초과하고 싶을 때 항상 해당 한계를 문의해야 한다.

작업 그룹의 최대 크기는 1장에서 설명한대로 vkGetPhysicalDevice Properties()가 반환한 VkPhysicalDeviceLimits 구조체의 maxCompute WorkGroupSize 항목으로 결정된다. 더욱이, 지역 작업 그룹의 최대 전체 발동 수는 같은 구조체의 maxComputeWorkGroupInvocations에 포함되어 있다. 구현은 해당 한계를 초과하는 SPIR-V 셰이더를 거부하지만, 이 경우의 행태는 기술적으로 정의되어 있지 않다.

파이프라인 만들기

하나 이상의 계산 파이프라인을 생성하기 위해서, vkCreateCompute Pipelines()를 호출하며, 함수 원형은 다음과 같다.

```
VkResult vkCreateComputePipelines (
  VkDevice device,
  VkPipelineCache pipelineCache,
  uint32_t createInfoCount,
  const VkComputePipelineCreateInfo* pCreateInfos,
  const VkAllocationCallbacks* pAllocator,
  VkPipeline* pPipelines);
```

vkCreateComputePipelines()에 대한 device 개개 면수는 파이프라인이 사용될 장치이며 파이프라인 객체를 할당하는 책임이 있다. pipelineCache는 객체에 대한 핸들로서 파이프라인 객체의 생성을 가속화하는 데 사용될 수 있으며 이 장의 나중에 설명한다. 각 새로운 파이프라인의 생성을 위한 매개변수는 VkComputePipelineCreateInfo 구조체의 인스턴스로 표현된다. 구조체의 수(즉 생성할 파이프라인의 수)는 createInfoCount에 전달되며, 이 구조체의 배열의 주소는 pCreateInfos에 전달된다. VkComputePipelineCreateInfo의 정의는 다음과 같다.

```
typedef struct VkComputePipelineCreateInfo {
  VkStructureType sType;
  const void* pNext;
  VkPipelineCreateFlags flags;
  VkPipelineShaderStageCreateInfo stage;
  VkPipelineLayout layout;
```

```
  VkPipeline basePipelineHandle;
  int32_t basePipelineIndex;
} VkComputePipelineCreateInfo;
```

　VkComputePipelineCreateInfo의 sType 항목은 VK_STRUCTURE_TYPE_
COMPUTE_PIPELINE_CREATE_INFO로 설정되며, pNext는 nullptr로 설정돼야
한다. flags 항목은 추후 사용을 위해서 예비되며 현재의 불칸 버전에서는 0
으로 설정해야 한다. stage 항목은 셰이더 자체의 정보를 포함한 구조체로
VkPipelineShaderStageCreateInfo 구조체의 인스턴스로 정의는 다음과 같다.

```
typedef struct VkPipelineShaderStageCreateInfo {
  VkStructureType sType;
  const void* pNext;
  VkPipelineShaderStageCreateFlags flags;
  VkShaderStageFlagBits stage;
  VkShaderModule module;
  const char* pName;
  const VkSpecializationInfo* pSpecializationInfo;
} VkPipelineShaderStageCreateInfo;
```

　VkPipelineShaderStageCreateInfo의 sType은 VK_STRUCTURE_TYPE_PIPELINE_
SHADER_STAGE_CREATE_INFO이며, pNext는 nullptr로 설정해야 한다. Flags 항목
은 불칸의 현재 버전에 예비되며 0으로 설정해야 한다.

　VkPipelineShaderStageCreateInfo 구조체는 파이프라인 생성의 모든 단계에
사용된다. 비록 그래픽 파이프라인은 다중 단계(7장에서 배울)를 가지지만, 계산
파이프라인은 단지 하나의 단계만 가지며, 그러므로 stage는 VK_SHADER_STAGE_
COMPUTE_BIT로 설정해야 한다.

　Module은 앞서 생성한 셰이더 모듈에 대한 핸들이다. 이는 생성하려는 계산 파
이프라인을 위한 셰이더 코드를 포함한다. 단일 셰이더 모듈은 다중 진입점과 궁
극적으로 많은 셰이더를 포함할 수 있으며, 특정 파이프라인을 표현하는 진입점
은 VkPipelineShaderStageCreateInfo의 pName 항목이다. 이는 불칸에서 몇 안
되는 사람이 읽을 수 있는 문자열을 사용하는 인스턴스 중 하나다.

특수화 상수

VkPipelineShaderStageCreateInfo의 최종 항목은 VkSpecializationInfo 구조체의 인스턴스에 대한 포인터이다. 이 구조체는 셰이더를 특수화하는 데 필요한 정보를 가지며 상수의 일부로 셰이더를 생성하는 과정이다.

일반적인 불칸의 구현은 파이프라인을 위한 최종 코드 생성을 vkCreateCompute Pipelines()가 호출될 때까지 보류한다. 이는 특수화 상수의 값을 셰이더의 최적화의 최종 단계 동안 고려할 수 있도록 한다. 특수화 상수의 일반적인 사용과 응용은 다음을 포함한다.

- **분기를 통한 특별 경우 생성:** 불 특수화 상수에 의한 조건을 포함하면 최종 셰이더가 단지 if 구문의 하나의 분기를 생성한다. 해당되지 않는 분기는 아마도 최적화되어 사라진다. 만약 아주 적은 부분에서만 다른 두 개의 비슷한 셰이더 버전을 생성한다면, 이를 하나로 합치는 것이 좋은 방법이다.

- **스위치 구문을 통한 특별 경우:** 비슷하게, 스위치 구문의 시험 변수로 정수 특수화 상수를 사용하면 특정 파이프라인에서 오직 하나의 경우만 처리된다. 또다시, 대부분의 불칸 구현은 해당되지 않는 다른 모든 경우를 최적화한다.

- **반복문의 풀기:** 정수 특수화 상수를 for 루프의 반복 수로서 사용하게 되면 불칸 구현에서 반복문을 어떻게 풀거나 풀지 않을 지에 대한 더 좋은 결정을 생성한다. 예를 들어, 만약 반복문 계측기가 1의 값으로 끝나면, 반복문은 사라지고 몸체는 단순한 직선 코드가 된다. 작은 반복문 반복 수는 컴파일러가 반복문을 정확하게 해당 수의 반복으로 풀어버린다. 더 많은 반복문의 반복 수는 컴파일러에서 일정 수만큼 반복문을 풀어내고 해당 풀어진 구간을 더 적은 수의 반복문이 반복하는 것으로 처리한다.

- **상수 접기:** 특수화 상수를 포함한 세부표현은 다른 상수와 마찬가지로 접힌다. 특히, 다중 특수화 상수를 포함한 표현은 단일 상수로 접힐 수 있다.

- **연산자 단순화:** 0을 더하거나 1로 곱하는 쓸모없는 연산은 없어지며, 더하기에서 -1로 곱하는 것은 빼기로 변경되고, 2 같이 작은 정수로 곱하는 것은 더하기로 변경되거나 다른 연산에 흡수되는 등의 처리이다.

GLSL에서 특수화 상수는 배치 한정자 안의 주어진 ID로서 정규 상수로 정의된다. GLSL의 특수화 상수는 불, 정수, 부동소수점 값, 배열, 구조체, 벡터, 행렬 등의 같은 조합형이다. SPIR-V로 변경될 때, 이는 `OpSpecConstant` 토큰이 된다. 코드 6.5는 일부 특수화 상수에 대한 예제 GLSL 선언을 보여주며, 코드 6.6은 GLSL 컴파일러가 생성한 SPIR-V 결과이다.

코드 6.5 GLSL의 특수화 상수

```
layout (constant_id = 0) const int numThings = 42;
layout (constant_id = 1) const float thingScale = 4.2f;
layout (constant_id = 2) const bool doThat = false;
```

코드 6.6 SPIR-V의 특수화 상수

```
...
        OpDecorate %7 SpecId 0
        OpDecorate %9 SpecId 1
        OpDecorate %11 SpecId 2
        %6 = OpTypeInt 32 1
        %7 = OpSpecConstant %6 42
        %8 = OpTypeFloat 32
        %9 = OpSpecConstant %8 4.2
        %10 = OpTypeBool
        %11 = OpSpecConstantFalse %10
...
```

코드 6.6은 특수화 상수와 관련없는 부분을 수정하거나 제거하였다. 볼 수 있듯이, %7은 %6(32비트 정수)형의 `OpSpecConstant`를 사용해서 선언되었으며, 42의 기본값을 가진다. 다음으로, %9는 %8(32비트 부동소수점)형의 특수화 상수로 선언되었으며, 기본값은 4.2이다. 마지막으로 %11은 불 값(이 SPIR-V에서 %10형)이며, 기본값은 false이다. 불 값이 `OpSpecConstantTrue`나 `OpSpecConstantFalse`로 선언되며, 이는 기본값이 각각 `true`이거나 `false`이다.

GLSL 셰이더와 결과 SPIR-V 셰이더 둘 다에서, 특수화 상수는 기본값으로 할당된다. 사실, 이는 기본값으로 할당되어야만 한다. 이 상수는 셰이더의 다른 상수처럼 사용된다. 특히, 컴파일 시점의 상수만 사용할 수 있는 배열의 크기 같은 곳에 사용할 수 있다. 만약 새 값이 vkCreateComputePipelines()에 전달된 VkSpecializationInfo 구조체에 전달되지 않으면, 이 기본값이 사용된다. 하지만, 상수는 파이프라인이 생성될 때 새 값을 넘겨서 덮어 쓸 수 있다. VkSpecializationInfo의 정의는 다음과 같다.

```
typedef struct VkSpecializationInfo {
  uint32_t mapEntryCount;
  const VkSpecializationMapEntry* pMapEntries;
  size_t dataSize;
  const void* pData;
} VkSpecializationInfo;
```

VkSpecializationInfo 구조체의 안에서 mapEntryCount는 설정할 특수화 상수의 수를 포함하며, 이는 pMapEntries가 가리키는 VkSpecializationMapEntry 구조체의 배열의 항목의 수이다. 각각은 단일 특수화 상수를 표현한다. VkSpecializationMapEntry의 정의는 다음과 같다.

```
typedef struct VkSpecializationMapEntry {
  uint32_t constantID;
  uint32_t offset;
  size_t size;
} VkSpecializationMapEntry;
```

constantID는 특수화 상수의 ID이며 셰이더 모듈에서 사용한 상수 ID를 맞추는 데 사용된다. 이는 GLSL의 constant_id 배치 한정자와 SPIR-V의 SpecId 장식자를 사용해서 설정된다. offset와 size 항목은 특수화 상수의 값을 포함한 순수 자료의 오프셋과 크기이다. 순수 자료는 VkSpecializationInfo 구조체의 pData로 가리켜지며, 크기는 dataSize에 주어진다. 불칸은 이 항목의 자료를 특수화 상수를 초기화하는 데 사용한다. 만약 파이프라인의 생성시 셰이더의 하나 이상의 특수화 상수가 특수화 정보에서 설정되지 않으면 기본값이 사용된다.

파이프라인을 다 사용하여 필요가 없으면, 관련된 자원을 해제하기 위해서 소멸시켜야 한다. 파이프라인 객체를 소멸시키기 위해서 vkDestroyPipeline()을 호출하며, 함수 원형은 다음과 같다.

```
void vkDestroyPipeline (
  VkDevice device,
  VkPipeline pipeline,
  const VkAllocationCallbacks* pAllocator);
```

파이프라인을 소유한 장치는 device에 설정하며, 소멸할 파이프라인은 pipeline에 전달된다. 만약 주 시스템 메모리 할당자가 파이프라인을 생성하는 데 사용되면, 호환되는 할당자에 대한 포인터가 pAllocator에 전달된다. 그렇지 않으면 pAllocator가 nullptr로 설정돼야 한다.

파이프라인이 소멸된 뒤에는 다시 사용해서는 안 된다. 이는 명령어 버퍼에서 아직 실행이 완료되지 않은 어떤 참조도 포함한다. 파이프라인을 참조하는 제출된 명령어 버퍼가 실행이 완료되고, 파이프라인에 연결된 어떤 명령어 버퍼도 파이프라인이 소멸된 뒤에 제출되지 않게 하는 것은 응용 프로그램의 몫이다.

파이프라인 생성 가속

파이프라인의 생성은 애플리케이션이 수행할 수 있는 가장 비싼 연산 중에 하나일 것이다. 비록 SPIR-V 코드가 vkCreateShaderModule()에서 소모되지만, vkCreateGraphicsPipelines()나 vkCreateComputePipelines()를 호출하기 전에는 불칸이 최종 코드에 영향을 줄 수 있는 모든 셰이더 단계와 다른 파이프라인에 관련된 상태를 볼 수 없다. 이 이유로, 불칸 구현은 실행 가능한 파이프라인 객체의 생성에 관련된 대부분의 작업을 가능한 늦게 미룬다. 이는 셰이더 컴파일과 코드 생성도 포함하며, 일반적으로 상당히 무거운 연산이다.

여러 번 수행되는 애플리케이션이 같은 파이프라인을 반복해서 사용할 수 있으므로, 불칸은 파이프라인 생성의 결과를 애플리케이션의 실행 간에 공유할 수 있게 캐시 메커니즘을 추가하였다. 이는 애플리케이션이 시작 시 더 빠르게 모든 파이프라인을 생성하는 것을 가능하게 한다. 파이프라인 캐시는 vkCreatePipelineCache()를 호출해서 생성된 객체로 나타낸다. vkCreatePipelineCache()의 함수 원형은 다음과 같다.

```
VkResult vkCreatePipelineCache (
  VkDevice device,
  const VkPipelineCacheCreateInfo* pCreateInfo,
  const VkAllocationCallbacks* pAllocator,
  VkPipelineCache* pPipelineCache);
```

파이프라인 캐시를 생성하는 장치는 device에 설정되었다. 파이프라인 캐시의
생성을 위해 남은 매개변수는 VkPipelineCacheCreateInfo 구조체의 인스턴스에
대한 포인터를 통해서 전달되며, 정의는 다음과 같다.

```
typedef struct VkPipelineCacheCreateInfo {
  VkStructureType sType;
  const void* pNext;
  VkPipelineCacheCreateFlags flags;
  size_t initialDataSize;
  const void* pInitialData;
} VkPipelineCacheCreateInfo;
```

VkPipelineCacheCreateInfo 구조체의 sType 항목은 VK_STRUCTURE_TYPE_
PIPELINE_CACHE_CREATE_INFO로 설정돼야 하며, pNext는 nullptr여야 한다. flags
항목은 미래를 위한 예비로 0으로 설정해야 한다. 만약 기존의 애플리케이션의
실행에서 가용한 자료가 존재하면, 그 주소는 pInitialData를 통해서 전달된다.
자료의 크기는 initialDataSize에 전달된다. 만약 초기 자료가 가용하지 않으면,
initialDataSize는 0으로, pInitialData는 nullptr로 설정해야 한다.

캐시가 생성될 때, 초기 자료는 캐시를 준비하는 데 사용된다. 필요하다면 불칸
은 자료의 복사본을 만든다. pInitialData가 가리키는 자료는 수정되지 않는다.
파이프라인이 더 생성되면, 이를 설명하는 자료가 캐시에 추가되어 시간에 따라
자라난다. 캐시에서 자료를 얻기 위해서 vkGetPipelineCacheData()를 호출한다.
vkGetPipelineCacheData()의 함수 원형은 다음과 같다.

```
VkResult vkGetPipelineCacheData (
  VkDevice device,
  VkPipelineCache pipelineCache,
  size_t* pDataSize,
  void* pData);
```

파이프라인 캐시를 소유한 장치는 device에 설정되며, 자료를 문의한 파이프라인 캐시의 핸들은 pipelineCache에 전달되어야 한다. pData가 nullptr이 아니라면, 캐시 자료를 받을 메모리의 영역을 가리킨다. 이 경우 pDataSize가 가리키는 변수의 값은 이 메모리 영역의 바이트 단위의 크기이다. 해당 변수는 메모리에 실제로 써지는 자료의 양으로 덮어 써진다.

만약 pData가 nullptr이면, pDataSize가 가리키는 초기 변수 값은 무시되며, 캐시에 저장하기 위해 필요한 자료의 크기로 변수가 덮어 써진다. 전체 캐시 자료를 저장하기 위해서는 vkGetPipelineCacheData()를 두 번 호출해야 한다. 첫 번째는 pData를 nullptr로 하고, pDataSize를 캐시 자료의 필요한 크기를 받을 변수를 가리키도록 한다. 그 뒤 결과 캐시 자료를 저장하기에 충분하게 버퍼를 크기 조절하고 vkGetPipelineCacheData()를 다시 호출하고, 이번에는 pData에 이 메모리 영역에 대한 포인터를 전달한다. 코드 6.7은 파이프라인 자료를 파일에 어떻게 저장하는지를 묘사한다.

코드 6.7 파이프라인 캐시 자료를 파일에 저장

```
VkResult SaveCacheToFile(VkDevice device, VkPipelineCache cache,
  const char* fileName)
{
  size_t cacheDataSize;
  VkResult result = VK_SUCCESS;

  // 캐시 자료의 크기를 결정한다.
  result = vkGetPipelineCacheData(device,
    cache,
    &cacheDataSize,
    nullptr);

  if (result == VK_SUCCESS && cacheDataSize != 0)
  {
    FILE* pOutputFile;
    void* pData;

    // 캐시 자료를 위한 임시 저장공간을 할당한다.
    result = VK_ERROR_OUT_OF_HOST_MEMORY;
    pData = malloc(cacheDataSize);
```

```
    if (pData != nullptr)
    {
       // 캐시에서 실제 자료를 얻는다.
       result = vkGetPipelineCacheData(device,
       cache,
       &cacheDataSize,
       pData);

       if (result == VK_SUCCESS)
       {
          // 파일을 열고 자료를 이에 쓴다.
          pOutputFile = fopen(fileName, "wb");

          if (pOutputFile != nullptr)
          {
             fwrite(pData, 1, cacheDataSize, pOutputFile);
             fclose(pOutputFile);
          }
          free(pData);
       }
    }
  }
  return result;
}
```

한 번 파이프라인 자료를 받으면, 이를 디스크에 저장하거나 애플리케이션의 미래의 실행을 위해서 저장할 수 있다. 캐시의 내용에 대한 정의된 구조체는 없다. 이는 구현 종속적이다. 하지만 캐시 자료의 첫 몇 워드는 언제나 헤더를 형성하여 자료의 덩어리가 유효한 캐시인지 검증하고 어떤 장치가 생성했는지를 알려준다.

캐시 헤더의 배치는 다음의 C 구조체로 표현될 수 있다.

```
// 이 구조체는 공식 헤더에는 존재하지 않지만 여기에는 설명을 위해서 포함되었다.
typedef struct VkPipelineCacheHeader {
  uint32_t length;
  uint32_t version;
  uint32_t vendorID;
  uint32_t deviceID;
```

```
    uint8_t uuid[16];
} VkPipelineCacheHeader;
```

비록 이 구조체의 구성원들이 uint32_t 형의 변수로 나열되었지만 캐시의 자료는 uint32_t의 형식이 아니다. 캐시는 언제나 리틀엔디언 바이트 순서로 저장되며, 주 시스템의 바이트 순서와 상관없다. 이는 만약 이 구조체를 빅엔디언 시스템에서 해석할 경우, uint32_t 항목의 바이트 순서를 뒤집어야 한다.

length 항목은 헤더 구조체의 바이트 수의 크기다. 기술 세부서의 현재 항목에 대해서, 이 길이는 32여야 한다. Version 항목은 구조체의 버전이다. 오직 정의된 버전은 1이다. vendorID와 deviceID 항목은 vkGetPhysicalDeviceProperties() 호출에서 반환된 VkPhysicalDeviceProperties 구조체의 vendorID와 deviceID 항목과 일치한다. uuid 항목은 장치를 고유하게 식별할 수 있는 불투명한 문자열이다. 만약 불칸 드라이버가 기대한 것과 vendorID, deviceID, uuid 값이 다르다면, 캐시 자료를 거부하고 캐시를 빈 것으로 재설정한다. 드라이버는 또한 포함된 체크섬, 암호화, 혹은 캐시 안의 다른 자료를 사용해서 유효하지 않은 캐시 자료를 장치에 읽어 들이지 않도록 한다.

만약 두 개의 캐시 객체를 가지고 이를 합치려고 하면, vkMergePipelineCaches()를 호출해서 처리할 수 있으며, 함수 원형은 다음과 같다.

```
VkResult vkMergePipelineCaches (
  VkDevice device,
  VkPipelineCache dstCache,
  uint32_t srcCacheCount,
  const VkPipelineCache* pSrcCaches);
```

device 매개변수는 합치려는 캐시를 소유한 장치에 대한 핸들이다. dstCache는 목표점 캐시에 대한 핸들이며, 이는 모든 원본 캐시에서의 모든 항목에 대한 혼합이 된다. 합치려는 캐시의 수는 srcCacheCount에 있으며, pSrcCaches는 합쳐질 캐시에 대한 VkPipelineCache 핸들을 가진 배열에의 포인터이다.

vkMergePipelineCaches()가 실행된 뒤, dstCache는 pSrcCaches에 설정한 원본 캐시의 모든 캐시 항목을 포함한다. 그 뒤 vkGetPipelineCacheData()를 목표 캐

시에 호출하여 모든 캐시의 모든 항목을 포함하는 하나의 거대한 캐시 자료 구조를 얻을 수 있다.

이는 예를 들면 많은 스레드에서 파이프라인을 생성하는 상황에 특히 유용하다. 비록 파이프라인 캐시에 대한 접근이 스레드-안전하지만, 구현 안에서 내부적으로 여러 캐시에서 대한 동시 쓰기 접근을 방지하기 위해서 락을 걸 수 있다. 만약 대신 여러 파이프라인 캐시를 생성하고(각 스레드당 하나), 파이프라인의 초기생성 동안 이를 사용하면, 구현이 가져간 캐시당 락은 경쟁 없이 빠른 접근이 가능하다. 나중에 모든 파이프라인이 생성되면 하나의 거대한 자원에 자료를 저장하기 위해서 파이프라인을 합체할 수 있다.

파이프라인의 생성이 끝나고 캐시가 필요 없어지면 소멸시키는 것이 중요한데, 이는 크기가 매우 크기 때문이다. 파이프라인 캐시 객체를 소멸하기 위해, vkDestroyPipelineCache()을 호출하며, 함수 원형은 다음과 같다.

```
void vkDestroyPipelineCache (
  VkDevice device,
  VkPipelineCache pipelineCache,
  const VkAllocationCallbacks* pAllocator);
```

device는 파이프라인 캐시를 소유한 장치에 대한 핸들이며, pipelineCache는 소멸될 파이프라인 캐시 객체에 대한 핸들이다. 파이프라인 캐시가 소멸된 뒤에, 비록 이를 사용해서 파이프라인을 생성하는 것이 여전히 유효하지만 이는 다시 사용되면 안 된다. 또한 vkGetPipelineCacheData()의 호출을 통해서 캐시에서 받아온 어떤 자료도 여전히 유효하며 이어지는 파이프라인 생성 요청에 맞는 새 캐시를 생성하는 데 사용될 수 있다.

파이프라인 연결

파이프라인을 사용할 수 있기 이전에, 반드시 그리기 혹은 실행 처리 명령어를 실행하는 명령어 버퍼와 연결해야 한다. 해당 명령어가 실행되면, 현재 파이프라인 (그리고 그 안의 모든 셰이더)은 명령어를 처리하는 데 사용된다. 파이프라인을 명

령어 버퍼에 연결하기 위해서 vkCmdBindPipeline()을 호출하며, 이의 함수 원형
은 다음과 같다.

```
void vkCmdBindPipeline (
  VkCommandBuffer commandBuffer,
  VkPipelineBindPoint pipelineBindPoint,
  VkPipeline pipeline);
```

파이프라인을 연결하는 명령어 버퍼는 commandBuffer에 설정되며, 연결하는
파이프라인은 pipeline에 있다. 각 명령어 버퍼마다 파아프라인에 대한 두 개의
연결 점이 있다. 그래픽과 계산 연결 점이다. 계산 연결 점은 계산 파이프라인이
연결되는 곳이다. 그래픽 파이프라인은 다음 장에 다루고 그래픽 파이프라인 연
결 점에 연결되어야 한다.

계산 연결 점에 파이프라인을 연결하려면, pipelineBindPoint를 VK_
PIPELINE_BIND_POINT_COMPUTE로 설정하고, 그래픽 연결 점에 연결하려면
pipelineBindPoint를 VK_PIPELINE_BIND_POINT_GRAPHICS로 설정한다.

각 계산과 그래픽에 대한 현재 파이프라인 연결은 명령어 버퍼의 상태의 일부
이다. 새 명령어 버퍼가 시작되면, 이 상태는 정의되지 않은 상태다. 그러므로 파
이프라인을 사용하는 어떤 작업을 호출하기 전에 반드시 관련된 연결점에 파이프
라인을 연결해야 한다.

❖ 작업 실행

이전 절에서 vkCreateComputePipelines()를 사용해서 어떻게 계산 파이프라인
을 생성하는지와 명령어 버퍼에 연결하는지를 보았다. 한 번 파이프라인이 연결
되면, 이를 작업 실행에 사용한다.

그룹에서 계산 파이프라인의 일부로서 수행되는 계산 셰이더는 지역 작업 그룹
으로 불린다. 이 그룹은 논리적으로 같은 방식으로 실행되며 셰이더에서 설정한
고정 크기로 실행된다. 지역 작업 그룹의 최대 크기는 일반적으로 작지만 반드시

최소한 128×128×64 발동이어야 한다. 더욱이, 단일 지역 작업 그룹의 전체 발동 최대 수 역시 이 전체 부피보다 작을 수 있으며 단지 128 발동 이상만 요구된다.

이 이유로 인해 지역 작업 그룹은 더 큰 그룹에서 시작되며, 어떤 때는 전역 작업 그룹이나 실행 처리 크기로 불린다. 계산 셰이더에서 작업을 실행하는 것은 실행 처리 작업, 혹은 실행 처리로 불린다. 지역 작업 그룹은 논리적으로 3D 구조체, 혹은 발동의 부피로서, 비록 하나나 두 개의 차원이 크기로 단일 발동일 수 있으며, 이 경우 작업 그룹은 해당 방향으로 평평하다. 비슷하게 이 지역 작업 그룹은 3차원에서 같이 실행 처리되며, 비록 해당 차원의 하나 이상이 단일 작업 그룹일 때도 마찬가지다.

계산 파이프라인을 사용하여 전역 작업 그룹을 실행 처리하는 명령어는 vkCmdDispatch()이며, 함수 원형은 다음과 같다.

```
void vkCmdDispatch (
  VkCommandBuffer commandBuffer,
  uint32_t x,
  uint32_t y,
  uint32_t z);
```

명령어를 실행하는 명령어 버퍼는 commandBuffer에 전달된다. 지역 작업 그룹의 x, y, z 차원의 각각의 수는 x, y, z 매개변수에 각각 전달된다. 유효한 계산 파이프라인은 반드시 VK_PIPELINE_BIND_POINT_COMPUTE 연결 점에서 명령어 버퍼에 연결되어야 한다. 명령어가 장치에서 실행되면, 전역 작업 그룹 x×y×z 지역 작업 그룹은 연결된 파이프라인에 포함된 셰이더를 실행하기 시작한다.

전역 작업 그룹의 실제 차원과 다른 차원을 가진 지역 작업 그룹을 가지는 것은 완벽히 가능하다. 예를 들어, 64×1×1 지역 작업 그룹의 32×32×1 실행 처리를 가질 수 있다.

vkCmdDispatch()의 매개변수를 사용해서 실행 처리 안의 작업 그룹의 수를 설정하는 것이 가능한 것에 추가하여, 간접 실행 처리가 가능하며, 작업 그룹의 실행 처리의 크기가 버퍼 객체에서 나오는 것이다. 이는 실행 처리 크기가 명령어 버퍼가 생성된 뒤에 버퍼를 사용해서 간접 실행 처리를 수행하여 계산되고, 그 뒤 버퍼의 내용을 주 시스템을 통해서 덮어 쓸 수 있게 한다. 버퍼의 내용은 심지어 장치 자체를 사용하여서 갱신이 가능하며, 제한된 의미의 장치 자체에 직접 작업을 제공하는 것이 가능하다.

vkCmdDispatchIndirect()의 함수 원형은 다음과 같다.

```
void vkCmdDispatchIndirect (
  VkCommandBuffer commandBuffer,
  VkBuffer buffer,
  VkDeviceSize offset);
```

또다시, 명령어를 포함하는 명령어 버퍼는 commandBuffer에 전달된다. 실행 처리의 크기를 vkCmdDispatch()에 전달하기보다, 작업 그룹의 예상되는 각 차원의 수가 3개의 연속된 uint32_t 변수로 저장되며, buffer가 명시하는 버퍼 객체에서 offset(바이트 단위)만큼의 오프셋에 존재한다. 버퍼의 매개변수는 본질적으로 VkDispatchIndirectCommand 구조체의 인스턴스를 표현하며, 정의는 다음과 같다.

```
typedef struct VkDispatchIndirectCommand {
  uint32_t x;
  uint32_t y;
  uint32_t z;
} VkDispatchIndirectCommand;
```

또다시, 장치가 명령어 버퍼를 처리하는 동안 버퍼의 내용은 vkCmdDispatch Indirect() 명령어 전에는 읽히지 않는다.

장치가 지원하는 각 차원의 작업 그룹의 최대 수는 1장에서 설명한 대로 vkGetPhysicalDeviceProperties()의 호출로 반환된 장치의 VkPhysicalDevice Limits 구조체의 maxComputeWorkGroupCount 항목을 조사해서 확인할 수 있다. 이 제한을 vkCmdDispatch() 호출에서 넘기거나 vkCmdDispatchIndirect()가 참조하는 버퍼 밖의 값이 이 제한을 넘으면 결과는 정의되지 않은 행태(아마도 좋지 않은)를 보인다.

❖ 셰이더에서의 자원 접근

프로그램의 셰이더는 자료를 소비하고 생성하는 두 가지 방법을 가진다. 첫째는 고정 함수 하드웨어와 상호작용을 통해서이고, 두 번째는 직접 자원에 읽고 써서이다. 2장에서 어떻게 버퍼와 이미지를 생성하는지를 보여준다. 이 절에서, 셰이더가 상호작용할 수 있는 자원의 집합의 표현인 서술자 집합을 소개한다.

서술자 집합

서술자 집합은 파이프라인에 그룹으로 연결된 자원의 집합이다. 여러 집합이 한 번에 파이프라인에 연결될 수 있다. 각 집합은 배치를 가지며, 이는 집합에서의 자원의 순서와 형을 설명한다. 같은 배치의 두 집합은 호환된다고 간주되며 상호 교체 가능하다. 서술자 집합 배치는 객체로 표현되며, 집합은 객체에 대해서 생성된다. 더욱이 파이프라인에 접근 가능한 집합의 집합은 다른 객체 파이프라인 배치에 그룹화된다. 파이프라인은 이 파이프라인 배치 객체에 대해서 생성된다.

서술자 집합 배치와 파이프라인 배치 간의 관계는 그림 6.1에 묘사되어 있다. 그림에서 보듯이, 두 서술자 집합이 정의되고, 첫 번째가 텍스처, 표본기, 2개의 버퍼를 가진다. 두 번째 집합은 4개의 텍스처, 2개의 표본기, 3개의 버퍼를 가진다. 이 서술자 집합 배치는 하나의 파이프라인 배치로 묶인다. 파이프라인은 그 뒤 파이프라인 배치에 관해서 생성되고, 서술자 집합은 서술자 집합 배치에 대해서 생성된다. 이 서술자 집합은 호환되는 파이프라인과 명령어 버퍼로 연결되어 파이프라인이 자원에 접근하는 것을 가능하게 한다.

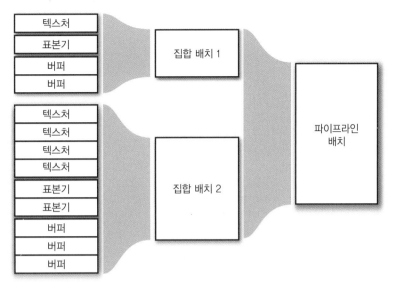

텍스처
표본기
버퍼
버퍼

집합 배치 1

텍스처
텍스처
텍스처
텍스처
표본기
표본기
버퍼
버퍼
버퍼

집합 배치 2

파이프라인 배치

그림 6.1 서술자 집합과 파이프라인 집합

　어느 시점에도 애플리케이션은 동일한 배치를 가진 새 서술자 집합을 명령어 버퍼에 어떤 점에도 연결할 수 있다. 동일한 서술자 집합 배치가 다중 파이프라인을 생성하는 데 사용할 수 있다. 그러므로, 만약 자원의 공통 집합을 공유하는 객체의 집합을 가지지만, 추가적으로 각각이 일부 고유 자원을 요구하면, 공통 집합을 연결한 상태로 고유 자원을 응용 프로그램이 렌더링에 필요한 객체를 이동할 때 대체하면 된다.

　서술자 집합 배치 객체를 생성하기 위해서 vkCreateDescriptorSetLayout()을 호출하며 함수 원형은 다음과 같다.

```
VkResult vkCreateDescriptorSetLayout (
  VkDevice device,
  const VkDescriptorSetLayoutCreateInfo* pCreateInfo,
  const VkAllocationCallbacks* pAllocator,
  VkDescriptorSetLayout* pSetLayout);
```

평소와 같이, 서술자 집합 배치 객체를 생성하는 데 요구되는 정보는 구조체의 포인터로 전달된다. 이는 VkDescriptorSetLayoutCreateInfo 구조체의 인스턴스로, 정의는 다음과 같다.

```
typedef struct VkDescriptorSetLayoutCreateInfo {
  VkStructureType sType;
  const void* pNext;
  VkDescriptorSetLayoutCreateFlags flags;
  uint32_t bindingCount;
  const VkDescriptorSetLayoutBinding* pBindings;
} VkDescriptorSetLayoutCreateInfo;
```

VkDescriptorSetLayoutCreateInfo의 sType 항목은 VK_STRUCTURE_TYPE_ DESCRIPTOR_SET_LAYOUT_CREATE_INFO로 설정해야 하며, pNext는 nullptr로 설정해야 한다. flags는 추후 사용을 위해서 예비되어 있으며 0으로 설정해야 한다.

자원은 서술자 집합에 연결 점으로 연결되어야 한다. VkDescriptorSetLayout CreateInfo의 bindingCount와 pBindings 구성원은 집합이 포함할 연결 점의 수와 서술자를 포함하는 배열에 대한 포인터를 각각 포함한다. 각 연결은 VkDescriptorSetLayoutBinding의 인스턴스로 설명되며, 정의는 다음과 같다.

```
typedef struct VkDescriptorSetLayoutBinding {
  uint32_t binding;
  VkDescriptorType descriptorType;
  uint32_t descriptorCount;
  VkShaderStageFlags stageFlags;
  const VkSampler* pImmutableSamplers;
} VkDescriptorSetLayoutBinding;
```

셰이더에서 접근 가능한 각 자원은 주어진 연결 번호가 있다. 이 연결 번호는 VkDescriptorSetLayoutBinding의 binding 항목에 저장된다. 연결에 사용한 서술자 집합은 연속적일 필요가 없으며, 집합에 빈 공간(사용 안 한 연결 번호)이 있을 수 있다. 하지만 간헐적으로 생성된 집합을 생성하면 장치의 자원을 낭비할 수 있기에 추천하지 않는다.

이 연결 점에서의 서술자의 형은 descriptorType에 저장된다. 이는 VkDescriptorType 열거형의 구성원이다. 다양한 자원 형에 대해서 조금 뒤에 다루겠지만, 다음을 포함한다.

- VK_DESCRIPTOR_TYPE_SAMPLER: 표본기는 이미지에서 자료를 읽을 때 필터링 이나 표본 좌표 변환 등의 연산을 처리하는 데 사용할 수 있는 객체다.

- VK_DESCRIPTOR_TYPE_SAMPLED_IMAGE: 표본화된 이미지는 필터링된 자료를 셰이더에게 제공하기 위해서 표본기와 함께 사용할 수 있다.

- VK_DESCRIPTOR_TYPE_COMBINED_IMAGE_SAMPLER: 합쳐진 이미지 표본기 객체 는 표본기와 이미지의 함께 만든다. 같은 표본기는 항상 이미지에서 표본화하 는 데 사용되며, 이는 일부 아키텍처에서 더 효율적이다.

- VK_DESCRIPTOR_TYPE_STORAGE_IMAGE: 저장 이미지는 표본기와 같이 사용 할 수 없지만 쓸 수는 있다. 이는 표본화 이미지와 반대이며, 이 경우는 쓸 수 없다.

- VK_DESCRIPTOR_TYPE_UNIFORM_TEXEL_BUFFER: 균일 텍셀 버퍼는 동일하게 형 식화된 자료로 채워진 버퍼로 셰이더가 쓸 수 없다. 버퍼 내용이 상수라는 것 을 알기에 일부 불칸 구현에서 버퍼에 대한 접근을 더 최적화할 수 있다.

- VK_DESCRIPTOR_TYPE_STORAGE_TEXEL_BUFFER: 저장 텍셀 버퍼는 균일 텍셀 버퍼 같은 형식화된 자료를 포함하는 버퍼이지만, 저장 버퍼이기에 쓸 수 있다.

- VK_DESCRIPTOR_TYPE_UNIFORM_BUFFER와 VK_DESCRIPTOR_TYPE_STORAGE_ BUFFER: 이는 VK_DESCRIPTOR_TYPE_UNIFORM_TEXEL_BUFFER와 VK_ DESCRIPTOR_TYPE_STORAGE_TEXEL_BUFFER와 유사하며, 자료가 형식화되지 않 고 셰이더에 정의된 구조체로 설명되는 점만 다르다.

- VK_DESCRIPTOR_TYPE_UNIFORM_BUFFER_DYNAMIC와 VK_DESCRIPTOR_TYPE_ STORAGE_BUFFER_DYNAMIC: 이는 VK_DESCRIPTOR_TYPE_UNIFORM_BUFFER와 VK_ DESCRIPTOR_TYPE_STORAGE_BUFFER와 유사하지만, 서술자가 집합에 연결될

때가 아닌 파이프라인에 서술사 집합이 연결될 때 전달되는 오프셋과 크기를 포함한다. 이는 단일 집합에 있는 단일 버퍼가 높은 빈도로 갱신되는 것을 허용한다.

- VK_DESCRIPTOR_TYPE_INPUT_ATTACHMENT: 입력 첨부는 이미지의 특별한 형으로 그 내용이 그래픽 파이프라인의 같은 이미지에 대한 앞서의 연산으로 생성된다.

코드 6.8은 GLSL 셰이더 안에서 자원들을 어떻게 설정하는지 묘사한다.

코드 6.8 GLSL에서 자원 선언

```
#version 450 core

layout (set = 0, binding = 0) uniform sampler2D myTexture;
layout (set = 0, binding = 2) uniform sampler3D myLut;
layout (set = 1, binding = 0) uniform myTransforms
{
  mat4 transform1;
  mat3 transform2;
};

void main(void)
{
  // 아무것도 하지 않는다.
}
```

코드 6.9은 코드 6.8에서의 셰이더가 GLSL 컴파일러가 컴파일할 때 어떻게 응축된 형태로 번역되는지를 보여준다.

코드 6.9 SPIR-V에서 자원의 선언

```
; SPIR-V
; Version: 1.0
; Generator: Khronos Glslang Reference Front End; 1
; Bound: 22
; Schema: 0
        OpCapability Shader
        %1 = OpExtInstImport "GLSL.std.450"
        OpMemoryModel Logical GLSL450
```

```
OpEntryPoint GLCompute %4 "main"
OpExecutionMode %4 LocalSize 1 1 1
OpSource GLSL 450
OpName %4 "main"
OpName %10 "myTexture"
OpName %14 "myLut"
OpName %19 "myTransforms"
OpMemberName %19 0 "transform1"
OpMemberName %19 1 "transform2"
OpName %21 ""
OpDecorate %10 DescriptorSet 0
OpDecorate %10 Binding 0
OpDecorate %14 DescriptorSet 0
OpDecorate %14 Binding 2
OpMemberDecorate %19 0 ColMajor
OpMemberDecorate %19 0 Offset 0
OpMemberDecorate %19 0 MatrixStride 16
OpMemberDecorate %19 1 ColMajor
OpMemberDecorate %19 1 Offset 64
OpMemberDecorate %19 1 MatrixStride 16
OpDecorate %19 Block
OpDecorate %21 DescriptorSet 1
OpDecorate %21 Binding 0
%2 = OpTypeVoid
%3 = OpTypeFunction %2
%6 = OpTypeFloat 32
%7 = OpTypeImage %6 2D 0 0 0 1 Unknown
%8 = OpTypeSampledImage %7
%9 = OpTypePointer UniformConstant %8
%10 = OpVariable %9 UniformConstant
%11 = OpTypeImage %6 3D 0 0 0 1 Unknown
%12 = OpTypeSampledImage %11
%13 = OpTypePointer UniformConstant %12
%14 = OpVariable %13 UniformConstant
%15 = OpTypeVector %6 4
%16 = OpTypeMatrix %15 4
%17 = OpTypeVector %6 3
%18 = OpTypeMatrix %17 3
%19 = OpTypeStruct %16 %18
%20 = OpTypePointer Uniform %19
%21 = OpVariable %20 Uniform
%4 = OpFunction %2 None %3
%5 = OpLabel
OpReturn
OpFunctionEnd
```

다중 서술자 집합 배치는 단일 파이프라인에서 사용할 수 있다. 코드 6.8과 6.9에서 보듯이, 처음은 "myTexture"와 "myLut"를 포함하고(둘 다 표본기), 두 번째는 "myTransforms"(균일 버퍼)를 포함한다. 둘 이상의 서술자 집합을 파이프라인이 사용할 수 있는 무언가로 그룹화하려면, 이들을 VkPipelineLayout 객체로 합쳐야 한다. 이를 위해서, vkCreatePipelineLayout()을 호출하고, 함수 원형은 다음과 같다.

```
VkResult vkCreatePipelineLayout (
  VkDevice device,
  const VkPipelineLayoutCreateInfo* pCreateInfo,
  const VkAllocationCallbacks* pAllocator,
  VkPipelineLayout* pPipelineLayout);
```

이 함수는 device에 설정된 장치를 사용해서 새 VkPipelineLayout 객체를 pCreateInfo에 주소로 전달된 VkPipelineLayoutCreateInfo 구조체의 정보를 사용해서 생성한다. VkPipelineLayoutCreateInfo의 정의는 다음과 같다.

```
typedef struct VkPipelineLayoutCreateInfo {
  VkStructureType sType;
  const void* pNext;
  VkPipelineLayoutCreateFlags flags;
  uint32_t setLayoutCount;
  const VkDescriptorSetLayout* pSetLayouts;
  uint32_t pushConstantRangeCount;
  const VkPushConstantRange* pPushConstantRanges;
} VkPipelineLayoutCreateInfo;
```

VkPipelineLayoutCreateInfo의 sType 항목은 VK_STRUCTURE_TYPE_PIPELINE_LAYOUT_CREATE_INFO로 설정하며, pNext는 nullptr로 설정해야 한다. Flags 항목은 현재의 불칸 버전에선 예비되어 있으며 0으로 설정해야 한다.

서술자 집합 배치의 수(이는 파이프라인 배치의 수와 동일)는 setLayoutCount에 제공되며, pSetLayouts은 기존의 vkCreateDescriptorSetLayout() 호출에서 생성된 VkDescriptorSetLayout 핸들의 배열에 대한 포인터이다. 한번에 연결할 수 있는 서술자 집합의 최대 수는(파이프라인 배치에서의 집합 배치의 최대 수)는 최소한 4이다. 일부 구현에서는 더 높은 제한을 지원한다. 지원하는 배치의 절대 최대치는 vkGetPhysicalDeviceProperties()로 얻어진 장치의 VkPhysicalDeviceLimits 구조체의 maxBoundDescriptorSets 구성원을 조사하여 확인할 수 있다.

최종 두 개의 매개변수 pushConstantRangeCount와 pPushConstantRanges는 파이프라인에서 사용되는 푸시 상수를 설정하는 데 사용된다. 푸시 상수는 자원의 특별한 클래스로 셰이더에서 상수처럼 직접 사용될 수 있다. 푸시 상수의 값을 갱신하는 것은 극도로 빠르며, 동기화가 필요 없다. 이 장의 나중에서 푸시 상수를 논의하자.

VkDescriptorSetLayout 객체가 생성될 때, 파이프라인 배치 안의 모든 집합이 사용하는 자원은 반드시 장치 의존적 한계 안에 들어가야 한다. 실질적으로는 단일 파이프라인이 접근 가능한 자원의 수와 형의 최대치가 있다.

더욱이, 일부 장치는 모든 파이프라인의 자원을 모든 셰이더 단계에서 동시에 접근하는 것을 지원하지 않으며, 그러므로 각 단계마다 접근 가능한 자원의 수의 제한이 있다.

각각의 제한은 vkGetPhysicalDeviceProperties()로 얻어진 장치의 VkPhysicalDeviceLimits 구조체의 관련 구성원을 확인하여 얻을 수 있다. 파이프라인 배치 최대치와 관련된 VkPhysicalDeviceLimits의 구성원은 표 6.1에 있다.

표 6.1 파이프라인 자원 제한

항목 제한	보장된 최소
maxDescriptorSetSamplers 단일 파이프라인 안의 표본기의 최대 수	96
maxDescriptorSetUniformBuffers 단일 파이프라인 균일 버퍼의 최대 수	72
maxDescriptorSetUniformBuffersDynamic 단일 파이프라인 동적 균일 버퍼의 최대 수	8
maxDescriptorSetStorageBuffers 단일 파이프라인의 셰이더 저장 버퍼의 최대 수	24

(이어짐)

항목 제한	보장된 최소
maxDescriptorSetStorageBuffersDynamic 단일 파이프라인의 동적 셰이더 저장 버퍼의 최대 수	4
maxDescriptorSetSampledImages 단일 파이프라인의 표본화된 이미지의 최대 수	96
maxDescriptorSetStorageImages 단일 파이프라인의 저장 이미지의 최대 수	24
maxDescriptorSetInputAttachments 단일 파이프라인의 입력 첨부의 최대 수	4
maxPerStageDescriptorSamplers 단일 단계의 표본기의 최대 수	16
maxPerStageDescriptorUniformBuffers 단일 단계의 균일 버퍼의 최대 수	12
maxPerStageDescriptorStorageBuffers 단일 단계의 셰이더 저장 버퍼의 최대 수	4
maxPerStageDescriptorStorageBuffers 단일 단계의 표본화 이미지의 최대 수	16
maxPerStageDescriptorStorageImages 단일 단계의 저장 이미지의 최대 수	4
maxPerStageDescriptorInputAttachments 단일 단계의 입력 첨부의 최대 수	4
maxPerStageResources 단일 단계의 전체 자원의 최대 수	128

만약 셰이더나 결과 파이프라인이 표 6.1에서 지원하도록 보장된 수 이상의 자원을 사용해야 하면, 자원의 한계를 확인하고 초과했을 때 우아하게 처리할 준비를 해야 한다. 하지만 만약 자원 요구사항이 이 범위에 잘 맞는다면 불칸이 지원의 단계에서 이만큼을 최소한 보장해주기에 직접 문의할 필요가 없다.

같은 서술자 집합을 두 파이프라인이 사용할 수 있으며, 이때 둘의 파이프라인 배치가 호환 가능해야 한다. 두 파이프라인 배치가 서술자 집합에 호환되려면, 이들은 반드시 다음을 만족해야 한다.

- 같은 수의 푸시 상수 범위 사용

- 같은 서술자 집합 배치를 같은 순서로 사용(혹은 동일 배치)

두 파이프라인 배치 또한 만약 같은 (혹은 동일하게 정의된) 집합 배치를 첫 몇 개의 집합에 사용하고 그 뒤에 다르면 부분적으로 호환 가능하다고 간주된다. 이 경우, 파이프라인은 서술자 집합 배치가 변화하는 지점까지 호환된다.

파이프라인이 명령어 버퍼에 연결되면, 파이프라인 배치 안의 집합 연결과 호환 되는 어떤 서술자 집합도 사용할 수 있다. 그러므로 (부분적으로) 두 호환 가능한 파 이프라인 사이의 교체는 배치를 공유하는 지점까지는 재연결이 필요 없다. 만약 예 를 들어 프레임 별 상수를 일부 포함하는 균일 구획이나 모든 셰이더가 가용한 텍스 처 집합 같이 전역적으로 가용한 자원의 집합을 가지고 싶다면, 이를 첫 집합에 넣 는다. 더 높은 빈도로 변경되는 자원은 더 높은 수의 집합에 넣을 수 있다.

코드 6.10은 애플리케이션 단의 코드 6.8과 6.9에서 참조하는 집합을 설명하는 서술자 집합 배치와 파이프라인 배치를 생성하는 코드를 보여준다.

코드 6.10 파이프라인 배치 생성

```
// 이는 결합된 이미지-표본기를 설명한다. 하나의 집합에 두 개의 개별 연결이 있다.
static const VkDescriptorSetLayoutBinding Samplers[] =
{
  {
    0,                                        // 연결 0에서 시작
    VK_DESCRIPTOR_TYPE_COMBINED_IMAGE_SAMPLER, // 결합된 이미지-표본기
    1,                                        // 하나의 연결을 생성
    VK_SHADER_STAGE_ALL,                      // 모든 단계에서 사용 가능
    nullptr                                   // 정적 표본기가 없다.
  },
  {
    2,                                        // 연결  2에서 시작
    VK_DESCRIPTOR_TYPE_COMBINED_IMAGE_SAMPLER, // 결합된 이미지-표본기
    1,                                        // 하나의 연결을 생성
    VK_SHADER_STAGE_ALL,                      // 모든 단계에서 사용 가능
    nullptr                                   // 정적 표본기가 없다.
  }
};
```

```cpp
// 이는 균일 구획이다. 하나의 집합에 하나의 연결이 있다.
static const VkDescriptorSetLayoutBinding UniformBlock =
{
  0,                                      // 연결 0에서 시작
  VK_DESCRIPTOR_TYPE_UNIFORM_BUFFER,      // 균일 구획
  1,                                      // 하나의 연결
  VK_SHADER_STAGE_ALL,                    // 모든 단계
  nullptr                                 // 정적 표본기가 없다.
};

// 이제 두 서술자 집합 배치를 생성한다.
static const VkDescriptorSetLayoutCreateInfo createInfoSamplers =
{
  VK_STRUCTURE_TYPE_DESCRIPTOR_SET_LAYOUT_CREATE_INFO,
  nullptr,
  0,
  2,
  &Samplers[0]
};

static const VkDescriptorSetLayoutCreateInfo createInfoUniforms =
{
  VK_STRUCTURE_TYPE_DESCRIPTOR_SET_LAYOUT_CREATE_INFO,
  nullptr,
  0,
  1,
  &UniformBlock
};

// 이 배열은 두 집합 배치를 가지고 있다.
VkDescriptorSetLayout setLayouts[2];
vkCreateDescriptorSetLayout(device, &createInfoSamplers,
  nullptr, &setLaouts[0]);
vkCreateDescriptorSetLayout(device, &createInfoUniforms,
  nullptr, &setLayouts[1]);

// 이제 파이프라인 배치를 생성한다.
const VkPipelineLayoutCreateInfo pipelineLayoutCreateInfo =
{
  VK_STRUCTURE_TYPE_PIPELINE_LAYOUT_CREATE_INFO, nullptr,
  0,
  2, setLayouts,
  0, nullptr
```

```
};

VkPipelineLayout pipelineLayout;

vkCreatePipelineLayout(device, &pipelineLayoutCreateInfo,
  nullptr, pipelineLayout);
```

코드 6.10에서 생성한 파이프라인 배치는 코드 6.9와 6.10의 셰이더 코드가 예상하는 배치와 일치한다. 해당 셰이더를 사용해서 계산 파이프라인을 생성할 때, 코드 6.10에서 생성한 파이프라인 배치 객체를 vkCreateComputePipelines()에 전달하는 VkComputePipelineCreateInfo 구조체의 layout 항목으로 전달한다.

파이프라인 배치가 더 필요 없어지면, vkDestroyPipelineLayout()을 호출하여 소멸시킨다. 이는 파이프라인 배치 객체에 관련된 자원을 해제한다. vkDestroyPipelineLayout()의 함수 원형은 다음과 같다.

```
void vkDestroyPipelineLayout (
  VkDevice device,
  VkPipelineLayout pipelineLayout,
  const VkAllocationCallbacks* pAllocator);
```

파이프라인 배치 객체가 소멸된 뒤에는 다시 사용하면 안 된다. 하지만, 해당 파이프라인 배치 객체를 이용하여 생성한 파이프라인은 소멸될 때까지 유효한 상태로 남아 있다. 그러므로 파이프라인 배치 객체를 사용해서 생성한 파이프라인을 사용하기 위해 배치 객체를 유지할 필요는 없다.

서술자 집합 배치 객체를 소멸시키고 자원을 해제하기 위해서 vkDestroy DescriptorSetLayout()을 호출하며, 함수 원형은 다음과 같다.

```
void vkDestroyDescriptorSetLayout (
  VkDevice device,
  VkDescriptorSetLayout descriptorSetLayout,
  const VkAllocationCallbacks* pAllocator);
```

서술자 집합 배치를 소유한 장치는 device에 전달되며, 서술자 집합 배치에 대한 핸들은 descriptorSetLayout에 전달된다. pAllocator는 서술자 집합 배치를 생성하는 데 사용한 것과 호환되는 주 시스템 할당 구조체를 가리키거나, vkCreateDescriptorSetLayout()에 대한 pAllocator 매개변수가 nullptr이면 역시 nullptr여야 한다.

서술자 집합 배치가 소멸된 뒤에, 핸들은 더 이상 유효하지 않으며, 다시 사용해선 안 된다. 하지만 해당 집합을 참조하여 생성한 서술자 집합, 파이프라인 배치, 다른 객체들은 여전히 유효하다.

서술자 집합에 자원을 연결

자원은 서술자로 표현되며 서술자를 우선 집합에 연결하고 그 뒤 서술자 집합을 파이프라인에 연결하여 파이프라인과 연결한다. 이는 많은 수의 자원이 아주 적은 처리 시간으로 연결되는 걸 허용해주는데, 특정 그리기 명령어에서 사용한 바로 그 자원 집합을 미리 확인하고 이를 가지는 서술자 집합을 미리 생성할 수 있기 때문이다.

서술자는 서술자 풀이라고 불리는 풀에서 할당된다. 다른 종류의 자원을 위한 서술자가 주어진 구현에서 비슷한 자료 구조를 가지기 때문에, 서술자를 저장하는 할당을 풀링하는 것은 드라이버가 메모리를 더 효율적으로 사용할 수 있게 한다. 서술자 풀을 생성하기 위해서 vkCreateDescriptorPool()을 호출하며, 함수 원형은 다음과 같다.

```
VkResult vkCreateDescriptorPool (
  VkDevice device,
  const VkDescriptorPoolCreateInfo* pCreateInfo,
  const VkAllocationCallbacks* pAllocator,
  VkDescriptorPool* pDescriptorPool);
```

서술자 풀을 생성하는 데 사용한 장치는 device에 설정하며, 새 풀을 설명하는 남은 매개변수는 pCreateInfo에 있는 VkDescriptorPoolCreateInfo 구조체의 인스턴스에 대한 포인터를 통해서 전달된다. VkDescriptorPoolCreateInfo의 정의는 다음과 같다.

```
typedef struct VkDescriptorPoolCreateInfo {
  VkStructureType sType;
  const void* pNext;
  VkDescriptorPoolCreateFlags flags;
  uint32_t maxSets;
  uint32_t poolSizeCount;
  const VkDescriptorPoolSize* pPoolSizes;
} VkDescriptorPoolCreateInfo;
```

VkDescriptorPoolCreateInfo의 sType 항목은 VK_STRUCTURE_TYPE_ DESCRIPTOR_POOL_CREATE_INFO로 설정돼야 하며, pNext 항목은 nullptr로 설정해야 한다. flags 항목은 풀이 소모하는 자원을 관리하는 데 사용되는 할당 전략에 관한 추가 정보를 전달하는 데 사용된다. 정의된 유일한 플래그는 VK_ DESCRIPTOR_POOL_CREATE_FREE_DESCRIPTOR_SET_BIT이며, 만약 설정되면 애플리케이션이 풀에서 할당된 개별 서술자를 해제할 수 있으며, 그러므로 할당자가 이에 대비해야 한다. 만약 풀에 개별 서술자를 반환할 계획이 없으면 flags를 단순히 0으로 설정한다.

maxSets 항목은 풀에서 할당된 집합의 전체 최대 수를 설정한다. 이는 풀의 전체 크기나 각 집합의 크기와 관계없는 집합의 전체 수라는 것을 기억하자. 다음 두 항목인 poolSizeCount와 pPoolSize의 경우 집합에 저장될 수 있는 자원의 각 형에 대한 자원 서술자의 수를 설정한다. pPoolSize는 VkDescriptorPoolSize 구조체의 poolSizeCount개의 인스턴스를 가진 배열의 포인터이며, 각각은 풀에서 할당 될 수 있는 특정 형의 서술자의 수를 설정한다. VkDescriptorPoolSize의 정의는 다음과 같다.

```
typedef struct VkDescriptorPoolSize {
  VkDescriptorType type;
  uint32_t descriptorCount;
} VkDescriptorPoolSize;
```

VkDescriptorPoolSize의 첫 항목인 type은 자원의 형을 설정하며, 두 번째 항목 descriptorCount는 풀에 저장될 수 있는 형의 서술자의 수를 설정한다. type 은 VkDescriptorType 열거형의 구성원이다. 만약 pPoolSize 배열의 어떤 요소도 자원의 특정 형을 설정하지 않으면, 결과 풀에서 해당 타입의 서술자가 할당될 수 없다. 만약 자원의 특정 형이 배열에서 두 번 나타나면, 이들의 descriptorCount 항목의 합이 해당 자원 형의 풀의 크기에 사용된다. 풀에서의 자원의 전체 수는 풀에서 할당된 집합들로 나뉜다.

만약 풀의 생성이 성공적이면, 새 VkDescriptorPool 객체에 대한 핸들은 pDescriptorPool이 가리키는 변수에 써진다. 풀에서 서술자의 구획을 할당하기 위해서, 새 서술자 집합 객체를 vkAllocateDescriptorSets()를 호출해서 생성하며, 정의는 다음과 같다.

```
VkResult vkAllocateDescriptorSets (
  VkDevice device,
  const VkDescriptorSetAllocateInfo* pAllocateInfo,
  VkDescriptorSet* pDescriptorSets);
```

집합이 할당될 서술자 풀을 가지는 장치는 deivce에 전달된다. 할당될 집합을 설정하는 나머지 정보는 pDescriptorSets의 VkDescriptorSetAllocateInfo 구조체의 인스턴스에 대한 포인터를 통해서 전달된다. VkDescriptorSetAllocateInfo 의 정의는 다음과 같다.

```
typedef struct VkDescriptorSetAllocateInfo {
  VkStructureType sType;
  const void* pNext;
  VkDescriptorPool descriptorPool;
  uint32_t descriptorSetCount;
  const VkDescriptorSetLayout* pSetLayouts;
} VkDescriptorSetAllocateInfo;
```

VkDescriptorSetAllocateInfo 구조체의 sType 항목은 VK_STRUCTURE_TYPE_ DESCRIPTOR_SET_ALLOCATE_INFO로 설정돼야 하며, pNext 항목은 nullptr로 설정된다. 집합을 할당할 서술자 풀에 대한 핸들은 descriptorPool에 설정되

며, 이는 vkCreateDescriptorPool()로 생성된 서술자 집합에 대한 핸들이어야 한다. descriptorPool에 대한 접근은 외부적으로 동기화되어야 한다. 생성할 집합의 수는 descriptorSetCount에 설정된다. 각 집합의 배치는 그 뒤에 VkDescriptorSetLayout 객체 핸들의 배열을 pSetLayouts에 설정하여 전달된다.

성공할 경우, vkAllocateDescriptorSets()는 집합과 특정 풀에서의 서술자를 흡수하고 pDescriptorSets가 가리키는 배열에 새 서술자 집합 핸들을 저장한다. 각 서술자 집합의 풀이 흡수한 서술자의 수는 pSetLayouts를 통해 전달된 서술자 집합 배치를 통해서 판별되며, 이의 생성은 앞서 설명했다.

만약 서술자 풀이 VkDescriptorSetCreateInfo 구조체의 flags의 구성원이 VK_DESCRIPTOR_POOL_CREATE_FREE_DESCRIPTOR_SET_BIT를 포함하여 생성되었다면, 해제할 경우 풀로 서술자 집합이 돌아간다. 하나 이상의 서술자 집합을 해제하기 위해서, vkFreeDescriptorSets()를 호출하며 함수 원형은 다음과 같다.

```
VkResult vkFreeDescriptorSets (
  VkDevice device,
  VkDescriptorPool descriptorPool,
  uint32_t descriptorSetCount,
  const VkDescriptorSet* pDescriptorSets);
```

서술자 풀을 소유한 장치는 device에 설정되며, 서술자 집합을 반환할 풀은 descriptorPool에 설정된다. descriptorPool에 대한 접근은 반드시 외부적으로 동기화되어야 한다. 해제할 서술자 집합의 수는 descriptorSetCount에 전달되며, pDescriptorSets는 해제할 객체에 대한 VkDescriptorSet 핸들의 배열을 가리킨다. 서술자 집합이 해제되면, 자원은 소속된 풀로 돌아가며 후에 새 집합으로 할당될 수 있다.

서술자 풀이 생성될 때 VK_DESCRIPTOR_POOL_CREATE_FREE_DESCRIPTOR_SET_BIT가 설정되지 않더라도, 풀에서 할당된 모든 집합에서의 모든 자원은 여전히 재활용이 가능하다. 이는 풀 자체를 vkResetDescriptorPool()을 호출하여 리셋하는 것으로 이루어진다. 이 명령어는 풀에서 할당된 모든 집합을 명시할 필요가 없다. vkResetDescriptorPool()의 함수 원형은 다음과 같다.

```
VkResult vkResetDescriptorPool (
  VkDevice device,
  VkDescriptorPool descriptorPool,
  VkDescriptorPoolResetFlags flags);
```

device는 서술자 집합을 소유한 장치에 대한 핸들이며, descriptorPool은 재설정되는 서술자 풀에 대한 핸들이다. 서술자 풀에 대한 접근은 반드시 외부적으로 동기화되어야 한다. flags는 미래 사용을 위해서 예비되었으며 0으로 설정해야 한다.

집합이 개별적으로 vkFreeDescriptorSets()를 호출해서 해제되거나, vkResetDescriptorPool()의 호출을 통해서 한번에 해제될 때 모두 해제된 뒤에 해당 집합이 참조되지 않도록 보장하는 것이 중요하다. 특히, 해제된 서술자 집합을 참조하는 명령어를 포함한 어떤 명령어 버퍼도 수행이 완료되거나 제출 없이 폐기되어야 한다.

서술자 풀과 연결된 자원을 완전히 해제하려면, 풀 객체를 vkDestroyDescriptorPool()을 호출해서 소멸시켜야 하며, 이의 함수 원형은 다음과 같다.

```
void vkDestroyDescriptorPool (
  VkDevice device,
  VkDescriptorPool descriptorPool,
  const VkAllocationCallbacks* pAllocator);
```

풀을 소유한 장치에 대한 핸들은 device에 전달되어야 하며, 소멸시킬 풀에 대한 핸들은 descriptorPool에 전달되어야 한다. pAllocator는 풀을 생성할 때 사용한 것과 호환되는 주 시스템 메모리 할당 구조체를 가리키거나, vkCreateDescriptorPool()의 pAllocator가 nullptr이었을 경우 nullptr이어야 한다.

서술자 풀이 소멸되었을 때, 모든 자원이 해제되며, 여기서 할당된 모든 집합을 포함한다. 풀을 소멸시키기 전에 명시적으로 여기서 생성한 서술자 집합을 해제하거나 vkResetDescriptorPool()을 호출하여 풀을 재설정할 필요는 없다. 하지만 서술자 집합이 명시적으로 해제될 때처럼, 애플리케이션이 풀이 소멸된 뒤에 풀에서 할당한 집합을 접근하지 않도록 보장해야 한다. 이는 제출되었으나 완료되지 않은 명령어 버퍼의 수행 중에 장치에서 처리되는 모든 작업을 포함한다.

서술자 집합에 자원을 연결하기 위해서, 이를 서술자 집합에 직접 쓰거나 다른 서술자 집합의 연결을 복사할 수 있다. 두 경우 모두 vkUpdateDescriptorSets() 명령어를 사용하며, 함수 원형은 다음과 같다.

```
void vkUpdateDescriptorSets (
  VkDevice device,
  uint32_t descriptorWriteCount,
  const VkWriteDescriptorSet* pDescriptorWrites,
  uint32_t descriptorCopyCount,
  const VkCopyDescriptorSet* pDescriptorCopies);
```

갱신할 서술자 집합을 소유한 장치는 device에 전달된다. 직접 쓰기의 수는 descriptorWriteCount에 전달되며, 복사될 서술자의 수는 descriptorCopyCount에 전달된다. 각 쓰기의 매개변수는 VkWriteDescriptorSet 구조체에 포함되어 있으며, 각 복사의 매개변수는 VkCopyDescriptorSet 구조체에 포함된다. pDescriptorWrites와 pDescriptorCopies 매개변수는 descriptorWriteCount와 descriptorCopyCount개의 VkWriteDescriptorSet와 VkCopyDescriptorSet 구조체에 대한 포인터를 각각 가진다. VkWriteDescriptorSet의 정의는 다음과 같다.

```
typedef struct VkWriteDescriptorSet {
  VkStructureType sType;
  const void* pNext;
  VkDescriptorSet dstSet;
  uint32_t dstBinding;
  uint32_t dstArrayElement;
  uint32_t descriptorCount;
  VkDescriptorType descriptorType;
  const VkDescriptorImageInfo* pImageInfo;
  const VkDescriptorBufferInfo* pBufferInfo;
  const VkBufferView* pTexelBufferView;
} VkWriteDescriptorSet;
```

VkWriteDescriptorSet의 sType 항목은 VK_STRUCTURE_TYPE_WRITE_DESCRIPTOR_SET으로 설정돼야 하며, pNext는 nullptr로 설정해야 한다. 각 쓰기

연산에 대해서, 대상 서술자 집합은 dstSet에 설정되며, 연결 색인은 dstBinding에 설정된다. 만약 집합의 연결이 자원의 배열을 참조하면, dstArrayElement는 갱신할 시작 색인을 설정하는 데 사용되며, descriptorCount는 갱신될 연속된 서술자의 수를 설정하는 데 사용된다. 만약 대상 연결이 배열이 아니라면, dstArrayElement는 0이어야 하며, descriptorCount는 1이어야 한다.

갱신되는 자원의 형은 descriptorType에 설정되며, 이는 VkDescriptorType 열거형의 구서우언이다. 이 매개변수의 값은 함수가 고려하는 다음 매개변수를 결정한다. 만약 갱신되는 서술자가 이미지 자원이면, pImageInfo는 이미지에 대한 정보를 포함한 VkDescriptorImageInfo 구조체의 인스턴스에 대한 포인터이다. VkDescriptorImageInfo의 정의는 다음과 같다.

```
typedef struct VkDescriptorImageInfo {
  VkSampler sampler;
  VkImageView imageView;
  VkImageLayout imageLayout;
} VkDescriptorImageInfo;
```

서술자 집합으로 연결될 이미지 시야에 대한 핸들은 imageView에 넘겨진다. 만약 서술자 집합의 자원이 VK_DESCRIPTOR_TYPE_COMBINED_IMAGE_SAMPLER이라면, 연관된 표본기의 핸들은 sampler에 설정된다. 서술자 집합에서 사용될 때 예상되는 이미지의 배치는 imageLayout에 전달된다.

만약 서술자 집합에 연결될 자원이 버퍼라면, 연결을 설정하는 매개변수는 VkDescriptorBufferInfo 구조체의 인스턴스로 저장되며, 이 구조체의 포인터가 VkWriteDescriptorSet의 pBufferInfo에 저장된다. VkDescriptorBufferInfo의 정의는 다음과 같다.

```
typedef struct VkDescriptorBufferInfo {
  VkBuffer buffer;
  VkDeviceSize offset;
  VkDeviceSize range;
} VkDescriptorBufferInfo;
```

연결할 버퍼 객체는 buffer에 있고, 연결의 오프셋과 크기는 바이트 단위로 offset과 range에 각각 설정된다. 연결 범위는 버퍼 객체 안에 완전히 포함되어야만 한다. 전체 버퍼를 연결하기 위해서(버퍼 객체로부터 범위의 크기를 유추), range는 VK_WHOLE_SIZE로 설정할 수 있다.

만약 참조된 버퍼 연결이 균일 버퍼 연결이라면, range는 반드시 장치의 maxUniformBufferRange 한계보다 작거나 같아야 하며, 이는 vkGetPhysicalDeviceProperties()를 호출해서 VkPhysicalDeviceLimits 구조체에서 결정할 수 있다. 또한 offset 매개변수는 반드시 장치의 균일 버퍼 오프셋 정렬 요구사항의 정수 배여야 하며, 이는 VkPhysicalDeviceLimits 구조체의 minUniformBufferOffsetAlignment에 포함되어 있다. 비슷하게, 만약 버퍼 연결이 저장 버퍼라면, range는 반드시 VkPhysicalDeviceLimits의 maxStorageBufferRange 항목과 작거나 같아야 한다. 저장 버퍼를 위해서, offset 매개변수는 반드시 VkPhysicalDeviceLimits 구조체의 minStorageBufferOffsetAlignment 항목의 정수 배여야 한다.

maxUniformBufferRange와 maxStorageBufferRange 한계는 최소한 각각 16,384와 2^{27}이어야 한다. 만약 버퍼가 이 한계 안에 있다면 이를 문의할 필요가 없다. 보장된 저장 버퍼의 최대 크기가 균일 버퍼보다 크다는 것을 기억하자. 만약 매우 큰 양의 자료를 가지면, 버퍼의 내용이 본질적으로 균일하여도 균일 버퍼보다는 저장 버퍼를 사용하는 것을 고려해야 한다.

minUniformBufferOffsetAlignment과 minStorageBufferOffsetAlignment는 최대 256바이트로 보장된다. 이는 최소값의 최대치이므로, 장치에서 보고되는 값은 이보단 작을 수 있다.

서술자 집합에 직접 쓰는 것에 더해서, vkUpdateDescriptorSets()는 연결을 한 집합에서 다른 집합으로 복사하거나 같은 집합에서 복사할 수 있다. 이 복사는 pDescriptorCopies 매개변수를 통해서 전달된 VkCopyDescriptorSet 구조체의 배열로 설정된다. VkCopyDescriptorSet의 정의는 다음과 같다.

```
typedef struct VkCopyDescriptorSet {
  VkStructureType sType;
  const void* pNext;
  VkDescriptorSet srcSet;
  uint32_t srcBinding;
  uint32_t srcArrayElement;
  VkDescriptorSet dstSet;
  uint32_t dstBinding;
  uint32_t dstArrayElement;
  uint32_t descriptorCount;
} VkCopyDescriptorSet;
```

VkCopyDescriptorSet의 sType은 VK_STRUCTURE_TYPE_COPY_DESCRIPTOR_SET로 설정돼야 하며, pNext는 nullptr로 설정돼야 한다. 원본과 대상 서술자 집합의 핸들은 srcSet과 dstSet에 각각 설정된다. 이는 복사할 서술자의 범위가 겹치지만 않으면 같은 집합일 수 있다.

srcBinding와 dstBinding 항목은 원본과 대상 서술자의 연결 색인을 각각 설정한다. 만약 복사될 서술자들이 연결의 배열이라면, 원본과 대상 집합의 서술자의 범위의 시작의 색인이 srcArrayElement와 dstArrayElement에 각각 설정된다. 만약 서술자가 배열이 아니라면, 이 항목은 둘 다 0이다. 복사할 서술자 배열의 길이는 descriptorCount에 설정된다. 만약 복사가 서술자의 배열이 아니라면 descriptorCount는 1로 설정해야 한다.

vkUpdateDescriptorSets()가 실행될 때, 갱신은 주 시스템에서 처리된다. pDescriptorWrites나 pDescriptorCopies 배열이 참조하는 서술자 집합에 대한 장치에서의 어떤 접근은 반드시 vkUpdateDescriptorSets()의 호출 전에 완료되어야 한다. 이는 이미 제출되었지만 아직 실행이 완료되지 않은 명령어 버퍼의 작업도 포함한다.

pWriteDescriptors로 설정된 모든 서술자는 먼저 실행되며, 배열의 순서대로 처리되며, 그 뒤 pCopyDescriptors가 설정한 모든 복사가 처리된다. 이는 만약 특정 연결이 쓰기나 복사 연산에 대해 한 번 이상 대상이 될 경우, 해당 연결이 대상으로 사용된 최종 동작만이 모든 연산이 완료된 뒤에 보이게 되는 것을 의미한다.

서술자 집합의 연결

파이프라인과 마찬가지로, 서술자 집합에 부착된 자원에 대한 접근을 위해서, 서술자 집합은 반드시 해당 서술자를 접근하는 명령어를 실행하는 명령어 버퍼에 연결되어야 한다. 또한 서술자 집합에 두 가지의 연결 점이 있으며, 각각 계산과 그래픽을 위한 것이며, 적절한 형의 파이프라인이 접근하게 된다.

명령어 버퍼에 서술자 집합을 연결하기 위해서 `vkCmdBindDescriptorSets()`를 호출하며, 함수 원형은 다음과 같다.

```
void vkCmdBindDescriptorSets (
  VkCommandBuffer commandBuffer,
  VkPipelineBindPoint pipelineBindPoint,
  VkPipelineLayout layout,
  uint32_t firstSet,
  uint32_t descriptorSetCount,
  const VkDescriptorSet* pDescriptorSets,
  uint32_t dynamicOffsetCount,
  const uint32_t* pDynamicOffsets);
```

서술자 집합이 연결될 명령어 버퍼는 `commandBuffer`에 설정된다. `pipelineBindPoint` 인자는 `VK_PIPELINE_BIND_POINT_COMPUTE`나 `VK_PIPELINE_BIND_POINT_GRAPHICS`로 설정되어 각각 서술자 집합이 계산이나 그래픽 연결점에 연결되는 것을 명시한다.

집합 안의 서술자를 접근하는 파이프라인이 사용하는 파이프라인 배치는 `layout`에 설정된다. 이 배치는 집합을 사용할 어떤 파이프라인과도 호환되어야 하며 불칸이 파이프라인이 명령어 버퍼에 연결되기 전에 집합 연결을 정확하게 설정할 수 있게 한다. 이는 배치만 일치하면 그리기나 실행 처리 명령어를 수행할 때 자원과 파이프라인을 명령어 버퍼에 연결하는 순서가 상관없다는 것을 의미한다.

파이프라인 배치에 접근 가능한 집합의 부분 집합을 연결하기 위해서는 `firstSet`와 `descriptorSetCount` 인자로 연결할 첫 번째 집합과 집합의 수를 각각 설정한다. `pDescriptorSets`는 연결할 집합에 대한 `VkDescriptorSet` 핸들의 배열에 대한 포인터이다. 이는 앞서 논의한 `vkAllocateDescriptorSets()`의 호출에서 얻을 수 있다.

`vkCmdBindDescriptorSets()`는 또한 어떤 동적 균일 혹은 셰이더 저장 연결에 사용되는 오프셋을 설정하는 책임이 있다. 이는 `dynamicOffsetCount`와 `pDynamicOffsets` 매개변수에 전달된다. `dynamicOffsetCount`는 설정할 동적 오프셋의 수이며, `pDynamicOffsets`는 `dynamicOffsetCount`개의 32비트 오프셋의 배열에 대한 포인터이다. 서술자 집합에서 연결될 각 동적 균일 혹은 셰이더 저장 버퍼에 대해서, `pDynamicOffsets` 배열에 설정된 하나의 오프셋이 있어야 한다. 이 오프셋은 서술자 집합의 구획에 연결되는 버퍼 시야의 시작에 추가된다. 이는 균일과 셰이더 저장 구획이 오프셋이 갱신될 때마다 새 버퍼 뷰를 생성할 필요 없이 더 큰 버퍼의 구획에 재연결이 가능하게 한다. 일부 구현은 이 오프셋에 대한 추가 정보를 셰이더에게 전달할 필요가 있으나, 여전히 일반적으로 동적으로 버퍼 시야를 생성하는 것보다 빠르다.

균일, 텍셀, 저장 버퍼

셰이더는 직접 버퍼 메모리의 내용을 3가지 종류의 자원 형을 통해서 접근할 수 있다.

- 균일 구획은 버퍼 객체에 저장된 상수(읽기 전용) 자료의 빠른 접근을 제공한다. 이는 셰이더에서의 구조체로 선언되며 서술자 집합에 연결된 버퍼 자원을 사용해서 메모리에 부착된다.
- 셰이더 저장 구획은 버퍼 객체에 대한 읽기-쓰기 접근을 제공한다. 균일 구획과 유사하게 선언되며, 자료는 구조체인 것처럼 정렬되며 쓸 수 있다. 셰이더 저장 구획은 또한 원자적 연산을 지원한다.
- 텍셀 버퍼는 형식화된 텍셀 자료의 길고 선형적인 배열의 접근을 제공한다. 이는 읽기 전용이며, 텍셀 버퍼 연결이 기반하는 자료 형식에서 셰이더가 버퍼를 읽을 때 예상하는 부동소수점 표현으로의 형식 변환을 제공한다.

사용하는 자원의 형은 어떻게 접근하는지에 달려 있다. 균일 구획의 최대크기는 종종 제한되어 있지만, 일반적으로 접근은 매우 빠르다. 반면, 셰이더 저장 구획은 매우 크지만, 일부 구현에서 접근은 더 느리며, 특히 쓰기 연산이 활성화될 경우 느리다. 형식화된 자료의 더 큰 배열에 대한 접근을 위해서 텍셀 버퍼가 잠재적으로 최고의 선택이다.

균일과 셰이더 저장 구획

GLSL에서 균일 구획을 선언하기 위해서는 코드 6.11과 같이 uniform 예약어를 사용한다. 셰이더 저장 구획은 비슷하게 선언되며, uniform 대신 buffer 예약어를 사용하는 점만 다르다. 목록은 각각의 예제를 보여준다. 균일 구획은 서술자 집합을 사용하며 GLSL layout 규정어를 사용해서 연결 색인이 설정된다.

코드 6.11 균일과 셰이더 구획의 GLSL에서의 선언

```
layout (set = 0, binding = 1) uniform my_uniform_buffer_t
{
  float foo;
  vec4 bar;
  int baz[42];
} my_uniform_buffer;

layout (set = 0, binding = 2) buffer my_storage_buffer_t
{
  int peas;
  float carrots;
  vec3 potatoes[99];
} my_storage_buffer;
```

구획 안의 변수의 배치는 규칙으로 결정되며, 기본적으로 균일 구획은 std140 규칙을 따르고 셰이더 저장 구획은 std430 규칙을 따른다. 이 규칙 집합은 도입된 GLSL의 버전을 따라 이름 지었다. 자료를 메모리에 묶는 규칙의 집합은 GLSL에서 다른 배치를 설정하여 변경할 수 있다. 하지만 불칸 자체는 구획의 구성원에 대한 오프셋을 자동으로 할당하지 않는다. 이는 불칸이 소모하는 SPIR-V 셰이더를 생성하는 사용자단의 컴파일러의 일이다.

비록 이 규칙이 명시적으로 SPIR-V 기술 세부서의 일부가 아니지만 결과 SPIR-V 셰이더는 반드시 std140나 std430 배치 규칙을 따라야 한다(후자는 전자보다 훨씬 유연하다). 사용자단 컴파일러가 선언을 SPIR-V로 번역할 때, 구획의 구성원은 명시적으로 할당된 위치를 가진다. 만약 셰이더가 GLSL이 아닌 다른 고단계 언어나 애플리케이션의 구성요소로 프로그램적으로 생성되는 등의 다른 곳에서 생성되면, SPIR-V 생성자가 할당한 오프셋이 적절한 규칙 집합에 일치만 한다면 셰이더는 작동한다.

코드 6.12는 코드 6.11에서의 셰이더가 표준 컴파일러로 SPIR-V로 번역된 뒤를 보여준다.

코드 6.12 균일과 셰이더 구획을 SPIR-V에서 선언

```
OpCapability Shader
%1 = OpExtInstImport "GLSL.std.450"
OpMemoryModel Logical GLSL450
OpEntryPoint Vertex %4 "main"
OpSource GLSL 450
OpName %4 "main"
;; uniform_buffer_t 블록과 그 멤버의 이름
OpName %12 "my_uniform_buffer_t"
OpMemberName %12 0 "foo"
OpMemberName %12 1 "bar"
OpMemberName %12 2 "baz"
OpName %14 "my_uniform_buffer"
;; my_storage_buffer_t 블록과 그 멤버의 이름
OpName %18 "my_storage_buffer_t"
OpMemberName %18 0 "peas"
OpMemberName %18 1 "carrots"
OpMemberName %18 2 "potatoes"
OpName %20 "my_storage_buffer"
OpDecorate %11 ArrayStride 16
;; my_uniform_buffer_t의 멤버 오프셋 지정
OpMemberDecorate %12 0 Offset 0
OpMemberDecorate %12 1 Offset 16
OpMemberDecorate %12 2 Offset 32
OpDecorate %12 Block
OpDecorate %14 DescriptorSet 0
OpDecorate %14 Binding 1
OpDecorate %17 ArrayStride 16
```

```
;; my_storage_buffer_t의 멤버 오프셋 지정
OpMemberDecorate %18 0 Offset 0
OpMemberDecorate %18 1 Offset 4
OpMemberDecorate %18 2 Offset 16
OpDecorate %18 BufferBlock
OpDecorate %20 DescriptorSet 0
OpDecorate %20 Binding 2
...
```

코드 6.12에서 보듯이, 컴파일러는 명시적으로 코드 6.11에 선언된 구획의 각
구성원에 오프셋을 할당한다. std140과 std430 등의 언급은 SPIR-V 셰이더에서
는 존재하지 않는다.[1]

텍셀 버퍼

텍셀 버퍼는 셰이더에서 사용하는 버퍼 연결의 특별한 형으로 자료를 읽을 때 형
식 변환을 처리할 수 있다. 텍셀 버퍼는 읽기 전용으로 코드 6.13에서 보는 바와
같이 samplerBuffer형 변수를 사용해서 GLSL에서 선언되어 있다. 표본기 버퍼는
부동소수점이나 부호/비부호 정수 자료를 셰이더에 반환할 수 있다. 각각의 예제
는 코드 6.13에서 볼 수 있다.

코드 6.13 GLSL에서 텍셀 버퍼의 선언

```
layout (set = 0, binding = 3) uniform samplerBuffer my_float_texel_
buffer;
layout (set = 0, binding = 4) uniform isamplerBuffer my_signed_texel_
buffer;
layout (set = 0, binding = 5) uniform usamplerBuffer my_unsigned_
texel_buffer;
```

표준 컴파일러를 사용해서 SPIR-V로 번역될 때, 코드 6.13의 선언은 코드 6.14
에서 보이는 SPIR-V 셰이더를 생성한다.

---

1 std140과 std430은 또한 GLSL 셰이더 버전에도 없지만, 이는 사용자단 컴파일러에서 암묵적으로 가정되어 있다.

```
        OpCapability Shader
        OpCapability SampledBuffer
        %1 = OpExtInstImport "GLSL.std.450"
        OpMemoryModel Logical GLSL450
        OpEntryPoint Vertex %4 "main"
        OpSource GLSL 450
        OpName %4 "main"
;; 텍셀 버퍼 이름 지정
        OpName %10 "my_float_texel_buffer"
        OpName %15 "my_signed_texel_buffer"
        OpName %20 "my_unsigned_texel_buffer"
;; 셋 지정과 데코레이션 바인딩
        OpDecorate %10 DescriptorSet 0
        OpDecorate %10 Binding 3
        OpDecorate %15 DescriptorSet 0
        OpDecorate %15 Binding 4
        OpDecorate %20 DescriptorSet 0
        OpDecorate %20 Binding 5
        %2 = OpTypeVoid
        %3 = OpTypeFunction %2
;; 세 가지 텍셀 버퍼 변수 선언
        %6 = OpTypeFloat 32
        %7 = OpTypeImage %6 Buffer 0 0 0 1 Unknown
        %8 = OpTypeSampledImage %7
        %9 = OpTypePointer UniformConstant %8
        %10 = OpVariable %9 UniformConstant
        %11 = OpTypeInt 32 1
        %12 = OpTypeImage %11 Buffer 0 0 0 1 Unknown
        %13 = OpTypeSampledImage %12
        %14 = OpTypePointer UniformConstant %13
        %15 = OpVariable %14 UniformConstant
        %16 = OpTypeInt 32 0
        %17 = OpTypeImage %16 Buffer 0 0 0 1 Unknown
        %18 = OpTypeSampledImage %17
        %19 = OpTypePointer UniformConstant %18
        %20 = OpVariable %19 UniformConstant
...
```

GLSL에서 텍셀 버퍼를 얻기 위해서는 texelFetch 함수를 표본화 변수와 함께 사용하여 개별 텍셀을 읽을 수 있다. samplerBuffer(혹은 대응하는 부호/무부호 정수 변수에 따라 `isamplerBuffer`나 `usamplerBuffer`)는 점 표본화만 지원하는 1D 텍스처로 생각할 수 있다. 하지만 이 변수 중 하나에 부착되는 텍셀 버퍼의 최대 크기는 일반적으로 1D 텍스처의 크기보다 훨씬 더 크다. 예를 들어, 불칸에서의 텍셀 버퍼의 요구되는 최대 크기 제한의 최솟값은 65,535 요소이며, 반면 1D 텍스처의 최소 크기 요구는 단지 4,096 텍셀이다. 일부의 경우, 구현은 크기에서 기가바이트인 텍셀 버퍼를 지원한다.

푸시 상수

앞서 간략히 도입된 자원의 한가지 특별한 형은 푸시 상수이다. 푸시 상수는 셰이더에서의 균일 변수로 균일 구획의 구성원처럼 사용할 수 있지만, 메모리에 연결되기 보다는 불칸 자체가 소유하고 갱신한다.[2] 결과적으로, 이 상수의 새 값은 명령어 버퍼에서 직접 파이프라인으로 밀려들어간다.

　푸시 상수는 논리적으로 파이프라인 자원의 일부로 간주되며, 그러므로 파이프라인 객체를 생성할 때 사용한 파이프라인 배치의 다른 자원과 함께 선언된다. `VkPipelineLayoutCreateInfo` 구조체에서 두 항목은 얼마나 많은 푸시 상수가 파이프라인에서 사용되는지에 사용된다. 푸시 상수는 범위에 포함되며, 각각은 `VkPushConstantRange` 구조체로 정의된다. `VkPipelineLayoutCreateInfo`의 `pushConstantRanges` 구성원은 파이프라인의 자원 배치에 포함된 푸시 상수의 범위의 개수를 정의하고, `VkPipelineLayoutCreateInfo`의 `pPushConstantRanges`는 `VkPushConstantRange` 구조체의 배열에 대한 포인터이며, 각각이 파이프라인에 사용되는 푸시 상수의 범위를 정의한다. `VkPushConstantRange`의 정의는 다음과 같다.

2　실제로, 일부 구현에서는 여전히 푸시 상수를 장치 메모리에 내부적으로 연결한다. 하지만, 이런 구현도 해당 메모리를 갱신하는 데 더 최적화된 경로를 가진다. 일부 구현은 빠르고, 전용 할당된 메모리나 레지스터를 이 상수를 위해서 사용한다. `vkCmdPushConstants()`의 단일 호출은 어떤 경우라도 균일 구획의 갱신을 메모리 방벽과 연결해서 처리하는 것보다 빠르다.

```
typedef struct VkPushConstantRange {
  VkShaderStageFlags stageFlags;
  uint32_t offset;
  uint32_t size;
} VkPushConstantRange;
```

푸시 상수에 사용되는 공간은 메모리의 연속된 영역처럼 생략되어 있으며, 일부 구현에서 실제로 그렇지 않은 경우에도 그러하다. 일부 구현에서, 각 셰이더 단계는 상수 저장을 위한 자체 공간을 가지며, 이런 구현에서 단일 상수를 다중 셰이딩 단계로 전달하는 것은 이를 중계하여 더 많은 자원을 소모할 수 있게 된다. 단계는 VkPushConstantRange의 stageFlags 항목에 포함된 각 상수의 범위를 본다. 이는 VkShaderStageFlagBits에서 플래그의 선택의 비트 조합이다. 영역의 시작 오프셋과 크기는 offset와 size에 각각 설정된다.

파이프라인 안의 푸시 상수를 소모하기 위해서, 이를 표현하는 변수가 파이프라인 셰이더에 선언된다. SPIR-V 셰이더에서 선언된 푸시 상수는 변수 선언에서 PushConstant 저장 클래스를 사용한다. GLSL에서는 해당 선언은 균일 구획을 push_constant 배치 한정자로 선언하여 생성된다. 논리적으로, 이는 std430 구획과 같은 메모리 배치를 가진다. 하지만 이 배치는 단지 구성원들의 오프셋을 계산하는 데 사용되며, 불칸 구현이 내부적으로 자료를 구획에서 어떻게 표현하는지와는 다르다.

코드 6.15는 푸시 상수 구획의 GLSL 선언을 보여주며, 코드 6.16은 결과 SPIR-V를 보여준다.

코드 6.15 GLSL에서 푸시 상수의 선언

```
layout (push_constant) uniform my_push_constants_t
{
  int bourbon;
  int scotch;
  int beer;
} my_push_constants;
```

```
        OpCapability Shader
        %1 = OpExtInstImport "GLSL.std.450"
        OpMemoryModel Logical GLSL450
        OpEntryPoint GLCompute %4 "main"
        OpExecutionMode %4 LocalSize 1 1 1
        OpSource GLSL 450
        OpName %4 "main"
;; 푸시 상수 블록과 그 멤버의 이름
        OpName %7 "my_push_constants_t"
        OpMemberName %7 0 "bourbon"
        OpMemberName %7 1 "scotch"
        OpMemberName %7 2 "beer"
        OpName %9 "my_push_constants"
;; 푸시 상수 블록의 멤버 오프셋 할당
        OpMemberDecorate %7 0 Offset 0
        OpMemberDecorate %7 1 Offset 4
        OpMemberDecorate %7 2 Offset 8
        OpDecorate %7 Block
        %2 = OpTypeVoid
        %3 = OpTypeFunction %2
        %6 = OpTypeInt 32 1
        %7 = OpTypeStruct %6 %6 %6
;; 푸시 상수 블록 선언
        %8 = OpTypePointer PushConstant %7
        %9 = OpVariable %8 PushConstant
...
```

푸시 상수는 이를 사용하는 파이프라인의 배치의 일부가 된다. 푸시 상수가 파이프라인에 포함될 때, 이는 불칸이 다른 파이프라인이나 서술자 연결을 추적하는 데 사용할 자원의 일부를 소모한다. 그러므로 푸시 상수를 상대적으로 귀중한 자원으로 간주해야 한다.

하나 이상의 푸시 상수의 내용을 갱신하기 위해서 vkCmdPushConstants()를 호출하며 함수 원형은 다음과 같다.

```
void vkCmdPushConstants (
  VkCommandBuffer commandBuffer,
  VkPipelineLayout layout,
  VkShaderStageFlags stageFlags,
```

```
uint32_t offset,
uint32_t size,
const void* pValues);
```

갱신을 처리하는 명령어 버퍼는 commandBuffer에 설정되며, 푸시 상수의 위치를 정의하는 배치는 layout에 설정된다. 이 배치는 반드시 이후에 연결될 모든 파이프라인과 호환이 가능하고, 실행 처리나 그리기 명령에서 사용된다.

갱신된 상수를 보는 단계는 stageFlags에 설정된다. 이는 VkShaderStageFlagBits 열거형의 일부 플래그의 비트 조합이다. 비록 각 파이프라인에 단지 하나의 푸시 상수가 가용하지만, 일부 구현에서 푸시 상수는 단계당 자원을 사용해서 구현된다. stageFlags가 정밀하게 설정될 때, 불칸이 포함되지 않은 단계에서 갱산하지 않게 하여 성능을 개선할 수 있다. 하지만 조심하자. 비용 없이 단계 사이에 상수를 방송을 지원하는 구현에서 이 플래그는 무시될 수 있으며, 셰이더는 갱신을 어쨌든 보게 된다.

푸시 상수는 논리적으로 std430 배치로 메모리에 연결되어 있으므로, 각 푸시 상수의 내용은 구획의 시작에서 std430 규칙을 사용하여 계산할 수 있는 오프셋에서 존재한다. 가상 구획 안의 갱신할 첫 상수의 오프셋은 offset에 바이트 단위로 설정되며, 갱신의 크기는 바이트 단위로 size에 설정된다.

푸시 상수를 배치하려는 자료에 대한 포인터는 pValues에 전달된다. 일반적으로, 이는 uint32_t나 float 변수의 배열에 대한 포인터이다. offset과 size는 이 자료 형의 크기에 맞게 정확하게 4의 배수로 정렬된다. vkCmdPushConstants()가 실행될 때, 배열의 내용이 직접 std430 구획으로 복사된다.

vkCmdPushConstants()를 호출한 즉시 배열의 내용을 바꾸거나 메모리를 해제하는 것이 가능하다. 배열 안의 자료는 명령어에서 즉시 소모되며, 포인터의 값은 유지되지 않는다. 그러므로 pValues를 스택에 존재하는 것이나 지역 변수의 주소로 설정해도 완전히 문제가 없다.

푸시 상수를 위해 단일 파이프라인(혹은 파이프라인 배치)에서 가용한 공간의 전체 양은 장치의 VkPhysicalDeviceLimits 구조체의 maxPushConstantsSize를 조사해서 결정할 수 있다. 이는 최소한 128바이트(4x4 행렬 여러 개에 충분한)로 보장되어 있다. 특별히 크진 않지만, 충분하다면 한계를 문의할 필요가 없다. 또다시, 푸시 상수를 드문 자원으로 간주하자. 더 큰 자료 구조체를 위해서는 일반 균일 구획을 사용하고, 푸시 상수는 단일 정수나 매우 빈번하게 갱신되는 자료에만 사용하자.

표본화된 이미지

셰이더가 이미지에서 읽을 때, 이는 두 가지 방법 중 하나가 가능하다. 첫째는 순수 읽기로, 직접 형식화/비형식화 자료를 이미지의 특정 위치에 읽고, 두 번째는 이미지를 표본기를 이용해서 표본화하는 것이다. 표본화는 기본 변환을 이미지 좌표에서 처리하거나 텍셀을 필터링해서 셰이더에 반환하는 이미지 자료를 부드럽게 한다.

　표본기의 상태는 표본기 객체로 표현되며, 이는 이미지나 버퍼처럼 서술자 집합으로 연결된다. 표본기 객체를 생성하려면 vkCreateSampler()를 호출하며, 함수 원형은 다음과 같다.

```
VkResult vkCreateSampler (
  VkDevice device,
  const VkSamplerCreateInfo* pCreateInfo,
  const VkAllocationCallbacks* pAllocator,
  VkSampler* pSampler);
```

　표본기를 생성하는 장치는 device에, 남은 표본기의 매개변수는 pCreateInfo에 VkSamplerCreateInfo 구조체의 인스턴스의 포인터를 통해서 전달된다. 장치가 생성 가능한 표본기의 전체수의 최대 수는 구현마다 다르다. 이는 최소 4000으로 보장된다. 만약 애플리케이션이 이 한계보다 많게 생성하려면, 많은 수의 표본기를 생성하기 위한 장치의 지원 단계를 확인하라. 장치가 관리 가능한 표본기의 전체 수는 VkPhysicalDeviceLimits 구조체의 maxSamplerAllocationCount 항목에 포함되며, 이는 vkGetPhysicalDeviceProperties()의 호출로 얻어진다.

VkSamplerCreateInfo의 정의는 다음과 같다.

```
typedef struct VkSamplerCreateInfo {
  VkStructureType sType;
  const void* pNext;
  VkSamplerCreateFlags flags;
  VkFilter magFilter;
  VkFilter minFilter;
  VkSamplerMipmapMode mipmapMode;
  VkSamplerAddressMode addressModeU;
  VkSamplerAddressMode addressModeV;
  VkSamplerAddressMode addressModeW;
  float mipLodBias;
  VkBool32 anisotropyEnable;
  float maxAnisotropy;
  VkBool32 compareEnable;
  VkCompareOp compareOp;
  float minLod;
  float maxLod;
  VkBorderColor borderColor;
  VkBool32 unnormalizedCoordinates;
} VkSamplerCreateInfo;
```

VkSamplerCreateInfo의 sType 항목은 VK_STRUCTURE_TYPE_SAMPLER_CREATE_INFO로 설정해야 하며, pNext는 nullptr이어야 한다. flags 항목은 추후 사용을 위해 예비되었으며 0으로 설정해야 한다.

이미지 필터링

magFilter과 minFilter 항목은 이미지를 확대하거나 축소할 때 사용하는 필터링 방식을 각각 설정한다. 이미지가 확대되거나 축소될 때는 셰이딩되는 근접 픽셀의 표본화 좌표를 비교하여 결정한다. 만약 표본화 좌표의 변화도^{gradient}가 1보다 크면, 이미지는 축소된다. 그렇지 않으면 이는 확대된다. magFilter과 minFilter은 둘 다 VkFilter 열거형의 구성원이다. VkFilter 구성원은 다음과 같다.

- VK_FILTER_NEAREST: 표본화할 때 이미지에서 가장 가까운 텍셀이 선택되고 직접 셰이더로 반환된다.

- VK_FILTER_LINEAR: 텍셀 좌표를 포함한 2x2 공간이 4개의 텍셀의 가중 평균을 계산하는 데 사용되고, 이 평균이 셰이더에 반환된다.

VK_FILTER_NEAREST 방식은 이미지에서 표본화할 때 불칸에게 요청된 좌표에 단순히 가장 가까운 텍셀을 선택하게 한다. 많은 경우에, 이는 각지거나 앨리어싱된 이미지를 생성하여 렌더링 이미지에 일렁이는 효과를 생성한다. VK_FILTER_LINEAR 방식은 불칸에게 표본화시에 선형 필터링을 적용하라고 알려준다.

이미지를 선형 필터링으로 필터링할 때, 요청되는 표본은 1D에서 두 텍셀 중심 사이 어딘가이며, 2D에서 4개의 중심 사이가 된다. 불칸은 주변의 텍셀에서 읽은 뒤에 결과를 각 중심에서의 거리에 기반한 값의 가중 합을 사용해서 합친다. 이는 그림 6.2에 묘사되어 있다. 그림에서, 표본은 x에서 추출되며, 이는 A, B, C, D로 표기된 4개의 텍셀 중심 사이에 위치한다. 텍스처 좌표 {u, v}의 정수 부분에 관계 없이, 텍스처 좌표의 소수점 아래 부분은 {α, β}로 주어진다.

A와 B의 텍셀의 선형 가중 합을 형성하기 위해서, 값은 단순히 다음 관계 따라서 합쳐진다.

$$T_{u0} = \alpha A + (1 - \alpha)B$$

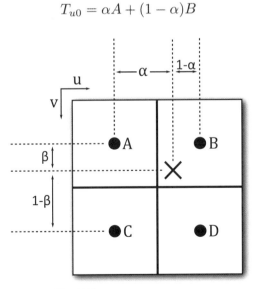

그림 6.2 선형 표본화

이는 다음으로 쓸 수 있다.

$$T_{u0} = B + \alpha(B - A)$$

비슷하게, C와 D의 가중 합은 다음과 같이 형성된다.

$$T_{u1} = \alpha C + (1 - \alpha)D$$

$$T_{u1} = D - \alpha(D - C)$$

두 임시 값 T_{u0}와 T_{u1}은 그 뒤 하나의 값으로 합쳐지며, 비슷한 방식으로 가중합을 얻지만 베타를 사용한다.

$$T = \beta T_{u0} + (1 - \beta)T_{u1}$$

$$T = T_{u1} + \beta(T_{u1} - T_{u0})$$

이는 어느 차원으로도 확장될 수 있지만, 불칸에서 정의된 텍스처 차원은 3까지이다.

밉맵

mipmapMode 항목은 표본화될 때 이미지에서 어떻게 밉맵이 사용되는지를 설정한다. 이는 VkSamplerMipmapMode 열거형의 구성원으로 다음의 의미를 가진다.

- VK_SAMPLER_MIPMAP_MODE_NEAREST: 계산된 상세 단계[level-of-detail]는 가장 가까운 정수로 내림되며, 해당 단계는 밉맵 단계를 선택하는 데 사용된다. 만약 기본 단계에서 표본화를 하면, magFilter에 설정된 필터링 모드가 해당 단계에서 표본화하는 데 사용된다. 아니면 minFilter 필터가 사용된다.
- VK_SAMPLER_MIPMAP_MODE_LINEAR: 계산된 상세 단계는 반올림되며, 두 결과 밉뱁 단계가 표본화된다. 두 결과 텍셀 값은 그 뒤 섞여서 셰이더에 반환된다.

이미지에서 밉맵을 선택하기 위해서, 불칸은 텍스처에서 표본화에 사용하는 좌표의 미분값을 계산한다. 정확한 수학은 불칸 기술 명세서에서 다룬다. 간단히 말해서, 선택된 단계는 각각의 텍스처 좌표 차원의 최대 미분 계수의 log2로 선택된다. 이 단계는 또한 표본기에서 추출되거나 셰이더에서 제공한 매개변수로 조정될 수 있으며, 혹은 셰이더에서 완전히 설정할 수 있다. 어디서 왔느냐에 상관없이 결과는 정확한 정수다.

밉맵 방식이 VK_SAMPLER_MIPMAP_MODE_NEAREST일 때, 선택된 밉맵 단계는 단순히 다음 낮은 정수로 내림 되며, 그 뒤 단일 단계 이미지인 것처럼 표본화된다. 밉맵 모드가 VK_SAMPLER_MIPMAP_MODE_LINEAR이면, 표본은 각각의 다음 낮은 단계와 다음 높은 단계에서 minFilter 항목으로 선택된 필터링 방식을 사용해서 추출되고, 그 뒤 두 표본을 가중 평균을 통해서 합치며, 이는 앞서 선형 표본화에서 합치는 것과 비슷한 방식이다.

기본 단계가 아닌 밉맵에서 표본화하는 과정에서 필터링 방식이 단지 축소에만 사용되는 것을 기억하자. 만약 텍스처 좌표 미분 계수의 log2가 1보다 작으면, 0번째 단계가 선택되고, 그러므로 단일 단계가 표본화를 위해 가용하다. 이는 확대로 알려져 있으며 magFilter에 설정된 필터링 방식은 단지 기본 단계에서 표본화할 때만 사용된다.

VkSamplerCreateInfo의 다음 3개의 항목 addressModeU, addressModeV, addressModeW는 이미지 밖을 표본화하는 텍스처 좌표에 적용하는 변환을 선택하는 데 사용된다. 다음의 방식이 가용하다.

- VK_SAMPLER_ADDRESS_MODE_REPEAT: 텍스처 좌표는 0.0에서 1.0으로 진행되며, 이를 지나면 다시 0.0으로 돌아와서 결과적으로 단지 좌표의 소수점 부분만이 이미지를 표본화하는 데 사용된다. 효과는 이미지가 무제한으로 반복된다.

- VK_SAMPLER_ADDRESS_MODE_MIRRORED_REPEAT: 텍스처 좌표는 0.0에서 1.0으로 보통처럼 진행되며, 그 뒤 1.0에서 2.0 범위에서 소수점 부분이 1.0에서 빼져서 다시 0.0으로 돌아가는 새 좌표를 생성한다. 효과는 일반 텍스처와 거울 이미지가 번갈아가면서 반복된다.

- VK_SAMPLER_ADDRESS_MODE_CLAMP_TO_EDGE: 1.0을 지나는 텍스처 좌표는 1.0으로 잘려나가며, 음수 좌표는 0.0으로 잘려나간다. 이 잘려진 좌표는 이미지를 표본화하는 데 사용된다. 효과는 이미지 가장자리의 텍셀이 이미지 밖을 표본화할 때 사용된다.

- VK_SAMPLER_ADDRESS_MODE_CLAMP_TO_BORDER: 범위 밖의 텍스처를 표본화하는 것은 이미지의 자료가 아닌 경계색의 텍셀을 사용하게 되며, 이는 borderColor 항목에 설정된다.

- VK_SAMPLER_ADDRESS_MODE_MIRROR_CLAMP_TO_EDGE: 이는 처음에는 텍스처 좌표의 단일 거울상을 적용하고 그 뒤에 VK_SAMPLER_ADDRESS_MODE_CLAMP_TO_EDGE를 적용하는 혼합 방식이다.

이미지에 적용되는 각 표본화 주소 방식의 효과는 그림 6.3에 보여진다. 그림에서 좌측 상단 이미지는 VK_SAMPLER_ADDRESS_MODE_REPEAT 주소 방식의 결과를 보여준다. 볼 수 있듯이 텍스처는 단순히 틀에 걸쳐서 반복된다. 우측 상단 이미지는 VK_SAMPLER_ADDRESS_MODE_MIRRORED_REPEAT의 결과를 보여준다. 각 텍스처가 번갈아가면서 반복되면서 X나 Y방향으로 거울상이 된다.

그림 6.3 표본화 방식의 효과

좌측 하단의 이미지는 VK_SAMPLER_ADDRESS_MODE_CLAMP_TO_EDGE 주소 방식을 텍스처에 적용한다. 여기서, 픽셀의 마지막 열이나 행이 표본화 좌표가 텍스처를 벗어났을 때 계속 반복된다. 마지막으로 우측 하단의 이미지는 VK_SAMPLER_

ADDRESS_MODE_CLAMP_TO_BORDER의 결과를 보여준다. 이 텍스처는 검은 경계색으로 생성되었으므로, 텍스처의 밖의 영역의 빈 것처럼 나오지만, 불칸은 사실 이 영역에서 검은 텍셀을 표본화한다. 이는 원래 텍스처를 볼 수 있게 한다.

필터링 방식이 VK_FILTER_LINEAR일 때, 텍스처 좌표를 감싸거나 잘라내는 것은 결과 텍셀을 생성하는 데 사용되는 2x2 공간에서 생성된 좌표에도 적용된다. 이 결과는 이미지가 정말로 감싸지는 것처럼 필터링이 적용된다.

VK_SAMPLER_ADDRESS_MODE_CLAMP_TO_BORDER 필터 방식에 대해서, 텍셀이 경계에서 표본화될 때(예, 이미지 밖을 표본화할 때), 이미지에서 자료를 얻어오지 않고 경계색으로 교체된다. 이 색은 borderColor 항목의 값에 의존한다. 이는 완전한 색 설정이 아니고, VkBorderColor 열거형의 구성원이며, 이는 작은 미리 설정된 색의 집합만 허용한다. 이는 다음과 같다.

- VK_BORDER_COLOR_FLOAT_TRANSPARENT_BLACK: 모든 채널에서 부동소수점 0을 반환

- VK_BORDER_COLOR_INT_TRANSPARENT_BLACK: 모든 채널에서 정수 0을 반환

- VK_BORDER_COLOR_FLOAT_OPAQUE_BLACK: R, G, B 채널에서 부동소수점 0, A에서 부동소수점 1

- VK_BORDER_COLOR_INT_OPAQUE_BLACK: R, G, B 채널에서 정수 0, A에서 정수 1

- VK_BORDER_COLOR_FLOAT_OPAQUE_WHITE: 모든 채널에서 부동소수점 1을 반환

- VK_BORDER_COLOR_INT_OPAQUE_WHITE: 모든 채널에서 정수 1을 반환

- VkSamplerCreateInfo의 mipLodBias 항목은 밉맵 선택 전에 계산된 상세 단계에 더해지는 부동소수점 편향을 설정한다. 이는 상세 단계를 밉맵 연쇄에서 올리거나 내려서 필터링된 결과 텍스처가 더 선명하게 보이거나 흐리게 보이게 할 수 있다.

비등방성 필터링을 사용하고 싶다면, anisotropyEnable을 VK_TRUE로 설정하자. 정확한 비등방성 필터링의 세부사항은 구현에 의존한다. 비등방성 필터링은 일반적

으로 단순히 고정된 2×2 공간을 사용하지 않고 표본화된 영역의 투영된 공간을 고려해서 작동한다. 영역 표본의 근사는 공간에서 많은 표본을 추출해서 형성한다.

추출되는 표본의 수가 매우 많기에, 비등방성 필터링은 성능에 나쁜 영향을 준다. 또한, 극단적인 상황에서, 투영된 공간은 굉장히 커질 수 있으며, 이는 거대한 영역으로 이어져 흐린 필터 결과를 생성한다. 이 효과를 제한하기 위해서, 비등방성의 최댓값을 maxAnisotropy를 1.0과 장치에서 지원하는 최댓값 사이로 설정한다. 이는 vkGetPhysicalDeviceProperties()를 호출하고 포함된 VkPhysicalDeviceLimits 구조체의 maxSamplerAnisotropy 구성원으로 확인할 수 있다.

깊이 이미지에서 표본기가 사용될 때, 이는 비교 연산을 처리하도록 설정되어 이미지에 저장된 순수 값이 아닌 비교의 결과를 반환할 수 있다. 이 방식이 활성화되면, 결과 값은 시험을 통과한 추출된 전체 표본의 일부가 된다. 이는 PCF^percentage closer filtering(근접 비율 필터링)로 알려진 기술의 구현에 사용된다. 이 방식을 활성화하려면 compareEnable을 VK_TRUE로 설정하고, 비교 연산을 compareOp에 설정한다.

compareOp는 VkCompareOp 열거형의 구성원으로 불칸의 많은 곳에서 사용된다. 7장에서 보겠지만, 이는 깊이 시험 연산을 설정하는 데 사용되는 것과 같은 열거형이다. 가용한 연산과 셰이더의 깊이 자원의 접근의 문맥에서 어떻게 해석되는지는 표 6.2에서 볼 수 있다.

표본기는 밉맵을 가진 이미지에서 밉맵 단계의 부분 집합만 표본화하도록 설정할 수 있다. 표본을 위한 밉맵의 범위는 minLod와 maxLod에 설정되며, 이는 표본화할 가장 낮은(가장 높은 해상도) 밉맵과 가장 높은(가장 낮은 해상도) 밉맵을 각각 설정한다. 전체 밉맵 연쇄에서 표본화하기 위해서, minLod을 0.0으로 maxLod를 계산된 세부 단계가 결코 잘리지 않을 정도로 높게 설정하자.

마지막으로 unnormalizedCoordinates가 VK_TRUE로 설정되면, 이미지에서 표본화에 사용되는 좌표가 텍스처 전체의 각 차원에 대해서 0.0과 1.0로 정규화된 값이 아닌 순수 텍셀의 단위를 나타내게 된다. 이는 이미지에서 명시적으로 텍셀을 가져올 수 있게 한다. 하지만 이 방식에는 몇 가지 제한이 있다. unnormalizedCoordinates가 VK_TRUE일 때 minFilter와 magFilter는 반드시 같아야 하며, mipmapMode는 반드시 VK_SAMPLER_MIPMAP_MODE_NEAREST이며, anisotropyEnable와 compareEnable는 반드시 VK_FALSE여야 한다.

표본기를 다 사용한 뒤에, vkDestroySampler()를 호출하여 제거해야 하며, 함수 원형은 다음과 같다.

```
void vkDestroySampler (
  VkDevice device,
  VkSampler sampler,
  const VkAllocationCallbacks* pAllocator);
```

device는 표본기 객체를 소유한 장치이며, sampler는 소멸시킬 표본기 객체다. 만약 주 시스템 메모리 할당자가 표본기를 생성할 때 사용되었다면, 호환되는 할당자가 pAllocator 매개변수에 전달되어야 한다. 그렇지 않으면 pAllocator는 nullptr이어야 한다.

표 6.2 텍스처 비교 함수

함수 VK_COMPARE_OP_...	의미
ALWAYS	비교는 항상 통과한다. 반환 값은 1.0이다.
NEVER	비교는 결코 통과하지 않는다. 반환 값은 0.0이다.
LESS	비교는 만약 셰이더의 참조 값이 이미지의 값보다 작을 때 통과한다.
LESS_OR_EQUAL	비교는 만약 셰이더의 참조 값이 이미지의 값보다 작거나 같을 때 통과한다.
EQUAL	비교는 만약 셰이더의 참조 값이 이미지의 값보다 같을 때 통과한다.
NOT_EQUAL	비교는 만약 셰이더의 참조 값이 이미지의 값보다 같지 않을 때 통과한다.
GREATER	비교는 만약 셰이더의 참조 값이 이미지의 값보다 클 때 통과한다.
GREATER_OR_EQUAL	비교는 만약 셰이더의 참조 값이 이미지의 값보다 크거나 같을 때 통과한다.

❖ 요약

이 장은 불칸이 지원하는 셰이딩 언어인 PIR-V의 기본을 다루었으며, 어떻게 SPIR-V 셰이더 모듈이 불칸에서 사용되고, 어떻게 이 셰이더를 포함한 파이프라인을 생성하는지를 살펴보았다. 계산 셰이더를 어떻게 생성하고 이를 사용해서 계산 파이프라인을 생성하는가를 살펴보고, 그 파이프라인에 작업을 어떻게 실행 처리하고, 자료를 소모하고 생성하기 위해서 어떻게 파이프라인이 자원을 접근하는지를 보았다. 이후 장에서 파이프라인의 개념 위에서 다중 단계를 가진 파이프라인 객체를 생성하고 더 발전된 기능의 사용을 알아본다.

7장 | 그래픽 파이프라인

> **이 장에서 배울 내용**
>
> - 불칸 그래픽 파이프라인이 어떻게 생겼는지
> - 그래픽 파이프라인 객체를 생성하는 방법
> - 불칸으로 그래픽 기본체를 그리는 방법

아마도 불칸의 가장 흔한 사용은 그래픽 API로서의 사용이다. 그래픽은 불칸의 기반 부분이며 거의 모든 시각적 애플리케이션의 핵심을 제공한다. 불칸에서의 그래픽 처리는 디스플레이에 그림을 생성하는 데 필요한 많은 단계에서 그래픽 명령어를 받는 파이프라인으로 볼 수 있다. 이 장은 불칸의 그래픽 파이프라인의 기본을 다루고 첫 그래픽 예제를 소개한다.

❖ 논리적 그래픽 파이프라인

불칸의 그래픽 파이프라인은 생산 라인으로 볼 수 있으며, 파이프라인의 앞에 들어오는 명령어가 단계에서 처리되는 것이다. 각 단계는 변환, 명령어와 관련된 자료 받기, 이를 다른 것으로 변경하는 것을 포함한다. 파이프라인의 끝에서 명령어는 결과 그림을 생성하는 더 풍부한 색의 픽셀로 변환된다.

그래픽 파이프라인의 많은 부분은 선택적이고 비활성화하거나 심지어 불칸 구현에서 지원하지 않을 수도 있다. 파이프라인에서 애플리케이션이 반드시 활성화해야 하는 부분은 정점 셰이더다. 완전한 불칸 그래픽 파이프라인은 그림 7.1에 있다. 하지만, 겁먹지 말자. 이 장에서 각 단계를 소개하고 이어지는 책의 내용에서 더 자세히 다룰 것이다.

다음은 파이프라인의 각 단계의 간략한 설명과 무엇을 하는지다.

- **그리기**: 이는 명령어가 불칸 그래픽 파이프라인에 들어가는 곳이다. 일반적으로, 작은 처리 장치나 불칸 장치 안에서 전용으로 설정한 하드웨어가 명령어 버퍼의 명령어를 해석하여 직접 하드웨어와 상호작용하여 작업을 생성한다.

- **입력 조합**: 이 단계는 정점들의 정보를 포함하는 색인과 정점 버퍼를 읽어서 전송한 그리기를 생성한다.

- **정점 셰이더**: 이는 정점 셰이더가 실행되는 곳이다. 이는 정점의 특성을 입력으로 받고 다음 단계를 위해서 정점 자료를 변환하고 처리하는 준비를 한다.

- **테셀레이션 조절 셰이더**: 이는 프로그래밍 가능한 셰이딩 단계로 테셀레이션 인자를 생성하고 고정 함수 테셀레이션 엔진에 사용되는 다른 패치당 자료를 생성한다.

- **테셀레이션 기본체 생성**: 그림 7.1에서 보이지 않지만, 이는 테셀레이션 조절 셰이더에서 생성한 테셀레이션 인자를 사용해서 패치 기본체를 많은 테셀레이션 처리 셰이더에서 셰이딩하기 위한 준비가 된 더 작고 단순한 기본체로 분해한다.

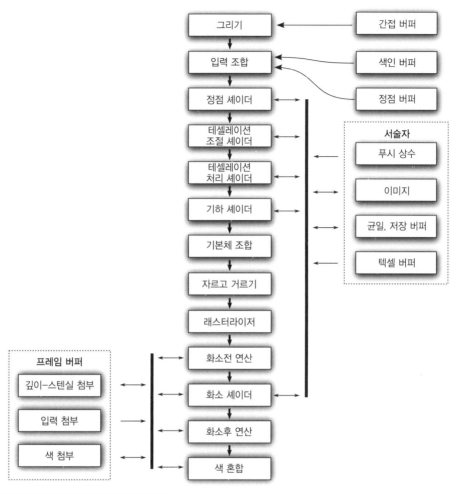

그림 7.1 완전한 불칸 그래픽 파이프라인

- **테셀레이션 처리 셰이더**: 이 셰이딩 단계는 테셀레이션 기본체 생성자가 생성한 각 새로운 정점 마다 수행된다. 이는 정점 셰이더와 비슷하지만 입력되는 정점이 메모리에서 읽은 것이 아닌 생성된 것이다.

- **기하 셰이더**: 이 셰이딩 단계는 전체 기본체에서 동작한다. 기본체는 점, 선, 삼각형, 혹은 추가적인 정점이 이를 둘러 싼 특별한 변종일 수 있다. 이 단계는 또한 기본체 형을 파이프라인 중간에서 바꿀 수 있는 기능을 가진다.

- **기본체 조합**: 이 단계는 정점, 테셀레이션, 기하 단계에서 생성한 정점을 묶어서 레스터라이제이션에 적합한 기본체로 묶는다. 또한 이는 기본체를 거르고 자르고 적절한 시야 영역으로 변환한다.

- **자르고 거르기**: 이 고정 함수 단계는 기본체의 어떤 부분이 결과 이미지에 기여하는지를 결정하고 필요 없는 기본체의 부분을 잘라내고, 잠재적으로 보이는 기본체를 래스터라이저에 보낸다.

- **래스터라이저**: 레스터라이제이션은 불칸의 모든 그래픽의 기반이 되는 핵심이다. 래스터라이저는 여전히 정점의 연속으로 표현된 조합된 기본체를 받아서 개별 화소로 변화시키고, 이는 이미지를 구성하는 픽셀이 된다.

- **화소 전 연산**: 화소에 대한 몇 가지 연산이 위치가 알려지지만 음영이 되기 전에 처리될 수 있다. 이 화소 전 연산은 깊이와 스텐실 시험이 활성화될 경우 이를 포함한다.

- **화소 조합**: 그림에서 보이진 않지만, 화소 조합 단계는 래스터라이저의 출력과 화소당 자료를 받아서 이를 화소 음영 단계로 넘긴다.

- **화소 셰이더**: 이 단계는 파이프라인의 최종 셰이더를 실행하며, 이는 다음에 오는 최종 고정함수 처리 단계로 전달할 자료의 계산을 수행한다.

- **화소 후 연산**: 일부 상황에서 화소 셰이더는 일반적으로 화소전 연산에서 사용하는 자료를 수정한다. 이 경우 해당 화소 전 연산은 화소후 단계로 이동하여 여기서 실행된다.

- **색 혼합**: 색 연산은 화소 셰이더와 화소 후 연산의 최종 결과를 받아서 이를 사용해서 프레임 버퍼를 갱신한다. 색 연산은 혼합과 논리 연산을 포함한다.

말했듯이 많은 상호 관련된 단계들이 그래픽 파이프라인에 있다. 6장에서 소개한 계산 파이프라인과 다르게, 그래픽 파이프라인은 고정 기능의 넓은 선택의 설정 뿐 아니라 추가로 5개의 셰이더 단계를 포함한다. 더욱이, 구현에 따라서 일부 논리적으로 고정 함수 단계는 실제적으로는 최소한 부분적으로는 드라이버가 생성한 셰이더 코드로 구현되어 있다.

그래픽 파이프라인을 불칸에서 객체로서 표현하는 목적은 구현에 파이프라인의 부분을 고정 함수 하드웨어와 프로그램 가능한 셰이더 코어 사이에 옮길 때 필요한 정보를 가능한 많이 제공하기 위해서다. 만약 정보가 같은 객체에서 동시에 모두 가용하지 않으면, 이는 불칸의 일부 구현이 설정 가능한 상태에 기반하여 셰이더를 재컴파일하는 것이 필요하다는 것을 의미한다. 그래픽 파이프라인의 상태의 집합은 이를 방지하기 위해서 신중하게 선택했으며, 상태 전환을 최대한 빠르게 한다. 불칸의 그리의 기본 단위는 정점이다. 정점은 기본체로 묶이며 불칸 파이프라인으로 처리된다. 불칸에서 가장 단순한 그리기 명령어는 vkCmdDraw()이며 함수 원형은 다음과 같다.

```
void vkCmdDraw (
  VkCommandBuffer commandBuffer,
  uint32_t vertexCount,
  uint32_t instanceCount,
  uint32_t firstVertex,
  uint32_t firstInstance);
```

다른 불칸 명령어처럼, vkCmdDraw()는 명령어를 장치에 나중에 실행될 명령어 버퍼에 추가한다. 명령어를 추가할 명령어 버퍼는 commandBuffer에 설정된다. 파이프라인에 넣을 정점의 수는 vertexCount에 설정한다. 만약 정점의 같은 집합을 살짝 다른 매개변수로 반복적으로 그리게 된다면, 인스턴스의 수를 instanceCount에 설정할 수 있다. 이는 인스턴싱으로 알려져 있으며, 이 장의 나중에 다룰 것이다. 지금으로서는 단지 instanceCount를 1로 설정하자. 정점이나 인스턴스를 0이 아닌 곳에서 그리기를 시작할 수 있다. 이를 위해서 firstVertex와 firstInstance를 각각 설정한다. 이 역시 나중에 설명한다. 지금은 두 매개변수를 0으로 놓는다.

무엇을 그릴 수 있기 전에, 반드시 명령어 버퍼에 그래픽 파이프라인을 연결해야만 하며, 그 이전에 반드시 그래픽 파이프라인을 생성해야 한다. 파이프라인을 먼저 연결하지 않고 그리면 정의되지 않은 행동(일반적으로 나쁜)이 생성된다.

`vkCmdDraw()`를 호출할 때, `vertexCount`개의 정점이 생성되고 현재 불칸 그래픽 파이프라인으로 넣어진다. 각 정점에 대해서, 입력 조합이 실행되며, 정점 셰이더가 그 뒤에 실행된다. 불칸이 제공하는 것 이상의 입력을 선언하는 것은 선택적인 부분이지만, 정점 셰이더는 무조건 있어야 한다. 그러므로 가능한 가장 단순한 그래픽 파이프라인은 단지 정점 셰이더만을 가진 것이다.

❖ 렌더패스

불칸 그래픽 파이프라인을 계산 파이프라인과 구분짓는 점 하나는, 일반적으로 그래픽 파이프라인으로 더 처리하거나 사용자에게 보여줄 이미지에 픽셀을 렌더링하는 데 사용한다. 복잡한 그래픽 애플리케이션에서 그림은 여러 패스로 생성되며, 각 패스는 장면의 다른 부분을 생성하고, 포스트프로세스나 조합 같은 전체 프레임 효과를 적용하거나, 사용자 인터페이스를 렌더링하는 등의 일을 처리한다.

이런 패스는 불칸에서 렌더패스 객체로 표현된다. 단일 렌더패스 객체는 다중 패스나 출력 이미지의 단일 집합에 대한 렌더링 단계를 캡슐화한다. 렌더링패스 안의 각 패스는 세부 패스로 알려진다. 렌더패스 객체는 많은 세부 패스를 포함할 수 있지만, 단일 출력 이미지에 대해서 단지 단일 패스만을 가지는 단순한 애플리케이션에서도 렌더패스 객체는 출력 이미지에 대한 정보를 가진다.

모든 그리기는 반드시 렌더패스 안에 포함되어야 한다. 더욱이 그래픽 파이프라인은 어디에 렌더링을 하는지를 알아야 한다. 그러므로 그래픽 파이프라인을 생성하기 전에 렌더패스 객체를 생성하는 것이 필요하며, 그리하여 파이프라인에 생성하는 이미지에 대해 알려줄 수 있다. 렌더패스는 13장에서 매우 자세히 다룬다. 이 장에서는 가능한 가장 단순한 렌더패스 객체를 생성해서 이미지에 렌더링할 수 있게 한다.

렌더패스 객체를 생성하기 위해서 `vkCreateRenderPass()`를 호출하며, 함수 원형은 다음과 같다.

```
VkResult vkCreateRenderPass (
  VkDevice device,
  const VkRenderPassCreateInfo* pCreateInfo,
  const VkAllocationCallbacks* pAllocator,
  VkRenderPass* pRenderPass);
```

vkCreateRenderPass()의 device 매개변수는 렌더패스 객체를 생성할 장치이며, pCreateInfo는 렌더패스를 정의하는 구조체를 가리킨다. 이는 VkRenderPassCreateInfo 구조체의 인스턴스로, 정의는 다음과 같다.

```
typedef struct VkRenderPassCreateInfo {
  VkStructureType sType;
  const void* pNext;
  VkRenderPassCreateFlags flags;
  uint32_t attachmentCount;
  const VkAttachmentDescription* pAttachments;
  uint32_t subpassCount;
  const VkSubpassDescription* pSubpasses;
  uint32_t dependencyCount;
  const VkSubpassDependency* pDependencies;
} VkRenderPassCreateInfo;
```

VkRenderPassCreateInfo의 sType 항목은 반드시 VK_STRUCTURE_TYPE_RENDERPASS_CREATE_INFO로 설정돼야 하며, pNext는 nullptr로 설정돼야 한다. Flags 항목은 미래를 위해 예비되었으며 0으로 설정해야 한다.

pAttachments는 attachmentCount개의 VkAttachmentDescription 구조체를 가진 포인터로, 이는 렌더패스에 연결된 첨부를 정의한다. 이 구조체의 각각은 렌더패스에서 하나 이상의 세부 패스에서 입력, 출력, 혹은 둘 다로 사용되는 단일 이미지를 정의한다. 만약 렌더패스에서 정말로 어떤 첨부도 연결되어 있지 않다면, attachmentCount를 0으로 하고 pAttachments를 nullptr로 설정한다. 하지만 일부 발전된 사용 상황 외에는 거의 모든 그래픽 파이프라인이 최소한 하나의 첨부를 사용한다. VkAttachmentDescription의 정의는 다음과 같다.

```
typedef struct VkAttachmentDescription {
  VkAttachmentDescriptionFlags flags;
  VkFormat format;
  VkSampleCountFlagBits samples;
```

```
VkAttachmentLoadOp loadOp;
VkAttachmentStoreOp storeOp;
VkAttachmentLoadOp stencilLoadOp;
VkAttachmentStoreOp stencilStoreOp;
VkImageLayout initialLayout;
VkImageLayout finalLayout;
} VkAttachmentDescription;
```

flags 항목은 불칸에 첨부에 대한 추가적인 정보를 제공한다. 오로지 정의된 비트는 VK_ATTACHMENT_DESCRIPTION_MAY_ALIAS_BIT이며, 설정될 경우 첨부가 같은 렌더패스에서 참조된 다른 첨부와 같은 메모리를 사용할 수 있다고 알려준다. 이는 불칸이 해당 첨부를 불일치하게 만들 자료를 생성하지 않도록 한다. 이 비트는 메모리가 가장 귀한 상황이라 사용을 최적화하려고 하는 일부 발전된 사용 상황에서 사용할 수 있다. 대부분의 경우 flags는 0으로 설정할 수 있다.

Format 항목은 첨부의 형식을 설정한다. 이는 VkFormat 열거형의 하나로 첨부에 사용된 이미지의 형식과 일치해야 한다. 비슷하게, samples은 이미지의 표본의 수를 알려주며 다중 표본화에 사용된다. 다중 표본화가 사용되지 않을 경우 samples을 VK_SAMPLE_COUNT_1_BIT로 설정한다.

다음의 4개 항목은 렌더패스의 시작과 끝에서 첨부로 무엇을 할지 알려준다. 부르기 연산은 불칸에게 렌더패스가 시작할 때 첨부에 무엇을 해야 할 지 알려준다. 이는 다음의 값 중 하나로 설정할 수 있다.

- VK_ATTACHMENT_LOAD_OP_LOAD는 첨부가 이미 자료를 가지고 있으며 이에 계속 렌더링하기를 원하는 것이다. 이는 불칸이 첨부의 내용을 렌더패스가 시작될 때 유효한 것으로 간주하게 한다.

- VK_ATTACHMENT_LOAD_OP_CLEAR는 불칸에게 렌더패스 시작 시 첨부를 비우기를 원한다고 알려주는 것이다. 첨부를 비우려는 색은 렌더패스 시작되고 설정된다.

- VK_ATTACHMENT_LOAD_OP_DONT_CARE는 렌더패스의 시작에서 첨부의 내용에 관심이 없으므로 불칸이 원하시는 대로 처리할 수 있는 것이다. 명시적으로

첨부를 비울 계획이 있거나, 렌더패스 안에서 첨부의 내용을 바꿀 것이라고 알 경우 이를 사용한다.

비슷하게, 저장 연산은 불칸에게 렌더패스가 끝날 때 첨부의 내용에 하고 싶은 것을 알려준다. 이는 다음의 값 중 하나로 설정된다.

- VK_ATTACHMENT_STORE_OP_STORE는 불칸에게 이후 사용을 위해서 첨부의 내용을 유지하라고 알려주며, 이는 보통 이들을 메모리를 쓰는 것을 의미한다. 보통 사용자에게 이미지를 보여주거나, 나중에 읽거나, 다른 렌더패스에서 첨부를 사용하는(VK_ATTACHMENT_LOAD_OP_LOAD 부르기 연산으로) 경우이다.
- VK_ATTACHMENT_STORE_OP_DONT_CARE는 렌더패스가 끝난 뒤에 내용이 필요 없다는 것을 알려준다. 이는 보통 임시 저장소나 깊이나 스텐실 버퍼에 사용된다.

만약 첨부가 깊이-스텐실 첨부로 합쳐지면, 그 뒤 stencilLoadOp나 stencilStoreOp 항목은 불칸에게 첨부의 스텐실 부분에 무엇을 할지 알려주며, (정규 loadOp와 loadOp 항목은 첨부의 깊이 부분에 무엇이 일어날지 설정한다), 이는 깊이 부분과 다를 수 있다.

initialLayout과 finalLayout 항목은 불칸에게 렌더패스가 시작될 때 이미지가 어떤 배치로 있을지와 렌더패스가 끝날 때 어떤 배치로 남아있을지 알려준다. 렌더패스 객체가 자동적으로 이미지를 초기 배치로 옮기지 않는다는 것을 기억하자. 이는 렌더패스가 사용될 때 이미지가 있기를 기대하는 배치이다. 렌더패스는 완료된 이후에는 최종 배치로 이미지를 옮긴다.

방벽을 사용해서 명시적으로 이미지를 배치에서 다른 배치로 옮길 수 있으며, 가능한 경우 레던패스 안에서 배치를 변경하는 것이 최고 좋다. 이는 불칸에게 렌더패스의 각 부분에 대한 정확한 배치를 선택할 수 있는 최고의 기회를 제공하며, 다른 렌더링 과정 중에 병렬로 이미지의 배치를 이동해야 하는 연산을 처리할 수 있다. 일반적인 이 항목과 렌더패스의 발전된 사용법은 13장에서 다룬다.

렌더패스에서 사용하려고 하는 모든 첨부를 정의한 뒤에, 모든 세부 패스를 정의해야 한다. 각 세부 패스는 여러 첨부를 입력이나 출력으로 참조한다 (pAttachments에 넘긴 배열에서). 이 서술은 VkSubpassDescription 구조체의 배열에 설정되며, 렌더패스의 각각의 세부 패스에 대해서다. VkSubpassDescription의 정의는 다음과 같다.

```
typedef struct VkSubpassDescription {
  VkSubpassDescriptionFlags flags;
  VkPipelineBindPoint pipelineBindPoint;
  uint32_t inputAttachmentCount;
  const VkAttachmentReference* pInputAttachments;
  uint32_t colorAttachmentCount;
  const VkAttachmentReference* pColorAttachments;
  const VkAttachmentReference* pResolveAttachments;
  const VkAttachmentReference* pDepthStencilAttachment;
  uint32_t preserveAttachmentCount;
  const uint32_t* pPreserveAttachments;
} VkSubpassDescription;
```

VkSubpassDescription의 flags 항목은 추후 사용을 위해 예비되어 있으며 09로 설정해야 한다. 또한 불칸의 현재 버전은 렌더패스를 오로지 그래픽에서만 지원하며, 그러므로 pipelineBindPoint는 VK_PIPELINE_BIND_POINT_GRAPHICS로 설정해야 한다. 남은 항목은 세부 패스에서 사용되는 첨부를 설명한다. 각 세부 패스는 여러 입력 첨부를 가질 수 있으며, 자료를 읽을 수 있는 첨부이다. 색 첨부는 출력으로 쓸 수 있는 첨부이다. 깊이-스텐실 첨부는 깊이와 스텐실 버퍼로 사용될 수 있다. 이 첨부는 pInputAttachments, pColorAttachments, pDepthStencilAttachment 항목에 각각 설정된다. 입력과 색 첨부의 수는 inputAttachmentCount와 colorAttachmentCount에 각각 설정된다. 오직 하나의 깊이-스텐실 첨부가 있으며, 이 매개변수는 배열이 아니므로 관련된 개수가 없다.

단일 세부 패스가 렌더링할 수 있는 색 첨부의 최대 수는 장치의 VkPhysicalDeviceLimits 구조체의 maxColorAttachments를 조사하여 확인할 수 있으며, 이는 vkGetPhysicalDeviceProperties()의 호출로 얻을 수 있다.

maxColorAttachments는 최소한 4로 보장되어 있으며, 만약 이 수보다 더 많이 사용하지 않는 다면 한계를 확인할 필요가 없다. 하지만 많은 구현이 이보다 더 많은 한계를 지원하므로, 더 개선된 알고리즘을 더 적은 패스에서 더 많은 출력에 한 번에 그래서 처리할 수 있다.

각각의 인자는 단일 VkAttachmentReference 구조체에 대한 포인터이거나 이들의 배열이며, pAttachments에 설정된 첨부 중 하나에 대한 참조를 형성한다. VkAttachmentReference의 정의는 다음과 같다.

각각의 첨부 참조는 attachment의 첨부 배열의 색인과 이 세부 패스에서 기대하는 첨부의 이미지 배치를 포함한 단순한 구조체이다. 입력과 출력 첨부 참조에 더하여, 참조의 두 추가 집합은 각 세부 패스에서 제공된다.

우선, pResolveAttachments로 설정되는 표본 처리^{resolve} 첨부는 다중 표본 이미지 자료가 표본 처리되는 첨부이다. 이 첨부는 pColorAttachments에 설정한 색 첨부에 대응하며, 표본 처리 첨부의 수는 colorAttachmentCount에 설정된 수와 일치한다고 가정한다.

pColorAttachments의 요소 중 하나가 다중 표본 이미지라면, 렌더패스가 완료된 뒤에 최종 표본 처리 이미지가 필요하며, 불칸에게 해당 이미지를 렌더패스의 일부로서 표본 처리하도록 요청할 수 있으며, 원래 다중 표본 자료를 버릴 수도 있다. 이를 위해서 다중 표본 색 첨부의 저장 연산을 VK_ATTACHMENT_STORE_OP_DONT_CARE로 하고, 단일 표본 첨부를 pResolveAttachments에 대응하는 요소에 설정한다. 표본 처리 첨부에 대한 저장 연산은 VK_ATTACHMENT_STORE_OP_STORE로 설정해야 하며, 이는 불칸이 단일 표본 자료를 유지하지만 원래 다중 표본 자료를 버리게 한다.

두 번째로 만약 세부 패스 사이에 생존하기를 원하는 첨부가 있지만 세부 패스에서 직접적으로 참조되지 않는 다면, 이를 pPreserveAttachments 배열에 참조할 수 있다. 이 참조는 불칸이 해당 첨부의 내용을 교란할 수 있는 어떤 최적화도 생성하지 않게 방지한다.

렌더패스에 하나 초과의 세부 패스가 있다면, 불칸은 어떤 세부 패스가 다른 세부 패스에 의존적인지 첨부 참조를 따라가면서 각각의 세부 패스가 의존하는 입력과 출력을 보아서 알 수 있다. 하지만 이 의존관계가 단순 입력에서 출력 관계로 쉽게 표현되지 않는다. 이는 일반적으로 하나의 세부 패스가 직접 이미지나 버퍼 같은 자원에 쓰고, 이후의 세부 패스가 이 자료를 다시 읽을 때 일어난다. 불칸은 이를 자동으로 확인해주지 않으므로, 반드시 해당 의존관계정보를 명시해야 한다. 이는 VkRenderPassCreateInfo의 pDependencies 구성원을 사용해서 처리되며, dependencyCount개의 VkSubpassDependency 구조체의 배열에 대한 포인터이다. VkSubpassDependency의 정의는 다음과 같다.

```
typedef struct VkSubpassDependency {
  uint32_t srcSubpass;
  uint32_t dstSubpass;
  VkPipelineStageFlags srcStageMask;
  VkPipelineStageFlags dstStageMask;
  VkAccessFlags srcAccessMask;
  VkAccessFlags dstAccessMask;
  VkDependencyFlags dependencyFlags;
} VkSubpassDependency;
```

각 의존관계는 원본 세부 패스(자료의 생산자)와 대상 세부 패스(자료의 소비자)의 참조이며, srcSubpass와 srcSubpass에 각각 설정되어 있다. 둘 다 렌더패스를 생성하는 세부 패스의 배열에 대한 색인이다. srcStageMask는 자료를 생성한 원본 세부 패스의 파이프라인 단계를 설정하는 비트필드다. 비슷하게, dstStageMask는 자료를 소비하는 대상 세부 패스의 단계를 설정하는 비트필드다.

srcAccessMask와 dstAccessMask 항목은 또한 비트필드다. 이들은 어떻게 각 원본과 대상 세부 패스가 자료를 접근하는지를 설정한다. 예를 들어, 원본 단계가 이미지 저장을 정점 셰이더에서 처리하거나, 색 첨부를 정규 화소 셰이더 출력을 통해서 쓸 수 있다. 그 동안 대상 세부 패스는 입력 첨부나 이미지 부르기를 사용해서 읽을 수 있다.

단일 세부 패스, 단일 출력 첨부와 외부 의존관계가 없는 단순 렌더패스의 생성을 위해서, 자료 구조는 대부분 비어있다. 코드 7.1은 어떻게 이 설정의 단순 렌더패스를 설정하는지 보여준다.

코드 7.1 단순 렌더패스 생성

```
// 이는 사용하는 색 첨부이다. 이는 R8G8B8A8_UNORM 단일 표본 이미지이다.
// 렌더패스 시작에 이를 비우고 처리된 뒤에 내용을 저장하고자 한다. 이는 UNDEFINED 배치로
// 시작하며, 이는 불칸이 오래된 내용을 버리게 하는 핵심이며, 또한 처리된 뒤에
// COLOR_ATTACHMENT_OPTIMAL 상태로 이를 유지하길 원한다.
static const VkAttachmentDescription attachments[] =
{
  {
    0,                                      // flags
    VK_FORMAT_R8G8B8A8_UNORM,               // format
    VK_SAMPLE_COUNT_1_BIT,                  // samples
    VK_ATTACHMENT_LOAD_OP_CLEAR,            // loadOp
    VK_ATTACHMENT_STORE_OP_STORE,           // storeOp
    VK_ATTACHMENT_LOAD_OP_DONT_CARE,        // stencilLoadOp
    VK_ATTACHMENT_STORE_OP_DONT_CARE,       // stencilStoreOp
    VK_IMAGE_LAYOUT_UNDEFINED,              // initialLayout
    VK_IMAGE_LAYOUT_COLOR_ATTACHMENT_OPTIMAL // finalLayout
  }
};

// 이는 단일 첨부에 대한 단일 참조이다.
static const VkAttachmentReference attachmentReferences[] =
{
  {
    0,                                      // attachment
    VK_IMAGE_LAYOUT_COLOR_ATTACHMENT_OPTIMAL // layout
  }
};

// 이 렌더패스 안에 세부 패스가 하나 있으며, 오직 단일 출력 첨부에 대한 참조를 가진다.
static const VkSubpassDescription subpasses[] =
{
  {
    0,                                  // flags
    VK_PIPELINE_BIND_POINT_GRAPHICS,    // pipelineBindPoint
    0,                                  // inputAttachmentCount
    nullptr,                            // pInputAttachments
    1,                                  // colorAttachmentCount
```

```
    &attachmentReferences[0],          // pColorAttachments
    nullptr,                           // pResolveAttachments
    nullptr,                           // pDepthStencilAttachment
    0,                                 // preserveAttachmentCount
    nullptr                            // pPreserveAttachments
  }
};

// 최종적으로, 이는 불칸이 렌더패스를 생성하는 데 필요한 정보이다.
static VkRenderPassCreateInfo renderpassCreateInfo =
{
  VK_STRUCTURE_TYPE_RENDER_PASS_CREATE_INFO, // sType
  nullptr,                                   // pNext
  0,                                         // flags
  1,                                         // attachmentCount
  &attachments[0],                           // pAttachments
  1,                                         // subpassCount
  &subpasses[0],                             // pSubpasses
  0,                                         // dependencyCount
  nullptr                                    // pDependencies
};

VkRenderPass renderpass = VK_NULL_HANDLE;
// 실행되는 유일한 코드는 이 단일 호출로, 이는 렌더패스 객체를 생성한다.
vkCreateRenderPass(device,
  &renderpassCreateInfo,
  nullptr,
  &renderpass);
```

코드 7.1에서 단순 렌더패스를 VK_FORMAT_R8G8B8A8_UNORM 형식의 단일 색 참조로 설정하며, 깊이-스텐실 첨부와 의존관계가 없다. 보기엔 많은 양의 코드로 보이지만, 이는 대부분의 항목을 사용하지 않아도 전체 자료 구조를 설정해야 하기 때문이다. 애플리케이션이 더 복잡해져도, 써야 하는 코드의 양은 실제로 대응해서 증가하지 않는다. 더욱이 구조체가 상수이므로 코드 7.1에서의 실행되는 코드의 양은 최소이다.

물론, 렌더패스 객체를 사용해서 처리할 때, 이를 소멸시켜야 한다. 이를 위해서는 vkDestroyRenderPass()를 호출해야 하며, 이의 함수 원형은 다음과 같다.

```
void vkDestroyRenderPass (
  VkDevice device,
  VkRenderPass renderPass,
  const VkAllocationCallbacks* pAllocator);
```

device는 렌더패스를 생성한 장치이며, renderPass는 소멸시키려는 렌더패스 객체에 대한 핸들이다. 만약 주 시스템 메모리 할당자가 렌더패스를 생성하는 데 사용된다면, pAllocator는 호환되는 할당자를 가리켜야 한다. 그렇지 않으면 pAllocator는 nullptr여야 한다.

❖ 프레임 버퍼

프레임 버퍼는 그래픽 파이프라인이 렌더링하는 이미지의 집합을 표현하는 객체이다. 이는 파이프라인의 마지막 몇 개의 단계에 영향을 준다. 깊이와 스텐실 시험, 혼합, 논리 연산, 다중 표본화 등이다. 프레임 버퍼 객체는 렌더패스에 대한 참조를 사용하여 생성되었고 비슷한 배열의 첨부를 가진 어떤 렌더패스와도 사용할 수 있다.

프레임 버퍼 객체를 생성하기 위해서 vkCreateFramebuffer()를 호출하며, 이의 함수 원형은 다음과 같다.

```
VkResult vkCreateFramebuffer (
  VkDevice device,
  const VkFramebufferCreateInfo* pCreateInfo,
  const VkAllocationCallbacks* pAllocator,
  VkFramebuffer* pFramebuffer);
```

프레임 버퍼 객체를 생성하는 데 사용된 장치는 device에 전달되며, 새 프레임 버퍼 객체를 설정하는 데 남은 매개변수는 pCreateInfo에 VkFramebufferCreateInfo 구조체의 인스턴스의 포인터로 전달된다. VkFramebufferCreateInfo의 정의는 다음과 같다.

```
typedef struct VkFramebufferCreateInfo {
  VkStructureType sType;
  const void* pNext;
  VkFramebufferCreateFlags flags;
  VkRenderPass renderPass;
  uint32_t attachmentCount;
  const VkImageView* pAttachments;
  uint32_t width;
  uint32_t height;
  uint32_t layers;
} VkFramebufferCreateInfo;
```

VkFramebufferCreateInfo의 sType 항목은 VK_STRUCTURE_TYPE_FRAMEBUFFER_CREATE_INFO로 설정돼야 하며, pNext는 nullptr로 설정돼야 한다. flags 항목은 예비되어 있으며 0으로 설정돼야 한다.

생성되는 프레임 버퍼와 호환되는 렌더패스 객체에 대한 핸들은 renderPass에 전달되어야 한다. 프레임 버퍼 객체와 호환성에 대해서, 두 렌더패스는 만약 첨부의 참조가 같으면 호환 가능하다.

프레임 버퍼 객체로 연결될 이미지의 집합은 VkImageView 핸들의 배열을 통해서 전달되며, pAttachments에 전달된다. pAttachments의 이미지의 수는 attachmentCount에 설정된다. 렌더패스를 구성하는 패스는 이미지 첨부에 대한 참조를 생성하며, 이 참조는 pAttachments에 설정된 배열 안의 색인에 설정된다. 만약 특정 렌더패스가 일부 첨부를 사용하지 않는 것을 알지만, 프레임 버퍼를 여러 렌더패스 객체와 호환되게 하고 싶거나 애플리케이션의 이미지의 배치를 일관되게 하고 싶다면, pAttachments의 일부 이미지 핸들은 VkNullHandle이 될 수 있다.

비록 프레임 버퍼의 이미지의 각각이 고유 너비, 높이, (배열 이미지의 경우) 레이어 수를 가지고 있지만, 반드시 프레임 버퍼의 차원을 설정해야 한다. 이 차원은 VkFramebufferCreateInfo 구조체의 width, height, layers 항목으로 전달된다. 일부 이미지의 바깥인 프레임 버퍼의 영역에 렌더링하는 것은 이미지의 바깥인 이미지들에겐 렌더링되지 않으나 이미지의 해당 영역을 가진 경우 계속 렌더링된다.

프레임 버퍼의 최대 지원하는 크기는 장치 의존적이다. 프레임 버퍼의 지원하는 차원을 확인하기 위해서 장치의 `VkPhysicalDeviceLimits` 구조체의 `maxFramebufferWidth`, `maxFramebufferHeight`, `maxFramebufferLayers` 항목을 확인한다. 이는 각각 프레임 버퍼의 최대 지원 너비, 높이, 레이어 수를 제공한다. 지원하는 너비와 높이는 최소 4,096픽셀로 보장되어 있으며, 지원되는 레이어의 수는 최소 256이다. 하지만 대부분 데스크탑 수준의 하드웨어는 너비와 높이의 16,384픽셀과 2,048 레이어를 지원한다.

프레임 버퍼를 첨부가 아예 없이 생성하는 것도 가능하다. 이는 첨부 없는 프레임 버퍼로 알려져 있다. 이 경우 프레임 버퍼의 차원은 오로지 width, height, layers 항목으로 정해진다. 이 형식의 프레임 버퍼는 보통 이미지 저장의 처리나 거르기 질의 등 다른 부작용^{side effect}을 가진 화소 셰이더에 사용되며, 이는 렌더링의 다른 측면을 측정할 수 있으나 렌더링의 결과가 어디에도 저장될 필요가 없다.

만약 `vkCreateFramebuffer()`가 성공적이면, 새 `VkFramebuffer` 핸들을 `pFramebuffer`가 가리키는 변수에 쓰게 된다. 만약 이가 주 시스템 메모리를 요구하게 되면, 이는 `pAllocator`가 가리키는 할당자를 사용해서 할당한다. 만약 `pAllocator`가 `nullptr`이 아니면 프레임 버퍼가 소멸될 때 호환되는 할당자가 사용되어야 한다.

8장에서 볼 것인 데, 프레임 버퍼에 첨부된 이미지에 그리기 위해서 프레임 버퍼 객체를 렌더패스와 접합하여 사용할 수 있다. 프레임 버퍼의 사용이 끝나면, `vkDestroyFramebuffer()`를 호출하여 소멸시킬 수 있으며, 이의 함수 원형은 다음과 같다.

```
void vkDestroyFramebuffer (
  VkDevice device,
  VkFramebuffer framebuffer,
  const VkAllocationCallbacks* pAllocator);
```

device는 프레임 버퍼 객체를 생성한 장치이며, framebuffer는 소멸하는 프레임 버퍼 객체의 핸들이다. 만약 주 시스템 메모리 할당자가 프레임 버퍼를 할당하는 데 사용되면, 호환되는 할당자가 pAllocator 객체를 통해서 전달될 수 있다.

프레임버터 객체의 소멸은 프레임버터에 첨부된 어떤 이미지에도 영향을 주지 않는다. 이미지는 동시에 여러 프레임 버퍼에 첨부될 수 있으며, 동시에 프레임 버퍼에 첨부되는 등 다양한 방식으로 사용될 수 있다. 하지만 심지어 이미지가 소멸되지 않더라도, 프레임 버퍼는 장치에서의 명령어 버퍼에서의 어떤 접근을 포함해서도 사용해선 안 된다. 프레임 버퍼가 소멸된 이후에 프레임 버퍼를 참조하는 어떤 명령어 버퍼도 제출되었을 경우 수행이 완료되어야 하며, 제출되지 않도록 보장해야 한다.

❖ 단순 그래픽 파이프라인의 생성

그래픽 파이프라인의 생성은 6장에서 설명한 계산 파이프파인 생성과 비슷한 방식을 따른다. 하지만 보았듯이 그래픽 파이프라인은 많은 음영 단계과 고정함수 처리 구획을 포함하므로, 그래픽 파이프라인의 서술은 이에 대응하여 훨씬 더 복잡하다. 그래픽 파이프라인은 vkCreateGraphicsPipelines()를 호출하여 생성되며, 함수 원형은 다음과 같다.

```
VkResult vkCreateGraphicsPipelines (
  VkDevice device,
  VkPipelineCache pipelineCache,
  uint32_t createInfoCount,
  const VkGraphicsPipelineCreateInfo* pCreateInfos,
  const VkAllocationCallbacks* pAllocator,
  VkPipeline* pPipelines);
```

볼 수 있듯이 vkCreateGraphicsPipelines()의 함수 원형은 vkCreateCompute Pipelines()와 유사하다. 이는 장치(device), 파이프라인 캐시에 대한 핸들 (pipelineCache), createInfo의 구조체의 배열과 정해진 배열의 구조체의 수 (pCreateInfos와 createInfoCount)를 받는다. 이는 함수의 실질적인 핵심이다.

VkGraphicsPipelineCreateInfo는 크고 복잡한 구조체로, 이는 생성되어야 하는 다른 객체에 대한 핸들을 비롯한 여러 다른 구조체의 포인터를 포함한다. VkGraphicsPipelineCreateInfo의 정의는 다음과 같다.

```
typedef struct VkGraphicsPipelineCreateInfo {
  VkStructureType sType;
  const void* pNext;
  VkPipelineCreateFlags flags;
  uint32_t stageCount;
  const VkPipelineShaderStageCreateInfo* pStages;
  const VkPipelineVertexInputStateCreateInfo* pVertexInputState;
  const VkPipelineInputAssemblyStateCreateInfo* pInputAssemblyState;
  const VkPipelineTessellationStateCreateInfo* pTessellationState;
  const VkPipelineViewportStateCreateInfo* pViewportState;
  const VkPipelineRasterizationStateCreateInfo* pRasterizationState;
  const VkPipelineMultisampleStateCreateInfo* pMultisampleState;
  const VkPipelineDepthStencilStateCreateInfo* pDepthStencilState;
  const VkPipelineColorBlendStateCreateInfo* pColorBlendState;
  const VkPipelineDynamicStateCreateInfo* pDynamicState;
  VkPipelineLayout layout;
  VkRenderPass renderPass;
  uint32_t subpass;
  VkPipeline basePipelineHandle;
  int32_t basePipelineIndex;
} VkGraphicsPipelineCreateInfo;
```

미리 경고했듯이 VkGraphicsPipelineCreateInfo는 거대한 구조체로 많은 세부구조체가 포인터로 참조된다. 하지만 이를 구획으로 나누는 것은 충분히 쉬우며, 많은 추가적인 생성 정보는 선택적이며 nullptr로 남겨둘 수 있다. 모든 다른 불칸 생성 정보 구조체와 같이, VkGraphicsPipelineCreateInfo는 sType 항목과 pNext 항목으로 시작한다. VkGraphicsPipelineCreateInfo의 sType은 VK_GRAPHICS_PIPELINE_CREATE_INFO이며, pNext는 확장에서 사용하지 않는 한 nullptr로 남겨둔다.

flags 항목은 어떻게 파이프라인이 사용될지에 대한 정보를 포함한다. 3가지 플래그는 불칸의 현재 버전에 정의되어 있으며, 이들의 의미는 다음과 같다.

- VK_PIPELINE_CREATE_DISABLE_OPTIMIZATION_BIT는 불칸에게 이 파이프라인 이 성능-핵심 애플리케이션에서 사용되지 않을 것이며, 불칸이 파이프라인 을 최적화하는 데 시간을 많이 사용하는 것보다 실행 준비된 파이프라인 객체를 더 빨리 받는 것을 선호한다는 것이다. 이는 스플래시 화면의 표시나 사용자 인터페이스 요소같이 빨리 표시하려고 하는 단순한 셰이더 등에 사용할 수 있다.

- VK_PIPELINE_CREATE_ALLOW_DERIVATIVES_BIT와 VK_PIPELINE_CREATE_ DERIVATIVE_BIT는 파생 파이프라인에 사용된다. 이는 비슷한 파이프라인 을 묶어서 불칸에게 이 사이를 빠르게 변경할 수 있는 것을 알려준다. VK_ PIPELINE_CREATE_ALLOW_DERIVATIVES_BIT 플래그는 불칸에게 새 파이프 라인의 파생을 생성하기 원한다는 것을 알려주며, VK_PIPELINE_CREATE_ DERIVATIVE_BIT는 불칸에게 이 파이프라인 파이프라인임을 알려준다.

그래픽 셰이더 단계

VkGraphicsPipelineCreateInfo 구조체의 다음 두 항목 stageCount와 pStages 는 파이프라인에 셰이더를 전달하는 곳이다. pStages는 stageCount개의 VkPipelineShaderStageCreateInfo 구조체의 배열로, 각각이 음영 단계를 설정한 다. 이는 VkComputePipelineCreateInfo의 정의에서 본 것과 같은 구조체로, 다만 이의 배열을 가진 것이 다르다. VkPipelineShaderStageCreateInfo의 정의는 다음과 같다.

```
typedef struct VkPipelineShaderStageCreateInfo {
  VkStructureType sType;
  const void* pNext;
  VkPipelineShaderStageCreateFlags flags;
  VkShaderStageFlagBits stage;
  VkShaderModule module;
  const char* pName;
  const VkSpecializationInfo* pSpecializationInfo;
} VkPipelineShaderStageCreateInfo;
```

모든 그래픽 파이프라인은 반드시 최소 하나의 정점 셰이더를 가져야 하며, 정점 셰이더는 항상 파이프라인의 첫 음영 단계이다. 그러므로 VkGraphicsPipeline CreateInfo의 pStages는 정점 셰이더를 설명하는 VkPipelineShaderStage CreateInfo를 가리킨다. VkPipelineShaderStage CreateInfo 구조체의 매개변수는 6장에서 계산 파이프라인을 생성하는 데 사용한 것과 같은 의미를 가진다. Module은 최소 하나의 정점 셰이더를 가진 셰이더 모듈이어야 하며, pName은 이 모듈의 정점 셰이더의 이름이어야 한다.

우리의 단순 파이프라인에서 불칸 그래픽 파이프라인의 대부분의 단계를 사용하지 않으므로, 대부분의 VkGraphicsPipelineCreateInfo 구조체의 다른 부분을 기본값이나 nullptr로 설정한다. layout 항목은 VkComputePipelineCreateInfo 구조체의 layout 항목과 같으며 이 파이프라인 배치가 사용하는 자원을 설정한다.

구조체의 renderPass 항목을 코드 7.1에서 앞서 생성한 렌더패스 객체의 핸들로 설정할 수 있다. 렌더패스에 하나의 세부 패스만 있으므로 subpass를 0으로 설정한다.

코드 7.2는 단일 정점 셰이더만 가진 그래픽 파이프라인을 생성하는 최소 예제를 보여준다. 이는 길지만 구조체의 대부분이 실제로 파이프라인에 사용되지 않아 기본값이다. 이 구조체는 이후 문단에서 설명할 것이다.

코드 7.2 단순 그래픽 파이프라인 생성

```
VkPipelineShaderStageCreateInfo shaderStageCreateInfo =
{
  VK_STRUCTURE_TYPE_PIPELINE_SHADER_STAGE_CREATE_INFO, // sType
  nullptr,                          // pNext
  0,                                // flags
  VK_SHADER_STAGE_VERTEX_BIT,       // stage
  module,                           // module
  "main",                           // pName
  nullptr                           // pSpecializationInfo
};

static const
VkPipelineVertexInputStateCreateInfo vertexInputStateCreateInfo =
```

```
{
  VK_STRUCTURE_TYPE_PIPELINE_VERTEX_INPUT_STATE_CREATE_INFO, // sType
  nullptr, // pNext
  0,       // flags
  0,       // vertexBindingDescriptionCount
  nullptr, // pVertexBindingDescriptions
  0,       // vertexAttributeDescriptionCount
  nullptr  // pVertexAttributeDescriptions
};

static const
VkPipelineInputAssemblyStateCreateInfo inputAssemblyStateCreateInfo =
{
  VK_STRUCTURE_TYPE_PIPELINE_INPUT_ASSEMBLY_STATE_CREATE_INFO,// sType
  nullptr, // pNext
  0,       // flags
  VK_PRIMITIVE_TOPOLOGY_POINT_LIST, // topology
  VK_FALSE // primitiveRestartEnable
};

static const
VkViewport dummyViewport =
{
  0.0f, 0.0f,   // x, y
  1.0f, 1.0f,   // width, height
  0.1f, 1000.0f // minDepth, maxDepth
};

static const
VkRect2D dummyScissor =
{
  { 0, 0 }, // offset
  { 1, 1 }  // extent
};

static const
VkPipelineViewportStateCreateInfo viewportStateCreateInfo =
{
  VK_STRUCTURE_TYPE_PIPELINE_VIEWPORT_STATE_CREATE_INFO, // sType
  nullptr,          // pNext
  0,                // flags
  1,                // viewportCount
  &dummyViewport,   // pViewports
  1,                // scissorCount
  &dummyScissor     // pScissors
```

```
};

static const
VkPipelineRasterizationStateCreateInfo rasterizationStateCreateInfo =
{
  VK_STRUCTURE_TYPE_PIPELINE_RASTERIZATION_STATE_CREATE_INFO, // sType
  nullptr,                             // pNext
  0,                                   // flags
  VK_FALSE,                            // depthClampEnable
  VK_TRUE,                             // rasterizerDiscardEnable
  VK_POLYGON_MODE_FILL,                // polygonMode
  VK_CULL_MODE_NONE,                   // cullMode
  VK_FRONT_FACE_COUNTER_CLOCKWISE,     // frontFace
  VK_FALSE,                            // depthBiasEnable
  0.0f,                                // depthBiasConstantFactor
  0.0f,                                // depthBiasClamp
  0.0f,                                // depthBiasSlopeFactor
  0.0f                                 // lineWidth
};

static const
VkGraphicsPipelineCreateInfo graphicsPipelineCreateInfo =
{
  VK_STRUCTURE_TYPE_GRAPHICS_PIPELINE_CREATE_INFO, // sType
  nullptr,                             // pNext
  0,                                   // flags
  1,                                   // stageCount
  &shaderStageCreateInfo,              // pStages
  &vertexInputStateCreateInfo,         // pVertexInputState
  &inputAssemblyStateCreateInfo,       // pInputAssemblyState
  nullptr,                             // pTessellationState
  &viewportStateCreateInfo,            // pViewportState
  &rasterizationStateCreateInfo,       // pRasterizationState
  nullptr,                             // pMultisampleState
  nullptr,                             // pDepthStencilState
  nullptr,                             // pColorBlendState
  nullptr,                             // pDynamicState
  VK_NULL_HANDLE,                      // layout
  renderpass,                          // renderPass
  0,                                   // subpass
  VK_NULL_HANDLE,                      // basePipelineHandle
  0,                                   // basePipelineIndex
};
```

```
result = vkCreateGraphicsPipelines(device,
  VK_NULL_HANDLE,
  1,
  &graphicsPipelineCreateInfo,
  nullptr,
  &pipeline);
```

물론 대부분의 경우 단일 정점 셰이더만 포함한 그래픽 파이프라인을 사용하지 않는다. 그래픽 파이프라인은 이 장의 앞서 소개한 최대 5개의 음영 단계로 이루어진다. 이 단계는 다음을 포함한다.

■ 정점 셰이더는 VK_SHADER_STAGE_VERTEX_BIT에 설정되며, 한 번에 하나의 정점을 처리하고 이를 파이프라인의 다음 논리 단계로 전달한다.

■ 테셀레이션 조절 셰이더는 VK_SHADER_STAGE_TESSELLATION_CONTROL_BIT에 설정되며, 한 번에 하나의 조절 점을 처리하지만 패치를 생성하는 모든 자료에 접근한다. 이는 패치 셰이더로 간주할 수 있으며, 이는 테셀레이션 인자와 패치와 연결된 패치당 자료를 생성한다.

■ 테셀레이션 처리 셰이더는 VK_SHADER_STAGE_TESSELLATION_EVALUATION_BIT로 설정되며, 한 번에 하나의 테셀레이트된 정점을 처리한다. 많은 애플리케이션에서, 이는 각 점에서 패치 함수를 처리한다. 이는 또한 테셀레이션 조절 셰이더에서 생성된 전체 패치 자료에 대한 접근을 가진다.

■ 기하 셰이더는 VK_SHADER_STAGE_GEOMETRY_BIT로 설정되며 파이프라인을 통과하는 각 기본체(점, 선, 삼각형)마다 한 번씩 실행된다. 이는 새 기본체를 생성하거나 이를 통과하지 않고 버릴 수 있다. 이는 또한 전달된 기본체의 형을 변경할 수 있다.

■ 화소 셰이더는 VK_SHADER_STAGE_FRAGMENT_BIT로 설정되며, 레스터라이제이션 이후에 각 화소별로 한 번씩 실행된다. 이는 주로 각 픽셀의 최종 색을 계산하는 책임을 지닌다.

가장 명백한 렌더링은 최소한 하나의 정점과 화소 셰이더를 포함한다. 각 음영 단계는 이전 단계의 자료를 소비하거나 다음으로 전달하여 파이프라인을 형성한다. 일부의 경우 셰이더의 입력은 고정-함수 구획을 제공되며, 종종 셰이더의 출력이 고정 함수 구획에서 흡수한다. 자료의 원본과 대상과 관계없이, 셰이더의 입력과 출력을 설정의 방식은 동일하다.

SPIR-V의 셰이더의 입력을 선언하려면, 선언할 때 변수는 반드시 Input으로 설정돼야 한다. 비슷하게, 셰이더에서의 출력을 생성하기 위해서는 선언 시 Output로 설정해야 한다. GLSL과 달리, 특히 목적의 입력과 출력은 SPIR-V에서 미리 정의된 이름을 사용하지 않는다. 그보다는 용도에 맞게 설정된다. 그 뒤 GSLL로 셰이더를 작성하고 이를 SPIR-V로 GLSL 컴파일러를 통해서 컴파일한다. 컴파일러는 탑재된 변수에의 접근을 인지하고 이를 결과 SPIR-V 셰이더의 적절히 선언되고 설정된 입력과 출력 변수로 번역한다.

정점 입력 상태

실제 기하구조를 렌더링하기 위해서, 불칸 파이프라인의 입구에 자료를 넣어야 한다. SPIR-V가 프로그래밍으로 생성한 기하구조나 명시적으로 버퍼에서 기하구조 자료를 얻어서 제공된 정점과 인스턴스 색인을 사용할 수 있다. 아니면, 메모리의 기하구조 자료의 배치를 설정하여 불칸이 이를 가져와서 직접 셰이더에 제공할 수 있다.

이를 처리하기 위해서 VkGraphicsPipelineCreateInfo의 pVertexInputState 구성원을 사용하며, 이는 VkPipelineVertexInputStateCreateInfo 구조체의 인스턴스의 포인터이며, 정의는 다음과 같다.

```
typedef struct VkPipelineVertexInputStateCreateInfo {
    VkStructureType sType;
    const void* pNext;
    VkPipelineVertexInputStateCreateFlags flags;
    uint32_t vertexBindingDescriptionCount;
    const VkVertexInputBindingDescription* pVertexBindingDescriptions;
```

```
    uint32_t vertexAttributeDescriptionCount;
    const VkVertexInputAttributeDescription*
pVertexAttributeDescriptions;
} VkPipelineVertexInputStateCreateInfo;
```

VkPipelineVertexInputStateCreateInfo 구조체는 익숙한 sType과 pNext 항목
으로 시작되며, 각각 VK_STRUCTURE_TYPE_PIPELINE_VERTEX_INPUT_STATE_CREATE_
INFO와 nullptr로 설정돼야 한다. VkPipelineVertexInputStateCreateInfo의
flags 항목은 추후 사용을 위해 예비되었으며 0으로 설정돼야 한다.

정점 입력 상태는 자료를 포함한 버퍼를 연결할 수 있는 정점 연결의 집합과 이
버퍼에서 정점 자료가 어떻게 배치되는지 설명하는 정점 특성의 집합으로 나누어
진다. 정점 버퍼 연결 점에 연결된 버퍼는 종종 정점 버퍼로 참조된다. 어떤 버퍼
도 정점 자료를 저장할 수 있기에 정점 버퍼 같은 것이 실제로는 없으며, 단일 버
퍼는 정점 자료와 다른 자료도 역시 저장할 수 있다. 정점 자료의 저장소로서 사
용되는 버퍼의 유일한 요구사항은 반드시 VK_BUFFER_USAGE_VERTEX_BUFFER_BIT
를 설정해서 생성해야 한다는 것이다.

vertexBindingDescriptionCount는 파이프라인에서 사용되는 정점 연결의 수
이며, pVertexBindingDescriptions는 해당 수만큼의 VkVertexInputBinding
Description 구조체의 배열에 대한 포인터이며, 각각이 연결을 설명한다.
VkVertexInputBindingDescription의 정의는 다음과 같다.

```
typedef struct VkVertexInputBindingDescription {
    uint32_t binding;
    uint32_t stride;
    VkVertexInputRate inputRate;
} VkVertexInputBindingDescription;
```

binding 항목은 이 구조체에서 설정한 연결의 색인이다. 각 파이프라인은 정점
버퍼 연결의 수를 알려줄 수 있으며, 이의 색인은 연속적일 필요가 없다. 파이프
라인에서 사용되는 모든 연결이 설정되어 있기만 한다면 주어진 파이프라인에서
모든 연결을 설명할 필요는 없다.

VkVertexInputBindingDescription 구조체의 배열로 알려지는 마지막 연결 색인은 반드시 장치에서 지원되는 최대 연결 수보다 작아야 한다. 이 한계는 최소 16으로 보장되어 있으나, 일부 장치에서는 더 높을 수 있다. 16연결 초과를 요구하지 않으면 이 한계를 확인할 필요는 없다. 하지만, 최대 연결 색인을 장치의 VkPhysicalDeviceLimits 구조체의 maxVertexInputBindings으로 확인할 수 있으며, 이는 vkGetPhysicalDeviceProperties()에서 반환된다.

각 연결은 버퍼 객체에 위치한 구조체의 배열로 볼 수 있다. 배열의 폭^{stride}, 즉 각 구조체의 시작 사이의 바이트 단위의 거리는 stride에 설정된다. 만약 정점 자료가 구조체의 배열에 설정되면, stride 매개변수는 비록 셰이더가 모든 구성원을 사용하지 않아도 본질적으로 구조체의 크기를 포함한다. 특정 연결에 대한 stride의 최대 수는 구현 종속적이지만 최소 2,048바이트로 보장되어 있다. 만약 이보다 큰 폭을 가진 정점 자료를 사용하려고 한다면, 지원되는 폭을 문의하여 장치가 이를 처리할 수 있는지 확인해야 한다.

최대 지원 폭을 확인하기 위해서 장치의 VkPhysicalDeviceLimits 구조체의 maxVertexInputBindingStride를 확인한다.

더욱이, 불칸은 정점 색인의 함수나 인스턴스 사용 시 인스턴스 색인의 함수로서 배열을 순회할 수 있다. 이는 inputRate 항목에 설정되며, VK_VERTEX_INPUT_RATE_VERTEX이거나 VK_VERTEX_INPUT_RATE_INSTANCE이다.

각 정점 특성은 본질적으로 정점 버퍼에 저장된 구조체 중 하나의 구성원이다. 정점 버퍼에서의 각 정점 특성은 단계 비율과 배열의 폭을 공유하지만 고유의 자료 형과 해당 구조체의 오프셋을 가진다. 이는 VkVertexInputAttributeDescription 구조체를 사용해서 설정된다. 이 구조체의 배열의 주소는 VkPipelineVertexInputStateCreateInfo 구조체의 pVertexAttributeDescriptions 항목으로 전달되며, 배열의 요소의 수(정점 특성의 수)는 vertexAttributeDescriptionCount에 전달된다. VkVertexInputAttributeDescription의 정의는 다음과 같다.

버퍼가 연결된 연결과 특성을 자료에서 얻는 곳은 binding에 설정되며 앞서 설정한 VkVertexInputBindingDescription 구조체의 배열에 설정된 연결 중 하나와 일치해야 한다. 정점 자료의 형식은 format에 설정되며, 각 구조체의 오프셋은 offset에 설정된다.

구조체의 전체 크기가 최대 한계를 가지듯이, 각 특성의 구조체의 시작에서의 오프셋도 최대 한계가 있다. 이는 offset의 최대 한계이며, 최소 2,047바이트로 보장되어 있는데, 최대 보장된 크기(2,048바이트)의 구조체의 끝의 한 바이트 옆에 위치하기에 충분한 크기이다. 만약 이보다 큰 구조체가 필요하면 장치가 처리 가능한지 확인해야 한다. 장치의 VkPhysicalDeviceLimits 구조체의 maxVertexInputAttributeOffset 항목은 offset에 사용될 수 있는 최대 값을 가진다. 이 구조체는 vkGetPhysicalDeviceProperties()를 호출하여 얻을 수 있다.

코드 7.3은 구조체를 어떻게 C++에서 생성하여 이를 VkVertexInputBindingDescription와 VkVertexInputAttributeDescription를 사용하여 정점 자료를 불칸에 전달하는 데 사용할 수 있게 설정한다.

코드 7.3 정점 입력 자료 설정

```
typedef struct vertex_t
{
  vmath::vec4 position;
  vmath::vec3 normal;
  vmath::vec2 texcoord;
} vertex;

static const
VkVertexInputBindingDescription vertexInputBindings[] =
{
  { 0, sizeof(vertex), VK_VERTEX_INPUT_RATE_VERTEX } // Buffer
};

static const
VkVertexInputAttributeDescription vertexAttributes[] =
{
  { 0, 0, VK_FORMAT_R32G32B32A32_SFLOAT, 0 }, // Position
  { 1, 0, VK_FORMAT_R32G32B32_SFLOAT, offsetof(vertex, normal) },
// Normal
```

```
  { 2, 0, VK_FORMAT_R32G32_SFLOAT, offsetof(vertex, texcoord) }
// Tex Coord
};

static const
VkPipelineVertexInputStateCreateInfo vertexInputStateCreateInfo =
{
  VK_STRUCTURE_TYPE_PIPELINE_VERTEX_INPUT_STATE_CREATE_INFO, // sType
  nullptr, // pNext
  0, // flags
  vkcore::utils::arraysize(vertexInputBindings),
// vertexBindingDescriptionCount
  vertexInputBindings, // pVertexBindingDescriptions
  vkcore::utils::arraysize(vertexAttributes),
// vertexAttributeDescriptionCount
  vertexAttributes // pVertexAttributeDescriptions
};
```

단일 정점 셰이더에서 사용할 수 있는 입력 특성의 최대 수는 구현 종속적이지만 최소 16으로 보장되어 있다. 이는 pVertexInputAttributeDescriptions 배열의 VkVertexInputAttributeDescription 구조체의 수의 최대 한계이다. 일부 구현은 더 많은 입력을 지원한다. 정점 셰이더 입력의 최대 수를 확인하기 위해서는 장치의 VkPhysicalDeviceLimits 구조체의 maxVertexInputAttributes 항목을 확인하자.

명령어 버퍼에 연결한 정점 버퍼에서 읽은 정점 자료는 그 뒤에 정점 셰이더로 넘어간다. 정점 셰이더가 정점 자료를 해석할 수 있게 하기 위해서, 반드시 정의한 정점 특성에 대응하는 입력을 선언해야 한다. 이를 위해서 SPIR-V 정점 셰이더에 변수를 Input 저장 클래스로 생성한다. GLSL 셰이더에서는 이는 in 변수로 표현된다.

각 입력은 반드시 할당된 위치가 있어야 한다. 이는 GLSL에서 location 배치한정자를 사용해서 설정되며, 그 뒤 입력에 적용되는 SPIR-V Location 수식자로 번역된다. Glslangvalidator로 생성된 결과 SPIR-V는 코드 7.5에 보여진다.

코드 7.5에 보여지는 셰이더는 불완전하며, 이는 선언된 입력을 명확하게 하기 위해서 수정되었다.

코드 7.4 정점 셰이더에 입력을 선언(GLSL)

```glsl
#version 450 core

layout (location = 0) in vec3 i_position;
layout (location = 1) in vec2 i_uv;
void main(void)
{
  gl_Position = vec4(i_position, 1.0f);
}
```

코드 7.5 정점 셰이더에 입력을 선언(SPIR-V)

```
; SPIR-V
; Version: 1.0
; Generator: Khronos Glslang Reference Front End; 1
; Bound: 30
; Schema: 0
        OpCapability Shader
        %1 = OpExtInstImport "GLSL.std.450"
        OpMemoryModel Logical GLSL450
        OpEntryPoint Vertex %4 "main" %13 %18 %29
        OpSource GLSL 450
        OpName %18 "i_position" ;; i_position의 이름
        OpName %29 "i_uv" ;; i_uv의 이름
        OpDecorate %18 Location 0 ;; i_position의 위치
        OpDecorate %29 Location 1 ;; i_uv의 위치
...
%6 = OpTypeFloat 32 ;; %6은 32비트 부동소수점 타입
%16 = OpTypeVector %6 3 ;; %16은 3개의 32비트 부동소수점 벡터
%17 = OpTypePointer Input %16
%18 = OpVariable %17 Input ;; %18은 i_position - vec3에 대한 포인트 입력
%27 = OpTypeVector %6 2 ;; %27은 2개의 32비트 부동소수점 벡터
%28 = OpTypePointer Input %27
%29 = OpVariable %28 Input ;; %29는 i_uv - vec2에 대한 포인트 입력
...
```

정점 특성의 특정 요소에만 대응하는 정점 셰이더 입력을 선언하는 것도 가능하다. 특성은 애플리케이션이 정점 버퍼를 통해서 제공한 자료이며, 정점 셰이더 입력은 불칸이 읽는 자료에 대응하는 정점 셰이더의 변수다.

입력 벡터의 요소의 부분 집합에 대응하는 정점 셰이더 입력을 생성하려면, GLSL component 배치 한정자를 사용하며, 이는 정점 셰이더 입력에 적용되는 SPIR-V Component 수식자로 번역된다. 각 정점 셰이더 입력은 0에서 3으로 번호 매겨진 요소로 시작하며, 각각이 원본 자료의 x, y, z, w 채널에 대응한다. 각 입력은 요구하는 만큼의 연속된 요소를 소모한다. 이는 스칼라는 단일 요소를, vec2는 2개를, vec3는 3개를 소모하는 것이다.

정점 셰이더는 또한 행렬을 입력으로 선언한다. GLSL에서 이는 in 저장소 한정자를 정점 셰이더의 변수에 사용하면 되므로 간단하다. SPIR-V에서는 행렬을 벡터 형으로 구성된 벡터의 특별한 형으로 사실상 선언된다. 행렬은 열 우선으로 기본으로 간주된다. 그러므로 각 연속된 자료의 집합은 행렬의 단일 열을 채운다.

입력 조합

그래픽 파이프라인의 입력 조합 단계는 정점 자료를 받아서 이를 파이프라인의 나머지에서 처리 가능한 기본체로 묶는다. 이는 VkPipelineInputAssemblyStateCreateInfo 구조체의 인스턴스로 설정되며 VkGraphicsPipelineCreateInfo 구조체의 pInputAssemblyState 구성원을 통해서 전달된다. VkPipelineInputAssemblyStateCreateInfo의 정의는 다음과 같다.

```
typedef struct VkPipelineInputAssemblyStateCreateInfo {
  VkStructureType sType;
  const void* pNext;
  VkPipelineInputAssemblyStateCreateFlags flags;
  VkPrimitiveTopology topology;
  VkBool32 primitiveRestartEnable;
} VkPipelineInputAssemblyStateCreateInfo;
```

sType 항목은 `VK_STRUCTURE_TYPE_PIPELINE_VERTEX_INPUT_STATE_CREATE_INFO`
로 설정돼야 하며, pNext는 nullptr로 설정돼야 한다. flags 항목은 추후 사용을
위해서 예비되었으며 0으로 설정돼야 한다.

기본체 위상기하는 `topology`에 설정되며, 이는 불칸에서 지원하는 기본체 위상
기하 중 하나여야 한다. 이는 `VkPrimitiveTopology` 열거형의 구성원이다. 이 열
거형의 가장 단순한 구성원은 목록 위상기하로, 이는 다음과 같다.

- `VK_PRIMITIVE_TOPOLOGY_POINT_LIST`: 각 정점은 독립된 점을 생성하는 데 사
  용된다.

- `VK_PRIMITIVE_TOPOLOGY_LINE_LIST`: 정점은 쌍으로 묶이며, 각 쌍은 첫 정점
  에서 두 번째로의 선분을 형성한다.

- `VK_PRIMITIVE_TOPOLOGY_TRIANGLE_LIST`: 정점은 삼각형을 형성하는 3항으로
  묶인다.

다음은 띠^{strip}와 팬 기본체이다. 이는 정점을 기본체(선이나 삼각형)으로 묶어서
각 선이나 삼각형이 하나나 두 정점을 기존 것과 공유하는 것이다. 띠와 팬 기본
체는 다음과 같다.

- `VK_PRIMITIVE_TOPOLOGY_LINE_STRIP`: 첫 두 정점은 단일 선분을 형성한다.
  이 뒤의 각 새로운 정점은 마지막 처리된 정점에서의 새 선분을 생성한다. 결
  과는 연결된 선의 연속이다.

- `VK_PRIMITIVE_TOPOLOGY_TRIANGLE_STRIP`: 첫 3개의 정점은 단일 삼각형을
  형성한다. 그 뒤의 각 정점은 마지막 두 정점을 포함한 새 삼각형을 형성한다.
  결과는 연결된 삼각형의 행으로 각각이 이전과 모서리를 공유한다.

- `VK_PRIMITIVE_TOPOLOGY_TRIANGLE_FAN`: 첫 3개의 정점은 단일 삼각형을 형
  성한다. 그 뒤의 각 정점은 마지막 정점과 가장 처음 정점을 포함하는 삼각형
  을 형성한다.

띠와 팬 위상기하는 복잡하지 않지만 익숙하지 않다면 시각화하는 것이 어려울 수 있다. 그림 7.2는 이 위상 구조를 그래프로 그렸다.

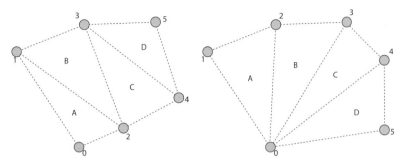

그림 7.2 띠(왼쪽)와 팬(오른쪽) 위상 구조

다음은 인접 기본체로, 이는 일반적으로 기하 셰이더가 활성화되고 원래 메시 안의 다음에 위치한 기본체에 대한 추가 정보를 운반할 수 있을 때만 사용한다. 인접 기본체 위상기하는 다음과 같다.

- VK_PRIMITIVE_TOPOLOGY_LINE_LIST_WITH_ADJACENCY: 모든 4개의 정점은 담일 기본체를 형성하고, 중심의 2개의 정점은 선을, 각 묶음의 처음과 마지막 정점은 기하 셰이더로 표현된다.

- VK_PRIMITIVE_TOPOLOGY_LINE_STRIP_WITH_ADJACENCY: 첫 4개의 정점은 단일 기본체를 생성하고, 중간 2개 정점이 선분을 형성하고 처음과 마지막은 기하 셰이더에 인접 정보로 표현된다. 각 연속 정점은 본질적으로 4개의 정점의 윈도우를 한 정점씩 이동하며, 새로운 선분과 새 정점을 인접 정보로 표현한다.

- VK_PRIMITIVE_TOPOLOGY_TRIANGLE_LIST_WITH_ADJACENCY: 인접성을 가진 선과 비슷하게, 각 6개의 묶음은 단일 기본체를 형성하며, 각 묶음의 1, 3, 5번째 정점이 삼각형을 생성하고, 2, 4, 6번째가 기하 셰이더에 인접 정보로 표현된다.

- VK_PRIMITIVE_TOPOLOGY_TRIANGLE_STRIP_WITH_ADJACENCY: 이는 아마도 가장 혼동이 오는 기본체 위상 구조이며 확실히 시각화를 위해서 도표가 필요하다. 본질적으로 띠는 첫 6개의 정점이 목록의 경우와 같이 인접 정보를 가지고 삼각형을 형성한다. 모든 2개의 새 정점에 대해서 새 삼각형이 형성되며,

홀수 번째의 정점이 삼각형을 형성하고 짝수 번째의 정점이 인접 정보를 제공한다.

또다시, 인접 위상기하는 시각화하기 매우 어려울 수 있다. 특히 `VK_PRIMITIVE_TOPOLOGY_TRIANGLE_STRIP_WITH_ADJACENCY`의 경우가 그러하다. 그림 7.3은 `VK_PRIMITIVE_TOPOLOGY_TRIANGLE_LIST_WITH_ADJACENCY`의 정점의 배치를 묘사하였다. 그림에서 두 개의 삼각형의 12개의 정점으로 형성된 것을 볼 수 있다. 정점은 각 삼각형의 밖을 감싸며, 홀수 번째 정점은 중앙 삼각형(A와 B)를 형성하고, 짝수 번째 정점은 렌더링되지 않는 가상의 삼각형을 형성하지만, 인접 정보를 보관한다. 이 개념은 삼각 띠 기본체로 이어진다. 그림 7.4는 이것이 어떻게 `VK_PRIMITIVE_TOPOLOGY_TRIANGLE_STRIP_WITH_ADJACENCY`에 적용되는지 보여준다.

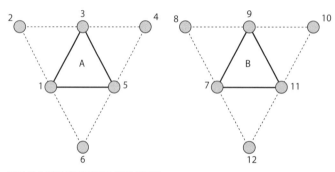

그림 7.3 인접 위상기하를 가진 삼각형

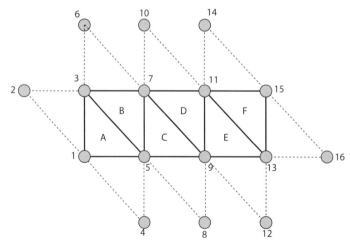

그림 7.4 인접 위상기하를 가진 삼각띠

인접 위상기하는 일반적으로 단지 기하 셰이더가 표현될 때 사용되며, 기하 셰이더는 인접 정점을 실제로 볼 수 있는 유일한 단계이다. 하지만 기하 셰이더 없이 인접 기본체를 사용하는 것도 가능하다. 인접 정점은 단순히 버려진다.

마지막 기본체 위상기하는 `VK_PRIMITIVE_TOPOLOGY_PATCH_LIST`이다. 이 위상기하는 테셀레이션이 활성화되었을 때 사용되며, 파이프라인 생성에 추가적인 정보가 전달되는 것을 요구한다.

`VkPipelineInputAssemblyStateCreateInfo`의 마지막 항목은 `primitiveRestartEnable`이다. 이는 띠와 팬 기본체 위상기하가 짤리고 재시작하는 데 사용된다. 이가 없으면, 각 띠와 팬은 분리된 그리기가 필요하다. 재시작을 사용할 때, 많은 띠나 팬이 단일 그리기에 묶일 수 있다. 재시작은 오직 색인된 그리기가 사용될 때 사용되며, 이는 띠를 재시작하는 점이 특별한 색인 버퍼의 저장된 값으로 표시되어야 하기 때문이다. 이는 8장에서 더 자세히 다룬다.

테셀레이션 상태

테셀레이션은 크고 복잡합 기본체를 많은 수의 원본을 근사하는 더 작은 기본체로 쪼개는 과정이다. 불칸은 기하 셰이딩과 레스터라이제이션 전에 패치 기본체를 많은 더 작은 점, 선, 삼각형 기본체로 테셀레이션할 수 있다. 테셀레이션에 관련된 상태의 대부분의 상태는 테셀레이션 조절 셰이더와 테셀레이션 처리 셰이더를 사용해서 설정된다. 하지만 이 음영 단계는 정점 자료가 획득되고 정점 셰이더에서 처리될 때까지 실행되지 않으며, 일부 정보는 파이프라인의 이 단계를 설정하는 데 필요하다.

이 정보는 `VkPipelineTessellationStateCreateInfo` 구조체의 인스턴스로 전달되며, `VkGraphicsPipelineCreateInfo`의 `pTessellationState` 구성원이 가리킨다. `VkPipelineTessellationStateCreateInfo` 정의는 다음과 같다.

```
typedef struct VkPipelineTessellationStateCreateInfo {
  VkStructureType sType;
  const void* pNext;
  VkPipelineTessellationStateCreateFlags flags;
  uint32_t patchControlPoints;
} VkPipelineTessellationStateCreateInfo;
```

VkPipelineInputAssemblyStateCreateInfo 구조체의 topology 항목은 VK_
PRIMITIVE_TOPOLOGY_PATCH_LIST로 설정하며, pTessellationState는 반드시 Vk
PipelineTessellationStateCreateInfo 구조체의 포인터여야 한다. 그렇지 않으
면 pTessellationState는 nullptr이다.

VkPipelineTessellationStateCreateInfo의 sType은 VK_STRUCTURE_TYPE_
PIPELINE_TESSELLATION_STATE_CREATE_INFO로 설정해야 한다. pNext는 nullptr
로 설정해야 하며, flags는 불칸의 추후 버전을 위해 예비되었으며 0으로 설정해
야 한다. VkPipelineTessellationStateCreateInfo의 유일하게 중요한 항목은
patchControlPoints이며, 이는 단일 기본체(패치)로 묶일 조절 점의 수를 설정한
다. 테셀레이션은 발전된 주제이며 9장에서 좀 더 자세히 다룬다.

시야 영역 상태

시야 영역 변환은 불칸 파이프라인에서 레스터라이제이션 이전에 최종 좌표 변
환이다. 이는 정점을 정규화된 장치 좌표에서 윈도우 좌표로 변환한다. 다중 시야
영역은 동시에 사용될 수 있다. 이 다중 영역의 상태는 활성화된 시야 영역의 수
와 이의 매개변수를 포함하여 VkPipelineViewportStateCreateInfo 구조체의 인
스턴스를 통해서 설정되며, VkGraphicsPipelineCreateInfo의 pViewportState에
주소로 전달된다. VkPipelineViewportStateCreateInfo의 정의는 다음과 같다.

```
typedef struct VkPipelineViewportStateCreateInfo {
  VkStructureType sType;
  const void* pNext;
  VkPipelineViewportStateCreateFlags flags;
  uint32_t viewportCount;
  const VkViewport* pViewports;
```

```
  uint32_t scissorCount;
  const VkRect2D* pScissors;
} VkPipelineViewportStateCreateInfo;
```

VkPipelineViewportStateCreateInfo의 sType 항목은 VK_STRUCTURE_TYPE_PIPELINE_VIEWPORT_STATE_CREATE_INFO로 설정돼야 하며, pNext는 nullptr로 설정돼야 한다. flags 항목은 추후 불칸 버전에서의 사용을 위해서 예비되었으며 0으로 설정돼야 한다.

파이프라인에서 가용한 시야 영역의 수는 viewportCount에 설정되며, 각 시야 영역의 차원은 VkViewport 구조체의 배열로 전달되며, 이의 주소는 pViewports에 설정된다. VkViewport의 정의는 다음과 같다.

```
typedef struct VkViewport {
  float x;
  float y;
  float width;
  float height;
  float minDepth;
  float maxDepth;
} VkViewport;
```

VkPipelineViewportStateCreateInfo의 구조체 또한 파이프라인에서 사용되는 가위 사각형을 설정하는 데 사용된다. 시야 영역과 같이, 단일 파이프라인은 다중 가위 사각형을 정의할 수 있으며, 이는 VkRect2D 구조체의 배열로 전달된다. 가위 사각형의 수는 scissorCount에 설정된다. 시야 영역과 그릴 때의 가위 사각형을 위해서 사용된 색인은 동일하며, 그러므로 scissorCount를 viewportCount와 같은 값으로 설정해야 한다. VkRect2D는 2D의 사각형을 정의하는 단순한 구조체이며 불칸에서 많은 곳에서 사용된다. 정의는 다음과 같다.

```
typedef struct VkRect2D {
  VkOffset2D offset;
  VkExtent2D extent;
} VkRect2D;
```

다중 시야 영역의 지원은 선택적이다. 다중 시야 영역이 지원될 경우, 최소 16개가 가용하다. 단일 그래픽 파이프라인에서 활성화 가능한 시야 영역의 최대 수는 vkGetPhysicalDeviceProperties() 호출에서 반환된 VkPhysicalDeviceLimits 구조체의 maxViewports를 조사해서 알아낼 수 있다. 다중 시야 영역이 지원되면 이 한계는 최소 16이다. 그렇지 않으면 이 항목은 값 1을 가진다.

시야 영역 변환 작동과 애플리케이션에서 다중 시야 영역을 어떻게 활용하는지에 대한 더 많은 정보는 9장에서 소개된다. 가위 시험에 대한 더 많은 정보는 10장에서 포함된다. 단순히 전체 프레임 버퍼를 렌더링하기 위해서는 가위 시험을 비활성화하고 단일 시야 영역을 프레임 버퍼의 색 첨부와 같은 차원으로 생성하면 된다.

레스터라이제이션 상태

레스터라이제이션은 정점으로 표현되는 기본체가 화소 셰이더에서 음영이 가능한 화소의 흐름으로 변환되는 기반이 되는 처리 과정이다. 래스터라이져 상태는 이 과정이 어떻게 일어나는지를 조절하고 VkGraphicsPipelineCreateInfo의 pRasterizationState 구성원으로 전달된 VkPipelineRasterizationStateCreateInfo의 인스턴스를 사용해서 설정된다. VkPipelineRasterizationStateCreateInfo의 정의는 다음과 같다.

```
typedef struct VkPipelineRasterizationStateCreateInfo {
  VkStructureType sType;
  const void* pNext;
  VkPipelineRasterizationStateCreateFlags flags;
  VkBool32 depthClampEnable;
  VkBool32 rasterizerDiscardEnable;
  VkPolygonMode polygonMode;
  VkCullModeFlags cullMode;
  VkFrontFace frontFace;
  VkBool32 depthBiasEnable;
  float depthBiasConstantFactor;
  float depthBiasClamp;
  float depthBiasSlopeFactor;
```

```
    float lineWidth;
} VkPipelineRasterizationStateCreateInfo;
```

VkPipelineRasterizationStateCreateInfo의 sType은 VK_STRUCTURE_TYPE_
PIPELINE_RASTERIZATION_STATE_CREATE_INFO로 설정돼야 하며 pNext는 nullptr
이다. flags 항목은 예비되었으며 0으로 설정돼야 한다.

depthClampEnable 항목은 깊이 자르기를 켜고 끄는 데 사용된다. 깊이 자르기
는 가까운 면이나 먼 면에서 잘려나가는 화소를 대신 해당 면에 투영하며, 잘라내
며 생긴 기하구조의 구멍을 채우는 데 사용할 수 있다.

rasterizerDiscardEnable는 레스터라이제이션 전체를 끄는 데 사용된다. 이
플래그가 설정되면 래스터라이저가 실행되지 않으며 화소가 생성되지 않는다.

polygonMode 항목은 불칸이 삼각형을 점이나 선으로 자동적으로 변경하는 데
사용할 수 있다. polygonMode의 가능한 값은 다음과 같다.

- VK_POLYGON_MODE_FILL: 이는 삼각형을 채우는 데 사용되는 기본 방식이다.
  삼각형은 채워진 것으로 그려지며, 삼각형 안의 모든 점은 화소를 생성한다.

- VK_POLYGON_MODE_LINE: 이 방식은 삼각형을 선으로 바꾸며, 각 삼각형의 모서
  리가 선이 된다. 이는 와이어프레임 방식으로 기하구조를 그릴 때 유용하다.

- VK_POLYGON_MODE_POINT: 이 방식은 단순히 각 정점을 점으로 그린다.

다각형 방식을 사용하여 기하구조를 와이어프레임이나 점 구름으로 표현하는
것이 단순히 선과 점을 그리는 것보다 나은 장점은 이런 연산은 완전한 삼각형에
서만 작동하며, 그러므로 뒷면 거르기 등이 여전히 동작한다는 것이다. 그러므로
걸러진 삼각형을 감싸는 선은 그려지지 않으며, 만약 기하구조를 단순히 선으로
그릴 경우에는 그려지게 된다.

거르기는 cullMode로 조절되며, 이는 다음의 비트 단위의 조합이거나 0이 된다.

- VK_CULL_MODE_FRONT_BIT: 시야자를 바라보는 다각형(삼각형)은 버려진다.

- VK_CULL_MODE_BACK_BIT: 시야자에서 멀어지는 다각형은 버려진다.

편의를 위해서 불칸은 VK_CULL_MODE_FRONT_AND_BACK을 두 비트의 비트 OR로 정의한다. cullMode를 이 값으로 설정하면 모든 삼각형이 버려진다. 거르기가 선이나 점은 바라보는 방향이 없기에 작동하지 않는 것을 기억하자.

삼각형이 바라보는 방향은 정점의 감기는 순서로 결정된다. 윈도우 공간에서 시계 방향 혹은 반 시계방향인지에 따라서이다. 시계방향 혹은 반시계방향 중 어느 쪽이 앞면을 바라보는지는 frontFace 항목으로 결정된다. 이는 VkFrontFace 열거형의 구성원으로 VK_FRONT_FACE_COUNTER_CLOCKWISE이나 VK_FRONT_FACE_CLOCKWISE 중 하나일 수 있다.

다음 4개의 매개변수 depthBiasEnable, depthBiasConstantFactor, depthBiasClamp, depthBiasSlopeFactor는 깊이 보정 기능을 조절한다. 이 기능은 화소가 깊이 시험 이전에 깊이에서 오프셋을 가지게 하여 깊이 경쟁을 제거하는 데 사용할 수 있다. 이 기능은 10장에서 더 자세히 다룬다.

최종적으로 lineWidth는 선 기본체의 너비를 픽셀 단위로 설정한다. 이는 파이프라인에서 래스터라이징 되는 모든 선에 적용된다. 이는 기본체 위상이 선 기본체 중 하나인 파이프라인을 포함하며, 기하나 테셀레이션 셰이더는 기본체를 선으로 변경하며, 다각형 방식(polygonMode으로 설정)은 VK_POLYGON_MODE_LINE이어야 한다. 일부 불칸 구현은 넓은 선을 지원하지 않으며 이 항목을 무시하는 것을 기억하자. 다른 경우는 이 항목이 1.0이 아닐 때 매우 느리게 동작할 수 있다. 또 다른 경우는 이 항목을 충실히 따라서 lineWidth를 0.0으로 설정할 경우 모든 선을 제거할 수 있다. 그러므로 특별한 경우가 아니면 항상 이 항목을 1.0으로 설정하자.

비록 넓은 선이 지원되더라도, 선의 최대 너비는 장치 종속적이다. 이는 최소 8 픽셀로 보장되지만 훨씬 더 높을 수 있다. 장치에서 지원되는 최대 선 너비를 확인하려면 VkPhysicalDeviceLimits의 lineWidthRange 항목으로 확인하자. 이는 두 부동소수점 값의 배열이며, 처음은 선의 최소 너비(최대 1픽셀이다. 이의 용도는 픽셀 너비보다 작은 선을 그리기 위함이다)이며 두 번째는 선의 최대 너비가 된다. 만약 다양한 선 너비가 지원되지 않으면 두 요소는 모드 1.0이 된다.

더욱이, 선 너비가 변경될 때, 장치는 고정 크기로 선택한 너비를 맞춘다. 예를 들면 단지 픽셀 단위 크기의 변경만 지원할 수 있다. 이는 선 너비 입자도이며, 이는 VkPhysicalDeviceLimits 구조체의 lineWidthGranularity 항목을 조사해서 결정할 수 있다.

다중 표본 상태

다중 표본화는 이미지의 각 픽셀에 대한 다중 표본을 생성하는 과정이다. 이는 앨리어싱을 제거하는 데 사용될 수 있으며 효과적으로 사용될 경우 이미지 질을 크게 향상시킨다. 다중 표본화를 사용할 때, 색과 깊이-스텐실 첨부는 반드시 다중 표본화 이미지여야 하며, 파이프라인의 다중 표본 상태는 VkGraphicsPipelineCreateInfo의 pMultisampleState 구성원을 통해서 적절히 설정돼야 한다. 이는 VkPipelineMultisampleStateCreateInfo의 인스턴스에 대한 포인터이며, 정의는 다음과 같다.

```
typedef struct VkPipelineMultisampleStateCreateInfo {
  VkStructureType sType;
  const void* pNext;
  VkPipelineMultisampleStateCreateFlags flags;
  VkSampleCountFlagBits rasterizationSamples;
  VkBool32 sampleShadingEnable;
  float minSampleShading;
  const VkSampleMask* pSampleMask;
  VkBool32 alphaToCoverageEnable;
  VkBool32 alphaToOneEnable;
} VkPipelineMultisampleStateCreateInfo;
```

VkPipelineMultisampleStateCreateInfo의 sType은 VK_STRUCTURE_TYPE_PIPELINE_MULTISAMPLE_STATE_CREATE_INFO로 설정해야 하며 pNext는 nullptr여야 한다. flags는 예비되었으며 0으로 설정돼야 한다.

깊이와 스텐실 상태

깊이-스텐실 상태는 깊이와 스텐실 시험이 어떻게 수행되고 화소가 시험에서 통과되거나 실패할 때 어떻게 처리되는지를 조절한다. 기피와 스텐실 시험은 화소 셰이더가 실행되기 전이나 후에 실행될 수 있다. 기본적으로, 시험은 화소 셰이더 이후에 수행된다.[1]

화소 셰이더를 깊이 시험 이전에 실행하기 위해서는, SPIR-V EarlyFragment Tests 실행 방식을 화소 셰이더의 시작점에 적용할 수 있다.

깊이-스텐실 상태는 VkGraphicsPipelineCreateInfo의 pDepthStencilState 구성원을 통해서 설정되며 이는 VkPipelineDepthStencilStateCreateInfo 구조체의 인스턴스의 포인터이다. VkPipelineDepthStencilStateCreateInfo의 정의는 다음과 같다.

```
typedef struct VkPipelineDepthStencilStateCreateInfo {
  VkStructureType sType;
  const void* pNext;
  VkPipelineDepthStencilStateCreateFlags flags;
  VkBool32 depthTestEnable;
  VkBool32 depthWriteEnable;
  VkCompareOp depthCompareOp;
  VkBool32 depthBoundsTestEnable;
  VkBool32 stencilTestEnable;
  VkStencilOpState front;
  VkStencilOpState back;
  float minDepthBounds;
  float maxDepthBounds;
} VkPipelineDepthStencilStateCreateInfo;
```

VkPipelineDepthStencilStateCreateInfo의 sType 항목은 VK_STRUCTURE_TYPE_PIPELINE_DEPTH_STENCIL_CREATE_INFO로 설정돼야 하며 pNext는 nullptr로 설정해야 한다. flags 항목은 예비되어 있으며 0으로 설정해야 한다.

---

1 대부분의 구현은 단지 깊이와 스텐실 시험이 화소 셰이더 이후에 실행되는 모양만 유지하며, 가능할 경우 셰이더 실행 전에 시험을 수행하여 시험에 실패한 경우에 셰이더 코드의 실행을 회피한다.

깊이 시험은 depthTestEnable가 VK_TRUE로 설정되었을 때 활성화된다. 만약 깊이 시험이 활성화되면, 사용할 시험은 depthCompareOp를 사용해서 선택되며, 이는 VkCompareOp 열거형 값 중 하나이다. 가용한 깊이 시험 연산은 10장에서 더 깊이 다룬다. 만약 depthTestEnable가 VK_FALSE이면 깊이 시험은 비활성화되며, 모든 화소는 깊이 시험을 통과한 것으로 간주된다. 하지만 깊이 시험이 비활성되면 깊이 버퍼에 어떤 쓰기도 일어나지 않는다.

만약 깊이 시험이 통과되면(혹은 만약 깊이 시험이 비활성화되면), 화소는 스텐실 시험으로 넘어간다. 스텐실 시험은 만약 VkPipelineDepthStencilCreateInfo의 stencilTestEnable 항목이 VK_TRUE이면 활성화되고 그렇지 않으면 비활성화된다. 스텐실 시험이 활성화되면, 구별된 상태가 앞면 기본체와 뒷면 기본체에 대해서 front와 back 구성원에게 각각 제공된다. 만약 스텐실 시험이 비활성화되면 모든 화소는 스텐실 시험을 통과한 것으로 간주된다.

깊이와 스텐실 시험의 더 자세한 내용은 10장에서 다룬다.

색 혼합 상태

불칸 그래픽 파이프라인의 마지막 단계는 색 혼합 단계이다. 이 단계에서 화소를 색 첨부에 쓰게 된다. 많은 경우, 이는 단순한 연산으로 단순히 첨부의 기존 내용을 화소 셰이더의 출력 값으로 덮어 쓰는 것이다. 하지만 색 혼합은 이 값을 이미 프레임 버퍼에 있는 값과 섞어서 화소 셰이더의 출력과 프레임 버퍼의 현재 내용 사이의 단순한 논리적 연산을 수행할 수 있다.

색 혼합의 상태는 VkGraphicsPipelineCreateInfo 구조체의 pColorBlendState 구성원을 사용해서 설정할 수 있다. 이는 VkPipelineColorBlendStateCreateInfo 구조체의 인스턴스에 대한 포인터로 정의는 다음과 같다.

```
typedef struct VkPipelineColorBlendStateCreateInfo {
  VkStructureType sType;
  const void* pNext;
  VkPipelineColorBlendStateCreateFlags flags;
```

```
  VkBool32 logicOpEnable;
  VkLogicOp logicOp;
  uint32_t attachmentCount;
  const VkPipelineColorBlendAttachmentState* pAttachments;
  float blendConstants[4];
} VkPipelineColorBlendStateCreateInfo;
```

VkPipelineColorBlendStateCreateInfo의 sType 항목은 VK_STRUCTURE_TYPE_
PIPELINE_COLOR_BLEND_STATE_CREATE_INFO으로 설정돼야 하며, pNext는 nullptr
여야 한다. Flags는 추후 사용을 위해 예비되었으며 0으로 설정돼야 한다.

logicOpEnable 항목은 화소 셰이더의 결과와 색 첨부의 내용 사이의 논리 연산
을 수행할지를 설정한다. logicOpEnable가 VK_FALSE이면 논리 연산은 비활성화
되고 화소 셰이더의 생성 값은 색 첨부에 변경되지 않고 쓰여진다. logicOpEnable
가 VK_TRUE일 때, 논리 연산은 이를 지원하는 첨부에서 활성화된다. 적용될 논리
연산은 모든 첨부에 동일하며 VkLogicOp 열거형의 구성원이다. 각 열거형의 의미
와 논리 연산의 더 많은 정보는 10장에서 알수 있다.

각 첨부는 다른 형식을 가질 수 있으며, 다른 혼합 연산을 지원할 수 있다. 이는
VkPipelineColorBlendAttachmentState의 구조체의 배열로 설정되며, VkPipeli
neColorBlendStateCreateInfo의 pAttachments 구성원을 통해서 주소가 전달된
다. 첨부의 수는 attachmentCount로 설정된다. VkPipelineColorBlendAttachment
State의 정의는 다음과 같다.

```
typedef struct VkPipelineColorBlendAttachmentState {
  VkBool32 blendEnable;
  VkBlendFactor srcColorBlendFactor;
  VkBlendFactor dstColorBlendFactor;
  VkBlendOp colorBlendOp;
  VkBlendFactor srcAlphaBlendFactor;
  VkBlendFactor dstAlphaBlendFactor;
  VkBlendOp alphaBlendOp;
  VkColorComponentFlags colorWriteMask;
} VkPipelineColorBlendAttachmentState;
```

각 색 첨부에 대해서 VkPipelineColorBlendAttachmentState의 구성원은 혼합
이 활성화되는지, 원본과 대상 인자가 어떻게 되며, 어떤 혼합 연산인지(색과 알파

채널이 같이 있는 따로인지), 출력 이미지의 어떤 채널이 갱신되는지를 조절한다.

만약 VkPipelineColorBlendAttachmentState의 colorBlendEnable 항목이 VK_TRUE이면 남은 매개변수는 혼합 상태를 조절한다. 혼합은 10장에서 더 자세히 다룬다. colorBlendEnable가 VK_FALSE면 VkPipelineColorBlendAttachmentState의 혼합 매개변수는 무시되며 해당 첨부에 대한 혼합은 비활성화된다.

colorBlendEnable의 상태와 관계없이, 마지막 항목 colorWriteMask는 이 첨부에서 출력 이미지의 어떤 채널이 써지는지를 조절한다. 이는 VkColorComponentFlagBits 열거형의 비트로 만들어진 비트필드이다. 4개의 채널은 VK_COLOR_COMPONENT_R_BIT, VK_COLOR_COMPONENT_G_BIT, VK_COLOR_COMPONENT_B_BIT, VK_COLOR_COMPONENT_A_BIT로 표현되며, 개별적으로 쓰기에서 제거될 수 있다. 만약 특정 채널에 대응하는 플래그가 colorWriteMask에 포함되지 않으면, 해당 채널은 변경되지 않는다. 단지 colorWriteMask에 포함된 채널이 해당 첨부에 대한 렌더링을 통해서 갱신된다.

❖ 동적 상태

앞서 보듯이, 그래픽 파이프라인 객체는 크고 복잡하며, 많은 상태를 포함한다. 많은 그래픽 애플리케이션에서, 종종 일부 상태를 상대적으로 높은 빈도로 변경하는 것이 요구된다. 만약 생성한 새 그래픽 파이프라인 객체의 모든 상태에서의 모든 변경이 이를 요구하면, 애플리케이션이 관리해야 하는 객체의 수는 빠르게 매우 커질 것이다.

더 세밀한 상태 변경을 더 관리 가능하게 하기 위해서, 불칸은 그래픽 파이프라인의 특정 부분을 동적으로 설정할 수 있는 기능을 제공하며, 이는 실시간으로 객체를 사용하지 않고 명령어 버퍼에서 직접 명령어를 사용해서 갱신할 수 있다는 것을 의미한다. 이는 불칸에게 상태를 최적화하거나 일부를 흡수하는 가능성을 줄이기에, 확실히 동적으로 만들고 싶은 상태만 정확히 설정할 필요가 있다. 이는 VkGraphicsPipelineCreateInfo 구조체의 pDynamicState 구성원을 통해서 처리되며, 이는 VkPipelineDynamicStateCreateInfo 구조체의 인스턴스에 대한 포인터로, 정의는 다음과 같다.

```
typedef struct VkPipelineDynamicStateCreateInfo {
  VkStructureType sType;
  const void* pNext;
  VkPipelineDynamicStateCreateFlags flags;
  uint32_t dynamicStateCount;
  const VkDynamicState* pDynamicStates;
} VkPipelineDynamicStateCreateInfo;
```

VkPipelineDynamicStateCreateInfo의 sType은 VK_STRUCTURE_TYPE_PIPELINE_DYNAMIC_STATE_CREATE_INFO로 설정돼야 하며, pNext는 nullptr여야 한다. flags는 예비되었으며 0으로 설정해야 한다.

동적으로 설정하고 싶은 상태의 수는 dynamicStateCount에 설정된다. 이는 pDynamicStates가 가리키는 배열의 길이로, 배열의 요소가 VkDynamicState 열거형인 배열이다. 이 열거형의 구성원을 pDynamicStates배열에 포함하는 것은 불칸에게 해당 상태를 대응하는 동적 상태 설정 명령어를 사용해서 변경하길 원한다는 것을 알려준다. VkDynamicState의 구성원과 의미는 다음과 같다.

- VK_DYNAMIC_STATE_VIEWPORT: 시야 영역 사각형은 동적이며 vkCmdSetViewport()를 사용해서 갱신된다.

- VK_DYNAMIC_STATE_SCISSOR: 가위 사각형은 동적이며 vkCmdSetScissor()로 갱신된다.

- VK_DYNAMIC_STATE_LINE_WIDTH: 선 너비는 동적이며 vkCmdSetLineWidth()를 사용해서 갱신된다.

- VK_DYNAMIC_STATE_DEPTH_BIAS: 깊이 보정 매개변수는 동적이며 vkCmdSetDepthBias()로 갱신된다.

- VK_DYNAMIC_STATE_BLEND_CONSTANTS: 색 혼합 상수는 동적이며 vkCmdSetBlendConstants()로 갱신된다.

- VK_DYNAMIC_STATE_DEPTH_BOUNDS: 깊이 경계 매개변수는 동적이며 vkCmdSetDepthBounds()로 갱신된다.

- VK_DYNAMIC_STATE_STENCIL_COMPARE_MASK, VK_DYNAMIC_STATE_ STENCIL_WRITE_MASK, VK_DYNAMIC_STATE_STENCIL_REFERENCE: 대응하 는 스텐실 매개변수는 동적이며 각각 vkCmdSetStencilCompareMask(), vkCmdSetStencilWriteMask(), vkCmdSetStencilReference()로 갱신된다.

상태가 동적으로 설정되면, 이 상태를 파이프라인에 연결할 때 설정하는 것은 프로그래머의 책임이다. 만약 상태가 동적으로 설정되지 않으면 이는 정적으로 간주되며 파이프라인이 연결될 때 설정된다. 정적 상태와 파이프라인의 연결은 동적 상태를 비정의화한다. 이의 이유는 불칸 구현이 정적 상태를 파이프라인 객체에 넣을 때 최적화하며 사용되지 않거나 유효하지 않다고 간주될 경우 실제로 이를 하드웨어에 프로그램화하지 않기 때문이다. 동적으로 설정된 상태의 파이프라인이 이후 연결되면, 해당 동적 상태가 하드웨어에서 일관적인지 정의되지 않는다.

같은 상태를 동적으로 설정한 파이프라인 사이를 변경할 때, 상태는 연결 사이에서 유지된다. 표 7.1이 이를 보여준다.

표 7.1 동적과 정적 상태 유효성

구 파이프라인	새 파이프라인	상태 유효성
동적	동적	예
동적	정적	예
정적	정적	예
정적	동적	아니오

표 7.1에서 보듯이, 어떤 상태가 비정의화되는 것은 해당 상태가 정적으로 설정된 파이프라인에서 같은 상태가 동적으로 설정된 파이프라인으로 변경될 때 일어난다. 모든 다른 경우에서는 상태는 잘 정의되어 있으며 파이프라인의 상태나 적절한 명령어로 설정된 동적 상태이다.

만약 현재 연결된 파이프라인이 해당 상태를 정적으로 설정한 경우에 동적 상태를 설정한다면, 그 뒤 해당 파이프라인을 그렸을 때 결과는 정의되지 않는다. 효과는 상태 설정 명령어를 무시할 수 있으며 파이프라인에서 정적 버전을 계속 사용할 수도 있고, 상태 설정 명령어를 중시하여 새 동적 상태를 사용할 수도 있고, 상태를 망가뜨려 애플리케이션 전체를 부술 수도 있다. 효과는 구현에 따라 다르며 어떤 상태가 잘못 덮어 써졌는지에 따라 다르다.

동적 상태를 설정하고 해당 상태가 동적으로 설정된 파이프라인을 연결하면 동적 상태가 사용된다. 하지만, 파이프라인을 먼저 연결한 뒤에 관련된 상태를 단순히 연결하는 것이 정의되지 않는 행동을 방지할 수 있다.

❖요약

이 장은 불칸 그래픽 파이프라인의 정신 없이 빠른 관광을 제공했다. 파이프라인은 다중 단계로 이루어지며, 일부는 설정 가능하지만 고정 함수이며, 일부는 극도로 강력한 셰이더로 구성된다. 6장의 파이프라인 객체의 개념 위에서 생성된 그래픽 파이프라인 객체가 소개되었다. 이 객체는 많은 양의 고정 함수 상태를 포함한다. 비록 이 장에서 생성한 파이프라인이 단순하지만, 이후 장에서 더 복잡하고 표현적인 파이프라인을 생성하는 데 견고한 기반을 제공한다.

8장 │ 그리기

이 장에서 배울 내용

- 불칸에서 다른 그리기 명령의 세부사항
- 인스턴싱을 통해서 자료의 많은 복제를 그리는 방법
- 버퍼를 통해서 그리기 매개변수를 전달하는 방법

그리기는 그래픽 파이프라인에서 처리될 작업을 유발하는 불칸의 기반 연산이다. 불칸은 몇 가지 그리기 명령어를 가지고 있으며, 각각이 살짝 다른 방식으로 그래픽 작업을 생성한다. 이 장에서는 불칸이 지원하는 그리기 명령어를 자세히 살펴본다. 우선 7장에서 처음 논의된 기본 그리기 명령어를 다시 소개한다. 그 뒤 색인과 인스턴싱 그리기 명령어를 살펴본다. 마지막으로 장치 메모리에서 그리기 명령어를 위한 매개변수를 얻어내고 심지어 장치 자체에 직접 생성하는 방법도 논의한다.

7장으로 돌아가면, 첫 그리기 명령어 vkCmdDraw()를 소개하였다. 이 명령어는 단순히 불칸 그래픽 파이프라인에 정점을 넣는 것이다. 명령어를 소개할 때, 일부 매개변수에 대해서 해설하였다. 또한 다른 그리기 명령어의 존재에 대해서 암시하였다. 참고를 위해 vkCmdDraw()의 함수 원형을 다시 보자.

```
void vkCmdDraw (
  VkCommandBuffer commandBuffer,
  uint32_t vertexCount,
  uint32_t instanceCount,
  uint32_t firstVertex,
  uint32_t firstInstance);
```

장치에서 실행되는 모든 명령어와 같이, 첫 매개변수는 VkCommandBuffer 핸들이다. 각 그리기의 정점 수는 vertexCount에 설정되어 있으며, 정점이 시작하는 정점 색인은 firstVertex에 설정된다. 파이프라인에 전달되는 정점은 firstVertex에서 시작하는 색인을 가지고 vertexCount개의 연속된 정점으로 이어진다. 만약 정점 버퍼와 특성을 사용하여 자동으로 정점 셰이더에 자료를 넣는다면, 셰이더는 배열의 연속된 구획에서 자료를 얻어올 것이다. 만약 정점 색인을 직접 셰이더에서 사용하면, firstVertex에서 단조적으로 증가한다.

❖ 그리기 위한 준비

7장에서 먼저 언급했듯이, 모든 그리기는 렌더패스 안에 포함된다. 비록 렌더패스 객체가 많은 세부 패스를 캡슐화할 수 있으나, 단일 출력 이미지에 그리는 간단한 렌더링은 반드시 렌더패스의 일부분이어야 한다. 렌더패스는 7장에서 설명했듯이 vkCreateRenderPass()를 호출하여 생성할 수 있다. 렌더링을 준비하기 위해서, vkCmdBeginRenderPass()를 호출해야 하며, 이는 현재 렌더패스 객체를 설정하고, 아마 더 중요하게 그려질 출력 이미지의 집합을 설정한다. vkCmdBeginRenderPass()의 함수 원형은 다음과 같다.

```
void vkCmdBeginRenderPass (
  VkCommandBuffer commandBuffer,
  const VkRenderPassBeginInfo* pRenderPassBegin,
  VkSubpassContents contents);
```

렌더패스 안에서 생성한 명령어를 포함하는 명령어 버퍼는 commandBuffer 안에 전달된다. 렌더패스를 설정하는 매개변수의 덩어리는 pRenderPassBegin

에 VkRenderPassBeginInfo의 인스턴스에 대한 포인터로 전달된다.
VkRenderPassBeginInfo의 정의는 다음과 같다.

```
typedef struct VkRenderPassBeginInfo {
  VkStructureType sType;
  const void* pNext;
  VkRenderPass renderPass;
  VkFramebuffer framebuffer;
  VkRect2D renderArea;
  uint32_t clearValueCount;
  const VkClearValue* pClearValues;
} VkRenderPassBeginInfo;
```

VkRenderPassBeginInfo의 sType 항목은 VK_STRUCTURE_TYPE_RENDER_PASS_
BEGIN_INFO로 설정돼야 하며, pNext는 nullptr로 설정돼야 한다. 시작하는 렌더
패스는 renderPass에 설정되며, 렌더링하려는 프레임 버퍼는 framebuffer에 설
정된다. 7장에서 논의했듯이, 프레임 버퍼는 그래픽 명령어로 렌더링되는 이미지
의 집합이다.

렌더패스의 특정 사용 안에서 첨부된 이미지의 작은 영역 안에만 렌더링하는
것이 가능하다. 이를 위해서는 VkRenderPassBeginInfo 구조체의 renderArea 구
성원을 사용하여 모든 렌더링이 포함될 사각형을 설정한다. 단순히 renderArea.
offset.x와 renderArea.offset.y를 0으로 설정하고 renderArea.extent.width
와 renderArea.extent.height를 프레임 버퍼 안의 이미지의 너비와 높이로 설정
하면 불칸에게 프레임 버퍼의 전체 렌더링 영역에 그린다는 것을 말해준다.

만약 렌더패스 안의 첨부 중에 아무거나 VK_ATTACHMENT_LOAD_OP_CLEAR의 부
리기 연산을 가지면, 비우려는 색이나 값은 VkClearValue 공용체 배열에 설
정되며, pClearValues에 포인터가 전달된다. pClearValues의 요소의 수는
clearValueCount에 전달된다. VkClearValue의 정의는 다음과 같다.

```
typedef union VkClearValue {
  VkClearColorValue color;
  VkClearDepthStencilValue depthStencil;
} VkClearValue;
```

만약 첨부가 색 첨부이면, VkClearValue 공용체의 color 구성원에 저장된 값이 사용되며, 만약 첨부가 깊이, 스텐실, 깊이-스텐실 첨부라면, depthStencil 구성원에 저장된 값이 사용된다. color와 depthStencil은 각각 VkClearColorValue와 VkClearDepthStencilValue 구조체의 인스턴스이며, 정의는 다음과 같다.

```
typedef union VkClearColorValue {
  float float32[4];
  int32_t int32[4];
  uint32_t uint32[4];
} VkClearColorValue;

typedef struct VkClearDepthStencilValue {
  float depth;
  uint32_t stencil;
} VkClearDepthStencilValue;
```

각 첨부의 색인이 VkClearValue 공용체의 배열을 색인하는 데 사용된다. 이는 만약 단지 첨부의 일부만이 VK_ATTACHMENT_LOAD_OP_CLEAR 부르기 연산을 가지면 배열에서 사용하지 않는 항목이 있다는 것을 의미한다. pClearValues 배열의 항목의 수는 최소한 VK_ATTACHMENT_LOAD_OP_CLEAR 부르기 연산을 가진 첨부 중 가장 높은 색인 이상이어야 한다.

VK_ATTACHMENT_LOAD_OP_CLEAR 부르기 연산을 가진 각 첨부에 대해서, 만약 색 첨부라면 float32, int32, uint32의 배열의 값이 첨부를 비우는 데 사용되며, 이는 각각 부동소수점이나 정규화된 형식, 부호 정수 형식, 무부호 정수 형식에 대응한다. 만약 첨부가 깊이, 스텐실, 깊이-스텐실 첨부라면, VkClearValue 공용체의 depthStencil 구성원의 depth와 stencil 구성원의 값이 첨부의 적절한 측면을 비우는데 사용된다.

한번 렌더패스가 시작되면, 명령어 버퍼에 그리기 명령어(다음 절에 다룰)를 배치할 수 있다. 모든 렌더링은 vkCmdBeginRenderPass()에 전달된 VkRenderPassBeginInfo 구조체에 설정된 프레임 버퍼로 그려진다. 렌더패스에 포함된 렌더링을 최종화하기 위해서 vkCmdEndRenderPass()로 이를 완료시켜야 하며, 함수 원형은 다음과 같다.

```
void vkCmdEndRenderPass (
  VkCommandBuffer commandBuffer);
```

vkCmdEndRenderPass()가 실행된 뒤에, 렌더패스를 통해서 지시된 렌더링이 끝나고, 프레임 버퍼의 내용이 갱신된다. 이 전까지는 프레임 버퍼의 내용은 정의되지 않는다. 단지 VK_ATTACHMENT_STORE_OP_STORE 저장 연산을 가진 첨부만이 렌더패스 안에서 렌더링으로 생성된 새 내용을 반영한다. 만약 VK_ATTACHMENT_STORE_OP_DONT_CARE의 저장 연산을 가진 첨부라면, 내용은 렌더패스가 끝나고도 정의되지 않는다.

❖ 정점 자료

만약 사용할 그래픽 파이프라인 정점 자료의 사용을 그리기 명령어의 수행 전에 요구하면, 버퍼를 연결하여 자료를 얻어와야 한다. 버퍼가 정점 자료의 원천으로 사용될 때, 이는 종종 정점 버퍼로 알려진다. 정점 자료로 사용할 버퍼에 대한 명령어는 vkCmdBindVertexBuffers()이며, 함수 원형은 다음과 같다.

```
void vkCmdBindVertexBuffers (
  VkCommandBuffer commandBuffer,
  uint32_t firstBinding,
  uint32_t bindingCount,
  const VkBuffer* pBuffers,
  const VkDeviceSize* pOffsets);
```

버퍼를 연결하는 명령어 버퍼는 commandBuffer에 설정된다. 주어진 파이프라인은 많은 정점 버퍼를 참조할 수 있으며, vkCmdBindVertexBuffers()는 특정 명령어 버퍼에 대한 연결의 부분 집합을 갱신할 수 있다. 갱신하기 위한 첫 연결의 색인은 firstBinding에 전달되며, 갱신하려는 연속된 연결의 수는 bindingCount에 전달된다. 정점 버퍼 연결의 불연속 범위를 갱신하기 위해서, vkCmdBindVertexBuffers()를 여러 번 호출해야 한다.

pBuffers 매개변수는 bindingCount 개의 연결된 버퍼 객체에 대한 VkBuffer 핸들들의 배열에 대한 포인터이며, pOffsets는 bindingCount개의 오프셋의 배열에 대한 포인터로 버퍼 객체에 대한 각 연결의 자료가 시작하는 오프셋이다. pOffsets의 값은 바이트로 설정된다. 다른 오프셋으로 같은 버퍼 객체를 명령어 버퍼에 연결하는(혹은 심지어 같은 오프셋의 경우도) 것은 완벽히 합리적이다. 단순히 같은 VkBuffer 핸들을 pBuffers 배열에 여러 번 포함하면 가능하다.

버퍼의 자료의 배치와 형식은 정점 자료를 소모하는 그래픽 파이프라인에 의해 정의된다. 그러므로 자료의 형식은 여기서 설정하지 않지만, 그래픽 파이프라인을 생성하는 데 사용되는 VkGraphicsPipelineCreateInfo를 통해서 전달되는 VkPipelineVertexInputStateCreateInfo 구조체 안에서 설정된다. 7장으로 돌아가면, 코드 7.3 안의 C++ 구조체로 삽입선[interleaved] 정점 자료를 설정하는 예제를 보여준다. 코드 8.1은 위치 자료만 저장하는 하나의 버퍼와 정점당 법선과 텍스처 좌표를 저장하는 두 번째 버퍼를 사용하는 살짝 더 개선된 예제 보여준다.

코드 8.1 구분된 정점 특성 설정

```
{
  vmath::vec3 normal;
  vmath::vec2 texcoord;
} vertex;

static const
VkVertexInputBindingDescription vertexInputBindings[] =
{
  { 0, sizeof(vmath::vec4), VK_VERTEX_INPUT_RATE_VERTEX }, // 버퍼 1
  { 1, sizeof(vertex), VK_VERTEX_INPUT_RATE_VERTEX }       // 버퍼 2
};

static const
VkVertexInputAttributeDescription vertexAttributes[] =
{
  { 0, 0, VK_FORMAT_R32G32B32A32_SFLOAT, 0 },              // 위치
  { 1, 1, VK_FORMAT_R32G32B32_SFLOAT, 0 },                 // 법선
  { 2, 1, VK_FORMAT_R32G32_SFLOAT, sizeof(vmath::vec3) }  // 텍스처 좌표
};

static const
VkPipelineVertexInputStateCreateInfo vertexInputStateCreateInfo =
{
```

```
VK_STRUCTURE_TYPE_PIPELINE_VERTEX_INPUT_STATE_CREATE_INFO, // sType
nullptr,                // pNext
0,                      // flags
vkcore::utils::arraysize(vertexInputBindings),
                        // vertexBindingDescription-Count
vertexInputBindings, // pVertexBinding- Descriptions
vkcore::utils::arraysize(vertexAttributes),
                        // vertexAttribute-DescriptionCount
vertexAttributes        // pVertexAttribute-Descriptions
};
```

코드 8.1에서 두 버퍼 사이에 펼쳐진 3가지 정점 특성을 정의한다. 첫 버퍼에서, 단지 단일 vec4 변수가 저장되며, 이는 위치로 사용된다. 이 버퍼의 폭은 그러므로 vec4의 크기인 16바이트이다. 두 번째 버퍼에서 정점의 삽입선 법선과 텍스처 좌표를 저장한다. 이를 vertex 구조체로 표현하며, 컴파일러가 폭을 계산할 수 있게 해준다.

❖ 색인된 그리기

점의 연속들을 파이프라인에 넣는 것이 언제나 원하는 것이 아니다. 대부분의 기하학적 메시들에서, 많은 정점이 한 번 이상 사용된다. 완벽히 연결된 메시는 많은 삼각형 사이에서 하나의 정점을 공유할 수 있다. 심지어 단순한 정육면체도 3개의 인접한 삼각형 간에 정점을 공유한다. 정점 버퍼에서 각 정점을 3번이나 설정하는 것은 극도로 낭비가 된다. 이와 다르게, 일부 불칸 구현은 같은 입력 매개변수를 한번 초과로 볼 경우에 두 번째 이후에는 처리를 생략하고, 대신 첫 정점 셰이더 호출의 결과를 재사용할 만큼 충분히 현명하다.

이를 활성화하기 위해서, 불칸은 색인 그리기를 허용한다. vkCmdDraw()의 색인된 버전은 vkCmdDrawIndexed()로, 함수 원형은 다음과 같다.

```
void vkCmdDrawIndexed (
  VkCommandBuffer commandBuffer,
  uint32_t indexCount,
  uint32_t instanceCount,
  uint32_t firstIndex,
  int32_t vertexOffset,
  uint32_t firstInstance);
```

vkCmdDrawIndexed()의 첫 매개변수는 그리기가 실행될 명령어 버퍼에 대한 핸들이다. 단순히 0에서 시작해서 증가하지 않고, vkCmdDrawIndexed()는 색인을 색인 버퍼에서 읽어온다. 색인 버퍼는 명령어 버퍼를 vkCmdBindIndexBuffer()를 호출해서 연결하는 정규 버퍼 객체로, 함수 원형은 다음과 같다.

```
void vkCmdBindIndexBuffer (
  VkCommandBuffer commandBuffer,
  VkBuffer buffer,
  VkDeviceSize offset,
  VkIndexType indexType);
```

색인 버퍼를 연결할 명령어 버퍼는 commandBuffer에 설정되며, 색인 자료를 포함한 버퍼 객체에 대한 핸들은 buffer에 설정된다. 버퍼 객체의 일부분이 offset에서 시작해서 명령어 버퍼에 연결될 수 있다. 연결된 일부분은 항상 버퍼 객체의 끝까지 확장된다. 색인 버퍼에는 범위 제한이 없다. 불칸은 버퍼에 있는 만큼 많은 색인을 읽을 것이다. 하지만 결코 버퍼 객체의 끝을 넘어서 읽지는 않는다.

버퍼의 색인의 자료형은 indexType이 설정된다. 이는 VkIndexType 열거형의 구성원이며, 다음과 같다.

- VK_INDEX_TYPE_UINT16: 무부호 16비트 정수
- VK_INDEX_TYPE_UINT32: 무부호 32비트 정수

vkCmdDrawIndexed()를 호출할 때, 불칸은 현재 연결된 색인 버퍼를 offset + firstIndex * sizeof(index)의 오프셋에서부터 읽기 시작하며, sizeof(index)는 VK_INDEX_TYPE_UINT16의 경우 2이고 VK_INDEX_TYPE_UINT32 경우 4다. 코드는 색인 버퍼에서 indexCount 개수의 연속된 정수를 읽고, 그 뒤에 vertexOffset을 더

한다. 이 더하기는 항상 32비트로 처리되며, 현재 연결된 색인 버퍼의 색인 형과 관계없다. 이 더하기가 32비트 무부호 정수 범위를 벗어나는 경우는 정의되어 있지 않으므로, 피해야 한다.

도식화한 자료 흐름을 그림 8.1에서 볼 수 있다.

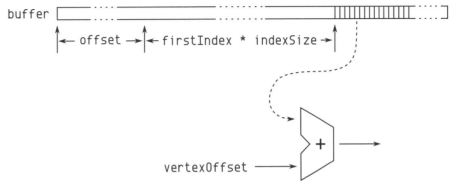

그림 8.1 색인 자료 흐름

색인 형이 VK_INDEX_TYPE_UINT32인 경우, 색인 값의 최대 범위는 지원되지 않을 수 있다. 이를 확인하기 위해서는 vkGetPhysicalDeviceProperties()의 호출로 얻어낸 장치의 VkPhysicalDeviceLimits 구조체의 maxDrawIndexedIndexValue 항목을 확인한다. 이 값은 항상 최소한 $2^{24}-1$이며 $2^{32}-1$만큼 클 수 있다.

색인 자료의 사용의 효용성을 시연하기 위해서 코드 8.2는 단순한 정육면체를 색인과 비색인 자료로 그리는 데 필요한 자료의 차이를 보여준다.

코드 8.2 색인된 정육면체 자료

```
// 순수한 비색인 자료
static const float vertex_positions[] =
{
  -0.25f, 0.25f, -0.25f,
  -0.25f, -0.25f, -0.25f,
  0.25f, -0.25f, -0.25f,
  0.25f, -0.25f, -0.25f,
  0.25f, 0.25f, -0.25f,
  -0.25f, 0.25f, -0.25f,
  0.25f, -0.25f, -0.25f,
  0.25f, -0.25f, 0.25f,
```

```
    0.25f,  0.25f, -0.25f,
    0.25f, -0.25f,  0.25f,
    0.25f,  0.25f,  0.25f,
    0.25f,  0.25f, -0.25f,
    0.25f, -0.25f,  0.25f,
   -0.25f, -0.25f,  0.25f,
    0.25f,  0.25f,  0.25f,
   -0.25f, -0.25f,  0.25f,
   -0.25f,  0.25f,  0.25f,
    0.25f,  0.25f,  0.25f,
   -0.25f, -0.25f,  0.25f,
   -0.25f, -0.25f, -0.25f,
   -0.25f,  0.25f,  0.25f,
   -0.25f, -0.25f, -0.25f,
   -0.25f,  0.25f, -0.25f,
   -0.25f,  0.25f,  0.25f,
   -0.25f, -0.25f,  0.25f,
    0.25f, -0.25f,  0.25f,
    0.25f, -0.25f, -0.25f,
    0.25f, -0.25f, -0.25f,
   -0.25f, -0.25f, -0.25f,
   -0.25f, -0.25f,  0.25f,
   -0.25f,  0.25f, -0.25f,
    0.25f,  0.25f, -0.25f,
    0.25f,  0.25f,  0.25f,
    0.25f,  0.25f,  0.25f,
   -0.25f,  0.25f,  0.25f,
   -0.25f,  0.25f, -0.25f
};

static const uint32_t vertex_count = sizeof(vertex_positions) /
(3 * sizeof(float));
// 색인된 정점 좌표
static const float indexed_vertex_positions[] =
{
  -0.25f, -0.25f, -0.25f,
  -0.25f,  0.25f, -0.25f,
   0.25f, -0.25f, -0.25f,
   0.25f,  0.25f, -0.25f,
   0.25f, -0.25f,  0.25f,
   0.25f,  0.25f,  0.25f,
  -0.25f, -0.25f,  0.25f,
  -0.25f,  0.25f,  0.25f,
};
```

```
// 색인 버퍼
static const uint16_t vertex_indices[] =
{
  0, 1, 2,
  2, 1, 3,
  2, 3, 4,
  4, 3, 5,
  4, 5, 6,
  6, 5, 7,
  6, 7, 0,
  0, 7, 1,
  6, 0, 2,
  2, 4, 6,
  7, 5, 3,
  7, 3, 1
};
static const uint32_t index_count = vkcore::utils::arraysize(vertex_
indices);
```

코드 8.2에서 볼 수 있듯이, 정육면체를 그리는 데 사용되는 자료의 양은 매우 작다. 단지 8개의 고유의 정점의 정점 자료만 저장되며, 36색인이 이를 참조한다. 기하구조의 크기가 장면 복잡도에 따라 커질수록, 색인으로 인한 이득은 매우 커진다. 이 단순한 예제에서, 비색인 정점 자료는 36정점을 가지며, 각각이 4바이트의 3개의 요소로 이루어지며, 전체 432바이트의 자료가 된다. 반면 색인 자료는 12정점을 가지며, 4바이트의 3개의 요소로 이루어지며, 추가로 2바이트의 저장 공간을 가지는 36색인을 가진다. 이는 색인된 정육면체에 대한 전체 168바이트의 자료를 생성한다.

색인된 자료를 사용해서 제공된 공간 절약에 추가하여, 많은 불칸 구현은 정점 자료에서 처리된 결과를 재사용하는 정점 캐시를 포함한다. 만약 정점이 색인되지 않으면, 파이프라인 모두 고유하다고 가정해야 한다. 하지만 정점이 색인될 때 같은 색인을 가지는 두 정점은 동일하다. 모든 닫힌 메시에서, 같은 정점은 한 번 초과로 나타나며, 이는 여러 기본체 사이에서 공유되기 때문이다. 이 재사용은 상당한 양의 작업을 아낄 수 있다.

색인-전용 렌더링

현재 정점의 순수 색인은 정점 셰이더에서 가용하다. 이 색인은 SPIR-V 셰이더에서 VertexIndex로 수식된 변수에서 나타나고, 이는 GLSL에서 gl_VertexIndex 내장 변수를 사용해서 생성된다. 이는 색인 버퍼의 내용(혹은 자동으로 생성된 정점 색인)과 vkCmdDrawIndexed()에 전달되는 vertexOffset 값을 포함한다.

예를 들어 버퍼에서 자료를 읽는 데 이 색인을 사용할 수 있다. 이는 정점 특성에 대해서 고민하지 않고 기하구조를 파이프라인에 넣을 수 있게 한다. 하지만, 일부 상황에서는 단일 32비트 값만이 필요하다. 이 경우, 정점 색인을 직접 자료로 사용할 수 있다. 불칸은 색인 버퍼 안의 값을 정점 버퍼의 주소로 사용하지 않는 이상 내용에 대해서 신경 쓰지 않는다.

기하구조의 많은 조각을 위한 객체 지역 정점 위치는 충분한 정밀도를 가진 16, 10, 혹은 8비트의 자료로 표현된다. 3개의 10비트의 값은 단일 32비트 워드 안에 끼워 넣을 수 있다. 사실, 이는 정확히 VK_FORMAT_A2R10G10B10_SNORM_PACK32 형식(그리고 이의 무부호 대응) 표현과 일치한다. 비록 정점 자료가 직접 색인 버퍼로 사용 가능하지 않지만, 셰이더에서 수동으로 정점 자료를 해당 형식을 가진 것처럼 풀어낼 수 있다. 그러므로 단순히 색인을 풀어내는 것으로, 색인 버퍼만으로도 단순한 기하구조를 그릴 수 있다.

코드 8.3은 이 풀어내는 연산을 사용하는 GLSL 셰이더를 보여준다.

코드 8.3 정점 색인을 셰이더에서 사용

```
#version 450 core

vec3 unpackA2R10G10B10_snorm(uint value)
{
  int val_signed = int(value);
  vec3 result;
  const float scale = (1.0f / 512.0f);

  result.x = float(bitfieldExtract(val_signed, 20, 10));
  result.y = float(bitfieldExtract(val_signed, 10, 10));
  result.z = float(bitfieldExtract(val_signed, 0, 10));
  return result * scale;
```

```
}

void main(void)
{
  gl_Position = vec4(unpackA2R10G10B10_snorm(gl_VertexIndex), 1.0f);
}
```

코드 8.3에서 보여주는 정점 셰이더는 단순히 들어오는 정점 색인을
unpackA2R10G10B10_snorm 함수를 사용해서 풀어낸다. 결과 값은 gl_Position에
쓰여진다. 각 x, y, z 좌표의 10비트 정밀도는 우리의 정점을 1024×1024×1024
위치의 격자에 붙인다. 이는 많은 경우에 충분하다. 만약 추가적인 크기 조절이
적용되면, 이는 셰이더에서 푸시 상수를 통해서 전달될 수 있으며, 만약 정점이
행렬 곱 등의 다른 변환을 겪게 되면, 해당 변환은 전체 정밀도에서 처리된다.

색인 재설정

색인된 그리기의 다른 세부기능은 기본체 재시작 색인을 사용하는 것이다. 이
특별한 색인 값은 새 기본체의 시작을 알려주는 데 사용된다. 이는 기본체의 위
상 구조가 길고 연속된 기본체 중 하나일 때 가장 유용하며, 이는 VK_PRIMITIVE_
TOPOLOGY_TRIANGLE_STRIP, VK_PRIMITIVE_TOPOLOGY_TRIANGLE_FAN, and VK_
PRIMITIVE_TOPOLOGY_LINE_STRIP와 이 위상 구조의 인접 버전인 VK_PRIMITIVE_
TOPOLOGY_TRIANGLE_STRIP_WITH_ADJACENCY, VK_PRIMITIVE_TOPOLOGY_LINE_
STRIP_WITH_ADJACENCY의 경우를 포함한다.

기본체 재시작 기능은 그래픽 파이프라인을 생성하는 데 사용한 VkGraphics
PipelineCreateInfo의 pInputAssemblyState를 통해서 전달된 VkPipelineInput
AssemblyStateCreateInfo 구조체를 사용해서 활성화된다. 이 구조체의 정의는
다음과 같다.

```
typedef struct VkPipelineInputAssemblyStateCreateInfo {
  VkStructureType sType;
  const void* pNext;
```

```
    VkPipelineInputAssemblyStateCreateFlags flags;
    VkPrimitiveTopology topology;
    VkBool32 primitiveRestartEnable;
} VkPipelineInputAssemblyStateCreateInfo;
```

topology 항목은 기본체 재시작을 지원하는 기본체 위상 구조 중 하나(앞서 언급한 목록과 팬 위상 구조)로 설정돼야 하며 primitiveRestartEnable은 VK_TRUE로 설정해야 한다. 기본체 재시작이 활성화되면, 색인 형에 대한 최대 가능 값인 특별 값(VK_INDEX_TYPE_UINT16의 0xFFFF와 VK_INDEX_TYPE_UINT32의 0xFFFFFFFF)이 특별 재시작 표시기로 사용된다.

만약 기본체 재시작이 활성화되지 않으면, 특별 재설정 표시기는 일반 정점 색인으로 간주된다. 32비트 색인을 사용하는 동안, 이 값을 사용할 필요가 있는 경우는 거의 없는데, 이는 4억 정점 이상을 사용해야 한다는 것을 의미하기 때문이다. 하지만 색인 값은 여전히 정점 셰이더에 전달될 수 있다. 앞서 언급한 띠나 팬이 아닌 기본체 위상 구조에 대해서 재설정을 활성화하는 것은 유효하지 않다.

불칸이 색인 버퍼에서 재설정 값을 만나면, 현재 띠나 팬을 끝내고 색인 버퍼에서 다음 색인이 가리키는 정점에서 새로 시작한다. 만약 재설정 값이 연속으로 여러 번 나타나면, 불칸은 단순히 이를 생략하고 다음 비재설정 색인값을 찾는다. 만약 완전한 기본체를 형성하기에 충분한 정점이 없다면(예를 들어 기본체 위상 구조가 VK_PRIMITIVE_TOPOLOGY_TRIANGLE_STRIP나 VK_PRIMITIVE_TOPOLOGY_TRIANGLE_FAN일 때 재설정 색인이 3개의 비재설정 정점 전에 나타나는 경우), 불칸은 이제까지 사용된 모든 정점을 버리고 새 기본체를 시작한다.

그림 8.2는 어떻게 재설정 색인이 VK_PRIMITIVE_TOPOLOGY_TRIANGLE_STRIP 위상 구조에 영향을 주는지를 보여준다. 상단 띠에서 0과 12 사이의 연속된 색인이 단일의 긴 띠를 생성하는 데 사용된다. 기본체 재설정을 활성화하고 색인 6을 재설정 색인 값 0xFFFFFFFF으로 치환하면, 띠는 첫 4개의 삼각형 이후에 멈추고 정점 7, 8, 9 사이의 삼각형에서 재시작한다.

재설정 색인은 띠나 펜을 사용한 매우 거대한 그리기를 많은 더 작은 조각으로 자르는 데 유용하다. 하위 그리기(개별 띠나 펜)의 수가 감소하고 크기가 증가할 때 효용성 면에서 중단점이 있으며, 이는 아마도 단순히 두 개의 분리된 그리기를 생성하는 것이 최선인 지점이다. 이는 특히 기본체 재시작이 활성화된 파이프라인과 아닌 것 사이에서 파이프라인을 변경하는 경우 그러하다.

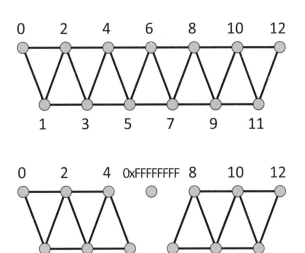

그림 8.2 삼각형 띠에서 기본체 재시작의 효과

만약 모형이 수백 수천 개의 짧은 띠로 이루어져 있다면, 기본체 재시작을 사용하는 것은 좋은 생각이다. 만약 모형이 아주 긴 띠 몇 개로 이루어져 있다면, 단순히 다중 그리기 명령어를 생성하는 것이 좋다. 또한, 일부 아키텍처에서는 재설정 색인이 성능에 영향을 줄 수 있으며, 단순히 목록 위상 구조를 사용하여 띠를 사용하기보단 색인 버퍼를 펼치는 것이 더 나을 수 있다.

❖ 인스턴싱

이제까지 대충 넘겨온 vkCmdDraw()와 vkCmdDrawIndexed()의 두 매개변수가 있다. 이는 firstInstance와 instanceCount 매개변수로, 이는 인스턴싱을 조절하는 데 사용된다. 이는 같은 기하구조의 많은 복사본을 그래픽 파이프라인에 전달하는 데 사용하는 기술이다. 각 복사는 인스턴스로 알려져 있다. 처음에는 많이 사용될 거 같지 않으나, 애플리케이션이 기하구조의 인스턴스의 각각에 변화를 적용하는 데는 두 가지 방법이 있다.

정점 셰이더 입력에서 InstanceIndex 내장 수식자를 사용하여 셰이더가 현재 인스턴스의 색인을 입력으로 받게 한다. 이 입력 변수는 균일 버퍼나 프로그램적으로 계산한 인스턴스 당 변화에서 매개변수를 읽는 데 사용할 수 있다.

인스턴싱된 정점 특성을 사용해서 불칸이 정점 셰이더에 각 인스턴스에 대해서 고유 자료를 제공할 수 있게 한다.

코드 8.4는 GLSL의 gl_InstanceIndex 내장 변수를 통해서 인스턴스 색인을 사용하는 예를 보여준다. 예제는 많은 다른 정육면체를 인스턴스를 사용해서 그리며, 각 인스턴스는 다른 색과 변환이 적용된다. 변환 행렬과 각 정육면체의 색은 균일 버퍼의 쌍에 저장된 배열에 배치된다. 셰이더는 그 뒤 색인을 gl_InstanceIndex 내장 변수로 배열에 넣는다. 이 셰이더의 렌더링 결과는 코드 8.3에서 볼 수 있다.

코드 8.4 셰이더에서 인스턴스 색인의 사용

```
#version 450 core

layout (set = 0, binding = 0) uniform matrix_uniforms_b
{
  mat4 mvp_matrix[1024];
};

layout (set = 0, binding = 1) uniform color_uniforms_b
{
```

```
  vec4 cube_colors[1024];
};

layout (location = 0) in vec3 i_position;
out vs_fs
{
  flat vec4 color;
};

void main(void)
{
  float f = float(gl_VertexIndex / 6) / 6.0f;
  vec4 color1 = cube_colors[gl_InstanceIndex];
  vec4 color2 = cube_colors[gl_InstanceIndex & 512];
  color = mix(color1, color2, f);
  gl_Position = mvp_matrix[gl_InstanceIndex] * vec4(i_position, 1.0f);
}
```

❖ 간접 그리기

vkCmdDraw()와 vkCmdDrawIndexed() 명령어에서 명령어의 매개변수(vertexCount, vertexOffset 등)는 즉시 매개변수로 명령어에 직접 전달된다. 이는 애플리케이션이 명령어 버퍼를 생성한 각 그리기 호출의 시점에서 정확한 매개변수를 알아야 한다는 것을 의미한다. 대부분의 경우, 그리기 명령어의 매개변수에 대한 접근은 애플리케이션이 당연히 가지고 있다. 하지만 일부 상황에서는 각 그리기에서 정확한 매개변수를 알 수 없다. 다음 예를 보자.

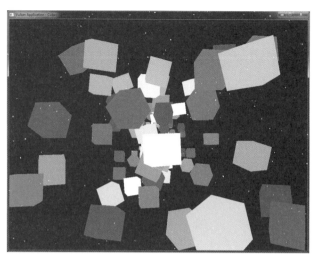

그림 8.3 Many Instanced Cubes

- 기하구조의 전체적인 구조는 알고 있으나, 정확한 정점의 수와 정점 버퍼의 자료의 위치는 알려져 있지 않으며, 이는 물체가 항상 같은 방식으로 렌더링 되지만 세부 단계가 시간에 따라 변화하는 경우이다.

- 그리기 명령어가 주 시스템이 아닌 장치에서 생성된다. 이 상황의 경우 정점 자료의 전체 수와 배치는 주 시스템이 모를 수 있다.

이 경우, 간접 그리기를 사용할 수 있으며, 이는 매개변수가 명령어와 함께 명령어 버퍼에 포함되지 않고 장치에 접근 가능한 메모리에서 매개변수를 읽을 수 있는 그리기 명령어다. 첫 간접 그리기 명령어는 vkCmdDrawIndirect()이며, 이는 버퍼에 포함된 매개변수를 사용해서 비색인 그리기를 수행한다. 함수 원형은 다음과 같다.

```
void vkCmdDrawIndirect (
  VkCommandBuffer commandBuffer,
  VkBuffer buffer,
  VkDeviceSize offset,
  uint32_t drawCount,
  uint32_t stride);
```

명령어 자체는 vkCmdDraw()와 같이 여전히 명령어 버퍼에 있다. commandBuffer 는 명령어가 배치되는 명령어 버퍼다. 하지만, 명령어의 매개변수는 buffer에 설정된 버퍼에서 offset에 설정된 바이트 단위 오프셋에서 온다. 버퍼에서 이 오프셋에서, VkDrawIndirectCommand의 인스턴스가 나타나야 하며, 명령어의 실제 매개변수를 포함한다. 정의는 다음과 같다.

```
typedef struct VkDrawIndirectCommand {
  uint32_t vertexCount;
  uint32_t instanceCount;
  uint32_t firstVertex;
  uint32_t firstInstance;
} VkDrawIndirectCommand;
```

VkDrawIndirectCommand의 멤버는 vkCmdDraw()의 비슷한 이름의 매개변수와 같은 의미를 가진다. vertexCount와 instanceCount는 각각 적용할 정점과 색인의 수이며, firstVertex와 firstInstance는 각각 정점과 인스턴스 색인의 시작 값이다.

vkCmdDrawIndirect()는 비색인, 간접 그리기를 버퍼 객체에서의 매개변수를 사용해서 수행한다. 또한 색인 간접 그리기를 vkCmdDrawIndexedIndirect()를 사용해서 수행 가능하다. 이 함수의 함수 원형은 다음과 같다.

```
 void vkCmdDrawIndexedIndirect (
  VkCommandBuffer commandBuffer,
  VkBuffer buffer,
  VkDeviceSize offset,
  uint32_t drawCount,
  uint32_t stride);
```

vkCmdDrawIndexedIndirect()의 매개변수는 vkCmdDrawIndirect()와 동일하다. commandBuffer는 명령어가 쓰여진 명령어 버퍼이며, buffer는 매개변수를 포함한 버퍼, offset은 버퍼에 매개변수가 위치한 바이트 단위의 오프셋이다. 하지만 vkCmdDrawIndexedIndirect()의 매개변수를 포함한 자료 구조는 다르다. 이는 VkDrawIndexedIndirectCommand의 인스턴스이며, 정의는 다음과 같다.

```
typedef struct VkDrawIndexedIndirectCommand {
  uint32_t indexCount;
  uint32_t instanceCount;
  uint32_t firstIndex;
  int32_t vertexOffset;
  uint32_t firstInstance;
} VkDrawIndexedIndirectCommand;
```

또다시 VkDrawIndexedIndirectCommand의 구성원은 vkCmdDrawIndexed()의 비슷한 이름의 매개변수와 같은 의미를 가진다. indexCount와 instanceCount는 정점 색인의 수와 파이프라인에 넣을 인스턴스의 수다. firstIndex 구성원은 색인 버퍼에서 색인을 읽기 시작할 곳을 표시한다. vertexOffset는 색인 자료에 더해질 오프셋 값을 설정한다. firstInstance는 인스턴스의 계수기가 수를 세기 시작할 값을 설정한다.

간접 그리기 명령어에서 기억해야 할 중요한 점은 버퍼 객체와 오프셋이 명령어 버퍼에 포함되어 있을 때, 그리기의 매개변수는 장치에서 명령어 버퍼가 실행될 때까지 버퍼 객체에서 읽을 필요가 없다. 장치가 명령어 버퍼를 실행하면서, 명령어에 도달했을 때, 버퍼에 있는 어떤 매개변수를 읽고 해당 매개변수가 정규 그리기 명령어에 직접 설정된 것처럼 그리기 명령어를 수행한다. 파이프라인의 나머지에 대해서는 직접 그리기와 간접 그리기의 차이는 없다.

이는 여러 가지를 의미한다.

- 간접 그리기의 명령어 버퍼를 필요하기 훨씬 이전에 생성할 수 있으며, 명령어 버퍼의 실행에 제출하기 전에 그리기의 최종 매개변수를 채울 수 있다(명령어 버퍼가 아닌 버퍼 객체 안에).

- 간접 그리기를 포함한 명령어 버퍼를 생성하고, 제출하고, 버퍼 객체에 매개변수를 덮어 쓰고, 같은 명령어 버퍼를 다시 제출할 수 있다. 이는 크고 복잡한 명령어 버퍼에 새 매개변수를 효과적으로 갱신할 수 있다.

- 셰이더 객체에서 저장을 사용해서 버퍼 객체에 매개변수를 쓸 수 있거나, vkCmdFillBuffer()나 vkCmdCopyBuffer() 같은 명령어를 사용해서 장치 자체에 그리기 매개변수를 생성할 수 있다. 같은 명령어 버퍼나 그리기 명령어를 포함한 버퍼 이전에 제출된 다른 버퍼에 쓰는 것이 가능하다.

vkCmdDrawIndirect()와 vkCmdDrawIndexedIndirect()가 둘 다 drawCount와 stride 매개변수를 받는 것을 눈치챘을 것이다. 이 매개변수는 불칸에 그리기 명령어의 배열을 전달하는 것을 가능하게 한다. 단일 vkCmdDrawIndirect()와

vkCmdDrawIndexedIndirect()의 호출은 drawCount개의 개별 그리기를 생성하며, 각각이 매개변수를 VkDrawIndirectCommand와 VkDrawIndexedIndirectCommand 구조체에서 받는다.

구조체의 배열은 여전히 버퍼 객체에서 offset 바이트에서 시작하며, 이 구조체의 각각은 기존에서 stride 바이트만큼 떨어져 있다. 만약 stride가 0이면, 같은 매개변수 구조체가 매 그리기에 사용된다.[1]

그리기의 수는 여전히 명령어 버퍼에 저장되지만, indexCount나 instanceCount 매개변수가 0인 그리기는 장치에서 생략된다. 하지만 이는 그리기의 수의 고정된 상한 제한을 사용하고 사용하지 않는 배열의 항목을 vertexCount, indexCount, instanceCount 중 최소한 하나가 0으로 설정하여, 단일 명령어로 변화되는 수의 그리기를 생성하는 완전히 동적인 그리기 수를 생성할 수 있다는 것을 의미하진 않는다.

1(과 0)이 아닌 다른 수의 지원은 선택적이다. 장치가 1보다 큰 수를 지원하는지 확인하려면, vkGetPhysicalDeviceFeatures()의 호출의 결과로 얻어지는 장치의 VkPhysicalDeviceFeatures 구조체의 multiDrawIndirect 항목을 확인하며, 논리 장치를 생성할 때 vkCreateDevice()에 넘겨지는 활성화된 기능의 집합에서 해당 기능을 활성화하는 것을 기억하자.

간접 수가 지원되면 vkCmdDrawIndirect()나 vkCmdDrawIndexedIndirect()의 단일 호출에서의 그리기의 최대수는 여전히 제한된다. 지원되는 수를 확인하기 위해서, 장치의 VkPhysicalDeviceLimits 구조체의 maxDrawIndirectCount 항목을 조사하자. multiDrawIndirect가 지원되지 않을 때, 이 항목은 1이다. 만약 지원된다면, 이는 최소 65,535로 보장된다. 만약 명령어의 각각의 그리기의 수가 이 양보다 작으면, 직접 한계를 확인할 필요가 없다.

---

1 이 행태가 0의 폭이 장치에게 빈틈 없이 묶인 배열을 가정하게 하며, 같은 매개변수를 계속 사용하는 것이 불가능한 OpenGL과 다르다는 것을 기억하자.

기하구조의 많은 조각을 같은 파이프라인과 같은 그래픽 상태에서 연속으로 그리는 것은 종종 제한된다. 하지만, 많은 경우에, 그리기 사이에 다른 점은 셰이더에 전달된 매개변수가 전부다. 이는 특히 애플리케이션이 만능 셰이더[uber shaders]를 사용하거나 물리 기반 렌더링 기술을 사용할 때 참이다. drawCount가 1보다 클 때 vkCmdDrawIndirect()나 vkCmdDrawIndexedIndirect()의 단일 호출로 생성되는 개별 그리기에 직접 매개변수를 전달하는 방법은 없다. 하지만, 셰이더에서 SPIR-V DrawIndex 수식자를 정점 셰이더의 입력으로 사용하면 가능하다. 이는 GLSL에서 gl_DrawIDARB 입력을 사용해서 생성된다.

DrawIndex로 수식되었을 때, 셰이더 입력은 그리기의 색인을 포함하며, 0에서 시작해서 장치에서 생성되는 그리기에 따라 증가한다. 이는 그 뒤에 균일 버퍼나, 셰이더 저장 구획에 저장된 자료의 배열을 색인하는 데 사용될 수 있다. 코드 8.5는 GLSL 셰이더로 gl_DrawIDARB를 사용해서 그리기 당 매개변수를 셰이더 저장 구획에서 얻어오는 것을 보여준다.

코드 8.5 셰이더에서 사용된 그리기 색인

```
#version 450 core

// GL_ARB_shader_draw_parameters 확장을 활성화한다.
#extension GL_ARB_shader_draw_parameters : require
layout (location = 0) in vec3 position_3;
layout (set = 0, binding = 0) uniform FRAME_DATA
{
  mat4 view_matrix;
  mat4 proj_matrix;
};

layout (set = 0, binding = 1) readonly buffer OBJECT_TRANSFORMS
{
  mat4 model_matrix[];
};

void main(void)
{
  // 입력 위치를 vec4로 확장한다.
  vec4 position = vec4(position_3, 1.0);
```

```
    // 물체마다 모델-시야 행렬을 계산한다.
    mat4 mv_matrix = view_matrix * model_matrix[gl_DrawIDARB];

    // 전역 투영 행렬을 사용하여 위치를 출력한다.
    gl_Position = proj_matrix * P;
}
```

코드 8.5의 셰이더는 단일 균일 구획으로 프레임 당 상수를 저장하는 데 사용하고, 단일 셰이더 저장 구획으로 물체 당 변환 행렬의 거대 배열을 저장하는 데 사용하였다.[2] gl_DrawIDARB 내장 변수는 셰이더 저장 구획에 저장된 model_matrix 배열을 색인하는 데 사용된다. 결과는 단일 vkCmdDrawIndirect() 호출의 각 세부 그리기가 자신의 모형 변환 행렬을 사용하게 된다.

❖ 요약

이 장은 불칸에서 지원하는 다양한 그리기 명령어를 다루었다. 7장에서 처음 언급한 vkCmdDraw()를 재소개하였으며, 이는 비색인 그리기를 생성한다. 색인 그리기도 다루어졌으며, 그 뒤 색인으로 조절되는 변화하는 매개변수의 같은 기하구조의 많은 복사본을 인스턴스 그리기 위한 기술인 인스턴싱을 소개하였다. 마지막으로 간접 그리기를 살펴봤으며, 이는 그리기 명령어의 매개변수를 명령어 버퍼 생성 시점에서 설정된 것이 아닌 장치 메모리에서 읽어올 수 있게 한다. 인스턴싱과 간접 그리기는 복잡한 장면을 아주 적은 그리기 명령어로 생성할 수 있게 하는 강력한 도구이다.

---

2   작성 시점에서, 표준 GLSL 컴파일러는 gl_DrawID를 노출하는 GL_ARB_draw_parameters 확장에 대한 지원을 포함하지 않았다. 이 셰이더는 OpenGL 시험 환경에서 개발되었으며, 그 뒤 불칸에 맞게 수정되었다. 이는 표준 컴파일러가 GL_ARB_draw_parameters의 지원을 할 때 작동되리라고 기대한다.

9장 | 기하구조 처리

많은 불칸 프로그램이 정점과 화소 셰이더에 밀접하지만, 두 개의 추가적인 기능들이 렌더된 이미지의 기하적 세부사항을 증가시키는 데 사용될 수 있다. 이 함수는 테셀레이션과 기하구조 셰이딩이다. 비록 개념은 앞서 간략히 소개했지만, 이 장은 테셀레이션과 기하 셰이더의 기능성의 세부사항을 더 깊게 파보고, 어떻게 이 기하구조 처리 파이프라인의 강력한 부분을 효과적으로 사용할지 논의하자.

❖ 테셀레이션

테셀레이션은 그래픽 파이프라인의 앞 근처에서 나타나는 단계의 집합으로 조절되며, 정점 셰이딩의 바로 뒤다. 테셀레이션에 대해서 7장에서 간략히 소개했었다. 하지만 테셀레이션이 파이프라인의 추가적인 단계이기에, 남은 단계를 설명하기 위해서 대부분을 생략하였다. 이 절에서는 더 자세히 다룬다.

테셀레이션은 입력 조각을 받으며, 이는 실제로 단지 정점으로 표현된 조절점의 집합이며, 이를 작고 단순한 기본체(점, 선, 삼각형 같은)로 쪼개며, 이는 파이프라인의 나머지에서 일반적인 방식으로 렌더링될 수 있다. 테셀레이션은 불칸의 추가적인 기능이다. 지원의 존재는 장치의 VkPhysicalDeviceFeatures 구조체의 tessellationShader 구성원을 확인해서 확인할 수 있다. 만약 이가 VK_FALSE이면, 테셀레이션 셰이더를 포함한 파이프라인은 애플리케이션에서 생성되거나 사용되지 못한다.

테셀레이션 설정

애플리케이션의 관점에서, 테셀레이션 엔진은 비록 고도로 설정 가능한 두 셰이더 단계로 감싸진 기능의 구획이지만, 고정 함수이다. 첫 단계, 테셀레이션 조절 셰이더는 조각의 조절점을 처리하고, 일부 조각당 매개변수를 설정하고, 고정함수 테셀레이션 구획에 대한 조절을 처리한다. 이 구획은 조각을 받아서 이를 기반 점, 선, 삼각형 기본체 등으로 쪼갠 뒤, 최종적으로 결과 생성된 정점 자료를 두 번째 셰이딩 단계인 테셀레이션 처리 셰이더로 전달한다. 이 셰이더는 정점 셰이더와 유사하며, 각 생성된 정점에 대해서 수행되는 점만 다르다.

테셀레이션은 두 정보의 원천의 조합을 통해서 조절되고 설정된다. 첫 원천은 그래픽 파이프라인을 생성하는 데 사용된 VkGraphicsPipelineCreateInfo 구조체를 통해서 전달된 VkPipelineTessellationStateCreateInfo 구조체다. 7장에서 소개했듯이, VkPipelineTessellationStateCreateInfo는 다음과 같이 정의된다.

```
typedef struct VkPipelineTessellationStateCreateInfo {
  VkStructureType sType;
  const void* pNext;
  VkPipelineTessellationStateCreateFlags flags;
  uint32_t patchControlPoints;
} VkPipelineTessellationStateCreateInfo;
```

이 구조체의 테셀레이션 상태에 영향을 주는 유일한 구성원은 patchControl Points으로, 이는 조각을 구성하는 조절 점의 수를 설정한다. 테셀레이션 시스템의 나머지 상태는 두 셰이더를 사용해서 설정된다.

조각을 생성하는 데 사용될 수 있는 조절 점의 최대 수는 구현에 의존적이지만 최소 32로 보장된다. 만약 테셀레이션이 지원되면, 불칸 구현은 조각당 최소 32 조절 점을 지원하며, 그러므로 만약 이보다 큰 조각을 사용하지 않을 경우 상한 선을 질의할 이유가 없다. 만약 32 조절 점보다 더 큰 조각을 사용해야 하면, 지원하는 최대 수를 `vkGetPhysicalDeviceProperties()` 호출에서 얻어지는 장치의 `VkPhysicalDeviceLimits` 구조체의 `maxTessellationPatchSize`를 확인하면 된다.

테셀레이션 방식

테셀레이션 엔진의 기반 연산은 조각과 주어진 테셀레이션 단계의 집합을 받고, 각 모서리를 단계에 맞게 세분화하는 것이다. 각 모서리에 대한 각 세분화된 점의 거리는 0.0에서 1.0 사이의 값으로 설정된다. 두 가지 테셀레이션의 주 방식은 조각을 사각형이나 삼각형으로 간주하는 것이다. 조각이 사각형으로 테셀레이션될 경우, 세분화된 좌표는 2D 무게중심 좌표를 형성하고, 조각이 삼각형으로 테셀레이션 될 경우, 생성된 정점은 3D 무게중심 좌표를 형성한다.

각 조각은 내부와 외부의 테셀레이션 단계에 대한 지합을 가진다. 외부 테셀레이션 단계는 조각의 외부 모서리에 대한 테셀레이션의 단계를 조절한다. 만약 이 단계를 더 거대한 기하구조 안에서의 인접한 조각에 대해서 계산한 것과 같이 설정하면, 이음새가 없이 연결될 수 있다. 내부 테셀레이션 방식은 조각의 중심에서의 테셀레이션의 단계를 조절한다. 그림 9.1은 사각 조각 안에서 모서리에 대해 내부와 외부 단계가 어떻게 설정되고 무게중심 좌표가 각 조각 안에서 점에 어떻게 설정되는지를 보여준다.

그림에서 볼 수 있듯이, 4개의 외부 테셀레이션 인자가 사각형의 4개의 외부 모서리에 대한 테셀레이션 단계를 조절한다. 무게중심 좌표 공간에서의 u와 v 방향은 그림에서 표시되어 있다. 삼각형 테셀레이션의 경우, 기본 원리는 비슷하지만 삼각형의 3D 무게중심 좌표의 설정이 조금 다르다. 그림 9.2가 이를 보여준다.

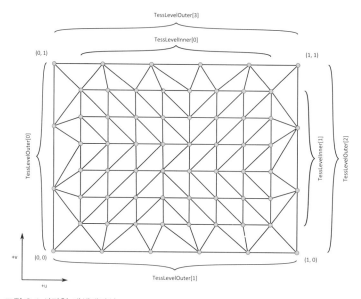

그림 9.1 사각형 테셀레이션

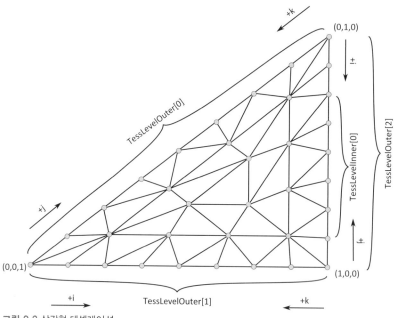

그림 9.2 삼각형 테셀레이션

348

그림 9.2에서 볼 수 있듯이, 삼각형 테셀레이션 방식에서 3개의 외부 테셀레이션 인자가 삼각 조각의 외부 모서리에 대한 테셀레이션 단계를 조절한다. 사각형 테셀레이션과 달리, 삼각형 테셀레이션 방식은 단지 단일 테셀레이션 인자를 사용하며, 이는 모서리를 둘러싼 삼각형의 최외각뿐 아니라 전체 조각에도 적용된다.

사각형과 삼각형 테셀레이션 방식에 추가하여, 등치선[isoline] 방식으로 알려진 특수한 방식은 조각을 직선의 연속으로 쪼개는 것을 가능하게 한다. 이는 사각형 테셀레이션 방식의 특별한 경우로 간주된다. 등치선 방식에서 조각 안의 생성된 점의 무게중심 좌표는 여전히 2D이지만, 내부 테셀레이션 단계가 없으며, 단지 두 개의 외부 테셀레이션 단계만이 있다. 그림 9.3은 이 방식이 어떻게 동작하는지 보여준다.

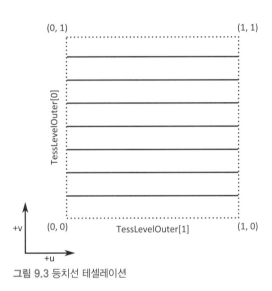

그림 9.3 등치선 테셀레이션

테셀레이션 방식을 설정할 때 하나(혹은 둘 다)의 테셀레이션 조절 혹은 처리 셰이더가 반드시 OpExecutionMode 명령에 Triangles, Quads, IsoLines 인자로 포함되어야 한다. 이런 셰이더를 GLSL에서 생성하려면 표 9.2에서처럼 입력 배치 한정자를 테셀레이션 처리 셰이더에서 사용한다.

표에서 %n은 주 시작점에 주어진 색인을 표시한다. SPIR-V 모듈이 다중 시작점을 가질 수 있으므로, 각 방식에 대해서 시작 점을 가진 테셀레이션 처리 셰이더를 생성하는 것이 가능하다. 하지만 테셀레이션 방식은 무게중심 좌표의 정의에 영향을 주므로, 반드시 정확하게 번역하는 것이 중요한 것을 기억하자.

SPIR-V에서, 테셀레이션 방식 명령어는 테셀레이션 조절 셰이더나 처리 셰이더에서 나올 수 있으며, 둘 다 나올 경우 일치해야 한다.

삼각형을 생성하는 Quads와 Triangles 테셀레이션 방식과 선을 생성하는 IsoLines 테셀레이션 방식에 추가하여 특별한 4번째 방식인 PointMode이 지원된다. 이름이 제시하듯이, 이 방식은 테셀레이션 엔진이 점을 생성하는 것을 가능하게 한다. 이 방식을 활성화하기 위해서 OpExecutionMode 명령어를 PointMode 인자로 사용한다. 또다시, 이 방식은 테셀레이션 처리 셰이더나 조절 셰이더에서 나타나며, 둘 다 나타나면 일치해야 한다. GLSL에서 이 방식은 테셀레이션 처리 셰이더에서 입력 배치 한정자로 나타나며, 그러므로 layout (point_mode) in;는 OpExecutionMode %n PointMode가 된다.

표 9.1 GLSL과 SPIR-V 테셀레이션 방식

GLSL	SPIR-V
layout (triangles) in;	OpExecutionMode %n Triangles
layout (quads) in;	OpExecutionMode %n Quads
layout (isolines) in;	OpExecutionMode %n IsoLines

PointMode는 Quads나 Triangles 같은 다른 테셀레이션 방식의 위에 적용된다. 이 방식에서, 조각은 일반처럼 테셀레이션되지만, 연결되기보다는 결과 정점이 파이프라인의 나머지에 전달되어 점처럼 처리된다. 이는 단순히 VkPipelineRasterizationStateCreateInfo 구조체의 polygonMode 항목을 VK_POLYGON_MODE_POINT로 설정한 것과 조금 다른 것을 기억하자. 특히 이 방식의 테셀레이터로 생성된 점은 기하 셰이더(만약 활성화될 경우)에게 점으로 간주되며 정확히 한 번만

래스터라이징되므로, 각 생성된 기본체가 매번 나타날 때마다 래스터라이징되는 다른 경우와 다르다.

세분화의 조절

조각의 모서리를 세분화할 때, 테셀레이터는 분리 점을 배치하는 3가지 전략 중 하나를 사용하며, 이는 결과적으로 결과 테셀레이션 메시에서 정점이 된다. 이 기능은 테셀레이션 된 조각의 모습을 조절하는 것을 가능하게 하고 특히 어떻게 인접 조각의 모서리가 연결되는지를 조절한다. 가용한 방식은 다음과 같다.

- SpacingEqual: 각 모서리에 할당된 테셀레이션 단계는 [1, maxLevel] 범위에서 잘려나가며, 다음 큰 정수 n으로 반올림된다. 모서리는 그 뒤 무게중심 공간에서 n개의 균일 길이 선분으로 나뉜다.

- SpacingFractionalEven: 각 모서리에 할당된 테셀레이션 단계는 [2, maxLevel] 범위에서 잘려나가며, 그 뒤 가장 가까운 짝수 정수 n으로 반올림된다. 모서리는 n-2개의 균일 길이 선분으로 나뉘며, 2개의 추가적인 더 짧은 선분으로 모서리의 중심 영역을 채운다.

- SpacingFractionalOdd: 각 모서리에 할당된 테셀레이션 단계는 [1, maxLevel-1] 범위에서 잘려나가며, 그 뒤 가장 가까운 홀수 정수 n으로 반올림 된다. 모서리는 n-2개의 균일 길이 선분으로 나뉘며, 2개의 추가적인 더 짧은 선분으로 모서리의 중심 영역을 채운다.

SpacingFractionalEven와 SpacingFractionalOdd의 둘 다, 잘려진 테셀레이션 단계가 1과 같으면 각 모서리는 전혀 테셀레이션되지 않는다. 1보다 큰 단계에서, 방식들은 다른 시각적 효과를 생성한다. 이 효과는 그림 9.4에서 볼 수 있다.

그림 9.4의 좌측 상단의 이미지에서 테셀레이션 방식은 SpacingEqual로 설정된다. 볼 수 있듯이, 테셀레이션된 삼각형의 각 외부 모서리는 균일 길이 선분으로 나뉘어 진다. 세 이미지의 테셀레이션 단계는 7.3으로 설정되었다. 이 단계는 8로 반올림되며 모서리는 해당 수의 선분으로 나뉜다.

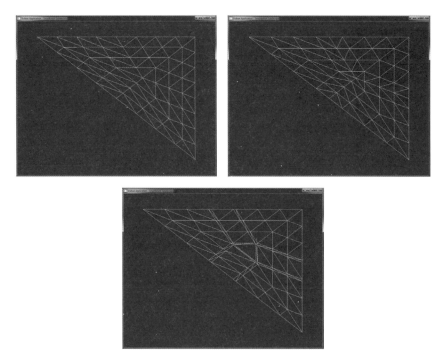

그림 9.4 테셀레이션 공간 방식

그림 9.4의 우측 상단의 이미지에서 테셀레이션 방식은 `SpacingFractional Even`이다. 테셀레이션 단계 (7.3)이 다음 낮은 짝수 (6)으로 반올림되며, 삼각형의 외부 모서리는 이 개수만큼의 균일 길이 선분으로 나뉜다. 모서리의 남은 부분은 2개의 동일 크기 조각으로 나뉘어지며, 모서리의 중심에서 2개의 더 짧은 선분을 생성한다. 이는 삼각형의 긴 대각 모서리에서 가장 쉽게 볼 수 있다.

마지막으로 그림 9.4의 아래 이미지에서 테셀레이션 방식은 `Spacing FractionalOdd`로 설정된다. 여기서 테셀레이션 단계는 다음 낮은 홀수인 (7)로 반올림된다. 테셀레이션 된 외부 모서리는 그 뒤 같은 수의 균일 길이 선분으로 나뉘며, 남은 공간은 두 더 작은 선분이 중앙의 큰 선분의 각 면에 삽입되어 형성된다. 또 다시 이는 삼각형의 긴 대각 모서리에서 쉽게 볼 수 있다. 하지만 여기서는 두 작은 선분이 테셀레이션된 영역의 중심으로 이어지는 더 높은 테셀레이션의 선을 생성하는 효과를 확인할 수 있다.

표 9.2 GLSL과 SPIR-V 테셀레이션의 감기는 순서

GLSL	SPIR-V
layout (cw) in;	OpExecutionMode %n VertexOrderCw
layout (ccw) in;	OpExecutionMode %n VertexOrderCcw

또다시, 테셀레이션의 공간 방식은 테셀레이션 조절이나 처리 셰이더에서 SPIR-V에서의 OpExecutionMode 명령어를 사용해서 설정할 수 있으며, 둘 다 설정할 경우 일치해야 한다. GLSL에서 이 명령어는 또한 입력 배치 한정자를 사용해서 생성된다.

테셀레이션 방식이 Triangles나 Quads일 경우, 테셀레이션 엔진은 삼각형을 출력으로 생성한다. 결과 정점이 파이프라인의 나머지에서 처리되는 순서가 원래 조각에서 삼각형의 면의 방향을 결정한다. 삼각형의 정점이 시계 방향이거나 반시계 방향으로 나타날 경우, 삼각형을 앞에서 봤을 때 이 순서대로 삼각형의 모서리를 지나가게 된다.

또다시, 테셀레이션의 감기는 방향은 테셀레이션 조절이나 처리 셰이더에서 OpExecutionMode 명령어를 사용해서 설정되며, 동일한 GLSL 선언은 입력 배치 한정자로 테셀레이션 처리 셰이더에서 설정된다. GLSL 배치 한정자 선언과 결과 SPIR-V OpExecutionMode 명령어는 표 9.2에서 보여진다. 다시 한 번 표에서, SPIR-V의 %n 표기는 OpExecutionMode 명령어가 적용되는 시작점의 색인을 가리킨다.

테셀레이션 변수

테셀레이션 조절 셰이더가 처리하는 각 조각은 고정된 수의 조절 점을 가진다. 이 수는 앞서 언급한 파이프라인을 생성할 때 사용된 VkPipelineTessellationStateCreateInfo 구조체의 patchControlPoints 구성원으로 설정된다. 각 조절 점은 그리기 명령어의 하나로 파이프라인에 전달되는 정점과 같이 표현된다. 정점 셰이더는 조각을 형성하는 모든 정점에 대한 접근 권한을 가진 테셀레이션 조절 셰이더에서 집합으로 전달되기 전에 한 번에 정점을 하나씩 처리한다.

테셀레이션 처리 셰이더 또한 조각을 형성하는 모든 조절 점에 대한 접근을 가지고 있지만, 조각의 조절 점의 수는 테셀레이션 조절 셰이더와 처리 셰이더 사이에서 변화할 수 있다. 테셀레이션 조절 셰이더에서 처리 셰이더로 전달되는 조절 점의 수는 시작 점에 적용되는 OpExecutionMode 명령어의 SPIR-V OutputVertices 인자를 사용해서 설정된다. 또다시, 이는 테셀레이션 조절 셰이더나 처리 셰이더에서 나타날 수 있으며, 둘 다 나타날 경우 일치해야 한다. 이 연산은 정수 상수(혹은 특별 상수)를 받는다.

GLSL의 경우 테셀레이션 조절 셰이더에서 처리 셰이더로 전달되는 조절 점의 수는 테셀레이션 조절 셰이더의 출력 배치 한정자를 사용해서 설정된다. 예를 들어, GLSL 선언 layout (vertices = 9) out;은 OpExecutionMode %n OutputVertices 9}가 된다.

내부와 외부 테셀레이션 단계는 테셀레이션 조절 셰이더를 사용해서 설정될 수 있다. 이는 SPIR_V에서 테셀레이션 조절 셰이더의 TessLevelInner와 TessLevelOuter 수식자로 각각 설정할 수 있다.

외부 테셀레이션 단계를 표현하는 변수는 4개의 부동소수점 값의 배열이며, 모두가 Quads 테셀레이션 방식을 위해서 사용되고, 첫 3개가 Triangles 테셀레이션 방식에 사용되거, 단지 첫 2개만이 IsoLines 테셀레이션 방식에서 사용된다.

내부 테셀레이션 단계를 표현하는 변수는 2개의 부동소수점 값의 배열이다. Quads 테셀레이션 방식에서 내부 테셀레이션의 두 값은 u와 v 영역에서 조절한다. Triangles에서는 배열의 첫 요소의 첫 값이 중앙 조각의 테셀레이션 단계를 설정하며, 두 번째 값은 무시된다. isoLines 방식에서 내부 테셀레이션 단계는 없다.

GLSL에서의 내부와 외부 테셀레이션 단계는 gl_TessLevelInner와 gl_TessLevelOuter 내장 변수로 각각 나타난다. GLSL 테셀레이션 조절 셰이더에서 이 변수를 사용할 때, 컴파일러는 적절한 SPIR-V 변수 선언을 생성하고 적절히 수식한다.

불칸 파이프라인에서 사용할 수 있는 최대 테셀레이션 단계는 장치 의존적이다. 장치가 지원하는 최대 테셀레이션 단계는 vkGetPhysicalDeviceProperties() 로 얻은 장치의 VkPhysicalDeviceLimits구조체의 maxTessellationGeneration Level 항목으로 확인할 수 있다. maxTessellationGenerationLevel의 최소 보장된 한계는 64지만, 일부 장치는 더 높은 단계를 지원한다. 하지만 대부분의 애플리케이션은 이보다 더 높은 테셀레이션 단계가 필요 없으므로, 이 경우에는 한계를 질의할 필요가 없다.

코드 9.1의 단순히 조각의 내부와 외부 테셀레이션 단계를 일부 하드 코딩된 상수로 설정하는 GLSL 테셀레이션 조절 셰이더를 생각해보자. 이는 완전한 테셀레이션 조절 셰이더가 아니지만, 테셀레이션 할당이 GLSL에서 SPIR-V로 어떻게 번역되는지 보여주기엔 충분하다.

코드 9.1 단순한 테셀레이션 조절 셰이더(GLSL)

```
#version 450 core

layout (vertices = 1) out;
void main(void)
{
  gl_TessLevelInner[0] = 7.0f;
  gl_TessLevelInner[1] = 8.0f;
  gl_TessLevelOuter[0] = 3.0f;
  gl_TessLevelOuter[1] = 4.0f;
  gl_TessLevelOuter[2] = 5.0f;
  gl_TessLevelOuter[3] = 6.0f;
}
```

SPIR-V로의 컴파일이 끝나면, 코드 9.1의 셰이더는 코드 9.2의 (상당히 더 큰) SPIR-V 셰이더가 된다. 이 목록은 SPIR-V 역어셈블러의 순수 결과에 손으로 주석을 달아둔 것이다.

```
;; 테셀레이션 기능 필요. GLSL450 구조체 도입
        OpCapability Tessellation
        %1 = OpExtInstImport "GLSL.std.450"
        OpMemoryModel Logical GLSL450
;; "main"을 테셀레이션 조절 셰이더에 대한 시작점으로 정의
        OpEntryPoint TessellationControl %5663 "main" %3290 %5448
;; 조각 출력 정점의 수 = 1
        OpExecutionMode %5663 OutputVertices 1
;; 테셀레이션 단계 변수를 적절히 수식
        OpDecorate %3290 Patch
        OpDecorate %3290 BuiltIn TessLevelInner
        OpDecorate %5448 Patch
        OpDecorate %5448 BuiltIn TessLevelOuter
;; 이 셰이더에서 사용된 형의 선언
        %8 = OpTypeVoid
        %1282 = OpTypeFunction %8
        %13 = OpTypeFloat 32
        %11 = OpTypeInt 32 0
;; gl_TessLevelInner[2] 변수 선언
        %2576 = OpConstant %11 2
        %549 = OpTypeArray %13 %2576
        %1186 = OpTypePointer Output %549
        %3290 = OpVariable %1186 Output
        %12 = OpTypeInt 32 1
        %2571 = OpConstant %12 0
        %1330 = OpConstant %13 7
        %650 = OpTypePointer Output %13
        %2574 = OpConstant %12 1
        %2807 = OpConstant %13 8
;; gl_TessLevelOuter[4] 변수 선언
        %2582 = OpConstant %11 4
        %609 = OpTypeArray %13 %2582
        %1246 = OpTypePointer Output %609
        %5448 = OpVariable %1246 Output
;; 색인을 위해 사용할 상수를 출력 배열에 선언하고 해당 배열에 값을 쓴다.
        %2978 = OpConstant %13 3
        %2921 = OpConstant %13 4
        %2577 = OpConstant %12 2
        %1387 = OpConstant %13 5
        %2580 = OpConstant %12 3
        %2864 = OpConstant %13 6
;; 주 함수의 시작
        %5663 = OpFunction %8 None %1282
```

```
        %23934 = OpLabel
;; 출력 배열의 요소에 대한 참조를 선언하고 이에 상수를 쓴다.
        %6956 = OpAccessChain %650 %3290 %2571
        OpStore %6956 %1330
        %19732 = OpAccessChain %650 %3290 %2574
        OpStore %19732 %2807
        %19733 = OpAccessChain %650 %5448 %2571
        OpStore %19733 %2978
        %19734 = OpAccessChain %650 %5448 %2574
        OpStore %19734 %2921
        %19735 = OpAccessChain %650 %5448 %2577
        OpStore %19735 %1387
        %23304 = OpAccessChain %650 %5448 %2580
        OpStore %23304 %2864
;; 주 함수의 끝
        OpReturn
        OpFunctionEnd
```

테셀레이션 조절 셰이더는 조각에 정의된 각 출력 조절 점에 대해서 단일 발동을 실행한다. 이 모든 발동의 조각의 입력 조절 점과 연결된 모든 자료에 대한 접근을 가진다. 결과적으로, 테셀레이션 조절 셰이더에 대한 입력 변수는 배열로 정의된다. 언급했듯이, 족각의 입력과 출력 조절점의 수는 같지 않아도 된다. 테셀레이션 단계 결과에 추가하여, 테셀레이션 셰이더는 조절 점 당, 조각 자료 당 사용할 수 있는 더 많은 출력을 정의한다.

테셀레이션 조절 셰이더에서의 조절 점당 출력은 조각의 출력 조절 점의 수와 같은 크기의 배열로 선언된다. 출력 조절 점당 조절 셰이더 발동 하나가 생성되며, 그러므로 출력 배열의 각 항목당 대응하는 발동이 있다. 조절 점 당 출력은 오직 대응하는 발동에 의해서만 쓰여질 수 있다. 조각의 셰이더 발동의 색인은 내장 변수로 가용하며, 이는 SPIR-V InvocationId 내장으로 수식된 정수 변수의 선언으로 접근할 수 있다. GLSL에서 변수는 gl_InvocationID 내장 변수로 선언된다. 이 변수는 반드시 출력 배열의 색인으로 사용되어야 한다.

코드 9.3은 GLSL 테셀레이션 조절 셰이더에서 어떻게 출력 변수를 선언하는지 보여주며, 코드 9.4는 어떻게 해당 셰이더가 SPIR-V로 번역되는지를 보여준다.

또다시, 코드 9.3은 완전한 테셀레이션 조절 셰이더가 아니지만 합법적이며, 유용한 출력을 생성하지 않는다. 또한 코드 9.4에 보여지는 SPIR-V 셰이더는 손으로 주석을 달았다.

코드 9.3 테셀레이션 조절 셰이더에서의 출력 선언(GLSL)

```
#version 450 core

layout (vertices = 4) out;
out float o_outputData[4];
void main(void)
{
  o_outputData[gl_InvocationId] = 19.0f;
}
```

코드 9.4 테셀레이션 조절 셰이더에서의 출력 선언(SPIR-V)

```
;; 테셀레이션 조절 셰이더의 선언
        OpCapability Tessellation
        %1 = OpExtInstImport "GLSL.std.450"
        OpMemoryModel Logical GLSL450
        OpEntryPoint TessellationControl %5663 "main" %3227 %4585
;; 조각 당 4개의 출력 정점, 내장 InvocationId 선언
        OpExecutionMode %5663 OutputVertices 4
        OpDecorate %4585 BuiltIn InvocationId
        %8 = OpTypeVoid
        %1282 = OpTypeFunction %8
        %13 = OpTypeFloat 32
        %11 = OpTypeInt 32 0
        %2582 = OpConstant %11 4
        %549 = OpTypeArray %13 %2582
        %1186 = OpTypePointer Output %549
        %3227 = OpVariable %1186 Output
        %12 = OpTypeInt 32 1
;; invocationId 입력을 선언
        %649 = OpTypePointer Input %12
        %4585 = OpVariable %649 Input
        %37 = OpConstant %13 19
        %650 = OpTypePointer Output %13
;; 주 함수의 시작
        %5663 = OpFunction %8 None %1282
        %24683 = OpLabel
;; 발동 ID 읽기
```

```
        %20081 = OpLoad %12 %4585
;; 출력 변수에 대한 참조 선언
        %13546 = OpAccessChain %650 %3227 %20081
;; 발동 ID에 저장
        OpStore %13546 %37
;; 주 함수의 끝
        OpReturn
        OpFunctionEnd
```

테셀레이션 조절 셰이더에서 선언된 출력 변수는 처리 셰이더에서 입력으로 가용하다. 테셀레이션 조절 셰이더가 생성할 수 있는 출력 정점당 요소의 전체 수는 장치 의존적이며 vkGetPhysicalDeviceProperties()의 호출로 얻어지는 장치의 VkPhysicalDeviceLimits 구조체의 maxTessellationControlTotalOutputComponents 구성원으로 확인할 수 있다. 이는 최소 2,048 요소로 보장되어 있다. 이 요소의 일부는 정점당 사용될 수 있으며, 일부는 다음 절에서 언급하듯이 조각에 적용될 수 있다.

물론, 정점당 한계는 테셀레이션 조절 셰이더에서 처리 셰이더로 전달되는 각 정점의 변수에 적용되는 한계이다. 테셀레이션 처리 셰이더가 입력으로 받을 수 있는 요소의 전체 수는 VkPhysicalDeviceLimits 구조체의 maxTessellationEvaluationInputComponents 항목에 포함되어 있다. 이 한계는 최소 64이지만 더 높을 수 있으며, 장치에 의존적이다.

조각 변수

비록 테셀레이션 조절 셰이더의 일반 출력 변수가 대응하는 출력 조절 점의 배열로 인스턴스화되지만, 가끔은 특정한 자료의 부분은 조각의 전체에 적용될 필요가 있다. 이 자료의 일부는 조각 출력으로 선언된다. 조각 출력은 두 가지 목적을 처리한다.

조각 당 자료를 저장하고 이를 테셀레이션 조절 셰이더에서 처리 셰이더로 전달한다.

- 단일 조각 안의 테셀레이션 조절 셰이더 발동 사이의 자료 공유를 허용한다.
- 단일 조각에 대응하는 테셀레이션 조절 셰이더 발동의 집합 안에서 조각 출력은 실제로 읽고 쓰기가 가능하다. 만약 같은 조각 안의 다른 발동이 조각 출력에 쓰면, 자료를 읽는 것이 가능하다.

GLSL에서 조각 출력 변수를 정의하기 위해서, `patch` 한정자를 변수 선언에 사용한다. 이 선언은 SPIR-V 셰이더에서 그 뒤에 선언되는 변수에 `Patch` 수식어로 번역된다. 예를 들어, `patch out myVariable;`가 있다고 하자.

이 코드는 다음이 되며, `%n`은 `myVariable` 변수에 할당된 식별자이다.

```
OpName %n "myVariable"
OpDecorate %n Patch
```

단일 조각에 대응하는 모든 조절 셰이더 발동은 병렬로 다른 비율로 수행될 수 있으며, 단순히 한 조각 변수를 쓰고, 다른 조각 변수를 읽는 것은 잘 정의된 결과를 얻기 어렵다. 만약 일부 발동이 조각을 처리하는 동안 먼저 시작되면, 뒤에 있는 발동은 아직 쓰기에 도달하지 못한 다른 발동의 쓰기의 결과를 볼 수 없다.

조각 안의 발동을 동기화하고 모두 같은 곳에 같은 장소에 도달하는 것을 보장하기 위해서, `OpControlBarrier` 명령어를 사용하며, 이는 테셀레이션 조절 셰이더 안의 발동의 조절 흐름을 동기화할 수 있다. 더욱이, 조각 변수의 쓰기가 같은 조각 안의 다른 발동에게 보여지길 보장하기 위해서, `OpMemoryBarrier` 명령어를 포함하거나, `OpControlBarrier` 명령어 안에서 메모리 문맥이 필요하다.

GLSL에서 이 명령어는 `barrier()` 내장 함수를 테셀레이션 조절 셰이더에서 호출하여 생성할 수 있다. 호출되면, GLSL 컴파일러는 `OpMemoryBarrier` 명령어를 생성하여 메모리 일관성을 테셀레이션 조절 셰이더 발동 집합 간에 강제하며, 그 뒤 `OpControlBarrier` 명령어를 생성하여 흐름을 동기화한다. 이 명령어가 수행된 뒤에, 테셀레이션 조절 셰이더 발동은 조각 변수에 같은 조각 안의 다른 발동이 쓴 값을 읽을 수 있게 된다.

만약 테셀레이션 조절 셰이더가 쓴 테셀레이션 단계 중 하나가 0.0이나 부동소수점 비슷자이면, 전체 조각이 버려진다. 이는 출력 이미지에 기여하지 않을 것으로 판단된 조각을 프로그램적으로 테셀레이션 조절 셰이더가 버릴 수 있는 방법론을 제공한다. 예를 들어, 만약 변위 맵의 최대 편차를 알고 있다면, 테셀레이션 조절 셰이더는 조각을 조사해서 모든 기하구조에 대해서 결과적으로 보는 이에서 멀어지는 방향인 판단 후, 조각을 잘라낼 수 있다. 만약 이런 조각이 테셀레이션 조절 셰이더에 전달되면, 그 뒤 테셀레이션 되고, 테셀레이션 처리 셰이더가 수행되며, 모든 결과 삼각형은 개별적으로 파이프라인의 이후 단계에서 잘린다. 이는 매우 비효율적이다.

테셀레이션 처리 셰이더

테셀레이션 조절 셰이더가 수행된 뒤 테셀레이션 인자를 고정 함수 테셀레이션 단위에 전달하면, 이는 조각 안에 새 정점을 생성하고 조각 공간 안에서 무게중심 좌표를 할당한다. 각 새로운 정점은 테셀레이션 처리 셰이더의 발동을 전달된 정점의 무게 중심 좌표로 생성한다.

IsoLines와 Quads 테셀레이션 방식에서는 2D 좌표가 된다. Triangles 테셀레이션 방식에서는 3D 좌표다. 방식에 상관없이, 테셀레이션 처리 셰이더를 내장 변수를 통해서 전달한다.

GLSL에서 이 선언은 gl_TessCoord 내장 변수에 대응한다. 변수가 사용될 때, GLSL 컴파일러는 자동으로 적절한 변수 선언과 수식자를 SPIR-V에서 생성한다.

SPIR-V에서, 결과는 3요소의 부동소수점 값의 벡터의 선언으로, TessCoord 수식어로 수식된다. 이는 항상 3요소 배열이며, 심지어 테셀레이션 방식이 2D 무게 중심 좌표(IsoLines와 Quads)일 때도 그러하다. 이 방식에서, 배열의 3번째 요소는 단순히 0이다.

예를 들어, 코드 9.5의 최소 테셀레이션 처리 셰이더는 코드 9.6의 SPIR-V 셰이더가 된다.

코드 9.5 gl_TessCoord의 처리 셰이더에서 접근(GLSL)

```
#version 450 core

layout (quads) in;
void main(void)
{
  gl_Position = vec4(gl_TessCoord, 1.0);
}
```

코드 9.6 gl_TessCoord의 처리 셰이더에서 접근(SPIR-V)

```
;; GLSL 450 테셀레이션 셰이더. 기능을 활성화한다.
       OpCapability Tessellation
       OpCapability TessellationPointSize
       OpCapability ClipDistance
       OpCapability CullDistance
       %1 = OpExtInstImport "GLSL.std.450"
       OpMemoryModel Logical GLSL450
;; 시작점을 선언하고 이를 적절히 수식한다.
       OpEntryPoint TessellationEvaluation %5663 "main" %4930 %3944
       OpExecutionMode %5663 Quads
       OpExecutionMode %5663 SpacingEqual
       OpExecutionMode %5663 VertexOrderCcw
;; GLSL 내장 출력을 선언
       OpMemberDecorate %2935 0 BuiltIn Position
       OpMemberDecorate %2935 1 BuiltIn PointSize
       OpMemberDecorate %2935 2 BuiltIn ClipDistance
       OpMemberDecorate %2935 3 BuiltIn CullDistance
       OpDecorate %2935 Block
;; gl_TessCoord의 수식
       OpDecorate %3944 BuiltIn TessCoord
       %8 = OpTypeVoid
       %1282 = OpTypeFunction %8
       %13 = OpTypeFloat 32
       %29 = OpTypeVector %13 4
       %11 = OpTypeInt 32 0
       %2573 = OpConstant %11 1
       %554 = OpTypeArray %13 %2573
       %2935 = OpTypeStruct %29 %13 %554 %554
       %561 = OpTypePointer Output %2935
```

```
        %4930 = OpVariable %561 Output
        %12 = OpTypeInt 32 1
        %2571 = OpConstant %12 0
;; 입력으로서 3 요소 벡터를 내장 TessCoord로 수식
        %24 = OpTypeVector %13 3
        %661 = OpTypePointer Input %24
        %3944 = OpVariable %661 Input
        %138 = OpConstant %13 1
        %666 = OpTypePointer Output %29
        %5663 = OpFunction %8 None %1282
        %24987 = OpLabel
;; gl_TessCoord에서 읽기
        %17674 = OpLoad %24 %3944
;; 3개의 요소를 추출
        %22014 = OpCompositeExtract %13 %17674 0
        %23496 = OpCompositeExtract %13 %17674 1
        %7529 = OpCompositeExtract %13 %17674 2
;; 새 vec4를 생성
        %18260 = OpCompositeConstruct %29 %22014 %23496 %7529 %138
;; gl_Position에 쓰기
        %12055 = OpAccessChain %666 %4930 %2571
        OpStore %12055 %18260
;; 주 함수 끝
        OpReturn
        OpFunctionEnd
```

테셀레이션 처리 셰이더에서 선언된 출력은 파이프라인의 다음 단계로 전송된다. 기하 셰이더가 활성화될 때, 입력을 테셀레이션 처리 셰이더에서 받는다. 그렇지 않으면, 테셀레이션 처리 셰이더의 출력이 보간에 사용된 뒤에 화소 셰이더에 넘겨지게 된다. 테셀레이션 처리 셰이더가 생성할 수 있는 자료의 전체 양은 장치 의존적이며 장치의 VkPhysicalDeviceLimits 구조체의 maxTessellationEvaluationOutputComponents 항목으로 확인할 수 있다.

테셀레이션 예: 변위 매핑

이를 모두 묶어서, 단순하지만 완전한 테셀레이션을 사용하여 변위 매핑을 구현하는 예를 살펴보자. 변위 매핑은 텍스처를 사용해서 법선에 대한 오프셋을 주

어 표면에 세부사항을 추가하는 일반적인 기술이다. 이를 구현하기 위해서 각각이 위치와 법선을 가지는 4개의 조절 점의 조각을 받는다. 위치와 법선을 정점 셰이더에서 세계 공간으로 변환한다. 그 뒤, 테셀레이션 조절 셰이더에서 시야 공간 위치를 계산하고 테셀레이션 단계를 설정한다. 테셀레이션 조절 셰이더는 그 뒤 테셀레이션 처리 셰이더에 세계 공간 위치를 전달한다.

테셀레이션 처리 셰이더에서 테셀레이터가 생성한 무게 중심 좌표를 받아서 이를 사용해서 보간된 법선과 세계 공간 위치를 계산하고, 텍스처에서 읽은 뒤에 계산된 정점 좌표를 계산된 법선에서 텍스처에서 유도된 값으로 변위시킨다. 이 최종 세계 공간 좌표는 세계에서 시야 행렬을 사용해서 시야 공간으로 변환되며, 이 행렬은 정점 셰이더에서 사용한 물체에서 세계 행렬과 같은 버퍼에 저장되어 있다.

이를 설정하기 위해서, 텍스처에 변위 맵을 저장한다. 텍스처 자원에 추가하여, 셰이더와 푸시 상수를 사용해서 통신한다. 이 예제의 목적을 위해서, 단순 푸시 상수를 사용해서 변환 행렬을 테셀레이션 조절 셰이더에 전달한다.

다음 두 개의 푸시 상수는 부동소수점 값이다. 첫째는 테셀레이션 처리 셰이더에서 조각에 적용하는 테셀레이션 단계의 크기 조절을 위해 사용된다. 두 번째는 테셀레이션 처리 셰이더에서 각 정점에 적용하는 변위의 양을 크기 조절하는 데 사용된다. 텍스처에서 읽은 값은 범위 [0.0, 1.0]으로 정규화되며, 그러므로 외부 테셀레이션 크기는 이 범위를 최적화하여 사용할 수 있게 한다.

서술자 집합 배치를 생성하는 데 사용한 VkDescriptorSetLayoutCreateInfo의 설명은 코드 9.7에 있다.

코드 9.7 변위 매핑을 위한 서술자 설정

```
struct PushConstantData
{
  vmath::mat4 mvp_matrix;
  float displacement_scale;
};
```

```
static const VkDescriptorSetLayoutBinding descriptorBindings[] =
{
  // 유일한 연결은 결합된 표본기와 표본 추출할 이미지이다.
  {
    0,
    VK_DESCRIPTOR_TYPE_COMBINED_IMAGE_SAMPLER,
    1,
    VK_SHADER_STAGE_TESSELLATION_EVALUATION_BIT,
    nullptr
  }
};

static const VkDescriptorSetLayoutCreateInfo
descriptorSetLayoutCreateInfo =
{
  VK_STRUCTURE_TYPE_DESCRIPTOR_SET_LAYOUT_CREATE_INFO, nullptr,
  0,
  vkcore::utils::arraysize(descriptorBindings),
  descriptorBindings
};

vkCreateDescriptorSetLayout(getDevice(),
  &descriptorSetLayoutCreateInfo,
  nullptr,
  &m_descriptorSetLayout);

// 푸시 상수 범위를 정의한다.
static const VkPushConstantRange pushConstantRange[] =
{
  // 자료를 처리 세이더에 넣는다.
  {
    VK_SHADER_STAGE_TESSELLATION_EVALUATION_BIT,
    0,
    sizeof(PushConstantData)
  }
};

VkPipelineLayoutCreateInfo pipelineLayoutCreateInfo =
{
  VK_STRUCTURE_TYPE_PIPELINE_LAYOUT_CREATE_INFO, nullptr,
  0,
  1,
  &m_descriptorSetLayout,
  vkcore::utils::arraysize(pushConstantRange),
  pushConstantRange
```

```
};
result = vkCreatePipelineLayout(getDevice(),
  &pipelineLayoutCreateInfo,
  nullptr,
  &m_pipelineLayout);
```

테셀레이션 사각형을 위한 기하구조가 단순히 정사각형에 배치된 4개의 정점이기에, 이 예제에서 정점 버퍼를 사용하지 않지만, 대신 물체 공간 위치를 정점 셰이더에서 프로그램적으로 생성한다. 이 예제에서 사용한 GLSL 정점 셰이더는 코드 9.8에서 보여진다.

코드 9.8 변위 매핑을 위한 정점 셰이더

```
#version 450 core

void main(void)
{
  float x = float(gl_VertexIndex & 1) - 0.5f;
  float y = float(gl_VertexIndex & 2) * 0.5f - 0.5f;
  gl_Position = vec4(x, y, 0.0f, 1.0f);
}
```

정점 셰이더의 출력은 단순히 한 변 길이 1의 사각형으로, 원점에 중심이 위치한다. 이는 코드 9.9의 테셀레이션 조절 셰이더로 전달되어, 테셀레이션 인자를 설정하고 정점의 위치를 변경하지 않고 전달한다.

코드 9.9 변위 매핑을 위한 테셀레이션 조절 셰이더

```
#version 450 core

layout (vertices = 4) out;
void main(void)
{
  if (gl_InvocationID == 0)
  {
    gl_TessLevelInner[0] = 64.0f;
    gl_TessLevelInner[1] = 64.0f;
    gl_TessLevelOuter[0] = 64.0f;
```

```
    gl_TessLevelOuter[1] = 64.0f;
    gl_TessLevelOuter[2] = 64.0f;
    gl_TessLevelOuter[3] = 64.0f;
  }
  gl_out[gl_InvocationID].gl_Position = gl_in[gl_InvocationID].gl_
Position;
}
```

코드 9.9의 테셀레이션 조절 셰이더는 조건 없이 테셀레이션 인자를 64로 설정하며, 이는 불칸 구현에서 반드시 지원해야하는 최소 요구 테셀레이션 단계이다. 이는 매우 높은 양의 테셀레이션이며, 대부분의 애플리케이션은 이 단계를 필요하지 않는다. 그보다는 조각을 몇 개의 더 작은 조각으로 나눈 뒤에, 아마도 더 작은 다른 테셀레이션 단계를 각각에 적용할 것이다. 테셀레이션 조절 셰이더의 출력은 그 뒤 코드 9.10에 보여진 테셀레이션 처리 셰이더에 전달된다.

코드 9.10 변위 매핑을 위한 테셀레이션 처리 셰이더

```
#version 450 core

layout (quads, fractional_odd_spacing) in;
layout (push_constant) uniform push_constants_b
{
  mat4 mvp_matrix;
  float displacement_scale;
} push_constants;

layout (set = 0, binding = 0) uniform sampler2D texDisplacement;

void main(void)
{
  vec4 mid1 = mix(gl_in[0].gl_Position, gl_in[1].gl_Position, gl_
TessCoord.x);
  vec4 mid2 = mix(gl_in[2].gl_Position, gl_in[3].gl_Position, gl_
TessCoord.x);
  vec4 pos = mix(mid1, mid2, gl_TessCoord.y);
  float displacement = texture(texDisplacement, gl_TessCoord.xy).x;
  pos.z = displacement * push_constants.displacement_scale;
  gl_Position = push_constants.mvp_matrix * pos;
}
```

코드 9.10의 셰이더는 gl_TessCoord.xy의 내용을 사용하여 테셀레이션 조
절 셰이더로 생성된 사각 조각의 4개의 모서리에 위치하는 정점의 위치를 보간
한다. 최정 위치 pos는 단순히 4개의 모서리의 가중 평균이다. 추가적으로, gl_
TessCoord.xy는 텍스처 좌표로 사용되어 변위 맵 텍스처 texDisplacement에서
표본화하는 데 사용된다.

이 변위 값은 displacement_scale 푸시 상수로 크기 조절되며, 이는 애플리케
이션이 메시에 적용되는 변위 양을 변경할 수 있게 한다. 정점과 테셀레이션 조절
셰이더가 조각을 x-y면에 설정하고 모든 테셀레이션된 점의 z값은 그러므로 0이
된다. z 요소를 변위로 덮어 쓰면 z방향으로 올라간 지형같이 된다. 이를 최종 변
환 행렬로 변환하여 시야 공간에 정점을 생성한다.

변위 매핑을 위한 그래픽 파이프라인 설정의 나머지는 이제까지 다
른 애플리케이션과 유사하다. 하지만 테셀레이션이 활성화되었기에,
VkGraphicsPipelineCreateInfo의 pTessellationState 구성원이 유효한 VkPip
elineTessellationStateCreateInfo 구조체의 주소를 가리키도록 해야 한다. 이
구조체는 극도로 단순하며 조각 안의 조절 점의 수를 설정하는 데만 사용한다. 이
애플리케이션의 VkPipelineTessellationStateCreateInfo는 코드 9.11에 있다.

코드 9.11 테셀레이션 상태 생성 정보

```
VkPipelineTessellationStateCreateInfo tessellationStateCreateInfo =
{
  VK_STRUCTURE_TYPE_PIPELINE_TESSELLATION_STATE_CREATE_INFO, // sType
  nullptr, // pNext
  0,        // flags
  4         // patchControlPoints
};
```

이 애플리케이션의 실행 결과는 그림 9.5에서 볼 수 있다. 그림에서 볼 수 있듯
이, 다각형 방식을 VK_POLYGON_MODE_LINE으로 설정하였으며, 이는 테셀레이션 조
각의 구성을 볼 수 있게 한다.

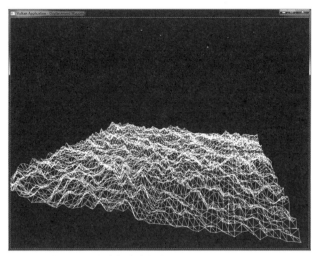

그림 9.5 테셀레이션된 변위 매핑의 결과

그림 9.5에 보여진 기하적 밀도에 대해서, 어떤 실제 기하구조도 그래픽 파이프라인으로 전달되지 않았음을 기억하자. 조각의 4 모서리는 프로그램적으로 정점 셰이더에서 생성되었으며, 진짜 정점 특성은 사용되지 않았다. 조각의 모든 삼각형은 테셀레이션 엔진으로 생성되었으며, 위치는 텍스처를 사용해서 계산되었다. 음영과 세부 텍스처를 조각의 표면에 적용하면, 더 잘 보이는 세부를 흉내낼 수 있다. 시스템의 성능에 의존해서, 테셀레이션 조절 셰이더가 선택한 테셀레이션 단계는 성능과 시각적 질을 균형잡기 위해 크기 조절될 수 있다. 테셀레이션은 그러므로 메시 자료를 재생성하거나 3D 아트 자원의 다중 버전을 생성하지 않고 장면에 기하적 밀도를 도입할 수 있는 아주 효율적인 방식이다.

❖ 기하 셰이더

기하 셰이더는 사용자 단의 마지막 단계로, 파이프라인의 기하구조 처리 부분이다. 활성화되었을 때, 이는 테셀레이션이 활성화되었을 때 테셀레이션 처리 셰이더의 바로 뒤에 수행되며, 비활성화된 경우 정점 셰이더의 뒤에서 수행된다. 기하 셰이더는 기하 셰이더의 단일 발동이 전체 기본체를 처리하기에 고유하다. 더욱이 기하 셰이더는 인접 기본체를 볼 수 있는 유일한 셰이더 단계이다.[1] 최종적으로, 기하 셰이더는 프로그램적으로 새로운 기하구조를 생성하거나 소멸시킬 수 있어 특별하다.

기하 셰이더 단계를 활성화하기 위해서 VkGraphicsPipelineCreateInfo 구조체의 pStages로 전달되는 단계의 배열 안에 기하 셰이더를 설정하는 VkPipelineShaderStageCreateInfo 구조체의 인스턴스를 포함하는 것으로 파이프라인의 기하 셰이더를 포함한다. 기하 셰이더의 지원은 선택적이므로, 기하 셰이더를 포함한 파이프라인을 생성하기 전에, 응용 프로그램이 vkGetPhysicalDeviceFeatures()의 호출의 결과인 VkPhysicalDeviceFeatures의 geometryShader 구성원으로 확인해야 하며, 그 뒤 vkCreateDevice()로 전달되는 VkDeviceCreateInfo 구조체 안의 같은 구성원을 VK_TRUE로 설정해야 한다.

기하 셰이더는 SPIR-V에서 OpEntryPoint 명령어의 Geometry 실행 모델을 사용해서 생성된다. 기하 셰이더는 반드시 다음 정보를 포함해야 한다.

- 입력 기본체 형 - 반드시 점, 선, 삼각형, 인접 선, 인접 삼각형 중 하나여야 한다.
- 출력 기본체 형 - 반드시 점, 선의 띠, 삼각형 띠의 하나여야 한다.
- 기하 셰이더의 단일 발동으로 생성될 수 있는 최대 정점 수의 예상치

이 모든 특성이 SPIR-V 셰이더의 OpExecutionMode 명령어의 인자로 설정된다. GLSL에서, 첫 번째는 입력 배치 한정자로 설정되며, 나머지 둘은 출력 배치 한정자를 사용해서 설정된다. 코드 9.12에서 보는 셰이더는 최소 GLSL 기하 셰이더이며, 이는 합법적이지만 파이프라인의 모든 기하구조를 버린다.

코드 9.12 최소 기하 셰이더(GLSL)

```
#version 450 core

layout (triangles) in;
```

---

[1] 정점 셰이더는 인접 기본체를 구성하는 추가적인 정점을 볼 수 있으나, 특정 정점이 주 기본체의 일부인지 아니면 인접 정보인지에 대해 알 수 없다.

```
layout (triangle_strip) out;
layout (max_vertices = 3) out;
void main(void)
{
    // 아무것도 하지 않는다.
}
```

보시다시피, 코드 9.12는 단지 요구되는 입력과 출력 배치 정의만 포함하며, main 함수는 비어 있다. SPIR-V로 컴파일하면, 코드 9.13의 셰이더가 생성된다.

코드 9.13 최소 기하 셰이더(SPIR-V)

```
;; GLSL 450에서 기하구조 셰이더
        OpCapability Geometry
        %1 = OpExtInstImport "GLSL.std.450"
        OpMemoryModel Logical GLSL450
;; 주 시작점을 선언
        OpEntryPoint Geometry %5663 "main"
;; 삼각형 입력, 삼각형 띠 출력, 최대 정점 수 3
        OpExecutionMode %5663 Triangles
        OpExecutionMode %5663 Invocations 1
        OpExecutionMode %5663 OutputTriangleStrip
        OpExecutionMode %5663 OutputVertices 3
;; 주 함수의 시작
        %8 = OpTypeVoid
        %1282 = OpTypeFunction %8
        %5663 = OpFunction %8 None %1282
        %16103 = OpLabel
;; 빈 주 함수의 끝
        OpReturn
        OpFunctionEnd
```

코드 9.13에서 main 시작점은 3개의 OpExecutionMode 명령어로 수식된다. 첫째는 Triangles를 사용해서 셰이더가 삼각형을 입력으로 기대한다는 것을 가리킨다. 두 번째는 OutputTriangleStrip으로, 셰이더가 삼각형 띠를 생성하는 것을 설정한다. 마지막으로 OutputVertices는 각 셰이더 발동이 최대 3개의 정점(단일 삼각형)을 생성하는 것을 설정한다. Invocations 수식자 또한 설정되지만, 이는 기본값 1로 설정되므로 생략할 수 있다.

단일 기하 셰이더가 생성할 수 있는 정점의 최대 수는 장치 의존적이다. 장치의 한계를 확인하기 위해서는 vkGetPhysicalDeviceProperties()로 얻어진 장치의 VkPhysicalDeviceLimits 구조체의 maxGeometryOutputVertices를 확인하자. 실행 방식 명령어의 OutputVertices 인자는 반드시 이 값 이하여야 한다. maxGeometryOutputVertices는 최소 256으로 보장된다.

각 정점에 대해 출력하는 기하 셰이더가 생성할 수 있는 요소의 최대 수 또한 장치 의존적이며 장치의 VkPhysicalDeviceLimits 구조체의 maxGeometryOutputComponents 항목을 확인하면 된다. 이는 최소 64로 보장된다.

셰이더가 생성할 수 있는 정점의 수의 한계에 더해서, 셰이더가 생성할 수 있는 요소의 수도 장치 의존적 한계가 있다. 이는 VkPhysicalDeviceLimits 구조체의 maxGeometryTotalOutputComponents 항목에 저장된다. 이는 최소 1,024로 보장되며 256 정점(maxGeometryOutputVertices의 최소 보장)에 대해서 충분하며, 각각이 단일 vec4로 구성된다. 일부 장치는 하나나 두 한계에 대해서 더 높은 값을 가질 수 있다. 최소 보장은 단순한 서로의 곱이 아님을 기억하자. 이는 maxGeometryTotalOutputComponents의 최소 보장(1,024)은 maxGeometryOutputComponents(64)와 maxGeometryOutputVertices(256)의 최소 보장이 곱이 아니라는 점이다. 많은 장치가 더 많은 수의 작은 정점이나 더 적은 수의 많은 정점을 지원한다.

기하 셰이더의 입력은 두 위치에서 나온다.

- gl_PerVertex 입력 구획 선언 안에 선언된 내장 입력
- 다음 앞선 셰이더 단계(테셀레이션의 활성화여부에 따라 테셀레이션 처리나 정점)에서의 대응하는 출력 선언에 맞는 사용자 정의 입력

gl_PerVertex 입력 구획을 선언하기 위해서 gl_PerVertex으로 불리는 입력 구획을 선언하고 이를 모든 셰이더가 사용해야 하는 내장 정점당 입력 변수에 포함한다. 예를 들어, 코드 9.14는 입력 구획이 gl_Position을 포함하도록 선언된 것

을 보여주며, 이는 이전 단계에서 gl_Position으로 써진 것에 대응한다. 이 구획은 인스턴스의 배열로 선언되며 gl_in[]이라 불리며, 암시적으로 주어진 기본체의 형으로 크기가 정해진다.

코드 9.14 GLSL 기하 셰이더에서의 gl_PerVertex 선언

```
in gl_PerVertex
{
  vec4 gl_Position;
} gl_in[];
```

셰이더가 코드 9.14에 보여진 선언을 포함하고 SPIR-V로 컴파일된 gl_Position에서 읽기를 수행할 때, 코드 9.15의 역어셈블리가 생성된다.

코드 9.15 SPIR-V 기하 셰이더에서의 gl_PerVertex 읽기

```
...
;; 내장 위치 구획의 첫 구성원을 수식
        OpMemberDecorate %1017 0 BuiltIn Position
        OpDecorate %1017 Block
...
;; 구조체 배열에 대한 포인터를 통해 입력으로 선언
        %1017 = OpTypeStruct %29
        %557 = OpTypeArray %1017 %2573
        %1194 = OpTypePointer Input %557
        %5305 = OpVariable %1194 Input
        %666 = OpTypePointer Input %29
...
;; 입력을 OpLoad를 사용해서 접근
        %7129 = OpAccessChain %666 %5305 %2571 %2571
        %15646 = OpLoad %29 %7129
```

다른 셰이더 단계처럼 기하 셰이더에서 BuiltIn 수식자를 포함하지 않는 입력을 선언하는 것은 앞선 정점 셰이더에서 생성된 값을 읽는 것을 의미한다. 기하 셰이더의 모든 입력에 대한 요소의 전체 수는 장치 의존적 한계로 제한된다. 이는 장치의 VkPhysicalDeviceLimits 구조체의 maxGeometryInputComponents로 확인 가능하다. 이는 최소 64 요소로 보장된다.

기하 셰이더가 명시적으로 출력 자료를 생성하지 않으면, 실질적으로 아무 것도 하지 않는다. 셰이더는 한번에 개별 정점 하나를 생성할 수 있으며, 정점은 셰이더가 실행된 뒤 기본체로 합쳐진다. 정점을 생성하기 위해서, 셰이더는 OpEmitVertex 명령어를 실행해야 하며, 이는 GLSL 내장 함수 EmitVertex()로 생성된다.

OpEmitVertex 명령어가 실행될 때, 모든 출력 변수의 현재 값이 새로운 정점을 생성하는 데 사용되고 파이프라인에 뒤로 밀어 넣어진다. 출력 변수의 값은 이 시점에서 정의되지 않게 되며, 그러므로 각 출력 정점에 대해서, 셰이더의 모든 출력을 다시 쓰는 것이 필요하다. OpEmitVertex가 유용하기 전에, 반드시 셰이더에서 일부 출력을 선언해야만 한다.

GLSL에 선언된 출력은 출력 구획 선언을 사용한다. 예를 들어, vec4를 생성하고 이를 이후 화소 셰이더에 전달하기 위해서, 코드 9.16에서 보이는 것처럼 구획을 선언한다.

코드 9.16 출력 구획을 GLSL에서 선언

```
out gs_out
{
  vec4 color;
};
```

다시, 이 화소를 SPIR-V로 컴파일하는 것은 4개의 부동소수점 값의 벡터를 포함한 단일 구성원의 구획을 선언을 생성한다. 이 변수가 셰이더에 쓰여질 때, OpStore 연산이 수행되어 구획으로 쓰게된다.

완전한, 단순 전달 기하 셰이더는 코드 9.17에 있으며, 결과 SPIR-V는 코드 9.18에서 볼 수 있다.

코드 9.17 단순 전달 GLSL 기하 셰이더

```
#version 450 core

layout (points) in;
```

```
layout (points) out;
layout (max_vertices = 1) out;
in gl_PerVertex
{
  vec4 gl_Position;
} gl_in[];

out gs_out
{
  vec4 color;
};

void main(void)
{
  gl_Position = gl_in[0].gl_Position;
  color = vec4(0.5, 0.1, 0.9, 1.0);
  EmitVertex();
}
```

코드 9.18 단순 전달 SPIR-V 기하 셰이더

```
OpCapability Geometry
OpCapability GeometryPointSize
OpCapability ClipDistance
OpCapability CullDistance
%1 = OpExtInstImport "GLSL.std.450"
OpMemoryModel Logical GLSL450
OpEntryPoint Geometry %5663 "main" %22044 %5305 %4930
OpExecutionMode %5663 InputPoints
OpExecutionMode %5663 Invocations 1
OpExecutionMode %5663 OutputPoints
OpExecutionMode %5663 OutputVertices 1
OpMemberDecorate %2935 0 BuiltIn Position
OpMemberDecorate %2935 1 BuiltIn PointSize
OpMemberDecorate %2935 2 BuiltIn ClipDistance
OpMemberDecorate %2935 3 BuiltIn CullDistance
OpDecorate %2935 Block
OpMemberDecorate %1017 0 BuiltIn Position
OpDecorate %1017 Block
OpDecorate %1018 Block
%8 = OpTypeVoid
%1282 = OpTypeFunction %8
%13 = OpTypeFloat 32
%29 = OpTypeVector %13 4
```

```
%11 = OpTypeInt 32 0
%2573 = OpConstant %11 1
%554 = OpTypeArray %13 %2573
%2935 = OpTypeStruct %29 %13 %554 %554
%561 = OpTypePointer Output %2935
%22044 = OpVariable %561 Output
%12 = OpTypeInt 32 1
%2571 = OpConstant %12 0
%1017 = OpTypeStruct %29
%557 = OpTypeArray %1017 %2573
%1194 = OpTypePointer Input %557
%5305 = OpVariable %1194 Input
%666 = OpTypePointer Input %29
%667 = OpTypePointer Output %29
%1018 = OpTypeStruct %29
%1654 = OpTypePointer Output %1018
%4930 = OpVariable %1654 Output
%252 = OpConstant %13 0.5
%2936 = OpConstant %13 0.1
%1364 = OpConstant %13 0.9
%138 = OpConstant %13 1
%878 = OpConstantComposite %29 %252 %2936 %1364 %138
%5663 = OpFunction %8 None %1282
%23915 = OpLabel
%7129 = OpAccessChain %666 %5305 %2571 %2571
%15646 = OpLoad %29 %7129
%19981 = OpAccessChain %667 %22044 %2571
OpStore %19981 %15646
%22639 = OpAccessChain %667 %4930 %2571
OpStore %22639 %878
OpEmitVertex
OpReturn
OpFunctionEnd
```

코드 9.18에서 볼 수 있듯이 셰이더는 Geometry 기능을 활성화하고 그 뒤 단순히 입력을 출력에 복사한다. OpEmitVertex 명령어의 호출이 셰이더의 끝에 있는 것을 볼 수 있으며, 바로 main 함수의 종료 전이다.

기본체 자르기

기하 셰이더에서 가용한 출력 기본체 형이 오직 점, 선 띠, 삼각형 띠임을 눈치챘을 것이다. 개별 선이나 삼각형을 직접 출력하는 것은 불가능하다. 기하 셰이더는 구현 정의된 한계까지의 어떤 개수의 정점도 출력할 수 있으며, 출력 정점 수만 적절히 선언되기만 하면 된다. 하지만 단지 EmitVertex()를 여러 번 호출하는 것은 단일의 긴 띠를 생성할 것이다.

여러 개의 더 작은 띠와 (한계 안의) 개별 선과 삼각형을 출력하기 위해서 EndPrimitive() 함수가 가용하다. 이 함수는 현재 띠를 끝내고 새로운 것을 다음 정점이 방출될 때 시작한다. 현재 띠는 자동적으로 셰이더가 끝날 때 종료되므로, 만약 최대 정점 수가 3이고 출력 기본체 형이 triangle_strip이면, 명시적으로 EndPrimitive()를 호출할 필요가 없다. 하지만, 만약 여러 개별 선이나 삼각형을 단일 기하구조 셰이더 발동에서 생성하기를 원한다면, 각 띠 사이에 EndPrimitive()를 호출하자.

이전 목록에서 보이는 기하 셰이더는 점 기본체를 입력과 출력에 둘 다 사용하여 이 문제를 회피하였다. 코드 9.19는 triangle_strip 출력 기본체 형을 사용하여 삼각형 띠를 출력하는 셰이더를 보여준다. 하지만, 이 셰이더는 6개의 출력 정점을 생성하며, 각 3개의 집합이 개별 삼각형을 나타낸다. EndPrimitive() 함수는 각 삼각형의 뒤에 하나의 삼각형의 두 개별 띠를 각각 생성하기 위해 삼각형 띠를 자르는 데 사용한다.

코드 9.19 기하 셰이더의 띠의 자르기

```
#version 450 core

layout (triangles) in;
layout (triangle_strip, max_vertices = 6) out;
void main(void)
{
  int i, j;
  vec4 scale = vec4(1.0f, 1.0f, 1.0f, 1.0f);
  for (j = 0; j < 2; j++)
  {
```

```
    for (i = 0; i < 3; i++)
    {
      gl_Position = gl_in[i].gl_Position * scale;
      EmitVertex();
    }
    EndPrimitive();
    scale.xy = -scale.xy;
  }
}
```

코드 9.19의 셰이더에서 보듯이, 외부 반복문의 첫 반복은 첫 삼각형을 단순히 모든 3개의 정점의 위치(내부 반복문)에서 출력 위치로 복사하며, 크기 조절 인자로 곱하고, 그 뒤 EmitVertex()를 호출한다. 내부 반복문이 완료되면, 셰이더는 EndPrimitive()를 호출하여 해당 점에서 띠를 자른다. 그 뒤 x, y축의 크기를 반전시키고, 삼각형을 z축 둘레로 180도 회전시킨 뒤 두 번째를 반복한다. 이는 두 번째 삼각형을 생성한다.

기하 셰이더 인스턴싱

8장에서 인스턴싱을 다루었으며, 이는 같은 기하구조의 많은 복사를 단일 그리기 명령어를 사용해서 빠르게 그리는 기술이다. 인스턴스의 수는 vkCmdDraw()나 vkCmdDrawIndexed()의 매개변수로 전달되거나, vkCmdDrawIndirect()나 vkCmdDrawIndexedIndirect()의 메모리 안의 구조체를 통해서 전달된다. 그리기 단계 인스턴싱으로, 전체 그리기는 효과적을 많이 실행된다. 이는 자료를 변경되지 않는 색인과 정점 버퍼에서 자료를 읽는 것과 기본체 재시작 색인의 확인(활성화될 경우) 등을 포함한다.

기하 셰이더가 활성화될 경우, 파이프라인을 기하 셰이더 앞으로 여러 번 실행하여, 기하 셰이더 이전의 모든 단계(예를 들면 테셀레이션)을 단지 한 번만 수행되게 하는 인스턴싱의 특별 방식이 가능하다. 단순히 이런 형태의 인스턴싱을 사용하기 위해서 기하 셰이더를 도입하는 것은 가치가 없지만, 기하 셰이더를 사용하는 경우에는 많은 기하 구종의 여러 복사를 빠르게 렌더할 수 있는 아주 효율적인 메커니즘이며, 각 인스턴스의 특성을 기하 셰이더로 조절할 수 있다.

이 장의 앞서 보여준 일부 SPIR-V 목록은 모든 기하 셰이더의 앞에서 다음 형태의 선언을 포함하는 것을 인식하였을 것이다.

```
OpExecutionMode %n Invocations 1
```

이 Invocations 실행 방식은 불칸에게 얼마나 많은 횟수 동안 기하 셰이더를 수행할 지를 알려준다. 이는 수행할 인스턴스의 수[2]이다.

발동 수를 1로 설정하는 것은 단순히 셰이더가 한 번만 실행되기를 기대하는 것이다. 이는 기본이며 따로 지시하지 않을 경우 GLSL 컴파일러에서 삽입한다. 기하 셰이더의 발동의 수를 조절하기 위해서 invocations 입력 배치 한정자를 GLSL 셰이더에서 사용한다. 예를 들어, 다음 선언은 셰이더의 발동 수를 8로 설정한다.

```
layout (invocations = 8) in;
```

이 배치 한정자가 GLSL 셰이더에 포함되면, 컴파일러는 적절한 OpExecution Mode 명령어를 삽입하여 시작점에 대한 발동 수를 설정한 값으로 설정한다. 발동 수가 셰이더에 매개변수로 전달되지 않고 하드 코딩되어 있으므로, 그리기 인스턴싱에서처럼 특별한 상수로 값을 설정할 수 있다. 이는 수행할 단일 기하 셰이더의 다양한 시나리오에서 맞춤 설정을 가능하게 한다.

셰이더가 실행되는 동안, 발동 수는 GLSL gl_InvocationID 내장 변수를 통해서 가용하다. SPIR-V에서 이는 내장 InvocationId를 입력 변수에 첨부하는 수식자로 번역된다.

코드 9.20에 보이는 GLSL 셰이더는 각각이 다른 변환을 가진 물체의 두 복사본을 그리기 위해 분리된 물체에서 세계 행렬을 가져오는 두 인스턴스의 수행의 완전

---

2 인스턴스화된 기하 셰이더의 참조에서, "발동"이라는 항은 종종 인스턴스를 의미하는데, 이는 기하 셰이더의 발동이 각 인스턴스마다 수행되기 때문이다. 이는 인스턴스 그리기에서 사용된 인스턴스와 기하 셰이더의 실행인 발동의 차이를 보여준다. 사실, 둘 다 동시에 사용 가능하며, 다중 발동을 가진 기하 셰이더를 사용하는 인스턴스 그리기가 가능하다.

한 예제이다. gl_InvocationID(이는 InvocationId 수식자로 번역된다)를 사용해서, 행렬의 배열의 색인으로 각 발동에 대해서 다른 변환을 얻는 데 사용할 수 있다.

코드 9.20 인스턴싱된 GLSL 기하 셰이더

```
#version 450 core

layout (triangles, invocations = 2) in;
layout (triangle_strip, max_vertices = 3) out;
layout (set = 0, binding = 0) uniform
{
  mat4 projection;
  mat4 objectToWorld[2];
} transforms;

void main(void)
{
  int i;
  mat4 objectToWorld = transforms.objectToWorld[gl_InvocationID];
  mat4 objectToClip = objectToWorld * transforms.projection;
  for (i = 0; i < 3; i++)
  {
    gl_Position = gl_in[i].gl_Position * objectToClip;
    EmitVertex();
  }
}
```

기하 셰이더의 최대 발동 수는 구현 의존적이지만 최소 32가 보장된다. 일부 구현은 더 많은 발동을 지원하며, 특정 구현의 한계는 vkGetPhysical DeviceProperties()로 얻는 장치의 VkPhysicalDeviceLimits의 maxGeometry ShaderInvocations으로 확인할 수 있다.

❖ 프로그램 가능한 점 크기

점을 렌더링할 때, 기본적으로는 단일 정점이 점을 정확히 1픽셀 너비로 생성한다. 현대 고해상도 디스플레이에서 단일 픽셀은 극도로 작으며, 그러므로 종종 이보다 훨씬 크게 점을 그리고 싶게 된다. 기본체가 점으로 래스터라이징될 때, 점의 크기를 기하구조 처리 파이프라인의 마지막 단계를 사용해서 설정하는 것이 가능하다.

점은 3가지 방법 중 하나로 래스터라이징된다.

- 단지 단일 정점과 화소 셰이더로 렌더링하며, 기본체 위상 구조를 VK_PRIMITIVE_TOPOLOGY_POINT_LIST로 설정한다.
- 테셀레이션을 활성화하고 점의 테셀레이션 방식을 테셀레이션 셰이더의 시작 점을 SPIR-V PointMode 실행 방식으로 수식한다.
- 기하 셰이더를 사용해서 점을 생성한다.

기하구조 파이프라인의 마지막 단계(정점, 테셀레이션 처리, 기하 셰이더)는 BuiltIn 수식자에 PointSize 매개변수로 부동소수점 출력을 수식하여 점의 크기를 설정할 수 있다. 이 출력에 써지는 값은 래스터라이징되는 점의 지름으로 사용된다.

GLSL에서 해당 수식된 출력은 gl_PointSize 내장 출력에 써서 생성할 수 있다. gl_PointSize에 쓰는 예제 정점 셰이더는 코드 9.21에서 볼 수 있으며, 결과 SPIR-V 결과는 코드 9.22에서 볼 수 있다.

코드 9.21 GLSL에서 gl_PointSize의 사용

```
#version 450 core

layout (location = 0) in vec3 i_position;
layout (location = 1) in float i_pointSize;
void main(void)
{
  gl_Position = vec4(i_position, 1.0f);
  gl_PointSize = i_pointSize;
}
```

코드 9.21의 셰이더는 두 입력 i_position과 i_pointSize를 선언한다. 둘 다 각각의 출력에 전달된다. 단순히 gl_PointSize에 쓰는 것은 GLSL 컴파일러가 자동적으로 출력 변수를 SPIR-V 셰이더에서 선언하고 이를 PointSize 수식자로 수식하게 되며, 이는 수작업으로 편집과 주석 처리한 코드 9.22에서 볼 수 있다.

```
...
;; GLSL  컴파일러가 자동을 정점 당 출력 구획을 선언
        OpName %11 "gl_PerVertex"
        OpMemberName %11 0 "gl_Position"
        OpMemberName %11 1 "gl_PointSize"
        OpMemberName %11 2 "gl_ClipDistance"
        OpMemberName %11 3 "gl_CullDistance"
        OpName %13 ""
;; 입력의 명명
        OpName %18 "i_position"
        OpName %29 "i_pointSize"
;; 기본 출력 구획의 구성원을 수식
        OpMemberDecorate %11 0 BuiltIn Position
        OpMemberDecorate %11 1 BuiltIn PointSize ;; gl_PointSize
        OpMemberDecorate %11 2 BuiltIn ClipDistance
        OpMemberDecorate %11 3 BuiltIn CullDistance
        OpDecorate %11 Block
        OpDecorate %18 Location 0
        OpDecorate %29 Location 1
...
        %4 = OpFunction %2 None %3
;; "main"의 시작
        %5 = OpLabel
;; i_position 읽기
        %19 = OpLoad %16 %18
        %21 = OpCompositeExtract %6 %19 0
        %22 = OpCompositeExtract %6 %19 1
        %23 = OpCompositeExtract %6 %19 2
;; vec4를 생성하고 gl_Position에 쓰기
        %24 = OpCompositeConstruct %7 %21 %22 %23 %20
        %26 = OpAccessChain %25 %13 %15
        OpStore %26 %24
;; i_pointSize(%29)에서 읽기
        %30 = OpLoad %6 %29
;; 접근 체인을 사용한 내장 출력에 대한 역참조
        %32 = OpAccessChain %31 %13 %27
;; PointSize로 수식한 출력에 저장
        OpStore %32 %30
        OpReturn
        OpFunctionEnd
```

셰이더에서 생성된 크기와 `PointSize`로 수식된 출력에 쓰는 것은 장치에서 지원하는 점 크기의 범위 안에 반드시 들어가야 한다. 이는 `vkGetPhysicalDeviceProperties()`로 얻어지는 장치의 `VkPhysicalDeviceLimits` 구조체의 `pointSizeRange`에서 확인할 수 있다. 이는 두 부동소수점 값의 배열로, 첫 번째는 래스터라이징 될 수 있는 가장 작은 점이며 두 번째는 래스터라이징될 수 있는 가장 큰 점의 지름이다.

점의 픽셀 크기는 장치 의존 크기로 양자화된다. 지원되는 점 크기 사이의 차이는 `VkPhysicalDeviceLimits` 구조체의 `pointSizeGranularity` 항목으로 확인할 수 있다. 예를 들어, 만약 구현이 1/4 픽셀 증가 크기의 어떤 점도 렌더링할 수 있으면, `pointSizeGranularity`는 0.25이다. 모든 장치는 반드시 최소 단일 픽셀 정밀도로 지원되는 점 크기를 렌더링할 수 있어야 하며, 많은 장치는 훨씬 더 높은 정밀도를 지원한다.

가장 작은 점 크기의 보장되는 가장 큰 값은 단일 픽셀이다. 이는, 일부 구현은 단일 픽셀보다 더 작은 점을 정확하게 래스터라이징할 수 있지만, 모든 구현은 반드시 단일 픽셀 점을 래스터라이징 가능해야 한다. 가장 작은 보증된 점 크기는 픽셀 단위로 64.0에서 장치의 `pointSizeGranularity`로 주어지는 입상도의 한 단위를 뺀 크기이다. 그러므로 만약 장치가 1/4 픽셀 증가에서 점을 렌더링한다면, 최대 점 크기는 63.75픽셀이 된다.

만약 기하구조 처리 셰이더 중 어떤 것도 `PointSize`로 수식된 변수를 쓰지 않으면, 기본 점 크기인 1픽셀이 가정된다. 많은 구현은 컴파일 시점의 상수가 `PointSize`로 쓰여질 때 더 효율적이며, 종종 실행 코드를 셰이더에서 제거하고 대신 점 크기를 래스터라이저의 상태로 프로그래밍한다. 점 크기를 특별한 상수를 통해서 설정하여 셰이더가 컴파일 시점 상수에 점 크기를 쓰지만 여전히 파이프라인 생성 시점에 설정을 가능하게 하며, 이는 선 너비도 마찬가지다.

❖ 선 너비와 레스터라이제이션

추가적으로 불칸은 단일 픽셀 너비보다 더 큰 선을 래스터라이징할 수 있다. 래스터라이징 가능한 선의 너비는 그래픽 파이프라인의 생성 시에 사용한 `VkPipelineRasterizationStateCreateInfo` 구조체의 `lineWidth`를 설정해서 가능하다. 단일 픽셀 너비보다 큰 선은 넓은 선으로 알려져 있다. 넓은 선은 만약 `VkPhysicalDeviceFeatures`의 `wideLines` 항목이 `VK_TRUE`이면 구현에서 지원된다. 이 경우, 지원되는 선 너비의 범위는 `vkGetPhysicalDeviceProperties()`에서 얻은 장치의 `VkPhysicalDeviceLimits` 구조체의 `lineWidthRange` 구성원에 포함된다.

주어진 불칸 구현은 선을 엄밀[strict]과 비엄밀의 두 가지 방법 중 하나로 렌더링한다. 어떤 방식을 장치가 사용하는지는 `VkPhysicalDeviceLimits` 구조체의 `strictLines` 항목에 보고된다. 만약 이가 `VK_TRUE`이면, 엄밀 선 레스터라이제이션이 구현된다. 그렇지 않으면 단지 비엄밀 래스터라이징만이 장치에서 지원된다. 사용되는 방식의 선택은 불가능하다. 장치는 단지 하나의 방식만 구현한다.

일반적으로, 엄밀이나 비엄밀 선 레스터라이제이션은 단일 픽셀 너비 선에 영향을 주지 않으므로, 단지 넓은 선에만 적용된다. 넓은 선이 사용될 경우, 엄밀 선은 본질적으로 각 선분의 시작점에서 끝점으로의 선을 중심으로 한 사각형으로 간주되어 래스터라이징된다. 결과적으로 선의 정사각형 종료 뚜껑이 선의 방향에 수직하게 된다. 이는 그림 9.6에서 묘사되어 있으며, 이는 {x_a, y_a, z_a}에서 {x_b, y_b, z_b}의 선분이 대각선으로 회전한 것을 볼 수 있다. 원래 선은 점선으로 표시되어 있으며, 래스터라이징된 선의 외각은 실선이다. 그림 9.6에서 선이 수직이나 수평에서 멀어지게 회전할 경우에도, 이의 단면의 너비는 변화하지 않는 것을 볼 수 있다. 이는 결과적으로 긴 모서리가 선의 길이이고 짧은 모서리가 선의 너비인 사각형으로 래스터라이징된다.

반면 비엄밀 선은 연속된 수평 혹은 수직 화소의 연속으로 래스터라이징되며, 이는 선의 주 축에 따라 다르다. 선의 추 축은 가장 멀리 움직이는 축(x나 y)이다.

만약 선의 x 좌표의 변화가 가장 크면, 이는 x주축 선으로 연속된 수직 열의 화소로 래스터라이징된다. 반대로, y에서 가장 멀리 움직이면, y주축 선이며 연속된 수평 행의 화소로 래스터라이징된다.

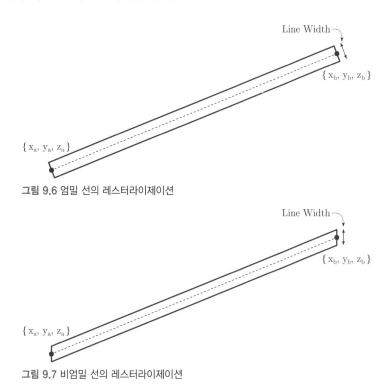

그림 9.6 엄밀 선의 레스터라이제이션

그림 9.7 비엄밀 선의 레스터라이제이션

결과적으로 선의 끝은 선이 완벽히 수평이거나 수직이 아닌 이상 더 이상 정사각형이 아니다. 대신 쐐기모양이 되며, 선의 끝 두께가 선 자체가 아닌 선의 주 축에 수직하게 된다. 몇 개의 픽셀 너비까지의 작은 선은 알아채기 어렵다. 더 넓은 선 너비에서는 이는 시각적으로 거슬리게 된다. 그림 9.7은 비엄밀 선 레스터라이제이션을 묘사한다. 그림에서 보듯이, 선이 수평이나 수직에서 멀어지게 회전할수록, 이는 평행 사변형이 되며, 짧은 면의 길이가 선의 너비가 된다. 선이 수평이나 수직에서 멀어질수록, 수직 너비가 감소하기에 더 좁아진다.

래스터라이징에 사용되는 선의 너비는 또한 동적 상태로 설정할 수 있다. 이를 위해서 VK_DYNAMIC_STATE_LINE_WIDTH 표시를 그래픽 파이프라인의 생성에 사용하는 VkPipelineDynamicStateCreateInfo 구조체의 pDynamicStates 구성원을 통해서 전달하는 동적 상태의 목록 안에 포함시켜야 한다. 한 번 선의 너비가 동적으로 설정되면, VkPipelineRasterizationStateCreateInfo의 linewidth 항목은 무시되며, 선의 너비는 대신 vkCmdSetLineWidth()의 호출로 설정되며, 함수 원형은 다음과 같다.

```
void vkCmdSetLineWidth (
    VkCommandBuffer commandBuffer,
    float lineWidth);
```

linewidth 매개변수는 선의 너비를 픽셀 단위로 설정한다. 렌더링되는 모든 선 기본체는 이 굵기로 생성되며, 선 위상 구조의 하나로 그린 결과이거나, 테셀레이션이나 기하 셰이더가 다른 기본체의 형을 선으로 바꿨을 때도 동일하게 적용된다. 새 선-너비 매개변수는 반드시 불칸 구현에서 지원되는 최소와 최대 선 너비 사이여야 한다. 이는 장치의 VkPhysicalDeviceLimits 구조체의 lineWidthRange 구성원으로 확인할 수 있다. lineWidthRange의 첫 요소는 최대 너비이며, 두 번째 요소는 최대이다. 넓은 선의 지원은 선택적이므로, 일부 구현은 두 요소를 모두 1.0을 반환한다. 하지만 만약 넓은 선이 지원되면, 불칸 구현은 1.0에서 8.0픽셀을 포함하는 너비의 범위를 지원한다.

❖ 사용자의 자르기와 거르기

어떤 기하구조가 시야 영역 밖에서 렌더링되지 않는 것을 보증하기 위해서, 불칸은 시야 범위에 대해서 기하구조의 자르기를 수행한다. 이를 처리하는 전형적인 방식은 각 정점의 면에 대한 거리를 확인하기 위해서 시야 영역을 부호를 가진 양으로 정의하는 것이다. 양의 거리는 입체의 안에 있는 것이고, 음의 거리는 입체의 밖을 의미한다. 각 면의 거리는 각 정점에 대해서 개별적으로 계산된다. 만약 기본체에 포함된 모든 정점이 단일 면의 밖에 있다면, 전체 기본체를 버릴 수 있다. 반대로 만약 모든 정점이 모든 면에 대해서 양의 거리를 가지면, 이는 입체 안에 모두 포함된다는 것을 의미하며, 전체 기본체가 안전하게 렌더링될 수 있다.

만약 안과 바깥의 혼합이 기본체를 구성하고 있으면, 반드시 잘라내야 하며, 이는 일반적으로 더 작은 기본체의 집합으로 나누는 것을 의미한다. 그림 9.8은 다음을 묘사한다. 그림에서 보듯이, 4개의 삼각형이 파이프라인으로 전송된다. 삼각형 A는 완전히 시야 영역 안에 포함되며 직접 렌더링된다. 삼각형 B는 반면 전체가 시야 영역 밖에 있으며 명백히 버릴 수 있다. 삼각형 C는 시야 영역의 단일 모서리를 관통하며 그러므로 이에 대해서 잘려나간다. 더 작은 삼각형이 자르기로 생성되며, 래스터라이징은 이것이 된다. 마지막으로 삼각형 D는 더 복잡한 시나리오를 표현한다. 이는 부분적으로 시야 영역 안에 있지만 두 개의 시야 영역의 모서리를 관통한다. 이 경우 자르기는 삼각형을 여러 더 작은 삼각형으로 쪼개어 이들을 래스터라이징 한다. 결과 다각형은 굵게 표시되어 있으며, 생성된 내부 모서리는 점선으로 표시된다.

시야 영역의 모서리에 대해서 기본체를 자르는 것이 가능한 것에 더해서, 이 자르기 과정에 기여하는 셰이더에서 생성한 다른 거리 값을 제공하는 것이 가능하다. 이는 자르기 거리로 알려져 있으며, 한 번 설정되면 시야 영역 면에 대해 계산한 거리와 똑같이 취급된다. 양의 값은 시야 입체 안으로 간주되고, 음의 값은 시야 입체 바깥으로 간주된다.

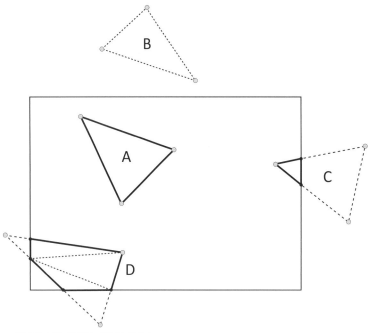

그림 9.8 시야 영역에 대해서 자르기

    셰이더에서 자르기 거리를 생성하기 위해서, 출력 변수를 `ClipDistance` 수식자를 사용해서 수식한다. 이 변수는 반드시 32비트 부동소수점 값의 배열로 선언되어야 하며, 각각의 요소는 분리된 자르기 거리다. 불칸은 셰이더에서 쓴 모든 자르기 거리를 생성된 기본체에 자르기를 할 때 합친다.

    모든 장치가 자르기 거리를 지원하지는 않는다. 만약 자르기 거리가 장치에서 지원되면, 장치에서 지원하는 자르기 거리의 최댓값은 최소 8로 보장된다. 일부 장치는 이 보다 더 많은 거리를 지원한다. 장치의 `VkPhysicalDeviceLimits` 구조체의 `maxClipDistances` 항목을 확인해서 얼마나 많은 거리가 지원되는지 확인할 수 있다. 만약 자르기 거리가 지원되지 않거나 장치 생성 시에 활성화되지 않으면, 이 항목은 0이 된다.

    마지막 기하구조 처리 단계(정점, 테셀레이션 처리, 기하 셰이더)는 생성된 기본체를 자르는 자르기 단계에서 사용될 자르기 거리를 생성한다. 어떤 단계에서도 자르기 거리로 출력이 선언된 뒤에, 생성된 거리는 입력으로 가용하다. 그러므로 테셀레이션 조절, 테셀레이션 처리, 혹은 기하 셰이더 단계에서 이전에 단계에서 생성한 값 중 필요한 값을 읽고 덮어 쓸 수 있다.

자르기 거리는 또한 화소 셰이더의 입력으로 가용하다. 자르기가 대부분의 구현에서 기본체 단계에서 처리되지만, 자르기 거리를 사용한 자르기를 구현하는 다른 방법은 자르기 거리를 보간하여 기본체 사이의 정점에 적용하는 것이다. 음수 자르기 거리 값으로 할당된 화소는 화소 처리가 완료되지 전에 버려진다. 심지어 구현이 자르기 거리를 이 방식으로 구현하지 않아도, 각 자르기 거리의 보간된 값은 화서 셰이더에서 입력 변수를 ClipDistance 수식자로 수식하면 사용이 가능한다.

코드 9.24는 SPIR-V에서 ClipDistance로 수식된 출력 변수의 예를 보여주며, 코드 9.23은 SPIR-V를 생성하는 데 사용된 GLSL 화소를 보여준다. 보시다시피, GLSL에서, 내장 변수 gl_ClipDistance는 자르기 거리를 쓰는 데 사용되고 적절한 수식자를 가진 출력 변수로 GLSL 컴파일러를 통해서 번역된다.

코드 9.23 GLSL의 gl_ClipDistance의 사용

```
#version 450 core

// gl_ClipDistance를 명시적으로 크기 조절하여 재 선언
out float gl_ClipDistance[1];
layout (location = 0) in vec3 i_position;

// 자르기 거리로서 할당할 푸시 상수
layout (push_constant) uniform push_constants_b
{
  float clip_distance[4];
} push_constant;

void main(void)
{
  gl_ClipDistance[0] = push_constant.clip_distance[0];
  gl_Position = vec4(i_position, 1.0f);
}
```

코드 9.23의 셰이더는 단순히 푸시 상수의 값을 직접 gl_ClipDistance 출력에 할당한다. gl_ClipDistance의 더 실용적인 사용은 각 정점의 면에서의 거리를 계산하고 이를 자르기 거리 출력에 할당하는 것이다. 이는 SPIR-V 결과가 어떻게 생성되는지 보여주는 단순한 셰이더이다. 코드 9.24에서 볼 수 있다.

코드 9.24 출력을 ClipDistance으로 수식

```
        OpCapability Shader
;; ClipDistance 기능을 요구하는 셰이더
        OpCapability ClipDistance
        %1 = OpExtInstImport "GLSL.std.450"
        OpMemoryModel Logical GLSL450
        OpEntryPoint Vertex %4 "main" %13 %29
        OpSource GLSL 450
        OpName %4 "main"
        OpName %11 "gl_PerVertex"
        OpMemberName %11 0 "gl_Position"
        OpMemberName %11 1 "gl_PointSize"
;; gl_ClipDistance 내장의 재선언
        OpMemberName %11 2 "gl_ClipDistance"
        OpMemberName %11 3 "gl_CullDistance"
        OpName %13 ""
        OpName %19 "push_constants_b"
        OpMemberName %19 0 "clip_distance"
        OpName %21 "push_constant"
        OpName %29 "i_position"
        OpMemberDecorate %11 0 BuiltIn Position
        OpMemberDecorate %11 1 BuiltIn PointSize
;; 내장 변수를 ClipDistance로서 수식
        OpMemberDecorate %11 2 BuiltIn ClipDistance
        OpMemberDecorate %11 3 BuiltIn CullDistance
        OpDecorate %11 Block
        OpDecorate %18 ArrayStride 4
        OpMemberDecorate %19 0 Offset 0
        OpDecorate %19 Block
        OpDecorate %29 Location 0
        %2 = OpTypeVoid
        %3 = OpTypeFunction %2
        %6 = OpTypeFloat 32
        %7 = OpTypeVector %6 4
        %8 = OpTypeInt 32 0
        %9 = OpConstant %8 1
        %10 = OpTypeArray %6 %9
```

```
;; gl_ClipDistance를 포함한 내장 출력 구조체를 생성
        %11 = OpTypeStruct %7 %6 %10 %10
        %12 = OpTypePointer Output %11
;; 내장 출력의 인스턴싱
        %13 = OpVariable %12 Output
...
;; main()의 시작
        %5 = OpLabel
;; 푸시 상수 배열에서 읽기
        %23 = OpAccessChain %22 %21 %16 %16
        %24 = OpLoad %6 %23
;; 자르기 거리에 저장
        %26 = OpAccessChain %25 %13 %15 %16
        OpStore %26 %24
...
;; main()의 끝
        OpReturn
        OpFunctionEnd
```

셰이더가 면에 대한 거리를 계산한 값을 직접 ClipDistance 출력에 할당할 필요는 없다. 거리에 해석함수, 고차 표면, 심지어는 텍스처에 읽은 변위 맵을 할당할 수 있다. 하지만 기본체는 거리가 평면에서 계산한 것으로 간주하고 잘라지기 때문에, 결과 모서리는 이 거리를 계산한 함수의 부분적으로 선형 근사가 된다는 것을 기억하자. 만약 함수가 밀접한 곡선이나 세밀한 표면을 표현한다면, 결과 모서리를 부드럽게 만들기 위한 많은 기하구조가 필요하다.

테셀레이션 조절과 기하 셰이딩 단계가 전체 기본체에 접근을 하지만, 정점과 테셀레이션 처리 셰이더는 그렇지 않다. 그러므로 만약 전체 기본체를 이들 단계에서 버리고 싶다면, 해당 기본체에 대응하는 모두에 음수 자르기 거리를 할당하기 위한 셰이더 발동을 설정하기가 어렵다. 이 목적을 위해서 각 정점에 대한 거르기 거리를 사용할 수 있다. 거르기 거리는 자르기 거리와 매우 유사하게 작동한다. 다른 정점의 거리기 거리의 값과 상관없이 어떤 정점이 음수 거르기 거리를 가질 경우에 전체 기본체가 버려진다.

거르기 거리를 사용하기 위해서는, 출력 변수를 `CullDistance` 수식자로 수식해야 한다. 거르기 거리는 또한 `ClipDistance`처럼 이후 셰이더 단계에서 입력으로 사용할 수 있다. 또한 만약 `CullDistance`가 화소 셰이더에서 사용되면, 기하구조 처리 단계에서 할당된 거리의 보간된 값이 될 것이다. 코드 9.25와 9.26에선 코드 9.23과 9.24의 작은 변경을 보여주며, 변수에 수식자가 `ClipDistance`가 아닌 `CullDistance`이다.

코드 9.25 GLSL에서 gi_CullDistance의 사용

```
#version 450 core

out float gl_CullDistance[1];
layout (location = 0) in vec3 i_position;
layout (push_constant) uniform push_constants_b
{
  float cull_distance[4];
} push_constant;

void main(void)
{
  gl_CullDistance[0] = push_constant.cull_distance[0];
  gl_Position = vec4(i_position, 1.0f);
}
```

코드 9.25는 거의 코드 9.23과 동일하며, 단지 `gl_ClipDistance` 대신 `gl_CullDistance`를 사용한다. 예상하듯이, 코드 9.26의 결과 SPIR-V 셰이더 또한 거의 `ClipDistance` 수식자를 사용하는 코드 9.24와 동일하다.

코드 9.26 CullDistance의 출력의 수식

```
        OpCapability Shader
;; CullDistance 기능이 필요한 셰이더
        OpCapability CullDistance
        %1 = OpExtInstImport "GLSL.std.450"
        OpMemoryModel Logical GLSL450
        OpEntryPoint Vertex %4 "main" %13 %29
        OpSource GLSL 450
        OpName %4 "main"
        OpName %11 "gl_PerVertex"
```

```
        OpMemberName %11 0 "gl_Position"
        OpMemberName %11 1 "gl_PointSize"
        OpMemberName %11 2 "gl_ClipDistance"
;; gl_CullDistance 내장으로 재선언
        OpMemberName %11 3 "gl_CullDistance"
        OpName %13 ""
        OpName %19 "push_constants_b"
        OpMemberName %19 0 "cull_distance"
        OpName %21 "push_constant"
        OpName %29 "i_position"
        OpMemberDecorate %11 0 BuiltIn Position
        OpMemberDecorate %11 1 BuiltIn PointSize
        OpMemberDecorate %11 2 BuiltIn ClipDistance
;; 내장 변수를 CullDistance로 수식
        OpMemberDecorate %11 3 BuiltIn CullDistance
        OpDecorate %11 Block
        OpDecorate %18 ArrayStride 4
        OpMemberDecorate %19 0 Offset 0
        OpDecorate %19 Block
        OpDecorate %29 Location 0
        %2 = OpTypeVoid
        %3 = OpTypeFunction %2
        %6 = OpTypeFloat 32
        %7 = OpTypeVector %6 4
        %8 = OpTypeInt 32 0
        %9 = OpConstant %8 1
        %10 = OpTypeArray %6 %9
;; 이는 gl_CullDistance를 포함한 내장 출력 구조체를 생성한다.
        %11 = OpTypeStruct %7 %6 %10 %10
        %12 = OpTypePointer Output %11
;; 내장 출력의 인스턴싱
        %13 = OpVariable %12 Output
...
;; main()의 시작
        %5 = OpLabel
;; 푸시 상수 배열에서 읽기
        %23 = OpAccessChain %22 %21 %16 %16
        %24 = OpLoad %6 %23
;; 거리를 좁히고 저장하기
        %26 = OpAccessChain %25 %13 %15 %16
...
;; main()의 끝
        OpReturn
        OpFunctionEnd
```

코드 9.25에서 보듯이, CullDistance로 수식한 출력은 GLSL 내장 변수 gl_CullDistance로 생성된다.

ClipDistance나 CullDistance가 화소 셰이더에서 사용되면, 이 입력의 양의 값만 볼 수 있다. 이는 음수 자르기 혹은 거르기 거리를 가진 화소는 버려지기 때문이다. 유일한 예외는 도움 발동[helper invocations]으로, 경사도의 계산의 과정에서 차이값을 생성하는 데 사용되는 화소 셰이더의 발동이다. 만약 화소 셰이더가 ClipDistance의 음수 값에 민감하면, 이 경우가 신경 써야 할 경우이다.

자르기 거리와 같이, 거르기 거리도 셰이더에서 부동소수점 값의 배열로 선언되며, 배열의 요소의 수는 장치에 의존적이다. 일부 장치는 거르기 거리를 지원하지 않지만, 지원할 경우 최소 8을 보장한다. 지원되는 거리의 수를 결정하기 위해, 장치의 VkPhysicalDeviceLimits 구조체의 maxCullDistances를 확인한다. 만약 거르기 거리가 지원되지 않으면, 이 항목은 0이다.

SPIR-V 셰이더에서 거르기 거리가 사용 가능할 수 있기 전에, OpCapability 명령어를 사용해서 CullDistance 기능을 활성화해야만 한다. 장치가 SPIR-V 셰이더의 CullDistance 기능을 지원하는 것은 vkGetPhysicalDeviceProperties()의 호출로 얻은 장치의 VkPhysicalDeviceFeatures 구조체의 shaderCullDistance 구성원을 조사해서 알 수 있다. 또한 반드시 이 기능을 장치를 생성할 때 사용하는 VkPhysicalDeviceFeatures의 shaderCullDistance를 VK_TRUE로 설정해서 활성화해야 한다. 비슷하게, 자르기 거리는 OpCapability를 ClipDistance 인자로 실행해서 기능을 활성화하고, VkPhysicalDeviceFeatures의 shaderClipDistance 항목으로 활성화하고 확인할 수 있다.

자르기와 거르기 거리가 비슷한 자원을 소모하기에, maxClipDistances와 maxClipDistances 한계에 추가해서, 많은 장치가 한 번에 사용할 수 있는 거리의 수의 결합된 한계를 가지고 있다. 이는 종종 동시에 최대 수를 둘 다 사용하는 것을 방해할 수 있다. 결합된 한계를 확인하기 위해서는 장치의 VkPhysicalDeviceLimits 구조체의 maxCombinedClipAndCullDistances 항목을 확인하면 된다.

❖ 시야 영역 변환

레스터라이제이션 이전의 파이프라인의 최종 변환은 시야 영역 변환이다. 기하구조 파이프라인에서의 마지막 단계에서 생성된 (혹은 자르기에서 생성된) 좌표는 동차 자르기 좌표이다. 우선, 동차 좌표는 모두 자체의 w 요소로 나누며, 정규화 장치 좌표를 생성한다.

$$\begin{pmatrix} x_c \\ y_c \\ z_c \\ w_c \end{pmatrix} \times \frac{1}{w_c} = \begin{pmatrix} x_d \\ y_d \\ z_d \\ 1.0 \end{pmatrix} \tag{9.1}$$

정점의 자르기 좌표는 {x_c, y_c, z_c, w_c}로 표현되며, 정규화된 장치 좌표는 {x_d, y_d, z_d}로 표현된다. 정점의 w 요소가 자체로 나누어지기 때문에, 항상 1.0이 되면서 이 지점에서 버릴 수 있으며, 정규화된 장치 좌표는 3D 좌표로 간주된다.

기본체가 레스터라이제이션될 수 있기 전에, 프레임 버퍼 좌표로 변환될 필요가 있으며, 이는 프레임 버퍼의 원점에 상대적인 좌표다. 이는 정점의 정규화된 장치 좌표를 선택된 시야 영역 변환의 크기 조절과 편향을 통해서 처리된다.

하나 이사의 시야 영역의은 그래픽 파이프라인의 일부로 설정된다. 이는 7장에서 간략히 설명했다. 대부분의 애플리케이션은 한번에 하나의 시야 영역을 사용한다. 다중 시야 영역이 설정될 때, 각각이 같은 방식으로 동작한다. 시야 영역의 선택 만이 존재할 경우 기하 셰이더가 조절한다. 만약 기하 셰이더가 없다면, 첫 번째 설정된 시야 영역만이 접근 가능하다.

각 시야 영역의 VkViewport 구조체의 인스턴스로 정의되며, 정의는 다음과 같다.

```
typedef struct VkViewport {
    float x;
    float y;
    float width;
    float height;
    float minDepth;
    float maxDepth;
} VkViewport;
```

정규화 장치 좌표에서 프레임 버퍼로의 변환은 다음으로 처리된다.

$$\begin{pmatrix} x_f \\ y_f \\ z_f \end{pmatrix} = \begin{pmatrix} \frac{p_x}{2} \times x_d + o_x \\ \frac{p_y}{2} \times y_d + o_y \\ p_z \times z_d + o_z \end{pmatrix} \tag{9.2}$$

여기서 x_f, y_f, z_f는 각 정점의 프레임 버퍼 좌표다. VkViewport의 x와 y 항목은 각각 o_x와 o_y이며, minDepth는 o_z이다. Width와 height 항목은 p_x, p_y에 사용된다. P_x는 (maxDepth - minDepth)에서 형성된다.

시야 영역의 최대 크기는 장치 의존적 양이지만 최소 4,096×4,096픽셀 크기로 보장된다. 만약 모든 색 첨부가 이보다 작으면(혹은 모든 시야 영역의 너비와 높이가 더 작으면), 시야 영역 크기의 상한선을 질의할 필요가 없다. 만약 이보다 큰 이미지를 렌더링하기를 원하면, vkGetPhysicalDeviceFeatures()의 호출로 얻어진 장치의 VkPhysicalDeviceLimits 구조체의 maxViewportDimensions의 구성원으로 확인된다.

maxViewportDimensions는 두 개의 부동소수점 값의 배열이다. 첫 요소는 지원되는 시야 영역의 너비이며, 두 번째는 최대 지원되는 시야 영역의 높이이다. VkViewport의 width와 height 구성원은 이 값보다 반드시 작거나 같아야 한다.

각 시야 영역의 너비와 높이가 반드시 maxViewportDimensions에서 보고된 한계 안에 있어야 하지만, 시야를 첨부의 더 큰 집합 안에서 오프셋하는 것은 가능하다. 시야 영역의 최대 범위는 장치의 VkPhysicalDeviceLimits 구조체의 viewportBoundsRange 항목으로 확인할 수 있다. 시야 영역의 좌, 우, 위, 아래가 viewportBoundsRange[0]와 viewportBoundsRange[1]의 범위 안에만 있으면 시야 영역을 사용할 수 있다.

비록 정점의 셰이더의 출력과 시야 영역의 매개변수는 모두 부동소수점 한정자이며, 결과 프레임 버퍼 좌표는 일반적으로 레스터라이제이션 전에 고정소수점 표현으로 변환되어야 한다. 시야 영역 좌표에서 지원되는 범위는 반드시 명백히 최대 시야 영역 크기를 표현하기에 충분히 커야 한다. 소수점 부분의 비트 수는 정점이 픽셀 좌표에 달라붙는 정밀도를 결정한다.

이 정밀도는 장치 의존적이며, 일부 장치는 직접 픽셀의 중앙으로 달라붙는다. 하지만, 이는 특이한 경우이며 대부분의 장치는 세부 픽셀 정밀도를 제공한다. 시야 영역 좌표 표현에서의 장치가 사용하는 정밀도의 양은 VkPhysicalDeviceLimits 구조체의 viewportSubPixelBits 항목에 포함되어 있다.

그래픽 파이프라인이 생성될 때 시야 영역의 범위를 설정처럼, 시야 영역 상태는 동적으로 설정 가능하다. 이를 위해서, 파이프라인이 생성될 때 동적 상태의 목록에 VK_DYNAMIC_STATE_VIEWPORT를 포함해야 한다. 이 표시가 표함되면 파이프라인 생성 시에 설정한 시야 영역 범위의 값은 무시된다. 시야 영역의 수만 유효하게 남는다. 시야 영역 범위를 동적으로 설정하기 위해서 vkCmdSetViewport()를 호출하며, 함수 원형은 다음과 같다.

```
void vkCmdSetViewport (
  VkCommandBuffer commandBuffer,
  uint32_t firstViewport,
  uint32_t viewportCount,
  const VkViewport* pViewports);
```

활성화시야 영역의 부분 집합이 vkCmdSetViewport()로 갱신될 수 있다. firstViewport 매개변수가 갱신할 첫 시야 영역을 설정하고, viewportCount 매개변수는 갱신할 시야 영역의 수(firstViewport에서 시작하는)를 설정한다. 시야 영역의 차원은 pViewports에 설정되며, 이는 viewportCount개의 VkViewport 구조체의 배열이다.

현재 파이프라인에서 지원하는 시야 영역의 수는 VkPipelineViewportStateCreateInfo의 viewportCount 항목에 설정되며 항상 정적이라고 간주된다. 파이프라인이 레스터라이제이션을 비활성화하지 않으면, 반드시 최소한 하나의 시야 영역이 있어야 한다. 현재 파이프라인에서 지원하는 수의 밖으로 시야 영역을 설정할 수 있으며, 그 뒤에 더 많은 시야 영역을 가진 파이프라인으로 전환하면 설정한 상태를 사용하게 된다.

일반적으로 모든 프레임 버퍼 첨부를 포함하는 단일 시야 영역을 사용하게 된다. 하지만 일부의 경우에 프레임 버퍼 안의 더 작은 윈도우에 렌더링하는 것을 원할 수 있다. 더욱이, 다중 윈도우에 렌더링하길 원할 수 있다. 예를 들어, CAD 형의 애플리케이션에서 모델링되는 물체의 위, 옆, 앞, 그리고 투영 시점을 가질 수 있다. 단일 그래픽 파이프라인으로 여러 시야 영역을 동시에 렌더하는 것이 가능하다.

다중 시야 영역의 지원은 추가적이다. 장치가 지원하는 전체 시야 영역의 수는 `vkGetPhysicalDeviceProperties()`가 반환한 `VkPhysicalDeviceLimits`의 `maxViewports`로 확인할 수 있다. 만약 다중 시야 영역이 지원되면, 이는 최소 16 이상이 된다. 만약 다중 시야 영역이 지원되지 않으면 이 항목은 1이다.

그래픽 파이프라인을 생성할 때 파이프라인의 시야 영역의 수는 `VkGraphicsPipelineCreateInfo`로 전달된 `VkPipelineViewportStateCreateInfo` 구조체의 `viewportCount`로 설정된다. 시야 영역이 정적 상태로 설정되면, 같은 구조체의 `pViewports` 구성원으로 매개변수가 전달된다.

한번 파이프랑니이 사용되면, 기하 셰이더는 시야 영역 색인을 출력 중 하나를 `ViewportIndex` 수식자로 수식해서 선택할 수 있다. 이 코드는 GLSL 셰이더에선 `gl_ViewportIndex` 내장 출력을 써서 생성할 수 있다.

기하 셰이더가 생성한 기본체 안의 모든 정점은 같은 시야 영역 색인을 가져야 한다. 기본체가 래스터라이징 될 때, 선택한 시야 영역에서 시야 영역 매개변수를 사용하게 된다. 기하 셰이더가 인스턴스로 실행되기에, 다중 시야 영역에 기하 구조를 전달하는 단순한 방법은 파이프랑니의 시야 영역의 수만큼의 인스턴스로 기하 셰이더를 수행하고, 그 뒤에 각 시야 영역에 대해서, 발동 색인을 시야 영역 색인에 할당하면, 기하 구조의 해당 버전이 적절한 시야 영역으로 렌더링된다. 코드 9.27은 이를 어떻게 하는지 예를 보여준다.

```glsl
#version 450 core

layout (triangles, invocations = 4) in;
layout (triangle_strip, max_vertices = 3) out;
layout (set = 0, binding = 0) uniform transform_block
{
  mat4 mvp_matrix[4];
};

in VS_OUT
{
  vec4 color;
} gs_in[];

out GS_OUT
{
  vec4 color;
} gs_out;

void main(void)
{
  for (int i = 0; i < gl_in.length(); i++)
  {
    gs_out.color = gs_in[i].color;
    gl_Position = mvp_matrix[gl_InvocationID] *
    gl_in[i].gl_Position;
    gl_ViewportIndex = gl_InvocationID;
    EmitVertex();
  }
  EndPrimitive();
}
```

코드 9.27에서 각 셰이더 발동에 대한 기하구조에 적용되는 변환 행렬은 transform_block이라 불리는 균일 구획에 저장된다. 발동의 수는 4로 설정되며, 이는 입력 배치 한정자를 사용하고, 그 뒤 gl_InvocationID 내장 변수가 행렬의 배열을 색인하는 데 사용한다. 발동 색인 역시 시야 영역 색인으로 설정한다.

❖ 요약

이 장은 불칸 그래픽 파이프라인의 추가적인 기하구조 처리 단계인 테셀레이션과 기하 셰이더를 논의하였다. 테셀레이션 단계가 거대한 조각을 많은 더 작은 점, 선, 삼각형으로 고정 함수인 설정 가능한 구획으로 둘러쌓인 셰이더의 쌍으로 구성되어 있다는 것을 알아보았다. 테셀레이션 단계 이후는 기하 셰이딩 단계로, 이는 이전 단계에서 기본체를 받아서 전체 기본체를 처리하고, 버리거나 새로운 것을 생성하고, 파이프라인에 들어온 기하구조를 없애거나 증폭한다.

또한 기하구조가 어떻게 정점 단위의 조절을 통해서 잘리거나 걸러지는 것을 보고, 기하 셰이더에서의 시야 영역 색인의 선택이 어떻게 사용자가 설정한 영역에 대한 기하구조를 제한하는 데 사용하는지 살펴보았다.

10장 │ 화소 처리

> **이 장에서 배울 내용**
>
> ■ 기본체가 래스터라이징된 뒤에 일어나는 일
> ■ 화소 셰이더가 화소의 색을 결정하는 방법
> ■ 화서 셰이더의 결과를 최종 그림에 합치는 방법

이전 장들은 불칸 그래픽 파이프라인에서 레스터라이제이션 지점 전까지 일어나는 모든 것을 다루었다. 래스터라이저는 기본체를 받아서 이를 궁극적으로 사용자에게 보여줄 최종 픽셀을 함께 생성하는 많은 화소로 나눈다. 이 장에서는 이 화소들이 어떻게 화소당 시험을 겪고, 음영을 거친 뒤 애플리케이션에 사용하는 색 첨부에 섞여 들어가는지를 살펴본다.

❖ 가위 시험

가위 시험은 화소 처리에서 다른 시험이 처리되기 전에 실행되는 단계이다. 이 시험은 단순히 화소가 프레임 버퍼의 특정 사각형 안에 있는지 확인한다. 이는 시야 영역 변환과 일부 비슷하지만, 시야 영역을 사용하는 것과 두 개의 중요한 차이점은 가위 시험에서 프레임 버퍼의 전체 크기를 사용하지 않는 것이다.

- 시야 영역 변환은 프레임 버퍼의 기본체의 위치를 변경한다. 시야 영역 사각형이 움직이면서, 그 안의 기본체도 움직이게 된다. 가위 사각형은 기본체의 위치에 영향이 없으며 래스터라이징된 뒤에 수행된다.

- 시야 영역 사각형은 자르기에 영향을 주고, 일부의 경우는 새 기본체를 생성하지만, 가위 사각형은 직접 래스터라이징된 화소에 처리되며, 이를 화소 음영 처리 전에 버린다.

가위 시험은 항상 화소 셰이더 이전에 수행되므로, 만약 화소 셰이더가 부작용을 생성하면, 해당 부작용은 가위로 잘려나간 화소에서 볼 수 없다. 가위 시험은 항상 활성화되어 있다. 하지만, 대부분의 구현에서, 가위 사각형을 전체 프레임 버퍼로 설정하는 것은 결과적으로 이를 비활성화시킨다.

가위 사각형의 수는 그래픽 파이프라인을 생성하는 데 사용한 VkPipelineViewportStateCreateInfo 구조체의 scissorCount 항목에 설정된다. 이는 반드시 viewportCount 항목과 같아야 한다. 9장에서 언급했듯이, 시야 영역 변환을 위해서 사용할 시야 영역을 선택하는 것은 기하 셰이더의 출력을 ViewportIndex 수식자로 수식한 곳에 써서 가능하다. 이 출력은 가위 시험에 사용되는 가위 사각형을 선택하는 데도 사용된다. 그러므로 임의의 가위 사각형과 시야 영역을 선택하는 것은 불가능하다. 만약 다중 시야 영역을 사용하고 가위 시험을 비활성화하고 싶다면, 시야 영역과 같은 수의 가위 사각형을 설정하고, 모든 가위 사각형을 프레임 버퍼의 전체 크기로 설정한다.

각 가위 사각형은 VkRect2D 구조체의 인스턴스로 표현되며, 정의는 다음과 같다.

```
typedef struct VkRect2D {
  VkOffset2D offset;
  VkExtent2D extent;
} VkRect2D;
```

사각형은 원점과 크기로 구성되며, VkRect2D의 offset과 extent 항목으로 저장된다. 이는 VkOffset2D와 VkExtent2D 구조체이며, 정의는 다음과 같다.

```
typedef struct VkOffset2D {
    int32_t x;
    int32_t y;
} VkOffset2D;
```

또는 다음과 같다.

```
typedef struct VkExtent2D {
    uint32_t width;
    uint32_t height;
} VkExtent2D;
```

Offset의 x, y 항목은 각 가위 사각형의 원점의 좌표를 픽셀 단위로 포함하며, extent의 width와 height 항목은 크기를 포함한다.

시야 영역 사각형과 함께, 파이프라인에서 접근 가능한 사각형의 수는 항상 정적 상태로 간주되지만, 사각형의 크기는 동적일 수 있다. 만약 VK_DYNAMIC_STATE_SCISSOR이 동적 상태의 목록에 포함되면, 가위 사각형 상태는 동적이 되며 vkCmdSetScissor()로 변경할 수 있다.

```
void vkCmdSetScissor (
    VkCommandBuffer commandBuffer,
    uint32_t firstScissor,
    uint32_t scissorCount,
    const VkRect2D* pScissors);
```

갱신할 첫 가위 사각형의 색인은 firstScissor에 전달되며, 갱신할 가위 사각형의 수는 scissorCount에 전달된다. 가위 사각형의 범위는 불칸이 지원하는 가위 사각형의 부분 집합일 수 있다. 하지만, 현재 파이프라인에서 사용할 수 있는 모든 가위 사각형을 이에 렌더링하기 전에 설정하는 것이 중요하다. 가위 사각형의 범위는 VkRect2D 구조체의 배열에 포함되며, 이 주소는 pScissors에 전달된다.

가위 시험은 본질적으로 항상 활성화되어 있다. 하나 이상의 가위 사각형을 전체 렌더 가능한 영역으로 설정하는 것은 해당 사각형에 대한 시험을 사실상 비활성화한다. 파이프라인에서 사용하는 가위 사각형의 수는 항상 파이프라인의 정적 상태의 부분으로 간주된다. 이 수는 파이프라인을 생성할 때 사용한 VkPipelineViewportStateCreateInfo 구조체의 scissorCount 구성원으로 설정한다.

`vkCmdSetScissor()`에 설정한 가위 사각형의 범위는 현재 연결된 파이프라인이 지원하는 가위 사각형의 수 밖의 범위일 수 있다. 만약 더 많은 가위 사각형을 가진 다른 파이프라인으로 전환할 때, 설정한 해당 사각형들이 사용된다.

❖ 깊이와 스텐실 연산

깊이와 스텐실 버퍼는 화소 셰이더의 수행 이전이나 이후에 화소에 대해서 이미 포함된 정보에 대해서 처리할 수 있는 특별한 첨부이다. 7장에서 깊이 상태를 소개하였다. 레스터라이제이션의 추가 상태 또한 어떻게 래스터라이징된 화소가 깊이와 스텐실 버퍼와 상호작용하는지를 조절한다.

논리적으로 깊이와 스텐실 연산이 화소 셰이더의 실행 이후에 수행된다. 실제로는 대부분의 구현이 깊이와 스텐실 연산을 화소 셰이더가 수행되기 전에[1] 화소 셰이더의 수행이 보이는 부작용이 없다는 것을 증명했을 때 실행되며, 그러므로 시험의 수행 결과(또한 잠재적으로 제거된 화소)는 렌더된 장면에서 보이는 효과가 없다. 이후의 절에서, 논리적인 항의 연산을 다루며(이는 시험이 음영 뒤에 일어난다고 가정한다), 하지만 명시적으로 이 경우가 아닌 경우나 시험을 먼저 수행하는 것을 방해하는 위험이 있을 경우에 언급한다.

깊이와 스텐실 버퍼에 대한 시험 중에, 해당 버퍼는 추가적으로 새 자료로 갱신될 수 있다. 사실, 깊이나 스텐실 버퍼에 쓰는 것은 시험의 일부로 간주되며, 이는 깊이나 스텐실 버퍼에 쓰기 위해서는 시험이 반드시 활성화되어야 하기 때문이다. 이는 그래픽 프로그래밍에 처음 온 개발자들이 공통으로 빼먹는 부분으로, 여기서 언급하는 것이 중요하다.

7장에 소개한 대로, 깊이와 스텐실 연산 상태는 그래픽 파이프라인을 생성할때 사용한 `VkGraphicsPipelineCreateInfo` 구조체를 통해서 전달되는 `VkPipelineDepthStencilStateCreateInfo`로 설정된다. 참고로, `VkPipelineDepthStencilState`

---

1 렌더링 하드웨어의 전체 클래스(지연 음영 하드웨어)는 깊이 시험을 장면의 모든 화소에 화소 음영이 실행되기 전에 수행하려고 시도한다. 이를 방해하도록 상태를 설정하는 것은 이런 종류의 하드웨어에 심각한 성능 영향을 준다.

`CreateInfo`의 정의는 다음과 같다.

```
typedef struct VkPipelineDepthStencilStateCreateInfo {
  VkStructureType sType;
  const void* pNext;
  VkPipelineDepthStencilStateCreateFlags flags;
  VkBool32 depthTestEnable;
  VkBool32 depthWriteEnable;
  VkCompareOp depthCompareOp;
  VkBool32 depthBoundsTestEnable;
  VkBool32 stencilTestEnable;
  VkStencilOpState front;
  VkStencilOpState back;
  float minDepthBounds;
  float maxDepthBounds;
} VkPipelineDepthStencilStateCreateInfo;
```

보시다시피, 이 구조체는 거대하고 깊이와 스텐실 시험의 특성을 정의하는 여러 하위 구조체를 포함한다. 이들의 세부사항을 7장에서 간략히 살펴보았지만, 여기서 좀 더 자세히 살펴보겠다. 각각의 하위 구조체는 다음 절에서 설명한다.

깊이 시험

레스터라이제이션 이후에 수행되는 첫 연산은 깊이 시험이다. 깊이 시험은 현재 깊이-스텐실 첨부에 저장된 값과 화소의 깊이의 값을 파이프라인이 생성될 때 선택한 연산을 사용해서 비교한다. 화소의 깊이 값은 다음 중 하나에서 온다.

- 기본체의 각 정점에서의 깊이 값을 사용해서 레스터라이제이션의 일부로 보간된다.
- 화소 셰이더에서 생성되며 다른 색 첨부와 함께 출력된다.

물론 깊이 값을 화소 셰이더에서 생성하는 것은 깊이 시험 이전에 셰이더를 강제로 수행하는 구현의 경우 중 하나이다.

레스터라이제이션으로 보간된 깊이 값은 시야 영역 변환의 결과로 얻어진다. 각 정점은 범위 0.0, 1.0 사이의 기하구조처리 파이프라인의 마지막 단계에서 생성된 깊이 값을 가진다. 이는 그 뒤 프레임 버퍼 깊이로 전환되기 위해서 선택한 시야 영역의 매개변수를 사용해서 크기 조절되고 편향된다.

깊이 시험은 반드시 `VkPipelineDepthStencilStateCreateInfo` 구조체의 `depthTestEnable` 값을 `VK_TRUE`로 설정해서 활성화되어야 한다.

활성화되면, 화소의 계산된 깊이 값(레스터라이제이션에서 보간되거나 화소 세이더에서 생성된)을 비교하는 데 사용되는 연산은 파이프라인의 `VkPipelineDepthStencilStateCreateInfo`구조체의 `depthCompareOp` 항목으로 설정된다. 이는 표준 `VkCompareOp` 표식 중 하나이며, 깊이 시험에 적용되었을 때의 의미는 표 10.1에 보여진다.

만약 깊이 시험을 통과하면, 결과 깊이(보간되거나 화소 세이더에서 생성된)의 깊이 버퍼에 써진다. 이를 하기 위해 `depthWriteEnable`를 `VK_TRUE`로 설정한다. 만약 `depthWriteEnable`가 `VK_FALSE`이면, 깊이 시험의 결과와 관계없이 깊이 버퍼는 써질 수 없다.

표 10.1 깊이 비교 함수

함수 VK_COMPARE_OP_...	의미
ALWAYS	깊이 시험은 항상 성공한다. 모든 화소는 깊이 시험을 통과한 것으로 간주한다.
NEVER	깊이 시험은 항상 실패한다. 모든 화소는 깊이 시험을 실패한 것으로 간주한다.
LESS	만약 새 화소의 깊이 값이 예전 화소의 깊이 값보다 작으면 깊이 시험을 통과한다.
LESS_OR_EQUAL	만약 새 화소의 깊이 값이 예전 화소의 깊이 값보다 작거나 같으면 깊이 시험을 통과한다.
EQUAL	만약 새 화소의 깊이 값이 예전 화소의 깊이 값보다 같으면 깊이 시험을 통과한다.
NOT_EQUAL	만약 새 화소의 깊이 값이 예전 화소의 깊이 값보다 같지 않으면 깊이 시험을 통과한다.
GREATER	만약 새 화소의 깊이 값이 예전 화소의 깊이 값보다 크면 깊이 시험을 통과한다.
GREATER_OR_EQUAL	만약 새 화소의 깊이 값이 예전 화소의 깊이 값보다 크거나 같으면 깊이 시험을 통과한다.

깊이 시험이 활성화되지 않으면 depthWriteEnable의 상태와 상관없이 깊이 버퍼가 갱신되지 않는다는 점이 중요하다. 그러므로 만약 무조건적으로 화소의 깊이 값을 깊이 버퍼에 쓰고 싶다면, 시험을 우선 활성화하고(depthTestEnable을 VK_TRUE로 설정), 깊이 쓰기를 활성화하고(depthWriteEnable을 VK_TRUE로 설정), 깊이 시험을 언제나 통과(depthCompareEnable을 VK_COMPARE_OP_ALWAYS로 설정)하게 하면 된다.

깊이-경계 시험

깊이-경계 시험은 특별한 추가 시험으로 깊이 시험의 일부로서 수행된다. 현재 화소의 깊이 버퍼에 저장된 값은 파이프라인의 부분의 특정 값의 범위와 비교된다. 만약 깊이 버퍼에 있는 값이 특정 범위 안에 있다면, 시험은 통과한다. 그렇지 않으면, 깊이 경계 시험에서 흥미로운 점은 시험되는 화소의 깊이 값에 전혀 무관하다는 점이다. 이는 깊이 보간이나 화소 음영이 처리되는 중이나 심지어는 그 이전에도 빨리 계산될 수 있다는 것을 의미한다.

깊이-경계 시험의 사용 예는 존재하는 깊이 버퍼의 깊이 기하구조와 교차하는 것이다. 예를 들어, 만약 장면의 깊이 버퍼를 미리 렌더하면, 장면의 빛의 영향의 구를 투영할 수 있다. 그 뒤 깊이 경계를 빛의 중심에서 최소와 최대 거리로 설정하고 시험을 활성화한다. 빛 기하구조를 렌더링할 때(지연 음영 계산을 처리하는 화소 셰이더를 사용하여), 깊이-경계 시험은 빛에 영향받지 않는 화소를 빨리 제거할 수 있다.

깊이-경계 시험을 활성화하기 위해서 VkPipelineDepthStencilStateCreateInfo의 depthBoundsTestEnable 구성원을 VK_TRUE로 설정하고, 최소와 최대 깊이-경계 값을 minDepthBounds와 maxDepthBounds에 각각 설정한다. 하지만 더 유용한 경우는 깊이-경계 시험의 최소 최대 범위를 동적 상태로 설정하는 것이다.

이를 위해, VK_DYNAMIC_STATE_DEPTH_BOUNDS를 파이프라인의 VkPipelineDynamicStateCreateInfo 구조체에서 동적 상태 중 하나로 포함한다. 한 번 깊이-경계

시험이 동적이면, 시험의 최소와 최대 범위는 vkCmdSetDepthBounds()로 설정되며, 함수 원형은 다음과 같다.

```
void vkCmdSetDepthBounds (
  VkCommandBuffer commandBuffer,
  float minDepthBounds,
  float maxDepthBounds);
```

깊이-경계 시험이 효과를 발휘하려면, 반드시 파이프라인을 생성할 때 사용한 VkPipelineDepthStencilStateCreateInfo의 depthBoundsTestEnable 구성원을 VK_TRUE로 설정해서 활성화한다. minDepthBounds와 minDepthBounds 매개변수는 VkPipelineDepthStencilStateCreateInfo 구조체에서 비슷하게 이름지어진 매개변수와 비슷한 의미를 부여한다. 심지어는 깊이-경계 값 자체가 동적으로 설정되어 있어도 깊이-경계 시험의 활성화 여부는 항상 정적인 상태가 아니다.

깊이-경계 시험은 추가적인 기능으로, 모든 불칸 구현이 지원하지는 않는다. 불칸 구현이 깊이-경계 시험을 지원하는지 결정하기 위해서 장치의 VkPhysicalDeviceFeatures 구조체의 depthBounds를 확인한다. 깊이-경계 시험을 사용하기 위해서, 장치를 생성하는 데 사용한 VkPhysicalDeviceFeatures의 depthBounds 항목 역시 VK_TRUE로 설정해야 한다.

깊이 편향

두 기본체가 서로의 위나 매우 근접해서 렌더링될 때, 보간된 깊이 값은 같거나 거의 비슷하다. 만약 기본체가 정확히 동일 평면에 있으면, 보간된 깊이 값은 동일해야 한다. 만약 어떤 작은 차이가 있다면, 깊이 값은 아주 작은 값으로 다를 것이다. 보간된 깊이 값이 부동소수점 부정확도에 의존적이기에, 이는 깊이 시험을 비일관되게 하고 구현에 의존적인 결과를 나타낸다. 이로 인한 시각적인 결함은 깊이 전투로 알려져 있다.

이를 중화하고 깊이 시험의 결과를 일반적으로 예측 가능한 결과로 활성화하기 위해서, 프로그램 가능한 편향값을 보간된 깊이 값에 적용하여 이를 시야에서 강제로 멀어지거나 가깝게 오프셋을 적용한다. 이는 깊이 보간으로 알려져 있으며 실제로 레스터라이제이션 상태의 부분으로, 이는 보간된 깊이 값을 생성하는 것이 래스터라이저이기 때문이다.

깊이 보간을 활성화하기 위해서, 그래픽 파이프라인의 래스터라이저 상태를 생성하는 데 사용한 `VkPipelineRasterizationStateCreateInfo` 구조체의 `depthBiasEnable` 항목을 `VK_TRUE`로 설정한다. 참고로 `VkPipelineRasterization StateCreateInfo`의 정의는 다음과 같다.

```
typedef struct VkPipelineRasterizationStateCreateInfo {
    VkStructureType sType;
    const void* pNext;
    VkPipelineRasterizationStateCreateFlags flags;
    VkBool32 depthClampEnable;
    VkBool32 rasterizerDiscardEnable;
    VkPolygonMode polygonMode;
    VkCullModeFlags cullMode;
    VkFrontFace frontFace;
    VkBool32 depthBiasEnable;
    float depthBiasConstantFactor;
    float depthBiasClamp;
    float depthBiasSlopeFactor;
    float lineWidth;
} VkPipelineRasterizationStateCreateInfo;
```

`depthBiasEnable`가 `VK_TRUE`일 때, 다음 3개의 항목 `depthBiasConstantFactor`, `depthBiasClamp`, `depthBiasSlopeFactor`은 보간된 깊이 값에 적용되는 오프셋을 계산하는 깊이-편향 방정식을 설정한다.

우선, 다각형 m의 최대 깊이 경사는 다음으로 계산된다.

$$m = \sqrt{\left(\frac{\delta z_f}{\delta x_f}\right)^2 + \left(\frac{\delta z_f}{\delta y_f}\right)^2} \tag{10.1}$$

이는 종종 다음으로 간략화된다.

$$m = \max\left\{\left|\frac{\delta z_f}{\delta x_f}\right|, \left|\frac{\delta z_f}{\delta y_f}\right|\right\} \tag{10.2}$$

두 방정식에서 모두, x_f, y_f, z_f는 삼각형의 한 점을 나타낸다.

한번 m이 계산되면, 오프셋 o는 다음과 같이 계산된다.

$$o = m * depthBiasSlopeFactor + r\ depthBiasConstantFactor \qquad (10.3)$$

항 r은 기본체의 깊이 값에서 분해 가능한 최소 차이값이다. 고정소수점 깊이 버퍼에 대해서, 이는 단지 깊이 버퍼 안의 비트의 수에만 의존하는 상수이다. 부동소수점 깊이 버퍼에 대해, 이는 기본체가 차지하는 깊이 값의 범위에 의존적이다.

만약 VkPipelineRasterizationStateCreateInfo의 depthBiasClamp가 0.0이거나 비슷자이면, 계산된 o의 값은 보간된 깊이 값을 직접 편향하는 데 사용된다. 하지만, 만약 depthBiasClamp가 양수이면, 이는 최대 경계를 o에서 형성하고, 음수이면, 최소 경계를 형성한다.

깊이 값을 시야에서 살짝 당기거나 밀어내는 것으로, 동일 평면(혹은 거의 동일 평면) 위의 특정 기본체의 쌍에 대해서 하나가 깊이 시험에서 항상 이기게 된다. 이는 본질적으로 깊이 전투를 제거한다.

깊이-편향 매개변수는 그래픽 파이프라인의 래스터라이저 상태로 포함된 정적 상태이거나, 동적 상태로 설정될 수 있다. 깊이 편향 상태를 동적으로 활성화하기 위해서, 그래픽 파이프라인을 생성하는 데 사용한 VkPipelineDynamicState CreateInfo 구조체의 pDynamicStates 구성원에 전달된 동적 상태의 목록에 VK_DYNAMIC_STATE_DEPTH_BIAS를 포함한다.

한번 깊이 편향이 동적으로 설정되면 깊이-편향 방정식의 매개변수는 vkCmdSetDepthBias()를 호출해서 설정할 수 있으며, 함수 원형은 다음과 같다.

```
void vkCmdSetDepthBias (
  VkCommandBuffer commandBuffer,
  float depthBiasConstantFactor,
  float depthBiasClamp,
  float depthBiasSlopeFactor);
```

깊이 편향 상태를 설정하는 명령어 버퍼는 commandBuffer에 설정된다. depthBiasConstantFactor, depthBiasClampFactor, depthBiasSlopeFactor는 비슷한 이름의 VkPipelineRasterizationStateCreateInfo의 구성원과 같은 의미를 가진다. 깊이 편향 매개변수가 파이프라인의 동적 상태의 부분으로 설정될 수 있기에, 깊이 편향은 반드시 파이프라인을 생성할 때 사용한 VkPipelineRasterizationStateCreateInfo 구조체의 depthBiasEnable 플래그를 VK_TRUE로 설정해야 한다. depthBiasEnable 플래그는 항상 정적 상태로 간주되지만, 깊이-편향으로 0.0으로 설정하면 사실상 비활성화된다.

스텐실 시험

스텐셀 시험은 VkPipelineDepthStencilStateCreateInfo의 stencilTestEnable 항목을 VK_TRUE로 설정해서 활성화된다.

스텐실 시험은 실제로 앞면과 뒷면 기본체에 대해서 다르다. 스텐실 시험의 상태는 VkStencilOpState 구조체의 인스턴스로 표현되며, 앞면과 뒷면 상태에 대해서 각각이 하나씩 존재한다. VkStencilOpState의 정의는 다음과 같다.

```
typedef struct VkStencilOpState {
  VkStencilOp failOp;
  VkStencilOp passOp;
  VkStencilOp depthFailOp;
  VkCompareOp compareOp;
  uint32_t compareMask;
  uint32_t writeMask;
  uint32_t reference;
} VkStencilOpState;
```

깊이와 스텐실 시험 사이의 세 가지 가능한 결과가 있다. 만약 깊이 시험이 실패하면, depthFailOp에 설정된 연산이 수행되고, 스텐실 시험은 생략된다. 만약 깊이 시험을 통과하면, 그 뒤 스텐실 시험이 수행되며, 두 가지 추가 결과 중 하나를 생성한다. 만약 스텐실 시험이 실패하면, failOp에 설정된 연산이 수행되며, 스텐실 시험이 성공하면 passOp에 설정한 연산이 수행된다. 각 depthFailOp,

failOp, passOp는 VkStencilOp 열거형의 구성원이다. 각 연산의 의미는 표 10.2 에서 볼 수 있다.

만약 활성화되면 스텐실 시험은 현재 스텐실 버퍼의 내용과 스텐실 참조 값을 비교한다. 두 값을 비교하는 데 사용한 연산자는 VkStencilOpState 구조체의 compareOp 항목에 설정된다. 이는 깊이 시험에 사용된 것과 같은 값의 집합이며, 단지 스텐실 참조값을 스텐실 버퍼의 내용과 비교한다.

표 10.2 스텐실 연산

함수	결과
KEEP	스텐실 버퍼를 변경하지 않는다.
ZERO	스텐실 버퍼 값을 0으로 설정한다.
REPLACE	스텐실 값을 참조값으로 치환한다.
INCR_AND_CLAMP	스텐실을 일정 범위 안에서 증가시킨다.
DECR_AND_CLAMP	스텐실을 일정 범위 안에서 감소시킨다.
INVERT	비트 단위의 스텐실 값의 반전
INCR_AND_WRAP	스텐실을 제한 없이 증가시킨다.
DECR_AND_WRAP	스텐실을 제한 없이 감소시킨다.

참조 값, 비교 마스크 값, 쓰기 마스크 값 또한 동적으로 만들 수 있다. 이 상태를 동적으로 설정하기 위해 각각 VK_DYNAMIC_STATE_STENCIL_REFERENCE, VK_DYNAMIC_STATE_STENCIL_COMPARE_MASK, VK_DYNAMIC_STATE_STENCIL_WRITE_MASK를 그래픽 파이프라인을 생성할 때 사용한 VkPipelineDynamicStateCreateInfo 구조체의 pDynamicStates 구성원에 전달되는 동적 상태의 목록에 포함한다.

스텐실 시험의 매개변수는 세 가지 함수를 사용해서 설정할 수 있다. vkCmdSetStencilReference(), vkCmdSetStencilCompareMask(), vkCmdSetStencilWriteMask()이다. 이는 스텐실 참조 값, 비교 마스크, 쓰기 마스크를 각각 설정한다. 함수 원형은 다음과 같다.

```
void vkCmdSetStencilReference (
  VkCommandBuffer commandBuffer,
  VkStencilFaceFlags faceMask,
  uint32_t reference);

void vkCmdSetStencilCompareMask (
  VkCommandBuffer commandBuffer,
  VkStencilFaceFlags faceMask,
  uint32_t compareMask);

void vkCmdSetStencilWriteMask (
  VkCommandBuffer commandBuffer,
  VkStencilFaceFlags faceMask,
  uint32_t writeMask);
```

이 3개 상태의 각각은 동적이거나 정적으로 독립적으로 설정할 수 있다. 모든 3개의 함수는 facemask 매개변수를 받으며, 이는 새 상태가 앞면 기본체에 적용할 지, 뒷면 기본체에 적용할 지, 혹은 둘 다 적용할지를 결정한다. 이들 각각을 설정하기 위해 faceMask를 각각 VK_STENCIL_FACE_FRONT_BIT, VK_STENCIL_FACE_BACK_BIT, VK_STENCIL_FRONT_AND_BACK로 설정한다. VK_STENCIL_FRONT_AND_BACK이 VK_STENCIL_FACE_FRONT_BIT와 VK_STENCIL_FACE_BACK_BIT를 더한 값과 같다는 것을 기억하자.

선행 화소 시험

일반적으로 깊이와 스텐실 시험은 화소 셰이더가 수행된 뒤에 수행되도록 설정된다. 깊이 버퍼의 갱신이 시험의 부분으로 일어나기에(시험은 분리불가한 읽기-변경-쓰기 연산으로 간주된다), 이는 3개의 주요 결과를 애플리케이션에 보여준다.

- 화소 셰이더는 화소의 깊이 값을 BuiltIn FragDepth 수식자로 수식된 부동 소수점 출력에 쓰는 것으로 갱신할 수 있다. 이 경우 깊이 시험은 화소 셰이더의 이후에 실행되며, 보간으로 생성된 값 대신 셰이더에서 생성된 값을 사용한다.

- 화소 셰이더는 이미지에 저장하는 것과 같은 부작용이 있다. 이 경우, 셰이더 수행의 부작용이 보이게 되며, 심지어 깊이 시험이 나중에 실패한 화소에 대해서도 보인다.
- 만약 화소 셰이더가 `OpKill` SPIR-V 명령어(GLSL의 `discard()`의 호출로 생성)을 실행하여 화소를 버리게 되면, 깊이 버퍼는 갱신되지 않는다.

만약 세 가지 경우 중 어느 것도 일어나지 않으면, 불칸 구현은 이 경우를 감지하는 것을 허용하고, 깊이와 스텐실 시험 같은 시험을 화소 셰이더의 실행 전으로 재배치한다. 이는 시험에 실패할 화소에 대한 화소 셰이더의 실행 작업을 아낄 수 있게 한다.

파이프라인의 기본 논리적 순서가 깊이와 스텐실 시험이 화소 셰이더 실행 이후로 설정되어 있기에, 이전 조건들이 만족되면, 구현은 반드시 연산을 해당 순서로 수행한다. 하지만 해당 조건이 참이라도 셰이더를 강제로 깊이와 스텐실 시험 이후로 실행하게 할 수 있다. 여기엔 두 가지 방법이 있다.

첫째로, 화소 셰이더를 불칸 구현이 조건을 감지하는 것과 관계없이 먼저 실행되게 강제할 수 있다. 이를 위해서, 화소 셰이더를 위한 SPIR-V 시작점을 `EarlyFragmentTests` 수식자로 수식한다. 이는 화소 셰이더의 실행이 깊이와 스텐실 시험이 실행된 이후로 늦춰지게(혹은 최소한 늦춰진 것으로 보이게) 한다. 깊이 시험이 실패하면, 화소 셰이더는 실행되지 않으며, 생성될 이미지 저장을 통한 이미지 갱신 등의 어떤 부작용도 보이지 않는다.

첫 번째 방식은 예를 들어 렌더패스의 앞선 세부 패스에서 깊이 시험을 생성된 이미 렌더링된 깊이 이미지에 대해서 수행하지만, 일반 화소 셰이더 출력이 아닌 화소 셰이더에서 이미지 저장을 사용해서 결과를 생성하는 경우에 유용하다. 화소 셰이더의 고정 함수 출력의 수는 제한되었지만 이미지에 대해서 수행할 저장의 수는 실질적으로 무제한이며, 이는 화소 셰이더가 단일 화소에 대해서 생성할 수 있는 자료의 양을 늘리는 좋은 방법이다.

화소 셰이더를 깊이 시험 이후에 수행하기 위한 두 번째 방식은 좀 더 미묘하다. 이는 화소 셰이더가 화소의 깊이 값에 쓰는 경우에 특화되어 있다. 일반적인 상황에서, 구현은 확실히 그렇지 않다고 증명할 수 있는 경우를 제외하고는 반드시 화소 셰이더가 화소의 깊이에 임의의 값을 쓸 수 있다고 가정해야 한다.

화소 셰이더가 깊이 값을 단지 한 방향(시야에서 멀어지거나 가까워지거나)으로 움직이는 것을 안다면, SPIR-V의 DepthGreater나 DepthLess 실행 방식을 화소의 셰이더의 시작점의 OpExecutionMode 명령어로 적용할 수 있다.

DepthGreater가 적용될 때, 불칸은 셰이더가 무슨 짓을 하든지 화소 셰이더에서 결과 깊이 값이 단지 보간에 의해 생성된 값보다 크다는 것을 알 수 있다. 그러므로 만약 깊이 시험이 VK_COMPARE_OP_GREATER이거나 VK_COMPARE_OP_GREATER_OR_EQUAL이면, 화소 셰이더는 이미 통과된 깊이 결과의 시험을 반전할 수 없다.

비슷하게, DepthLess가 적용되면, 불칸은 화소 셰이더가 단지 결과 깊이 값을 이전보다 작게 만드는 것만 가능하다는 것을 알고 있으므로, VK_COMPARE_OP_LESS 나 VK_COMPARE_OP_LESS_OR_EQUAL 시험을 통과한 결과를 반전할 수 없다.

마지막으로 SPIR-V DepthUnchanged 실행 방식은 불칸이 화소 셰이더가 깊이 값에 대해서 어떤 일을 하더라도, 이는 값이 전혀 갱신되지 않은 것으로 처리하는 것이다. 그러므로 만약 셰이더가 화소의 깊이에 쓰지 않았을 때의 최적화는 모두 유효하며, 적절할 때 활성화할 수 있다.

❖ 다중 표본 렌더링

다중 표본 렌더링은 이미지 질을 각 픽셀에 대한 다중 깊이, 스텐실, 색 값을 저장해서 개선하는 것이다. 이미지가 렌더링되면서 각 픽셀 안의 다중 표본이 생성되고(다중 표본 렌더링의 의미대로), 이미지가 사용자에게 보여질 때에, 표본은 필터를 사용해서 픽셀에 대한 최종 단일 값을 생성한다.

다중 표본 이미지를 생성하는 데 두 가지 일반적인 방식이 있다.

- **다중 표본화**: 픽셀 안의 어떤 표본이 포함되는지 결정하고, 해당 픽셀에 대한 단일 색 값을 계산한 뒤, 해당 값을 픽셀 안의 모든 포함하는 표본에 대한 값으로 설정한다.

- **초 표본화**: 픽셀 안의 모든 표본에 대해서 각각의 고유한 색 값을 계산한다.

명백히 초 표본화가 다중 표본화보다 잠재적으로 더 많은 색 값을 계산하고 저장해야 하기에 훨씬 더 비용이 높다.

다중 표본 이미지를 생성하기 위해 이미지를 생성하는 데 사용한 VkImageCreateInfo 구조체의 samples 항목을 VkSampleCountFlagBits 열거형의 값 중 하나로 설정해야 한다. samples 항목은 이미지에서 사용된 표본의 수에 대한 원-핫 부호화one-hot encoding(단일 비트만 1)이다. 열거형에 대한 수치 값은 단순히 n이며, n은 이미지의 표본의 수이다. 단지 2의 승수 표본 수만 지원된다.

현재 불칸 헤더가 열거형을 VK_SAMPLE_COUNT_1_BIT에서 VK_SAMPLE_COUNT_64_BIT까지 지원하지만, 대부분의 불칸 구현은 표본 수를 1에서 8 혹은 16 사이에서 지원한다. 더욱이, 1과 구현이 지원하는 최대 표본 수 사이의 값이 모든 이미지 형식에 대해서 모두 지원되는 것은 아니다. 사실 다른 표본 수에 대한 지원은 형식별로 변하며 심지어 타일링 방식에 따라서도 달라져서 vkGetPhysicalDeviceFormatProperties()를 사용해서 문의해야 한다. 2장에서 논의했듯이, vkGetPhysicalDeviceImageFormatProperties()는 특정 형식에 대한 정보를 반환한다. 참조를 위해서, 함수 원형은 다음과 같다.

```
VkResult vkGetPhysicalDeviceImageFormatProperties (
  VkPhysicalDevice physicalDevice,
  VkFormat format,
  VkImageType type,
  VkImageTiling tiling,
  VkImageUsageFlags usage,
  VkImageCreateFlags flags,
  VkImageFormatProperties* pImageFormatProperties);
```

문의되는 형식은 이미지 형, 타일링 방식, 사용 플래그, 다른 정보와 같이 전달되며, vkGetPhysicalDeviceImageFormatProperties()는 형식에 대한 지원 정보를 pImageFormatProperties가 가리키는 VkImageFormatProperties 구조체에 쓴다. 이 구조체의 sampleCounts 항목은 그 뒤 나머지 매개변수로 설정한 설정값으로 설정된 형식의 이미지에서 지원되는 표본 수를 포함한다.

기본체가 래스터라이징 되면서, 래스터라이저는 처리하는 픽셀에 대한 포함 정보를 계산한다. 다중 표본 렌더링이 꺼지면, 레스터라이제이션은 단순히 각 픽셀의 중심이 기본체의 안인지 판단하고, 만약 그러하면 픽셀이 처리된다고 간주한다. 깊이와 스텐실 시험은 그 뒤 픽셀의 중앙에서 처리되며, 화소 셰이더는 해당 픽셀에 대한 결과 음영 정보를 결정하기 위해서 실행된다.

다중 표본 렌더링이 활성화되면 포함 범위는 각 픽셀 안의 각 표본에 대해서 결정된다. 고려되는각 표본은 픽셀 안에 있으며, 깊이와 스텐실 시험은 개별적으로 계산된다. 만약 어떤 표본이 보이는 것으로 간주되면, 그 뒤 화소 셰이더가 한 번 실행되어 화소에 대한 출력 색을 결정한다. 출력 색은 그 뒤 이미지의 각 보이는 표본에 써진다.

기본적으로, 표본은 픽셀 안에서 표준 위치 집합을 사용해서 균일하게 분포된다. 이 위치는 그림 10.1에 묘사되어 있다. 그림에 보여진 표준 표본 위치는 만약 장치의 VkPhysicalDeviceLimits 구조체의 standardSampleLocations 항목이 VK_TRUE로 되어 있을 때 지원된다. 이 경우, 그림 10.1에 보여지는 표본 위치는 1, 2, 4, 8, 16 표본 이미지(지원될 경우)에 사용된다. 심지어 만약 장치가 32, 64, 혹은 그 이상의 표준 수 이미지를 지원하면, 해당 표본 수에 대한 표준 표본 위치는 정의되어 있지 않다.

만약 VkPhysicalDeviceLimits의 standardSampleLocations가 VK_FALSE이면, 해당 표본 수는 비표준 표본 위치에서 지원될 수 있다. 이 상황의 장치가 사용하는 표본 위치의 결정은 장치 확장을 요구하게 된다.

표본율 음영

보통, 다중 표본 이미지가 프레임 버퍼에 연결되면, 다중 표본화가 렌더링하는 데 사용된다. 앞서 설명한 것처럼, 포함 범위는 각 픽셀의 표본 위치의 가각에서 결정되며, 만약 이 중에 하나가 기본체에 포함되면, 화소 셰이더가 한 번 실행되어 출력에 대한 값을 결정한다. 이 값은 그 뒤 픽셀 안의 모든 포함된 표본에 중계된다.

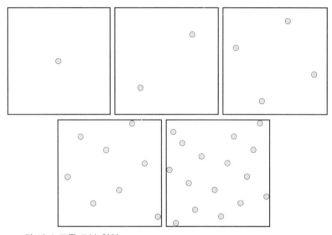

그림 10.1 표준 표본 위치

더 높은 이미지 품질을 위해서는 초 표본화를 사용할 수 있으며, 이는 화소 셰이더가 각 포함된 표본에 대해서 실행되고 고유 출력 값을 생성해서 직접 픽셀의 표본에 쓰게되는 것이다.

다중 표본화가 기본체의 경계에서의 모습을 개선하지만, 화소 셰이더에서 생성된 공간적 고 주파수로 인한 앨리어싱 오류를 제거하는 데는 아무 도움이 되지 않는다. 하지만, 화소 셰이더를 표본율로 수행하여, 화소 셰이더가 생성한 고 주파수를 기본체의 경계에서 앨리어싱을 없애도록 할 수 있다.

표본율 음영을 활성화하기 위해서, 그래픽 파이프라인을 생성할 때 사용한 VkPipelineMultisampleStateCreateInfo 구조체의 sampleShadingEnable 구성원을 VK_TRUE로 설정한다. sampleShadingEnable이 활성화되면 minSampleShading 항목이 셰이더가 실행될 빈도를 조절하는 데 사용된다. 이는 0.0과 1.0 사이의 부동소수점 값이다. 최소한 픽셀 안의 이 비율의 표본들이 화소 셰이더의 분리된 발동으로 생성된 고유 값의 집합을 받는다.

만약 minSampleShading이 1.0이면 픽셀 안의 모든 표본은 화소 셰이더의 분리된 발동에서 자체 자료를 받는 것이 보장된다. 1.0 미만의 값은 장치에게 최소 해당 수의 표본에 대해서 색을 계산하게 하고, 해당 값을 표본들에게 장치 의존적인 방식으로 분배하게 한다. 예를 들어, 만약 minSampleShading이 0.5이면, 완전히 포함된 8표본 픽셀은 화소 셰이더가 최소 4번 호출하게 하고, 8표본에 대해서 4 출력 집합이 장치 의존적인 방식으로 분포된다.

파이프라인을 프레임 버퍼 안의 부분 집합의 세부 집합에만 갱신하도록 설정할 수 있다. 프레임 버퍼의 각 표본에 대응하는 단일 비트를 가진 비트 마스크인 표본 마스크를 설정할 수 있다. 이 마스크는 무부호 32비트 정수의 배열을 VkPipelineMultisampleStateCreateInfo 구조체의 pSampleMask 구성원을 통해서 전달하여 설정한다. 배열은 임의의 긴 비트마스크를 32비트 구획으로 나누며, 각 구획은 배열의 요소가 된다. 만약 프레임 버퍼가 32이하의 표본을 가진다면, 배열은 단일 요소 길이가 된다.

N번째 표본은 배열의 ($N/32$)번째 요소의 ($N\%32$)번째 비트로 표현된다. 해당 비트가 설정되면, 표본은 파이프라인에 의해서 갱신된다. 만약 비트가 비워지면, 파이프라인은 해당 색인의 표본의 내용을 변경하지 않는다. 사실, 표본 마스크는 논리적으로 레스터라이제이션 동안 포함 계산과 AND 처리된다. 만약 pSampleMask가 nullptr이면, 모든 표본은 쓰기에 대해서 활성환된다.

레스터라이제이션 동안 포함 범위를 생성하는 것에 추가하여, 화소 셰이더가 의사-포함 범위 값을 출력의 알파 채널에 쓰는 것이 가능하다. VkPipelineMultisampleStateCreateInfo의 alphaToCoverage 항목을 VK_TRUE로 설정하여, 화소 셰이더의 첫 출력에 쓰여진 알파 값이 화소의 새 포함 범위 값을 생성하는 데 사용된다. 임시로 생성된 표본 마스크 안의 표본의 일부가 구현 정의된 순서로 활성화되며, 알파 채널에 쓰여진 값에 대응한다. 이는 그 뒤 논리적으로 레스터라이제이션 동안 계산되는 포함 범위 마스크와 AND된다. 이는 단순 반투명과 포함 범위 효과가 단순히 알파 값을 셰이더에서 출력함으로서 구현되는 것을 가능하게 한다.

남은 궁금점은 프레임 버퍼에서 실제 알파 채널에 대해서 무엇을 하는가이다. 만약 셰이더가 포함 범위의 일부를 알파 채널에 쓸 때, 이 값을 직접 프레임 버퍼에 RGB 색 자료로 쓰는 것은 의미가 없을 수 있다. 대신, 불칸에게 값을 알파에 1.0의 값을 다른 알파 관련 연산에 대해서 치환하여, 셰이더가 알파 값을 전혀 생성하지 않는 것처럼 할 수 있다. 이를 위해 alphaToOneEnable 항목을 VK_TRUE로 설정한다.

다중 표본 처리

다중 표본 이미지에 렌더링이 완료되면, 이는 단일 표본 이미지로 처리될 수 있다. 이 과정은 각 픽셀의 다중 표본에 저장된 모든 값을 하나의 값으로 모아서, 비다중 표본 이미지를 생성한다. 이미지를 처리하는 두 가지 방법이 있다.

첫 번째는 비다중 표본 이미지를 원래 다중 표본 색 첨부에 렌더링하는 세부 패스를 생성하는 데 사용한 VkSubpassDescription에 pResolveAttachments 배열에 포함하여 전달하는 것이다. 이 세부 패스는 다중 표본 이미지를 대응하는 색 첨부로 생성하며, 세부 패스가 끝날 때(혹은 최소 렌더패스가 끝날 때), 불칸이 자동으로 다중 표본 이미지를 pResolveAttachments 안의 대응하는 비다중 표본 이미지로 처리한다.

그 뒤 다중 표본 이미지에 대해서 storeOp를 VK_ATTACHMENT_STORE_OP_DONT_CARE로 설정하여 다른 곳에서 필요하지 않다고 가정하고 원래 다중 표본 자료를 제거한다. 이는 다중 표본 이미지를 처리하는 가장 효율적인 방식일 것이며, 많은 구현이 처리 연산을 이미 렌더패스의 부분인 다른 내부 연산에 겹치거나, 혹은 최소한 처리 연산을 메모리에 쓰고 나중에 읽는 것이 아니라 원래 다중 표본 자료가 캐시에 있을 때 처리한다.

또한 명시적으로 다중 표본 이미지를 단일 표본 이미지로 vkCmdResolveImage()를 호출하여 처리할 수 있으며, 함수 원형은 다음과 같다.

```
void vkCmdResolveImage (
  VkCommandBuffer commandBuffer,
  VkImage srcImage,
  VkImageLayout srcImageLayout,
  VkImage dstImage,
  VkImageLayout dstImageLayout,
  uint32_t regionCount,
  const VkImageResolve* pRegions);
```

처리 연산을 수행하는 명령어 버퍼는 commandBuffer에 전달된다. 원본 이미지와 처리 연산 시점의 예상되는 배치는 srcImage와 srcImageLayout에 각각 전달된다. 비슷하게, 대상 이미지와 예상되는 배치는 dstImage와 dstImageLayout에 전달된다. vkCmdResolveImage()는 4장에서 다룬 블릿이나 복사 연산과 매우 비슷하게 동작한다. 비슷하게 원본 이미지의 배치는 VK_IMAGE_LAYOUT_GENERAL이나 VK_IMAGE_LAYOUT_TRANSFER_SRC_OPTIMAL이어야 하며, 대상 이미지의 배치는 VK_IMAGE_LAYOUT_GENERAL이나 VK_IMAGE_LAYOUT_TRANSFER_DST_OPTIMAL이다.

다른 블릿이나 복사 명령어와 같이, vkCmdResolveImage()은 필요할 때 이미지의 일부만 처리할 수 있다. 처리하는 영역의 수는 regionCount에 전달되며, pRegions는 각각이 영역 하나를 정의하는 VkImageResolve 구조체의 배열을 가리킨다. VkImageResolve의 정의는 다음과 같다.

```
typedef struct VkImageResolve {
  VkImageSubresourceLayers srcSubresource;
  VkOffset3D srcOffset;
  VkImageSubresourceLayers dstSubresource;
  VkOffset3D dstOffset;
  VkExtent3D extent;
} VkImageResolve;
```

처리할 각 영역은 VkImageResolve 구조체의 한 인스턴스로 표현된다. 각 구조체는 원본과 대상 영역 안 영역의 설명을 포함한다. 원본 자료가 가져오는 세부 자원은 srcSubresource 항목에, 처리된 이미지 자료가 써질 세부 자원은 dstSubresource 항목이다. vkCmdResolveImage()는 다중 표본 이미지를 다시 크기 조절할 수 없으며, 그러므로 원본과 대상 영역의 크기는 같다. 이는 VkImageResolve 구조체의 extent 구성원에 저장된다. 하지만, 원본과 대상 이미지의 영역은 두 이미지에서 같은 위치일 필요는 없다. 원본 이미지의 영역의 원점은 srcOffset 항목에 저장되며, 출력 영역의 원점은 dstOffset 항목에 저장된다.

이미지가 렌더패스 안의 처리 첨부 중 하나를 설정하여 처리될 때, 전체 영역이 참조하는 세부 패스(최소한 vkCmdBeginRenderPass()에 전달된 renderArea에 전달된 영역)의 마지막에 처리된다. 하지만 vkCmdResolveImage()에서 이미지의 일부를 처리하는 것이 가능하다. 비록 명시적으로 vkCmdResolveImage()를 호출하는 것은 렌더패스의 마지막에 첨부를 처리하는 것보다 덜 효율적이지만, 이미지의 일부만 처리할 필요가 있을 때는 vkCmdResolveImage()가 더 적절한 선택이다.

❖ 논리 연산

논리 연산은 AND나 XOR 같은 논리 연산을 화소 셰이더의 출력과 색 첨부의 내용 사이에 적용하는 것이 가능하다. 논리 연산은 색 첨부로 사용될 수 있는 대부분의 정수 형식에서 지원된다. 논리 연산은 색 혼합 상태 객체를 생성할 때 사용하는 VkPipelineColorBlendStateCreateInfo의 logicOpEnable 항목을 VK_TRUE로 설정해서 활성화할 수 있다. 7장에서 소개한 VkPipelineColorBlendStateCreateInfo의 정의는 다음과 같다.

```
typedef struct VkPipelineColorBlendStateCreateInfo {
  VkStructureType sType;
  const void* pNext;
  VkPipelineColorBlendStateCreateFlags flags;
  VkBool32 logicOpEnable;
  VkLogicOp logicOp;
  uint32_t attachmentCount;
  const VkPipelineColorBlendAttachmentState* pAttachments;
  float blendConstants[4];
} VkPipelineColorBlendStateCreateInfo;
```

논리 연산이 활성화될 때, `logicOp`에 설정된 논리 연산이 각 화소 셰이더의 출력과 대응하는 색 첨부 사이에서 수행된다. 같은 논리 연산이 모든 첨부에 사용되므로, 다른 첨부에 대해서 다른 논리 연산을 사용하는 것은 불가능하다. 가용한 논리 연산은 `VkLogicOp` 구성원으로 표현되며 표 10.3에 보여진다.

표 10.3 논리 연산

연산(VK_LOGIC_OP_...)	결과
CLEAR	모든 값을 0으로
AND	원본 & 대상
AND_REVERSE	원본 & ~대상
COPY	원본
AND_INVERTED	~원본 & 대상
NOOP	대상
XOR	원본 ^ 대상
OR	원본 | 대상
NOR	~(원본 | 대상)
EQUIV	~(원본 ^ 대상)
INVERT	~대상
OR_REVERSE	원본 | ~대상
COPY_INVERTED	~원본
OR_INVERTED	~원본 | 대상
NAND	~(원본 & 대상)
SET	모든 값을 1로 설정

표 10.3에서 원본은 화소 셰이더가 생성한 값을 의미하며, 대상은 이미 색 첨부에 있는 값을 의미한다.

비록 선택한 논리 연산이 전역적이고(활성화될 경우) 모든 색 출력에 적용되지만, 논리 연산을 지원하는 형식의 색 첨부에만 적용된다. 만약 색 첨부 중 하나가 사용하는 형식이 논리 연산을 적용하지 않으면, 선택된 논리 연산은 해당 첨부에 대해서 무시되며, 값이 직접 첨부에 써진다.

❖ 화소 셰이더 출력

각 화소 셰이더는 하나 이상의 출력을 가진다. 출력이 없고 이미지 저장 연산을 실행하여 시각적 부작용을 생성하는 화소 셰이더를 생성하는 것이 가능하다. 하지만 대부분의 경우 화소 셰이더는 특별 변수에 출력으로 선언된 곳에 써서 출력을 생성한다.

GLSL 화소에서 출력을 선언하기 위해서, 단순히 전역 범위에서 out 저장 한정자로 변수를 생성하면 된다. 이는 출력 변수의 SPIR-V 선언을 생성하며, 불칸이 화소 셰이더의 결과를 이후 처리에 연결하는 데 사용된다. 코드 10.1은 단일 출력을 선언하고 불투명 붉은 색을 거기에 쓰는 단순 GLSL 화소 셰이더를 보여준다. 결과 SPIR-V 셰이더는 코드 10.2에 보여진다.

코드 10.1 화소 셰이더(GLSL)에서 출력 선언

```
#version 450 core

out vec4 o_color;
void main(void)
{
  o_color = vec4(1.0f, 0.0f, 0.0f, 1.0f);
}
```

코드 10.1의 코드가 코드 10.2의 SPIR-V 셰이더를 생성하는 데 사용될 때, o_color 출력이 출력 변수 (%9)가 4개의 부동소수점 값의 벡터 형 (%7)로 번역되는 것을 볼 수 있다. OpStore 명령어가 그 뒤에 쓰는 데 사용된다.

코드 10.2 화소 셰이더에서 출력의 선언(SPIR-V)

```
; SPIR-V
; Version: 1.0
; Generator: Khronos Glslang Reference Front End; 1
; Bound: 13
; Schema: 0
        OpCapability Shader
        %1 = OpExtInstImport "GLSL.std.450"
        OpMemoryModel Logical GLSL450
        OpEntryPoint Fragment %4 "main" %9
```

```
OpExecutionMode %4 OriginUpperLeft
OpSource GLSL 450
OpName %4 "main"
OpName %9 "o_color"
%2 = OpTypeVoid
%3 = OpTypeFunction %2
%6 = OpTypeFloat 32
%7 = OpTypeVector %6 4
%8 = OpTypePointer Output %7
%9 = OpVariable %8 Output
%10 = OpConstant %6 1
%11 = OpConstant %6 0
%12 = OpConstantComposite %7 %10 %11 %11 %10
%4 = OpFunction %2 None %3
%5 = OpLabel
OpStore %9 %12
OpReturn
OpFunctionEnd
```

프레임 버퍼 색 첨부가 부동소수점이거나, 부호 혹은 무부호 정규화 형식이면, 화소 셰이더의 추력은 부동소수점 변수를 사용해서 선언되어야 한다. 색 첨부가 부호 혹은 무부호 정부 형식이면, 화소 셰이더 출력은 부호 혹은 무부호 형식으로 선언되어야 한다. 화소 셰이더 출력의 요소의 수는 최소한 대응하는 색 첨부 안의 요소의 수 이상이어야 한다.

7장에서 보듯이, 단일 그래픽 파이프라인은 많은 색 첨부를 가질 수 있으며 이 첨부를 각 세부 패스 안의 첨부 참조를 통해서 접근할 수 있다. 각 세부 패스는 여러 출력 첨부를 참조할 수 있으며, 이는 화소 셰이더가 여러 첨부에 쓸 수 있는 것을 의미한다. 이를 위해서, 다중 출력을 화소 셰이더에 선언하고, GLSL에서 출력 위치를 location 배치 한정자를 사용해서 설정한다.

코드 10.3은 다중 출력을 선언하는 GLSL 화소 셰이더를 보여주며, 다른 상수 색을 각각에 쓴다. 각각은 location 배치 한정자를 사용해서 다른 위치를 할당한다.

```
#version 450 core

layout (location = 0) out vec4 o_color1;
layout (location = 1) out vec4 o_color2;
layout (location = 5) out vec4 o_color3;

void main(void)
{
  o_color1 = vec4(1.0f, 0.0f, 0.0f, 1.0f);
  o_color2 = vec4(0.0f, 1.0f, 0.0f, 1.0f);
  o_color3 = vec4(0.0f, 0.0f, 1.0f, 1.0f);
}
```

코드 10.3의 셰이더의 SPIR-V로의 컴파일 결과는 코드 10.4에 보여진다.

코드 10.4 화소 셰이더(SPIR-V) 안의 여러 출력

```
; SPIR-V
; Version: 1.0
; Generator: Khronos Glslang Reference Front End; 1
; Bound: 17
; Schema: 0
        OpCapability Shader
        %1 = OpExtInstImport "GLSL.std.450"
        OpMemoryModel Logical GLSL450
        OpEntryPoint Fragment %4 "main" %9 %13 %15
        OpExecutionMode %4 OriginUpperLeft
        OpSource GLSL 450
        OpName %4 "main"
        OpName %9 "o_color1"
        OpName %13 "o_color2"
        OpName %15 "o_color3"
        OpDecorate %9 Location 0
        OpDecorate %13 Location 1
        OpDecorate %15 Location 5
        %2 = OpTypeVoid
        %3 = OpTypeFunction %2
        %6 = OpTypeFloat 32
        %7 = OpTypeVector %6 4
        %8 = OpTypePointer Output %7
        %9 = OpVariable %8 Output
        %10 = OpConstant %6 1
```

```
%11 = OpConstant %6 0
%12 = OpConstantComposite %7 %10 %11 %11 %10
%13 = OpVariable %8 Output
%14 = OpConstantComposite %7 %11 %10 %11 %10
%15 = OpVariable %8 Output
%16 = OpConstantComposite %7 %11 %11 %10 %10
%4 = OpFunction %2 None %3
%5 = OpLabel
OpStore %9 %12
OpStore %13 %14
OpStore %15 %16
OpReturn
OpFunctionEnd
```

코드 10.4에서 보듯이, 일반적으로 선언되었지만 코드 10.3의 원래 GLSL 셰이더에 할당된 위치의 OpDecorate 명령어로 수식되었다.

화소 셰이더에서 할당된 위치는 연속적일 필요는 없다. 이는 공백을 유지할 수 있다는 것이다. 코드 10.3은 출력을 위치 0, 1, 5에 할당하며, 위치 2, 3, 4(그리고 5 이후의 위치)를 쓰지 않는다. 하지만, 화소 셰이더 출력을 공백 없이 위치를 할당하는 것이 제일 좋다.

더욱이, 화소 셰이더 출력이 할당하는 최대 위치는 장치 의존적이다. 모든 불칸 장치는 화소 셰이더에서 최소 4개의 색 첨부의 쓰기를 지원한다. 실제 장치의 최대 지원 수는 vkGetPhysicalDeviceProperties() 호출로 얻어진 장치의 VkPhysicalDeviceLimits 구조체의 maxFragmentOutputAttachments를 확인해서 결정된다. 대부분의 데스크탑 등급의 하드웨어는 8개 이상의 첨부에 쓰기를 지원한다.

화소 셰이더 출력은 또한 배열로 합쳐질 수 있다. 물론, 배열의 모든 요소는 같은 형을 가져야 하며, 그러므로 이 방식은 단지 같은 형을 가진 다중 색 첨부의 쓰기에만 적합하다. 화소 셰이더가 출력을 배열로 선언하면, 베열의 첫 번째 요소는 location 배치 한정자가 할당한 위치를 차지하며, 각각의 이어지는 요소는 이후 위치를 차지한다. 결과 SPIR-V 셰이더에서, 이는 배열로 선언된 단일 출력 변수가 단일 `OpDecorate` 명령어를 가진 것으로 생성된다. 결과에 쓸 때, `OpAccessChain` 명령어는 적절한 배열의 요소를 역참조하는 데 사용되며, 결과는 `OpStore` 명령어에 전달된다.

❖ 색 혼합

혼합은 화소 셰이더의 출력을 대응하는 색 첨부로 융합하는 과정이다. 혼합이 비활성화되었을 때, 화소 셰이더의 출력은 단순히 색 첨부에 변경 없이 써지며, 첨부의 원래 내용은 덮어 써진다. 하지만 혼합이 활성화되면 색 첨부에 써지는 값은 셰이더에서 생성한 값, 일부 설정 가능한 상수, 이미 색 첨부에 있는 값의 함수가 된다. 이는 투명, 누적, 반투명 등을 빠르고 종종 셰이더 코드가 아닌 고정 함수 하드웨어를 사용해서 구현된다. 혼합은 또한 완전하게 순서대로 일어나며, 화소 셰이더 안의 읽기-변경-쓰기 연산은 기본체에 대해서 순서랑 상관없이 일어난다.

혼합은 활성화 여부와, 방정식의 매개변수가 첨부당 기반으로 색 혼합 상태 객체를 생성하는 데 사용된 `VkPipelineColorBlendStateCreateInfo` 구조체 안의 각 첨부에 대해서 전달된 `VkPipelineColorBlendAttachmentState` 구조체를 사용해서 조절된다. 7장에서 소개한, `VkPipelineColorBlendAttachmentState`의 정의는 다음과 같다.

```
typedef struct VkPipelineColorBlendAttachmentState {
  VkBool32 blendEnable;
  VkBlendFactor srcColorBlendFactor;
  VkBlendFactor dstColorBlendFactor;
  VkBlendOp colorBlendOp;
  VkBlendFactor srcAlphaBlendFactor;
  VkBlendFactor dstAlphaBlendFactor;
  VkBlendOp alphaBlendOp;
  VkColorComponentFlags colorWriteMask;
} VkPipelineColorBlendAttachmentState;
```

만약 각 VkPipelineColorBlendAttachmentState 구조체의 colorBlendEnable 구성원이 VK_TRUE면, 혼합은 대응하는 색 첨부에 적용된다. 화소 셰이더의 추력은 원본으로 간주되며, 색 첨부에 존재하는 내용은 대상으로 간주된다. 우선, 원본 색 (R, G, B) 채널은 srcColorBlendFactor에 설정된 인자로 곱해진다. 비슷하게, 대상 색 채널은 dstColorBlendFactor에 설정된 인자로 곱해진다. 이 곱의 결과는 그 뒤 colorBlendOp에 설정된 연산을 사용해서 합쳐진다.

표 10.4 혼합 방정식

연산 (VK_BLEND_OP_...)	RGB	알파
ADD	$S_{rgb} * RGB_s + D_{rgb} * RGB_d$	$S_a * A_s + D_a * A_d$
SUBTRACT	$S_{rgb} * RGB_s - D_{rgb} * RGB_d$	$S_a * A_s - D_a * A_d$
REVERSE_SUBTRACT	$D_{rgb} * RGB_d - S_{rgb} * RGB_s$	$D_a * A_d - S_a * A_s$
MIN	$min(RGB_s , RGB_d)$	$min(A_s, A_d)$
MAX	$max(RGB_s , RGB_d)$	$min(A_s, A_d)$

혼합 연산은 VkBlendOp 열거형의 구성원으로 설정되며, 효과는 표 10.4에 목록이 있다. 표에서 S_{rgb}와 D_{rgb}는 원본과 대상 색 인자이며, S_a와 D_a는 원본과 대상의 알파 이자, RGB_s와 RGB_d는 원본과 대상의 RGB 값, 그리고 A_s와 A_d는 원본과 대상의 알파 값이다.

VK_BLEND_FACTOR_MIN과 VK_BLEND_FACTOR_MAX 방식은 원본과 대상 인자(S_{rgb}, S_a, D_{rgb}, D_a)를 포함하지 않으며, 단지 원본과 대상의 색이나 알파 값만 포함한다. 이 방식은 첨부의 특정 픽셀에서 생성된 최대 혹은 최소 값을 찾는 데 사용할 수 있다.

srcColorBlendFactor, dstColorBlendFactor, srcAlphaBlendFactor, dstAlphaBlendFactor에서 사용 가능한 혼합 인자는 VkBlendFactor 열거형의 구성원으로 표현된다. 표 10.5는 구성원과 의미를 보여준다.

표에서 R_{s0}, G_{s0}, B_{s0}, A_{s0}는 화소 셰이더에서의 R, G, B, A 채널의 첫 색 출력이며, R_{s1}, G_{s1}, B_{s1}, A_{s1}은 화소 셰이더에서의 R, G, B, A 채널의 두 번째 색 출력이다. 이는 이중 원본 혼합에 사용되며, 다음 절에서 더 자세히 다룬다.

표 10.5 혼합 인자

Blend Factor (VK_BLEND_FACTOR_...)	RGB	Alpha
ZERO	$(0, 0, 0)$	0
ONE	$(1, 1, 1)$	1
SRC_COLOR	(R_{s0}, G_{s0}, B_{s0})	A_{s0}
ONE_MINUS_SRC_COLOR	$(1, 1, 1) - (R_{s0}, G_{s0}, B_{s0})$	$1 - A_{s0}$
DST_COLOR	(R_d, G_d, B_d)	A_d
ONE_MINUS_DST_COLOR	$(1, 1, 1) - (R_d, G_d, B_d)$	$1 - A_d$
SRC_ALPHA	(A_{s0}, A_{s0}, A_{s0})	A_{s0}
ONE_MINUS_SRC_ALPHA	$(1, 1, 1) - (A_{s0}, A_{s0}, A_{s0})$	$1 - A_{s0}$
DST_ALPHA	(A_d, A_d, A_d)	A_d
ONE_MINUS_DST_ALPHA	$(1, 1, 1) - (A_d, A_d, A_d)$	$1 - A_d$
CONSTANT_COLOR	(R_c, G_c, B_c)	A_c
ONE_MINUS_CONSTANT_COLOR	$(1, 1, 1) - (R_c, G_c, B_c)$	$1 - A_c$
CONSTANT_ALPHA	(A_c, A_c, A_c)	A_c
ONE_MINUS_CONSTANT_ALPHA	$(1, 1, 1) - (A_c, A_c, A_c)$	$1 - A_c$
ALPHA_SATURATE	(f, f, f) $f = min(A_{s0}, 1 - A_d)$	1
SRC1_COLOR	(R_{s1}, G_{s1}, B_{s1})	A_{s1}
ONE_MINUS_SRC1_COLOR	$(1, 1, 1) - (R_{s1}, G_{s1}, B_{s1})$	$1 - A_{s1}$
SRC1_ALPHA	(A_{s1}, A_{s1}, A_{s1})	A_{s1}
ONE_MINUS_SRC1_ALPHA	$(1, 1, 1) - (A_{s1}, A_{s1}, A_{s1})$	$1 - A_{s1}$

표 10.5의 VK_BLEND_FACTOR_CONSTANT_COLOR와 VK_BLEND_FACTOR_ONE_MINUS_ CONSTANT_COLOR 항목에서, CONSTANT_COLOR는 (R_c, G_c, B_c, A_c) 상수 색을 의미하며, 이는 파이프라인의 일부의 상수이다. 이는 부동소수점 값의 임의의 집합일 수 있으며, 프레임 버퍼의 내용을 고정된 값을 크기 조절할 수 있다.

이 상태가 정적일 때, 색 혼합 상태 객체를 생성하는 데 사용된 VkPipelineCol orBlendStateCreateInfo 구조체의 blendConstants에 설정된다. 색 혼합 상수 상태가 동적으로 설정되면, vkCmdSetBlendConstants() 함수를 혼합 상수를 변경하는 데 사용할 수 있다. vkCmdSetBlendConstants()의 함수 원형은 다음과 같다.

```
void vkCmdSetBlendConstants (
  VkCommandBuffer commandBuffer,
  const float blendConstants[4]);
```

혼합 상수 상태를 설정하는 명령어 버퍼는 commandBuffer에 설정되며, 새 혼합 상수는 blendConstants에 설정된다. 이는 4개의 부동소수점 값의 배열로 그래픽 파이프라인의 혼합 상태를 초기화하는 데 사용한 VkPipelineColorBlendStateCreateInfo 구조체의 blendConstants 구성원에 위치한다.

7장에서 논의했듯이, 상수 혼합 값을 파이프라인의 동적 상태의 일부로 설정하기 위해서 그래픽 파이프라인을 생성하는 데 사용한 VkPipelineDynamicStateCreateInfo 구조체에 전달되는 동적 상태의 목록 안에 VK_DYNAMIC_STATE_BLEND_CONSTANTS를 포함한다.

표 10.5에서는 SRC1_COLOR나 SRC1_ALPHA 항을 포함하는 마지막 몇 가지 토큰을 보았으며, 이는 각각 RGB_{s1}과 A_{s1}에 대응한다. 이는 화소 셰이더에서 받은 두 번째 원본 혼합 값이다. 화소 셰이더는 단일 색 첨부에 대한 두 항을 출력할 수 있으며, 이 항은 혼합 단계에서 단일 색 출력으로 얻을 수 있는 것보다 살짝 더 발전된 혼합 방식을 구현하는 데 사용한다.

예를 들어, 대상 색(이미 색 첨부에 있는 값)을 화소 셰이더에서 생성된 값의 하나의 집합으로 곱하고 그 뒤 같은 셰이더 발동으로 생성된 두 번째 값의 집합을 더할 수 있다. 이를 구현하기 위해 srcColorBlendFactor를 VK_BLEND_FACTOR_ONE으로, dstColorBlendFactor를 VK_BLEND_FACTOR_SRC1_COLOR으로 설정한다.

이중 원본 혼합을 사용할 때, 화소 셰이더가 생성한 두 원본 색은 둘 다 다른 색 색인을 가지고 같은 첨부 위치로 향할 수 있다. 색 색인을 SPIR-V에서 설정하기 위해서 화소 셰이더의 출력을 OpDecorate나 OpMemberDecorate 명령어를 사용하여 Index 수식자로 수식해야 한다. 색인 0(수식자가 없을 때 기본)은 첫 색 출력에 대응하며, 색인 1은 두 번째 색 출력에 대응한다.

이중 원본 혼합은 모든 불칸 구현에서 지원되지 않을 수 있다. 불칸 드라이버와 하드웨어가 이중 원본 혼합을 지원하는지 확인하기 위해서는 vkGetPhysicalDeviceFeatures()의 호출로 얻은 장치의 VkPhysicalDevice Features 구조체의 dualSrcBlend 구성원을 참조하자. 이중 원본 혼합이 지원되고 활성화되면, 해당 방식을 사용하는 파이프라인의 세부 패스에 참조되는 색 첨부의 전체 수는 제한된다. 이 제한은 maxFragmentDual SrcAttachments에 저장된다. 만약 전혀 지원되지 않으면, 최소 하나 이상의 첨부가 이중 원본 혼합 방식에서 사용 가능하다.

❖ 요약

이 장은 레스터라이제이션 뒤의 화소 처리의 일부로 일어나는 연산을 다루었다. 이 연산은 깊이와 스텐실 시험, 가위 시험, 화소 음영, 혼합, 논리 연산을 포함한다. 이 연산이 다 같이 애플리케이션에서 생성한 픽셀의 최종 값을 계산한다. 이는 시야성을 결정하며, 궁극적으로 사용자에게 보일 이미지를 생성한다.

11장 | 동기화

이 장에서 배울 내용

■ 주 시스템과 장치를 동기화하는 방법

■ 같은 장치에서 다른 큐의 작업을 동기화하는 방법

■ 파이프라인의 다른 지점에서 실행된 작업을 동기화하는 방법

불칸은 비동기적으로 작업을 수행하도록 고안되어 있으며, 장치의 여러 큐에서 동시에 병렬로 작업이 실행되어 물리 자원을 계속 바쁘게 사용하도록 한다. 응용 프로그램의 다양한 지점에서, 주시스템과 장치의 다양한 부분을 동기화되도록 유지해야 한다. 이 장에서 이 용도를 위해 불칸 애플리케이션에서 가용한 다중 동기화 기본체에 대해서 논의한다.

불칸에서의 동기화는 다양한 동기화 기본체를 사용해서 이루어진다. 여러 종류의 동기화 기본체가 있으며, 이들은 애플리케이션에서 다른 용도의 사용이 의도되었다. 3가지 동기화 기본체 주요 형은 다음과 같다.

■ 펜스: 주 시스템이 장치가 제출로 표현되는 거대한 작업 덩어리의 실행을 완료할 때까지 기다릴 때 사용되며, 주로 운영체제의 도움을 받는다.

■ 이벤트: 주 시스템이나 장치에서 해제할 수 있는 세밀한 동기화 기본체를 표현한다. 장치에서 해제할 때 중간 명령어 버퍼를 해제할 수 있으며, 장치에 의해서 파이프라인의 특정 지점에서 기다릴 수 있다.

- **세마포어**: 단일 장치 위의 다른 큐에 대한 자원의 소유권을 조절하는 데 사용할 수 있는 동기화 기본체이다. 이는 비동기적으로 동작하는 다른 큐들 위의 실행되는 작업을 동기화하는 데 사용할 수 있다.

다음 몇 개 절에서 각각의 세 가지 동기화 기본체를 다룰 것이다.

◈ 펜스

펜스는 중간 부하의 동기화 기본체로 일반적으로 운영체제의 도움으로 구현된다. 펜스는 vkQueueSubmit() 처럼 운영체제와 상호작용하는 명령어로 제공되며, 이 명령어의 발동이 완료되면 펜스는 해제된다.

펜스가 종종 운영체제가 제공하는 고유 동기화 기본체에 대응하기에, 일반적으로 펜스를 기다리는 동안 스레드를 재울 수 있으며, 이는 전력을 아낄 수 있다. 하지만, 여러 명령어 버퍼의 실행의 완료를 기다리거나 사용자에게 완료된 프레임을 프리젠테이션하는 것 같이 대기가 상당히 시간을 소모하는 연산에 대해서 의도된 것이다.

새 펜스 객체를 생성하기 위해 vkCreateFence() 를 호출하며, 함수 원형은 다음과 같다.

```
VkResult vkCreateFence (
  VkDevice device,
  const VkFenceCreateInfo* pCreateInfo,
  const VkAllocationCallbacks* pAllocator,
  VkFence* pFence);
```

펜스 객체를 생성한 장치는 device에 설정되며, 펜스의 남은 매개변수는 VkFenceCreateInfo 구조체의 인스턴스에의 포인터로 넘겨지며, 정의는 다음과 같다.

```
typedef struct VkFenceCreateInfo {
  VkStructureType sType;
  const void* pNext;
  VkFenceCreateFlags flags;
} VkFenceCreateInfo;
```

VkFenceCreateInfo 구조체의 sType 항목은 VK_STRUCTURE_TYPE_FENCE_CREATE_INFO로 설정돼야 하며, pNext는 nullptr여야 한다. 단지 남은 항목인 flags는 펜스의 행태를 조절하는 플래그의 집합을 설정한다. 사용을 위해서 정의된 유일한 플래그는 VK_FENCE_CREATE_SIGNALED_BIT이다. 만약 이 비트가 flags에 설정되면, 펜스의 초기 상태는 해제된다. 그렇지 않으면 해제되지 않은 상태이다.

vkCreateFence()가 성공적이면, 새 펜스 객체의 핸들이 pFence가 가리키는 변수에 할당된다. 만약 pAllocator가 nullptr가 아니면, 펜스가 요구하는 어떤 주 시스템 메모리도 할당하는 데 사용될 수 있는 주 시스템 메모리 할당 구조체를 가리켜야 한다.

대부분의 다른 불칸 객체처럼, 펜스의 사용이 끝나면 자원을 해제하기 위해서 소멸시킨다. 이를 위해서 vkDestroyFence()를 호출하며, 함수 원형은 다음과 같다.

```
void vkDestroyFence (
  VkDevice device,
  VkFence fence,
  const VkAllocationCallbacks* pAllocator);
```

펜스 객체를 소유한 장치는 device에 설정되며, 소멸시킬 펜스에 대한 핸들은 fence에 전달된다. 만약 주 시스템 메모리 할당자가 vkCreateFence()로 사용되면, pAllocator는 객체를 할당하는 데 사용된 것과 호환되는 주 시스템 할당자 구조체를 가리켜야 한다. 그렇지 않으면 pAllocator는 nullptr여야 한다.

펜스는 펜스 매개변수를 받은 어떤 명령에도 사용될 수 있다. 이 명령어는 보통 큐에서 동작하며 해당 큐에서 실행될 작업을 발동한다. 예를 들어, vkQueueSubmit()의 함수 원형이다.

```
VkResult vkQueueSubmit (
  VkQueue queue,
  uint32_t submitCount,
  const VkSubmitInfo* pSubmits,
  VkFence fence);
```

vkQueueSubmit()의 마지막 매개변수가 VkFence 핸들인 것을 인지하자. queue 에서 발동된 모든 작업이 완료되면, fence에 설정된 펜스가 해제로 설정된다. 일 부 경우에, 장치는 펜스를 직접 해제할 수 있다. 다른 경우에, 장치는 운영체제를 인터럽트나 다른 하드웨어 메커니즘을 사용해서 해제 신호를 보낼 수 있으며, 운 영체제가 펜스의 상태를 바꾼다.

애플리케이션은 펜스의 상태를 vkGetFenceStatus()의 호출로 언제든 바꿀 수 있으며, 함수 원형은 다음과 같다.

```
VkResult vkGetFenceStatus (
  VkDevice device,
  VkFence fence);
```

펜스를 소유한 장치는 device에서 설정되며, 상태에 대한 문의를 하는 펜스는 fence에 전달된다. vkGetFenceStatus()에서 반환되는 값은 펜스의 상태를 가리 킨다. 성공했을 때, vkGetFenceStatus()는 다음 값 중 하나가 될 수 있다.

- VK_SUCCESS: 펜스는 현재 해제되었다.

- VK_NOT_READY: 펜스는 현재 해제되지 않았다.

만약 펜스의 상태를 받는 데 일부 문제가 있다면, vkGetFenceStatus()는 오류 코드를 반환한다. 반복문에서 계속 펜스의 상태를 확인하여 vkGetFenceStatus() 가 VK_SUCCESS를 반환할 때까지 기다리고 싶을 수 있다. 하지만 이는 극도로 비효 율적이며 성능에 나쁘며, 특히 애플리케이션이 긴 시간을 기다릴 가능성이 있을 때 그러하다. 반복하기보다는, 애플리케이션은 vkWaitForFences()를 호출하며, 이는 불칸 구현이 하나 이상의 펜스를 기다리는 데 더 최적화된 메커니즘을 제공 한다.

vkWaitForFences()의 함수 원형은 다음과 같다.

```
VkResult vkWaitForFences (
  VkDevice device,
  uint32_t fenceCount,
  const VkFence* pFences,
```

```
VkBool32 waitAll,
uint64_t timeout);
```

기다릴 펜스를 소유한 장치는 device에 전달된다. vkWaitForFences()는 어떤 수의 펜스도 기다릴 수 있다. 기다릴 펜스의 수는 fenceCount이며, pFences는 기다릴 펜스와 같은 수의 VkFence 핸들을 가진 배열을 가리켜야 한다.

vkWaitForFences()는 pFences 배열 안의 모든 펜스가 해제되길 기다리거나, 어떤 하나의 펜스가 해제될 때 바로 반환될 수 있다. 만약 waitAll이 VK_TRUE이면, vkWaitForFences()는 pFences의 모든 펜스가 해제되길 기다리게 된다. 그렇지 않으면, 하나가 해제되면 바로 반환된다. 이 경우에, vkGetFenceStatus()를 사용해서 어떤 펜스가 해제되고 해제되지 않은지를 확인할 수 있다.

vkWaitForFences()가 아주 긴 시간 동안 기다리게 되면, 시간 종료를 요청하는 것이 가능하다. timeout 매개변수는 나노 초 단위로 vkWaitForFences()가 종료 조건(최소 하나의 펜스가 해제)을 기다릴 시간을 설정한다. 만약 timeout이 0이면, vkWaitForFences()는 단순히 펜스의 상태를 확인하고 바로 반환된다. 이는 vkGetFenceStatus()와 두 가지 차이점만 가지게 된다.

- vkWaitForFences()는 여러 펜스의 상태를 확인할 수 있으며, vkGetFenceStatus()의 다중 호출보다 더 효율적일 수 있다.
- 만약 pFences 안의 펜스가 해제되지 않았으면, vkWaitForFences()는 준비 안됨 상태가 아닌 시간종료를 알려준다.

vkWaitForFences()에게 영원히 기다리게 할 수는 없다. 하지만, timeout은 나노 초 단위의 64비트 값으로 $2^{64}-1$ 나노 초는 584년을 약간 넘으며, 이 값은 아마도 무한의 근사치로 충분할 것이다.

대기 연산의 결과는 vkWaitForFences()의 값으로 반환된다. 이는 다음 값 중 하나이다.

- VK_SUCCESS: 대기 조건이 성립되었다. 만약 waitAll가 VK_FALSE면, pFences 안의 최소한 하나의 펜스가 해제되었다. 만약 waitAll이 VK_TRUE면, pFences 의 모든 펜스가 해제되었다.

- VK_TIMEOUT: 대기 조건이 시간 종료 기한동안 성립되지 않았다. 만약 timeout 이 0이면, 이는 펜스를 즉시 확인할 수 있다.

만약 오류가 일어나면, pFences 배열의 핸들 중 하나가 유효하지 않으면, vkWaitForFences()는 적절한 오류 코드를 반환한다.

한 번 펜스가 해제되면, 명시적으로 해제되지 않은 상태로 재설정하기 전까지 상태를 유지한다. 펜스가 더 이상 해제되지 않은 때, 이는 vkQueueSubmit() 같은 명령어에서 재사용될 수 있다. 장치가 펜스를 재설정하는 명령어는 없으며, 펜스 가 해제되지 않는 것을 기다리는 명령어는 없다. 하나 이상의 펜스를 비해제 상태 로 재설정하려면, vkResetFences()를 사용하며, 함수 원형은 다음과 같다.

```
VkResult vkResetFences (
  VkDevice device,
  uint32_t fenceCount,
  const VkFence* pFences);
```

펜스를 소유한 장치는 device에 전달된다. 재설정할 펜스의 수는 fenceCount에 전달된다. VkFence 핸들들의 배열은 pFences에 전달한다. 재설정된 펜스에 대해서 결과적으로 해당 펜스를 해제할 다른 함수를 호출하지 않고 기다리지 않도록 조 심하자.

펜슨의 주요 사용 경우는 주 시스템이 장치가 사용하고 있는 자료를 덮어 쓰는 것을 방지하는 것이다. 혹은 더 정확하게는 조금 있다가 장치가 사용하려고 하는 자료이다. 명령어 버퍼가 제출될 때, 바로 실행되지 않으며, 큐에 배치되고 장치에 서 차례로 실행된다. 이는 또한 즉시 실행되지 않으며, 실행하는 데 시간이 걸린 다. 그러므로 만약 메모리의 자료를 배치하고 그 뒤 해당 자료를 참조하는 명령어 버퍼를 제출하면, 반드시 자료가 유효한지 확인하고 제자리에 있는지를 명령어 버퍼기 실행되기 전까지 보장해야 한다. vkQueueSubmit()에 제공되는 펜스는 이를 위한 것이다.

이 예제에서 버퍼를 생성하고, 연결한 뒤에, 일부 자료를 주 시스템을 사용해서 배치한다. 그 뒤 해당 자료를 참조하는 명령어 버퍼를 제출한다. 세 가지 메커니즘이 주 시스템과 장치 사이에 동기화를 통해서 제공되며 주 시스템이 장치에서 사용되기 전에 버퍼의 자료를 덮어 쓰지 않게 보장한다.

첫 번째 방식으로, vkQueueWaitIdle()을 호출하여 큐에 제출된 모든 작업(버퍼에서 자료를 소모하는 현재 작업을 포함)이 완료되었는지 보장한다. 두 번째 방식으로, 단일 펜스를 사용해서 자료를 소모하는 제출과 연결한 뒤, 버퍼의 내용에 쓰기 전에 해당 펜스에 대기한다. 세 번째 방식은 버퍼를 4조각으로 쪼개서 각 조각에 펜스를 연결하여 쓰기 전에 각 구획에 연결된 펜스에 대해서 대기하는 것이다.

추가적으로, 동기화가 전혀 없는 방식도 제공된다. 이 방식은 단순히 버퍼의 자료를 대기하지 않고 덮어 쓴다. 이 방식에서, 버퍼 안의 자료를 새로운 유요한 자료로 덮어 쓰기 전에 비유효화한다. 이는 적절한 동기화의 부재로 일어날 수 있는 오염의 종류를 보여준다.

첫 두 개의 방식(큐의 강제 휴식과 단일 펜스 대기, 이 상황에서는 본질적으로 동일하다)에 대한 코드는 명백하여 여기서 보여주지 않는다. 코드 11.1은 이 방식에 대한 초기화 연속을 4개의 분리된 펜스를 사용해서 보여준다.

코드 11.1 4펜스 동기화에 대한 설정

```
// kFrameDataSize는 단일 프레임에 소모되는 자료의 크기이다.
// kRingBufferSegments는 유지할 가치가 있는 프레임의 수이다.
// 버퍼를 kRingBufferSegments 개의 kFrameDataSize를 가지기에 충분히 크게 생성한다.
static const VkBufferCreateInfo bufferCreateInfo =
{
  VK_STRUCTURE_TYPE_BUFFER_CREATE_INFO, nullptr, // sType, pNext
  0,                                              // flags
  kFrameDataSize * kRingBufferSegments,           // size
  VK_BUFFER_USAGE_TRANSFER_SRC_BIT,               // usage
  VK_SHARING_MODE_EXCLUSIVE,                      // sharingMode
  0,      // queueFamilyIndexCount
  nullptr // pQueueFamilyIndices
```

```
};

result = vkCreateBuffer(device,
  &bufferCreateInfo,
  nullptr,
  &m_buffer);

// kRingBufferSegments개의 펜스를 생성하고, 모두 초기에 해제된 상태로 생성한다.
{
  VK_STRUCTURE_TYPE_FENCE_CREATE_INFO, nullptr,
  VK_FENCE_CREATE_SIGNALED_BIT
};

for (int i = 0; i < kRingBufferSegments; ++i)
{
  result = vkCreateFence(device,
  &fenceCreateInfo,
  nullptr,
  &m_fence[i]);
}
```

보다시피, 코드 11.1에서 장치에서 사용되는 자료의 크기의 4배의 크기의 버퍼를 생성한다. 그 뒤 4개의 펜스를 만들어 각각이 전체 버퍼 크기의 1/4을 보호한다. 펜스는 해제된 상태로 생성된다. 이로 인해 단순히 반복문을 현재 버퍼의 구획을 보호하는 펜스에 대해 대기하고, 버퍼를 채우고, 버퍼의 해당 구획을 참조하는 새로운 명령어 버퍼를 생성할 수 있다. 반복문이 처음 실행될 때, 펜스는 이미 해제되어 있는데, 이는 그 상태로 생성했기 때문으로, 반복문의 첫 시작에 대해서 특별한 경우가 요구되지 않는다.

코드 11.2는 해제될 각 펜스에 대한 내부 반복문을 보여주며, 버퍼의 적절한 구획을 채우고, 자료를 소모하는 명령어 버퍼를 생성하고, 이를 큐에 제출하고, 펜스를 설정한다.

코드 11.2 동기화를 위해 펜스 대기하는 반복문

```
// 프레임의 시작 – 구획의 색인을 계산한다.
static int framesRendered = 0;
const int segmentIndex = framesRendered % kRingBufferSegments;
```

```
// 구획을 색인된 명령어 버퍼의 링을 사용한다.
const VkCommandBuffer cmdBuffer = m_cmdBuffer[segmentIndex];

// 이 구획과 연결된 펜스를 기다린다.
result = vkWaitForFences(device,
  1,
  &m_fence[segmentIndex],
  VK_TRUE,
  UINT64_MAX);

// 이제 자료를 덮어 쓰기에 안전하다.
// m_mappedData는 영구적으로 원본 버퍼에 연결해서 저장하기 위한
// kRingBufferSegments개의 포인터의 배열이다.
fillBufferWithData(m_mappedData[segmentIndex]);

// 명령어 버퍼를 재설정한다. 단계 버퍼의 주어진 구획에서
// 복사하기 위해서 항상 같은 명령어 버퍼를 사용하므로,
// 이를 여기서 재설정하는 것은 이미 연관된 펜스에 대해서 기다렸기에 안전하다.
vkResetCommandBuffer(cmdBuffer, 0);

// 명령어 버퍼의 재저장
static const VkCommandBufferBeginInfo beginInfo =
{
  VK_STRUCTURE_TYPE_COMMAND_BUFFER_BEGIN_INFO, // sType
  nullptr,                                      // pNext
  VK_COMMAND_BUFFER_USAGE_ONE_TIME_SUBMIT_BIT, // flags
  nullptr                                       // pInheritanceInfo
};

vkBeginCommandBuffer(cmdBuffer, &beginInfo);
// 적절한 구획 색인에서의 단계 버퍼에서 최종 대상 버퍼로 복사
VkBufferCopy copyRegion =
{
  segmentIndex * kFrameDataSize, // srcOffset
  0,                             // dstOffset
  kFrameDataSize                 // size
};

vkCmdCopyBuffer(cmdBuffer,
  m_stagingBuffer,
  m_targetBuffer,
  1,
  &copyRegion);
```

```
vkEndCommandBuffer(cmdBuffer);

// 이 구획에 대한 펜스를 큐에 이 작업의 덩어리를 제출하기 전에 재설정한다.
vkResetFences(device, 1, &m_fence[segmentIndex]);

// 이 예제가 제출에 대해 세마포어를 사용하지 않는 것을 기억하자.
// 실제 애플리케이션에서는 단일 제출에 많은 명령어 버퍼를 제출하게 되고
// 해당 제출을 세마포어를 대기하고 해제하는 것으로 보호해야 한다.
VkSubmitInfo submitInfo =
{
  VK_STRUCTURE_TYPE_SUBMIT_INFO, nullptr, // sType, pNext
  0,                                      // waitSemaphoreCount
  nullptr,                                // pWaitSemaphores
  nullptr,                                // pWaitDstStageMask
  1,                                      // commandBufferCount
  &cmdBuffer,                             // pCommandBuffers
  0,                                      // signalSemaphoreCount
  nullptr                                 // pSignalSemaphores
};

vkQueueSubmit(m_queue,
  1,
  &submitInfo,
  m_fence[segmentIndex]);
  framesRendered++;
```

코드 11.2의 코드가 불완전하고 단지 공유되는 자료를 보호하기 위한 펜스의 사용법을 보여주는 용도임을 기억하자. 특히, 예제는 실제 애플리케이션에서 필요한 여러 가지를 생략하였다.

- 대상 버퍼(targetBuffer)가 덮어 써지는 것을 막기 위하거나 주 시스템에서 원본 버퍼를 전송을 위해서 쓸 수 있는 원본으로 이동하기 위한 파이프라인 방벽이 없다.

- 제출을 보호하기 위한 세마포어를 사용하지 않는다. 세마포어는 다른 큐에 프리젠테이션이나 제출을 포함하는 더 큰 프레임의 일부일 때 필요하다.

- 버퍼에 연결된 메모리가 VK_MEMORY_PROPERTY_HOST_COHERENT_BIT로 할당되지 않을 경우 필요한 vkFlushMappedMemoryRanges()의 호출이 없다.

❖ 이벤트

이벤트 객체는 더 세밀한 동기화 기본체를 나타내며, 파이프라인 안에서 일어나는 연산을 정확하게 한계를 긋는 데 사용될 수 있다. 이벤트는 해제 혹은 비해제 두 상태 중 하나로 존재한다. 펜스와 달리, 이 상태는 일반적으로 운영체제가 이동시키며, 이벤트는 장치나 주 시스템에 의해서 명시적으로 해제되거나 재설정된다. 장치가 직접 이벤트의 상태를 조작할 수 있는 것뿐 아니라, 파이프라인의 특정 지점에서 처리 가능하다.

객체에 대해서 주 시스템만이 대기할 수 있는 펜스와 달리, 장치도 이벤트 객체에 대기할 수 있다. 대기 시에, 장치는 파이프라인의 특정 지점에서 대기할 수 있다. 장치가 이벤트를 파이프라인의 한 부분으로 해제하고 다른 곳에서 대기할 수 있기에, 이벤트는 동일 파이프라인의 다른 부분에서 일어나는 실행의 동기화 방법을 제공한다.

이벤트 객체를 생성하기 위해 vkCreateEvent()를 호출하며, 함수 원형은 다음과 같다.

```
VkResult vkCreateEvent (
  VkDevice device,
  const VkEventCreateInfo* pCreateInfo,
  const VkAllocationCallbacks* pAllocator
```

이벤트를 생성하는 장치는 device이며, 이벤트를 설정하는 나머지 매개변수는 VkEventCreateInfo 구조체의 인스턴스에 대한 포인터를 통해서 전달되며, 정의는 다음과 같다.

```
typedef struct VkEventCreateInfo {
  VkStructureType sType;
  const void* pNext;
  VkEventCreateFlags flags;
} VkEventCreateInfo;
```

VkEventCreateInfo의 sType은 VK_STRUCTURE_TYPE_EVENT_CREATE_INFO으로 설정돼야 하며, pNext는 nullptr여야 한다. VkEventCreateInfo의 flags는 이벤트의

추가적인 행태를 설정한다. 하지만, 현재 이벤트 생성 플래그가 정의되어 있지 않으므로, flags는 단지 예비된 것으로 간주되며 0으로 설정된다.

만약 vkCreateEvent()가 성공적이면, VkEvent 핸들을 pEvent가 가리키는 변수에 새로 생성한 객체에 저장한다. 만약 vkCreateEvent()가 주 시스템 메모리를 요구하면, pAllocator에 할당된 할당자를 사용한다. 호환 가능한 할당자가 이벤트가 소멸될 때 사용되어야 한다.

이벤트를 다 사용하고 나면, 객체를 소멸하여 자원을 해제해야 한다. 이벤트 객체를 소멸하기 위해 vkDestroyEvent()를 호출하며 함수 원형은 다음과 같다.

```
void vkDestroyEvent (
  VkDevice device,
  VkEvent event,
  const VkAllocationCallbacks* pAllocator);
```

이벤트 객체를 소유하는 장치는 device에 전달되어야 하며, 소멸시켜야 할 이벤트 객체는 event에 전달되어야 한다. 이벤트가 소멸 이후에 다시 접근되지 않도록 보장해야 한다. 이는 주 시스템에서 함수 호출에 핸들을 넘겨서 직접 이벤트에 접근하는 것을 보함하며, 또한 참조를 포함한 명령어 버퍼의 실행을 통한 이벤트의 내제적인 접근도 포함한다.

이벤트의 초기 상태는 해제되지 않거나 재설정된다. 주 시스템이나 장치가 이벤트의 상태를 변경할 수 있다. 주 시스템에 설정되는 이벤트의 상태를 변경하기 위해서 vkSetEvent()를 호출하며, 함수 원형은 다음과 같다.

```
VkResult vkSetEvent (
  VkDevice device,
  VkEvent event);
```

이벤트 객체를 소유한 장치는 device에 전달되어야 하며, 설정할 이벤트 객체는 event에 설정된다. 이벤트 객체의 접근은 외부적으로 동기화되어야 한다. 이벤트를 여러 스레드에서 동시에 설정하거나 재설정하는 것은 경쟁 상황으로 이어지며, 정의되지 않은 결과를 생성한다. 이벤트 객체가 주 시스템에서 설정될 때, 상태는 즉시 설정으로 변경된다. 만약 다른 스레드가 이벤트에 vkCmdWaitEvents()

의 호출로 대기하고 있다면, 다른 대기 조건이 만족된다고 가정하면 해당 스레드는 즉시 차단이 풀린다.

이벤트는 또한 주 시스템에서 vkResetEvent()의 호출로 설정에서 재설정 상태로 이동된다. vkResetEvent의 함수 원형은 다음과 같다.

```
VkResult vkResetEvent (
  VkDevice device,
  VkEvent event);
```

또한, 이벤트를 소유한 장치는 device로 전달되며, 재설정할 이벤트 객체는 event에 전달된다. 마찬가지로, 이벤트에 대한 접근은 외부적으로 동기화되어야 한다. 설정된 이벤트는 즉시 재설정 상태로 이동한다. vkSetEvent()와 vkResetEvent()는 각각 이미 이벤트가 설정이나 재설정 상태에 있을 때 아무 효과가 없다. 이는 이미 설정된 이벤트에 vkSetEvent()를 호출하거나 이미 재설정된 이벤트에 vkResetEvent()를 호출하는 것은 비록 의도한 것이 아니라도 오류가 아니다.

이벤트의 즉시 상태를 vkGetEventStatus()로 확인할 수 있으며, 함수 원형은 다음과 같다.

```
VkResult vkGetEventStatus (
  VkDevice device,
  VkEvent event);
```

이벤트를 소유한 장치는 device에 전달되며, 상태를 문의하는 이벤트는 event에 전달된다. vkSetEvent()와 vkResetEvent()와는 달리, vkGetEventStatus()는 동기화 없이 이벤트 객체에서 부를 수 있다. 사실 그것이 의도된 사용 방법이다.

vkGetEventStatus()의 반환 값은 이벤트의 상태를 제출한다. 가능한 반환 값은 다음을 포함한다.

- VK_EVENT_SET: 설정된 이벤트는 설정되거나 해제된 상태이다.
- VK_EVENT_RESET: 설정된 이벤트는 재설정되거나 비해제된 상태이다.

만약 event 매개변수가 유효한 이벤트의 핸들이 아닌 등 뭔가 잘못되면, vkGetEventStatus()는 적절한 오류 코드를 반환한다.

주 시스템이 이벤트를 vkGetEventStatus()가 VK_EVENT_SET를 반환할 때까지 반복문에서 기다리는 것 외의 대기 방법은 없다. 이는 특히 효율적이 않으므로, 이를 처리할 때 시스템과 협조해야 하는데, 예를 들면 현재 스레드를 재우거나 이벤트 객체 상태에 대해서 질의하는 사이에 유용한 다른 작업을 하는 등이다.

이벤트 객체는 장치에 의해서도 조작될 수 있다. 장치에서 실행되는 대부분의 다른 작업과 같이, 명령어 버퍼에 명령어를 배치하고, 그 뒤 명령어 버퍼를 실행을 위한 장치의 큐 중 하나에 제출하는 것으로 처리된다. 이벤트를 설정하는 명령어는 vkCmdSetEvent()이며, 함수 원형은 다음과 같다.

```
void vkCmdSetEvent (
  VkCommandBuffer commandBuffer,
  VkEvent event,
  VkPipelineStageFlags stageMask);
```

결과적으로 이벤트를 설정하는 명령어 버퍼는 commandBuffer에 설정되며, 해제될 이벤트 객체에 대한 핸들은 event에 전달된다. vkSetEvent()와는 다르게, vkCmdSetEvent()는 이벤트가 해제될 파이프라인 단계를 받는다. 이는 stageMask에 전달되며, VkPipelineStageFlagBits 열거형의 구성원으로 만들어진 비트 필드다. 만약 다중 비트가 stageMask에 설정되면, 이벤트는 명령어의 실행이 각각의 설정된 단계를 넘을 때마다 설정된다. 이는 중복처럼 보이지만, 만약 vkCmdResetEvent()에 대한 호출이 있을 때 이벤트 객체가 명령어가 파이프라인을 통과하면서 설정과 재설정 사이에서 옮겨다니는 것을 볼 수 있다.

대응하는 이벤트를 재설정하는 명령어는 vkCmdResetEvent()이며, 함수 원형은 다음과 같다.

```
void vkCmdResetEvent (
  VkCommandBuffer commandBuffer,
  VkEvent event,
  VkPipelineStageFlags stageMask);
```

또다시, 이벤트를 재설정하는 명령어 버퍼는 commandBuffer에 전달된다. 재설정하는 이벤트는 event에 전달된다. vkCmdSetEvent()처럼 vkCmdResetEvent() 명령어도 이벤트가 재설정 상태로 가정될 단계를 표현하는 비트 필드를 포함한 stageMask 매개변수를 받는다.

주 시스템에서 vkGetEventStatus()를 사용해서 이벤트 객체의 즉시 상태를 받는 것은 가능하지만, 이벤트에 대해서 직접 대기하는 것은 불가능하지만, 장치에서는 반대로 가능하다. 장치에서 직접 이벤트의 상태를 얻어오는 명령어는 없지만, 하나 이상의 이벤트에 대해서 대기가 가능하다. 이를 위해서 vkCmdWaitEvents()를 호출하며, 함수 원형은 다음과 같다.

```
void vkCmdWaitEvents (
  VkCommandBuffer commandBuffer,
  uint32_t eventCount,
  const VkEvent* pEvents,
  VkPipelineStageFlags srcStageMask,
  VkPipelineStageFlags dstStageMask,
  uint32_t memoryBarrierCount,
  const VkMemoryBarrier* pMemoryBarriers,
  uint32_t bufferMemoryBarrierCount,
  const VkBufferMemoryBarrier* pBufferMemoryBarriers,
  uint32_t imageMemoryBarrierCount,
  const VkImageMemoryBarrier* pImageMemoryBarriers);
```

vkCmdWaitEvents() 명령어는 많은 매개변수를 받으며 방벽과 비슷하게 동작한다. 실행이 이벤트에 대한 대기로 지연될 명령어 버퍼는 commandBuffer에 설정된다. 대기할 이벤트의 수는 eventCount에 설정된다. 대기할 이벤트의 VkEvent 핸들의 배열에 대한 포인터는 pEvents로 전달된다.

srcStageMask와 dstStageMask는 이벤트가 해제될 파이프라인 단계와 해제를 기다리는 단계를 간각 설정한다. 대기는 항상 dstStageMask에 설정될 단계에서 일어난다. srcStageMask에 설정된 단계는 불칸 구현이 파이프라인의 모든 작업 대신 단계의 쌍을 동기화하는 것을 가능하게 하며, 이는 더 효율적이다.

한번 pEvents에 포함된 모든 이벤트가 해제되면, 장치는 파이프라인에서 실행을 재시작하기 전에 모든 메모리, 버퍼, pMemoryBarriers, pBufferMemory Barriers, pImageMemoryBarriers에 설정된 이미지 방벽을 실행한다. pMemoryBarriers가 가리키는 배열의 요소의 수는 memoryBarrierCount이다. pBufferMemoryBarriers가 가리키는 배열의 요소의 수는 bufferMemory BarrierCount이다.

비록 VkPipelineStageFlagBits에 포함된 플래그가 매우 세밀하지만, 대부분의 불칸 구현은 이 중 일부에 대해서만 대기 연산을 수행할 수 있다. 구현에 대해서 파이프라인의 앞선 지점에서 대기하는 것은 언제나 합법적이다. 파이프라인의 이후 지점에서 작업이 실행되는 것은 pEvents의 이벤트가 해제된 뒤라는 것은 여전히 보장된다.

❖ 세마포어

불칸이 지원하는 동기화 기본체의 최종 형은 세마포어다. 세마포어는 원자적으로 설정 혹은 재설정을 하드웨어에서 처리할 수 있는 플래그를 표현하며, 큐 사이에서도 일관된 모습을 보인다. 세마포어를 설정할 때, 장치는 재설정을 기다린 뒤, 설정한 뒤 호출자에게 제어권을 넘겨준다. 비슷하게, 만약 세마포어를 재설정할 때, 장치는 세마포어가 설정되기를 기다리고, 재설정한 뒤, 호출자에게 반환한다. 이는 모두 원자적으로 일어난다. 만약 다중 요소들이 세마포어에 대해서 대기하면, 오직 하나만이 세마포어가 설정 혹은 재설정되는 것을 볼 수 있고 제어권을 가진다. 나머지는 계속 대기한다.

세마포어는 장치에서 명시적으로 해제되거나 대기할 수 없다. 그보다는 vkQueueSubmit() 등의 큐 연산을 통해서 해제되거나 대기할 수 있다.

세마포어 객체를 생성하기 위해 vkCreateSemaphore()를 호출하며, 함수 원형은 다음과 같다.

```
VkResult vkCreateSemaphore (
  VkDevice device,
  const VkSemaphoreCreateInfo* pCreateInfo,
  const VkAllocationCallbacks* pAllocator,
  VkSemaphore* pSemaphore);
```

세마포어를 생성할 장치는 device에 세마포어의 추가적인 매개변수는 pCreateInfo에 전달되며, 이는 VkSemaphoreCreateInfo 구조체의 인스턴스에 대한 포인터이다. VkSemaphoreCreateInfo의 정의는 다음과 같다.

```
typedef struct VkSemaphoreCreateInfo {
  VkStructureType sType;
  const void* pNext;
  VkSemaphoreCreateFlags flags;
} VkSemaphoreCreateInfo;
```

VkSemaphoreCreateInfo의 sType 항목은 VK_STRUCTURE_TYPE_SEMAPHORE_CREATE_INFO로 설정돼야 하며, pNext는 nullptr여야 한다. flags 항목은 예비되어 있으며 0으로 설정돼야 한다.

vkCreateSemaphore()가 성공적이면, 결과 세마포어 객체는 pSemaphore가 가리키는 변수에 써진다.

세마포어 객체를 다 사용하고 나면, 연관된 자원을 해제하기 위해서 소멸시켜야 한다. 세마포어를 소멸시키기 위해 vkDestroySemaphore()를 호출하며, 함수 원형은 다음과 같다.

```
void vkDestroySemaphore (
  VkDevice device,
  VkSemaphore semaphore,
  const VkAllocationCallbacks* pAllocator);
```

세마포어 객체를 소유하는 장치는 device에 전달되며, 소멸될 세마포어는 semaphore에 전달되어야 한다. 세마포어에 대한 접근은 외부적으로 동기화되어야만 한다. 특히, 세마포어는 다른 스레드가 접근할 수 있는 동안은 절대 소멸되어서는 안 된다. 만약 주 시스템 메모리 할당자가 세마포어를 생성하는 데 사용되면, 호환되는 할당자가 pAllocator로 전달되어야 한다.

다른 동기화 기본체인 이벤트와 펜스와는 달리, 세마포어 객체는 명시적으로 설정, 재설정, 대기를 허용하지 않는다. 대신 이 객체를 사용해서 자원에 대한 접근을 큐 사이에서 동기화하여 장치에 대해 작업의 제출에 대한 필수적인 부분을 형성한다. vkQueueSubmit()의 함수 원형을 기억하자.

```
VkResult vkQueueSubmit (
  VkQueue queue,
  uint32_t submitCount,
  const VkSubmitInfo* pSubmits,
  VkFence fence);
```

vkQueueSubmit()는 VkSubmitInfo 구조체의 배열을 받으며, 정의는 다음과 같다.

```
typedef struct VkSubmitInfo {
  VkStructureType sType;
  const void* pNext;
  uint32_t waitSemaphoreCount;
  const VkSemaphore* pWaitSemaphores;
  const VkPipelineStageFlags* pWaitDstStageMask;
  uint32_t commandBufferCount;
  const VkCommandBuffer* pCommandBuffers;
  uint32_t signalSemaphoreCount;
  const VkSemaphore* pSignalSemaphores;
} VkSubmitInfo;
```

vkQueueSubmit()에 전달된 pSubmits 배열의 각 항목은 pWaitSemaphores와 a pSignalSemaphores 구성원을 포함하며, 이는 세마포어 객체의 배열에 대한 포인터이다. pCommandBuffers 안의 명령어가 실행되기 전에, 큐는 pWaitSemaphores의 모든 세마포어에 대해서 대기한다. 이를 처리하기 위해 세마포어의 소유권을 받는다.

그 뒤 pCommandBuffers 배열 안의 명령어 버퍼의 각 명령어 버퍼 안의 명령어를 실행하고, 완료되었을 때 pSignalSemaphores에 포함된 세마포어 각각을 해제한다.

pWaitSemaphores와 pSignalSemaphores 배열로 참조되는 세마포어에 대한 접근은 외부적으로 동기화되어야만 한다. 실제로 이는 만약 다른 두 스레드에서 다른 두 큐에 대해서 명령어 버퍼를 제출할 때(완벽히 유효하다), 동일 세마포어가 한 쪽의 대기 목록에 있고, 다른 쪽의 해제 목록에 있지 않도록 주의해야 한다.

이 메커니즘은 두 개 이상의 다른 큐에 제출되는 작업으로 처리되는 자원에 대한 접근의 동기화에 사용될 수 있다. 예를 들어, 계산만 하는 큐에 대한 명령어 버퍼 여러 개를 제출할 수 있으며, 그 뒤 완료에 대해서 세마포어를 해제할 수 있다. 동일 세마포어가 그래픽 큐에 두 번째 제출에 대한 대기 목록에 나타나게 된다. 코드 11.3은 이 예제를 보여준다.

코드 11.3 세마포어를 사용한 교차-큐 제출

```cpp
// 우선, 계산 큐에 대한 제출을 처리한다.
// 계산 체출은 pSignalSemaphores 목록 안에 있는 계산
// -> 그래픽 세마포어(m_computeToGfxSemaphore)를 포함한다.
// 이 세마포어는 한번 계산 큐가 제출된 명령어 버퍼를 처리하는 것이 끝나면 해제된다.
VkSubmitInfo computeSubmitInfo =
{
  VK_STRUCTURE_TYPE_SUBMIT_INFO, nullptr, // sType, pNext
  0,                                      // waitSemaphoreCount
  nullptr,                                // pWaitSemaphores
  nullptr,                                // pWaitDstStageMask
  1,                                      // commandBufferCount
  &computeCmdBuffer,                      // pCommandBuffers
  1,                                      // signalSemaphoreCount
  &m_computeToGfxSemaphore                // pSignalSemaphores
};

vkQueueSubmit(m_computeQueue,
  1,
  &computeSubmitInfo,
  VK_NULL_HANDLE);

// 이제 그래픽 큐에 제출을 수행한다.
// 이 제출은 제출에 전달되는 pWaitSemaphores 안의
// m_computeToGfxSemaphore를 포함한다.
// 특정 단계에서 대기해야 한다.
// 여기서는 단지 VK_PIPELINE_STAGE_TOP_OF_PIPE_BIT를 사용하지만,
// 만약 원본 큐에서 생성된 자료가 대상 큐 안의 이후 단계의 파이프라인에서
// 소모되는 것을 안다면 대기점을 이후에 배치해야 한다.
static const VkFlags waitStages = VK_PIPELINE_STAGE_TOP_OF_PIPE_BIT;
VkSubmitInfo graphicsSubmitInfo =
{
```

```
    VK_STRUCTURE_TYPE_SUBMIT_INFO, nullptr, // sType, pNext
    1,                                      // waitSemaphoreCount
    &m_computeToGfxSemaphore,               // pWaitSemaphores
    &waitStages,                            // pWaitDstStageMask
    1,                                      // commandBufferCount
    &graphicsCmdBuffer,                     // pCommandBuffers
    0,                                      // signalSemaphoreCount
    nullptr                                 // pSignalSemaphores
};

vkQueueSubmit(m_graphicsQueue,
    1,
    &graphicsSubmitInfo,
    VK_NULL_HANDLE);
```

코드 11.3에서 두 제출에 모두 사용된 단일 세마포어 객체를 볼 수 있다. 첫 번째에선, 계산 큐에서 수행되는 작업에 대한 해제 목록에서 나타난다. 작업이 완료될 때, 계산 큐는 세마포어를 해제한다. 동일 세마포어는 그 뒤 그래픽 큐의 제출의 대기 목록에 나타난다. 그래픽 큐는 제출된 명령어 버퍼의 실행의 이전에 이 세마포어가 해제되길 기다린다. 이는 계산 큐에서 실행된 작업에서 생성된 자료가 해당 자료를 소모하는 그래픽 큐에서 작업이 실행되기 전에 완료되는 것을 보장한다.

세마포어를 사용한 동일 동기화 메커니즘은 역시 큐 단계에서 동작하는 간헐 메모리 연결 명령어로 사용된다. vkQueueBindSparse() 함수는 2장에서 소개되었다. 다시 보는 의미에서 vkQueueBindSparse()의 함수 원형은 다음과 같다.

```
VkResult vkQueueBindSparse (
    VkQueue queue,
    uint32_t bindInfoCount,
    const VkBindSparseInfo* pBindInfo,
    VkFence fence);
```

각 연결 연산은 VkBindSparseInfo 구조체의 인스턴스로 표현되며, 각 연산은 또한 vkQueueSubmit()에 전달되는 매개변수와 비슷하게 동작하는 pWaitSemaphores와 pSignalSemaphores를 가진다. 여전히 해당 세마포어의 접근은 반드시 외부적으로 동기화되어야 하며, 이는 절대로 동시에 같은 세마포어에 대한 접근 시도를 두 개 이상의 스레드가 시도하지 않는 것을 의미한다.

❖ 요약

이 장은 불칸에서 가용한 동기화 기본체인 펜스, 이벤트, 세마포어에 대해 알아봤다. 펜스는 운영체제가 애플리케이션에 명령어 버퍼의 제출이나 윈도우 시스템을 통한 이미지의 표현 같은 요청한 연산이 완료되면 해제 신호를 보내는 메커니즘을 제공한다. 이벤트는 파이프라인에서의 자료의 흐름 제어에 사용될 수 있는 세밀한 해제 신호 메커니즘을 제공하며, 파이프라인 안의 다른 지점이 동기화되는 것을 가능하게 한다. 마지막으로 세마포어는 동일 장치에서 다른 큐에 대해서 해제되고 대기하는 것을 제공하며, 큐 사이의 동기화와 자원의 소유권 이전을 허용한다.

이 기본체는 다 같이 강력한 도구를 제공한다. 불칸이 주 시스템과 장치 사이, 그리고 단일 장치에서 다중 큐 사이에서 병렬적으로 작업이 일어나는 비동기식 API이기에, 동기화 기본체와 이의 정확한 사용은 효율적인 애플리케이션의 동작에 대한 핵심이다.

12장 │ 자료 돌려받기

이 장에서 배울 내용

- 장치에서 애플리케이션의 실행에 대한 정보를 받기
- 장치가 수행하는 시간 연산
- 주 시스템에서 장치가 생성한 자료 읽기

대부분의 불칸이 지원하는 그래픽과 계산 연산은 '발동 후 잊기'이며, 이는 명령 어 버퍼를 생성하고 제출한 뒤에, 결과적으로 자료가 사용자에게 보여지는 방식 이다. 애플리케이션은 불칸에서 피드백이나 입력을 거의 받지 않는다. 하지만 불 칸에서 자료를 받기 원하는 이유가 있다. 이 장은 자료와 정보를 불칸에서 다시 읽어 오는 것에 관련된 주제을 다룬다. 이 자료는 애플리케이션이 수행하는 연산 에 대한 통계, 시간 정보, 응용 프로그램이 직접 생성한 자료 읽기를 포함한다.

❖ 질의

불칸에서 통계적 자료를 읽는 주된 메커니즘은 질의 객체이다. 질의 객체는 풀에 서 생성되고 관리되며, 각 객체는 단독으로 관리되는 분리된 객체가 아닌 풀의 하 나의 자리가 된다. 질의 객체에 여러 형이 있지만 제출했을 때 실행되면서 각각이 장치의 연산에 대한 다른 측면을 측정한다. 질의의 모든 형은 풀에서 관리되므로, 질의를 사용하는 첫 단계는 이를 저장할 풀 객체를 생성하는 것이다.

대부분의 질의는 질의를 시작하고 멈추는 명령어의 쌍으로 명령어 버퍼 안에 포함된 명령어를 감싸서 실행된다. 예외는 시간기록 질의로, 이는 장치 시간의 즉시적인 스냅샷을 받으므로 지속 기간을 가지지 않는다. 다른 질의 형에 대해서, 실행될 때, 장치의 연산에 대한 통계는 수집되며, 질의가 멈출 때, 결과는 풀로 표현되는 장치 메모리에 써진다. 조금 더 뒤에, 애플리케이션은 풀에 포함된 어떤 수의 질의의 결과도 모아서 읽어들일 수 있다.

질의 풀은 vkCreateQueryPool()을 호출하여 생성되며, 함수 원형은 다음과 같다.

```
VkResult vkCreateQueryPool (
  VkDevice device,
  const VkQueryPoolCreateInfo* pCreateInfo,
  const VkAllocationCallbacks* pAllocator,
  VkQueryPool* pQueryPool);
```

풀을 생성할 장치는 device에 있다. 풀의 나머지 매개변수는 VkQueryPool CreateInfo 구조체의 인스턴스에 대한 포인터로 전달되며, 정의는 다음과 같다.

```
typedef struct VkQueryPoolCreateInfo {
  VkStructureType sType;
  const void* pNext;
  VkQueryPoolCreateFlags flags;
  VkQueryType queryType;
  uint32_t queryCount;
  VkQueryPipelineStatisticFlags pipelineStatistics;
} VkQueryPoolCreateInfo;
```

VkQueryPoolCreateInfo의 sType 항목은 VK_STRUCTURE_TYPE_QUERY_POOL_ CREATE_INFO로 설정돼야 하며, pNext는 nullptr이다. flags는 미래를 위해서 예비되어 있으며 0으로 설정된다. 풀에 저장된 질의의 형은 queryType 항목에 설정되며, 이는 VkQueryType 열거형의 구성원이다.

각 풀은 단지 질의의 한 형만 포함하지만, 동시에 원하는 만큼 풀을 생성해서 여러 질의를 실행하는 것이 가능하다.

질의의 형은 다음과 같다.

- VK_QUERY_TYPE_OCCLUSION: 차폐 질의는 깊이와 스텐실 시험을 통과한 표본의 수를 계산한다.
- VK_QUERY_TYPE_PIPELINE_STATISTICS: 파이프라인 통계 질의는 장치의 연산이 생성한 다양한 통계를 계산한다.
- VK_QUERY_TYPE_TIMESTAMP: 시간 기록 질의는 명령어 버퍼가 받는 명령어의 수행의 시간의 양을 측정한다.

각 질의의 형은 이 장의 뒷부분에서 더 자세히 다룬다.

풀에 저장된 질의의 수는 queryCount에 설정된다. 풀이 질의를 실행하는 데 사용될 때, 개별 질의는 풀 안에서의 색인으로 참조된다.

최종적으로 질의 형의 VK_QUERY_TYPE_PIPELINE_STATISTICS이면 통계가 어떻게 수집되는지 조절하는 일부 추가적인 플래그는 pipelineStatistics에 설정된다.

만약 vkCreateQueryPool()가 성공적이면, 새 질의 풀 객체에 대한 핸들이 pQueryPool가 가리키는 변수로 써진다. 만약 pAllocator가 유효한 주 시스템 메모리 할당자에 대한 포인터이면, 해당 할당자는 풀 객체가 필요로 하는 어떤 주 시스템 메모리를 할당하는 데도 사용할 수 있다. 그렇지 않으면 pAllocator는 nulptr여야 한다.

불칸에서의 다른 객체와 같이, 다 사용하고 나면 질의 풀을 소멸시켜 자원을 해제해야 한다. 이를 위해서 vkDestroyQueryPool()을 호출하며, 함수 원형은 다음과 같다.

```
void vkDestroyQueryPool (
  VkDevice device,
  VkQueryPool queryPool,
  const VkAllocationCallbacks* pAllocator);
```

풀을 소유한 장치는 device에 전달되어야 하며, 소멸될 풀은 queryPool에 전달된다. 만약 주 시스템 메모리 할당자가 풀이 생성될 때 사용된다면, 호환 가능한 할당자에 대한 포인터는 pAllocator에 전달되어야 한다. 그렇지 않으면 pAllocator는 nullptr여야 한다.

질의 풀의 각 질의는 가용한지 아닌지로 표시된다. 초기에는 풀의 모든 질의가 정의되지 않은 상태이며, 어떤 질의가 사용되기 이전에, 풀을 재설정해야 한다. 풀에 쓸 수 있는 유일한 요소는 장치이기에, 풀의 재설정을 위해서 장치에서 명령어를 실행해야 한다. 이를 위한 명령어는 vkCmdResetQueryPool()이며, 함수 원형은 다음과 같다.

```
void vkCmdResetQueryPool (
  VkCommandBuffer commandBuffer,
  VkQueryPool queryPool,
  uint32_t firstQuery,
  uint32_t queryCount);
```

재설정 명령어를 실행하는 명령어 버퍼는 commandBuffer에 설정되며, 질의를 포함한 풀은 queryPool에 설정되었다. 풀 안의 질의의 일부만 재설정하는 것이 가능하다. firstQuery는 재설정할 첫 질의의 색인을 설정하며, queryCount는 재설정할 질의의 수이다. 풀이 다른 것에 사용되기 이전에 반드시 적절한 큐에 대한 vkCmdResetQueryPool()을 포함한 명령어 버퍼를 제출해야 한다.

질의 실행

질의는 명령어 버퍼 안에서 질의를 시작하고 멈출 추가적인 명령어 vkCmdBeginQuery()와 vkCmdEndQuery()의 쌍 안에 싸인 명령어로 실행된다.

vkCmdBeginQuery()의 함수 원형은 다음과 같다.

```
void vkCmdBeginQuery (
  VkCommandBuffer commandBuffer,
  VkQueryPool queryPool,
  uint32_t query,
  VkQueryControlFlags flags);
```

통계를 수집하는 명령어를 포함하고 질의를 실행할 명령어 버퍼는 commandBuffer에 설정된다. 질의는 이를 포함하는 풀 안의 색인으로 참조된다. 풀은 queryPool에 설정되며, 질의의 색인은 query에 설정된다.

질의의 수행을 조절하는 추가적인 플래그는 flags에 설정된다. 오직 정의된 플래그는 VK_QUERY_CONTROL_PRECISE_BIT이다. 이 플래그가 설정되면, 질의로 수집되는 결과는 정밀할 것이며(정밀의 의미는 질의 형에 따라서 변한다), 그렇지 않으면 불칸은 대략적인 결과를 생성한다. 일부의 경우에, 정밀한 결과를 수집하는 것은 성능을 감소시키며, 그러므로 이 플래그를 정확한 결과를 요구할 때만 설정해야 한다.

하지만 주의할 것은 정확한 질의를 실행하는 데 성능 저하가 없으면, 구현은 이 플래그를 무시하고 항상 정확한 결과를 반환한다. 애플리케이션을 여러 불칸 구현에서 시험해보고 부정확한 결과에 대해서 정말 용인가능한지 확인해야 한다.

한번 질의가 시작되면, 명령어 버퍼 안에 통계를 시작할 명령어를 배치하고, 해당 명령어가 실행된 이후에 vkCmdEndQuery()를 호출하여 질의를 종료한다. vkCmdEndQuery()의 함수 원형은 다음과 같다.

```
void vkCmdEndQuery (
  VkCommandBuffer commandBuffer,
  VkQueryPool queryPool,
  uint32_t query);
```

현재 실행되는 질의를 포함한 명령어 버퍼는 commandBuffer에 설정된다. 질의를 포함한 풀은 queryPool에 전달되며, 풀 안의 질의의 색인은 query에 설정된다.

질의를 시작하기 전에, 질의는 반드시 재설정돼야 한다. 앞서 논의한 대로 풀 안의 질의는 vkCmdResetQueryPool() 명령어로 재설정된다. 이 명령어는 반드시 큐가 생성될 때와 질의 객체의 각 사용 사이에서 실행되어야 한다.

vkCmdBeginQuery()와 vkCmdEndQuery()의 호출은 반드시 쌍이어야 한다. 만약 질의를 시작하고 끝내는 것을 잊으면, 결과는 결코 애플리케이션에게 가용하지 않다. 만약 질의를 한 번 초과로 끝내거나 먼저 시작하지 않고 끝내면 질의의 결과는 정의되지 않는다.

풀에서의 하나 이상의 질의의 결과를 얻기 위해 vkGetQueryPoolResults()를 호출한다. 함수 원형은 다음과 같다.

```
VkResult vkGetQueryPoolResults (
  VkDevice device,
  VkQueryPool queryPool,
  uint32_t firstQuery,
  uint32_t queryCount,
  size_t dataSize,
  void* pData,
  VkDeviceSize stride,
  VkQueryResultFlags flags);
```

결과를 얻어낼 풀을 소유한 장치는 device에 전달되며, 풀은 queryPool에 전달된다. 결과를 얻을 첫 질의의 색인은 firstQuery에 전달되며, 질의의 수는 queryCount에 전달된다.

vkGetQueryPoolResults()는 pData가 가리키는 주 시스템 메모리 안에 요청되는 질의를 결과를 배치한다. 메모리 영역의 크기는 dataSize에 전달된다. 메모리에 써지는 각 질의의 결과는 stride 바이트만큼 떨어진다. 만약 stride가 각 질의가 생성한 자료의 양만큼 크지 않으면, 결과는 서로 덮어 쓰게 되어 정의되지 않는다.

메모리에 무엇이 써지는지는 질의 형에 따라 다르다. Flags는 불칸에게 질의가 어떻게 보고될 지에 대한 추가적인 정보를 제공한다. flags에 사용 가능한 플래그는 다음과 같다.

- VK_QUERY_RESULT_64_BIT: 이 비트가 설정되면 결과는 64비트 양으로 반환된다. 그렇지 않으면 결과는 32비트 양으로 반환된다.

- VK_QUERY_RESULT_WAIT_BIT: 이 비트가 설정되면 vkGetQueryPoolResults()는 질의의 결과가 가용할 때까지 대기한다. 그렇지 않으면 vkGetQueryPoolResults()는 질의의 결과에 기여하는 명령어가 준비되었는지 알려주는 상태 코드를 반환한다.

- VK_QUERY_RESULT_WITH_AVAILABILITY_BIT: 이 비트가 설정되면 불칸은 vkGetQueryPoolResults()의 호출 시에 준비되지 않은 질의의 결과에 대해서 0 결과를 쓰게 된다. 준비된 질의는 0이 아닌 결과를 가진다.

- VK_QUERY_RESULT_PARTIAL_BIT: 이 비트가 설정되면, 불칸은 질의의 현재 값을 질의로 감싸진 명령어가 실행이 완료되지 않아도 결과 버퍼에 쓰게 된다.

질의의 결과를 직접 버퍼 객체에 쓰는 것도 가능하다. 이는 장치가 비동기적으로 결과를 수집하는 것을 가능하게 하며, 나중의 사용을 위해서 버퍼에 결과를 쌓아두는 것을 가능하게 한다. 버퍼는 그 뒤 연결되어 주 시스템에서 접근하거나 이후의 그래픽이나 계산 연산에 대한 자료의 원본으로 사용하게 된다.

버퍼 객체 안의 질의의 결과를 쓰기 위해 vkCmdCopyQueryPoolResults()를 호출하며, 함수 원형은 다음과 같다.

```
void vkCmdCopyQueryPoolResults (
  VkCommandBuffer commandBuffer,
  VkQueryPool queryPool,
  uint32_t firstQuery,
  uint32_t queryCount,
  VkBuffer dstBuffer,
  VkDeviceSize dstOffset,
  VkDeviceSize stride,
  VkQueryResultFlags flags);
```

복사 연산을 실행하는 명령어 버퍼는 commandBuffer에 설정된다. 이는 질의를 실행하는 것과 같은 명령어 버퍼일 필요는 없다. queryPool 매개변수는 버퍼에 요약될 질의를 포함한 풀을 설정하며, firstQuery와 queryCount는 첫 질의의 색인과 복사할 질의의 수를 각각 설정한다. 이는 vkGetQueryPoolResults()의 비슷한 이름의 매개변수와 같은 의미를 가진다.

vkGetQueryPoolResults()가 하는 것처럼 주 시스템 메모리의 포인터를 받는 것 대신, vkCmdCopyQueryPoolResults()는 버퍼 객체 핸들을 dstBuffer에 받고 해당 버퍼의 결과가 쓰여질 곳의 오프셋을 바이트 단위로 dstOffset에 받는다. stride 매개변수는 버퍼의 각 결과 사이의 바이트의 수이며, flags는 vkGetQueryPoolResults()의 flags 매개변수와 같은 플래그로 이루어진 비트 필드다.

vkCmdCopyQueryPoolResults()가 실행된 이후, 버퍼 객체에 쓰여진 결과 값의 접근은 원본이 VK_PIPELINE_STAGE_TRANSFER_BIT이고 접근이 VK_ACCESS_TRANSFER_WRITE_BIT인 방벽을 사용해서 반드시 동기화되어야 한다.

차폐 질의

만약 풀의 질의 형이 VK_QUERY_TYPE_OCCLUSION이면, 수치는 깊이와 스텐실 시험을 통과한 화소의 수다. 이는 시야성을 결정하거나 심지어는 기하구조의 면적을 픽셀 단위로 측정하는 데 사용할 수 있다. 만약 깊이와 스텐실 시험이 비활성화되면, 차폐 질의의 결과는 단순히 래스터라이징된 기본체의 면적이다.

일반적인 사용 경우는 장면의 일부의 시야(예를 들어, 빌딩이나 지형 등의)를 깊이 버퍼에 대해서만 렌더하는 것이다. 그 뒤 캐릭터의 단순화된 버전이나 다른 고밀도 기하구조(나무, 식생, 물체, 건물 세부 등)을 차폐 질의로 감싸서 렌더한다. 이런 저밀도 대역은 종종 프록시proxy라 불린다. 최종적으로 각 질의의 결과에 기반하여 완전한 버전의 물체를 렌더할지를 결정한다. 또한 질의가 물체의 대략적인 면적을 말해주기에, 최종 기하구조의 다른 버전을 화면의 기대 크기에 기반하여 렌더링할 수 있다. 물체가 멀어질수록, 더 낮은 기하적 밀도를 가진 버전으로 치환하고, 단순화된 셰이더로 치환하고, 테셀레이션 단계를 줄이는 등이 가능하다.

만약 물체의 보이는 면적에 대해서 크게 신경 쓰지 않고 단지 객체가 보이는지 아닌지만 판별하려면 질의 풀을 생성할 때 flags 매개변수에 VK_QUERY_CONTROL_PRECISE_BIT 플래그를 설정하지 않아야 한다. 이 플래그가 설정되지 않으면(단지 간략한 결과만 관심이 있다는 것을 의미) 질의의 결과는 불 값으로 간주된다. 이는 만약 객체가 보이지 않으면 0이고 보이면 0이 아니다. 실제 값은 정의되지 않는다.

파이프라인 통계 질의

파이프라인 통계질의는 애플리케이션이 그래픽 파이프라인의 연산에 대해 다양한 측면을 측정하는 것을 가능하게 한다. 각 질의는 명령어 버퍼에서 실행되어 장치가 갱신하는 여러 다른 계수기를 측정할 수 있다. 활성화되는 계수기의 집합은 질의 풀에서의 특성으로 풀 생성 시점에 pipelineStatistics 매개변수에서 설정할 수 있다.

가용한 계수기와 설정할 플래그는 pipelineStatistics에 설정되며 VK_QUERY_
PIPELINE_STATISTIC_...으로 설정된다.

- ...INPUT_ASSEMBLY_VERTICES_BIT: 활성화되었을 때, 파이프라인 통계 질의
  는 그래픽 파이프라인의 정점 조합 단계에서 조합된 정점의 수를 계산한다.

- ...INPUT_ASSEMBLY_PRIMITIVES_BIT: 활성화되었을 때, 파이프라인 통계 질
  의는 그래픽 파이프라인의 기본체 조합 단계에서 조합된 완전한 기본체의 수
  를 계산한다.

- ...VERTEX_SHADER_INVOCATIONS_BIT: 활성화되었을 때, 파이프라인 통계 질
  의는 그래픽 파이프라인의 생성된 정점 셰이더의 발동의 수를 계산한다. 이는
  조합된 정점의 수와 다를 수 있는데, 이는 불칸이 종종 정점이 기본체의 일부
  가 아니라고 판단하거나 다중 기본체의 일부라서 결과가 재사용될 때 정점 셰
  이더의 실행을 생략하기 때문이다.

- ...GEOMETRY_SHADER_INVOCATIONS_BIT: 활성화될 때, 파이프라인 통계 질의
  는 그래픽 파이프라인이 생성한 기하 셰이더 발동의 전체 수를 계산한다.

- ...GEOMETRY_SHADER_PRIMITIVES_BIT: 활성화될 때, 파이프라인 통계 질의는
  기하 셰이더가 생성한 기본체의 전체 수를 계산한다.

- ...CLIPPING_INVOCATIONS_BIT: 활성화될 때, 파이프라인 통계 질의는 그래
  픽 파이프라인의 자르기 단계에 들어간 기본체의 수를 계산한다. 만약 기본체
  가 자르기 없이 명백히 버려지면, 이 계수기는 증가하지 않는다.

- ...CLIPPING_PRIMITIVES_BIT: 활성화될 때, 파이프라인 통계 질의는 자르기
  로 생성된 기본체의 수를 계산한다. 만약 불칸의 구현의 자르기 단계가 기본
  체를 시야 영역이나 사용자 정의한 면에 의해서 잘려져 더 작은 기본체로 쪼
  개질 때, 더 작은 기본체의 수를 계산한다.

- ...FRAGMENT_SHADER_INVOCATIONS_BIT: 활성화될 때, 파이프라인 통계 질의
  는 화소 셰이더 발동의 전체 수를 계산한다. 이는 도움 발동과 궁극적으로 늦
  은 깊이나 스텐실 시험으로 버려질 화소를 생성하는 화소 셰이더의 발동을 포
  함한다.

- ...TESSELLATION_CONTROL_SHADER_PATCHES_BIT: 활성화될 때, 파이프라인 통계 질의는 테셀레이션 조절 셰이더가 처리한 조각의 전체 수를 계산한다. 이는 테셀레이션 조절 셰이더 발동의 수와 다를 수 있는데, 이는 테셀레이션 조절 셰이더가 각 조각에서의 출력 조절 점에 대한 호출을 수행하지만, 이 계수는 각 조각에 대해서 한 번만 증가하기 때문이다.

- ...TESSELLATION_EVALUATION_SHADER_INVOCATIONS_BIT: 활성화될 때, 파이프라인 통계 질의는 테셀레이션 처리 셰이더가 테셀레이션 처리과정에서 발동도리 때 마다 증가한다. 이는 테셀레이터가 생성한 정점의 수와 같을 필요가 없는데, 구현에 따라 테셀레이션 처리 셰이더가 일부 테셀레이트된 정점에 대해서 한번 이상 발동되기 때문이다.

- ...COMPUTE_SHADER_INVOCATIONS_BIT: 활성화될 때, 파이프라인 통계 질의는 계산 셰이더 발동의 전체 수를 계산한다. 이는 실행처리가 파이프라인 아래로 전달될 때 증가하는 유일한 계수기이다.

파이프라인 통계의 결과를 읽을 때, 메모리에 써진 계수기의 수(vkGetQueryPool Results()를 사용한 주 시스템 메모리이거나 vkCmdCopyQueryPoolResults()를 사용한 버퍼 메모리)는 활성화된 계수기의 수, 즉 pipelineStatistics의 설정된 비트의 수에 의존적이다. 각 결과는 연속된 32나 64비트 무부호 정수로 써지며, 결과의 각 구획의 시작은 관련 명령어에 설정된 stride 바이트만큼 분리된다.

이 계수기는 VkQueryPipelineStatisticFlagBits 열거형의 가장 작은 값에서 큰 값으로의 순서로 메모리에 써진다.

주어진 활성화된 파이프라인 통계와 결과의 비트 수에 대해서, 결과를 표현하는 C구조체를 생성하는 것이 가능하다. 예를 들어, 코드 12.1의 C 구조체는 pipelineStatistics의 64비트 질의에 대해서 모든 정의된 비트가 설정되었을 때의 완전한 계수기의 집합을 나타낸다.

```
// 예제 구조체는 모든 가용한 파이프라인 통계 계수기를 포함한다.
typedef struct VkAllPipelineStatistics {
  uint64_t inputAssemblyVertices;
  uint64_t inputAssemblyPrimitives;
  uint64_t vertexShaderInvocations;
  uint64_t geometryShaderInvocations;
  uint64_t geometryShaderPrimitives;
  uint64_t clipperInvocations;
  uint64_t clipperOutputPrimitives;
  uint64_t fragmentShaderInvocations;
  uint64_t tessControlShaderPatches;
  uint64_t tessEvaluationShaderInvocations;
  uint64_t computeShaderEvaluations;
} VkAllPipelineStatistics;
```

통계 질의를 누적하거나 결과를 모을 때 성능 저하가 있을 수 있음을 기억하자. 그러므로 계수를 실제로 필요할 때만 활성화해야 한다.

일부 계시구의 결과가 간략할 수 있으며, 또한 정확한 값이 일반적으로 구현 의존적(예를 들어, 얼마나 많은 출력 기본체가 자르기 단계에서 생성되는지는 자르기가 어떻게 구현되지는지에 따라 다르다)이므로, 이 질의의 결과로 불칸 구현을 비교할 수 없다. 하지만, 이 질의를 사용해서 애플리케이션의 부분의 상대적인 복잡도를 측정할 수 있으며, 이는 성능 조정을 위해 병목을 찾는 것을 도와준다.

또한 다른 계수기의 비교는 불칸의 연산에 대한 통찰을 제공한다. 예를 들어, 기본체 조합기에서 생성된 기본체의 수를 자르기 발동의 수와 자르기 결과 기본체의 수와 비교하면, 어떻게 자르기가 특정 불칸 장치에서 구현되었는지의 세부 사항을 확인할 수 있으며, 어떻게 장치가 애플리케이션에서 렌더된 기하구조를 처리하는지 알 수 있다.

시간 질의

시간 질의는 명령어 버퍼에서 명령어를 실행하는 데 소모된 시간의 양을 측정한다. 만약 질의 풀의 형이 VK_QUERY_TYPE_TIMESTAMP이면, 출력 버퍼에 써진 값은 명령어 버퍼의 vkCmdBeginQuery()와 vkCmdEndQuery() 사이의 나노 초의 값을 출력 버퍼에 쓴다.

또한 파이프라인의 즉시적인 시간 측정을 vkCmdWriteTimestamp() 명령어를 사용해서 현재 장치 시간을 질의 풀의 항목에 쓸 수 있다. vkCmdWriteTimestamp()의 함수 원형은 다음과 같다.

```
void vkCmdWriteTimestamp (
    VkCommandBuffer commandBuffer,
    VkPipelineStageFlagBits pipelineStage,
    VkQueryPool queryPool,
    uint32_t query);
```

시각을 풀에 쓰는 명령어 버퍼는 commandBuffer에 설정되며, 풀과 그 안의 색인은 queryPool와 query에 각각 설정된다. 장치가 vkCmdWriteTimestamp()를 실행할 때, 이는 현재 장치 시각을 pipelineStage에 설정된 파이프라인 단계에서 설정한 질의에 쓴다. 이는 VkPipelineStageFlagBits 열거형의 단일 구성원으로, 각 비트는 단일 논리 파이프라인 단계를 나타낸다.

이론적으로는 장치에게 파이프라인의 다른 단계에서 다중 시각을 쓰도록 요청하는 것이 가능하다. 하지만, 모든 장치가 파이프라인의 모든 단계에서 시각을 쓰는 기능을 제공하진 않는다. 만약 장치가 특정 단계에서 시각을 쓸 수 없다면, 요청한 단계의 파이프라인에서의 다음 논리적인 단계에서 쓰게 된다. 그러므로 결과는 시각이 동일 단계에서 쓰지 않을 경우 실제로 명령어를 처리하는 데 걸린 시간을 반영하지 않을 수 있다.

예를 들어, 만약 그리기를 테셀레이션을 활성환 상태에서 수행할 때, 정점 처리 이후에 시각을 VK_PIPELINE_STAGE_VERTEX_SHADER_BIT를 사용해서 요청하고, 그 뒤 테셀레이션 처리 셰이더 이후에 다른 시각을 VK_PIPELINE_STAGE_TESSELLATION_EVALUATION_SHADER_BIT를 사용해서 요청했을 때, 측정된 시간 차는 해당 그리기의 테셀레이션 조절 셰이더, 고정 함수 테셀레이션, 테셀레이션 처리 셰이더의 실행 소모 시간은 기대할 것이다. 하지만, 만약 구현이 기하 처리의 중간에 시각을 쓸 수 없으면, 이는 시각을 파이프라인의 좀 더 뒤의 단계에서 쓰게 되며, 심지어는 화소 처리가 완료된 뒤에 쓸 수 있다. 그러므로 측정된 시간을 매우 적어진다.

측정된 시각의 단위는 장치 의존적이다. 시각은 항상 단조적으로 증가하지만, 각 시각 값의 증가는 장치 의존적인 나노 초의 수로 표현된다. 표현되는 최소 나노초의 수를 `vkGetPhysicalDeviceProperties()`의 호출로 반환되는 장치의 `VkPhysicalDeviceProperties`의 `timestampPeriod` 구성원을 조사하여 알 수 있다.

그러므로 두 시각 사이의 절대 시간 차를 확인하기 위해서는 두 정수 시각 값을 받아서, 두 번째에서 첫 번째를 빼서 차이를 "틱" 단위로 계산하고, 그 뒤 이 정수 차를 부동소수점 `timestampPeriod` 값으로 곱해서 나노 초 단위의 시간을 받는다.

❖ 주 시스템에서 자료 읽기

일부의 경우 장치가 생성한 자료를 애플리케이션에서 읽을 필요가 있다. 이는 스크린샷의 이미지 자료를 읽는 것이나, 계산 애플리케이션에서 계산 셰이더의 결과를 디스크에 저장하는 것을 포함한다. 이것의 주 메커니즘은 자료를 연결된 버퍼로 복사하는 명령어를 생성한 뒤, 주 시스템을 사용해서 해당 연결에서 자료를 읽는 것이다.

주 시스템 주소 공간으로 연결된 메모리 할당은 `vkMapMemory()`를 호출해서 연결된다. 이 함수는 2장에서 소개하였다. 메모리를 연결한 상태를 계속 유지할 수 있다. 이는 영구 연결^{persistent mapping}이라 부른다. 연결된 메모리 영역에서 읽기를 수행할 때, 자료는 보통 `vkCmdCopyBuffer()`나 `vkCmdCopyImageToBuffer()` 같은 명령어로 장치에서 메모리에 쓰게 된다. 주 시스템이 메모리에서 읽기 전에, 반드시 두 가지 작업을 처리해야 한다.

- 장치가 명령어를 확실히 실행해야 한다. 이는 보통 실행을 마칠 복사 명령어가 포함된 명령어 버퍼가 해제될 때까지 펜스에서 기다리는 것으로 처리된다.
- 주 시스템 메모리의 관점에서의 자료가 장치에서와 반드시 같아야 한다.

만약 메모리 연결이 VK_MEMORY_PROPERTY_HOST_COHERENT_BIT를 가진 메모리 특성으로 할당된 메모리 객체를 사용했다면, 주 시스템과 장치의 연결은 언제나 일관된다. 이는 주 시스템과 장치가 각자의 캐시가 동기화되고 공유 메모리에 대한 모든 읽기와 쓰기가 다른 쪽에 보이게 하는 것을 보장하기 위해서 소통한다는 것이다.

만약 메모리가 VK_MEMORY_PROPERTY_HOST_COHERENT_BIT 특성을 가진 메모리 형에서 할당되지 않았다면, 반드시 파이프라인 방벽을 실행해서 자원을 주 시스템이 읽을 수 있는 상태로 이동시켜야 한다. 이를 위해 대상 접근 마스크가 VK_ACCESS_HOST_READ_BIT를 가지는 것을 보장해야 한다. 코드 12.2는 vkCmdCopyImageToBuffer() 명령어로 써진 뒤에 버퍼 자원을 주 시스템이 읽을 수 있는 상태로 이동하는 파이프라인 방벽(그리고 메모리를 이에 연결하는 것)을 어떻게 생성하는지를 보여준다.

코드 12.2 버퍼를 호스트가 읽을 수 있는 상태로 이동

```
VkBufferMemoryBarrier bufferMemoryBarrier =
{
  VK_STRUCTURE_TYPE_BUFFER_MEMORY_BARRIER, // sType
  nullptr,                                 // pNext
  VK_ACCESS_TRANSFER_WRITE_BIT,            // srcAccessMask
  VK_ACCESS_HOST_READ_BIT,                 // dstAccessMask
  VK_QUEUE_FAMILY_IGNORED,                 // srcQueueFamilyIndex
  VK_QUEUE_FAMILY_IGNORED,                 // dstQueueFamilyIndex
  buffer,                                  // buffer
  0,                                       // offset
  VK_WHOLE_SIZE                            // size
};

vkCmdPipelineBarrier(
  cmdBuffer,                                       // commandBuffer
```

```
VK_PIPELINE_STAGE_TRANSFER_BIT,              // srcStageMask
VK_PIPELINE_STAGE_HOST_BIT,                  // dstStageMask
0,                                           // dependencyFlags
0,                                           // memoryBarrierCount
nullptr,                                     // pMemoryBarriers
1,                                           // bufferMemoryBarrierCount
&bufferMemoryBarrier,                        // pBufferMemoryBarriers
0,                                           // imageMemoryBarrierCount
nullptr); // pImageMemoryBarriers
```

코드 12.2에서 파이프라인 방벽을 `vkCmdCopyImageToBuffer()` 명령어 이후에 넣으며(목록에서 보이지 않는다), 이는 전송 명령어로 간주된다. 그러므로 원본 파이프라인 단계는 `VK_PIPELINE_STAGE_TRANSFER_BIT`이며, 주 시스템이 자료를 읽듯이, 대상 파이프라인 단계는 `VK_PIPELINE_STAGE_HOST_BIT`이다. 이 단계는 가상의 파이프라인 단계로 일반 그래픽 연산에 기여하지 않지만 복사 연산을 수행하는 내부적으로 생성된 파이프라인 안의 지점을 잠재적으로 표현한다.

방벽이 동기화하는 파이프라인 단계에 더하여, 각 방벽의 끝에 접근 마스크를 설정한다. 자료의 원본은 전송 연산으로 써지며, 그러므로 `VK_ACCESS_TRANSFER_WRITE_BIT`를 설정하고, 자료의 대상은 주 시스템에서 수행되므로, `VK_ACCESS_HOST_READ_BIT`로 설정한다. 사용되는 비트는 동기화되어야 하는 어떤 캐시도 장치와 주 시스템 사이에서 정확히 일관되는 것으로 보장하기 위함이다.

❖ 요약

이 장에서는 불칸이 애플리케이션이 처리할 수 있는 정보를 생성하는 두 가지 방법, 질의와 명시적 자료 읽기에 대해서 알아보았다.

질의는 활성화할 수 있고 그래픽 파이프라인 안에서 사건이 일어날 때 증가하는 여러 계수기를 제공한다. 깊이와 스텐실 시험을 통과한 화소의 수를 계산하는 차폐 질의에 대해서 배웠다. 불칸 그래픽과 계산 파이프라인의 내부 연산에 대한 통찰을 제공하는 파이프라인 통계 질의에 대해서 배웠다. 시간 질의로 명령어 버퍼 안에서 명령어의 실행에 소모된 시간을 어떻게 측정하는지 알았고, 불칸에게 읽을 수 있는 즉시적인 시각을 버퍼에 쓰도록 요청하는 방법을 보았다.

마지막으로 자료를 연결된 버퍼에서 읽고 정확하게 버퍼에 대한 접근을 장치와 주 시스템 사이에서 동기화하는 것을 배웠다.

13장 | 다중 패스 렌더링

이 장에서 배울 내용

■ 다중 패스 렌더링을 가속화하기 위해서 렌더패스 객체를 사용하는 법

■ 렌더패스 객체에 비우기와 방벽을 설치하는 법

■ 자료를 메모리에 언제 어떻게 저장하는지 조절하는 법

많은 그래픽 애플리케이션이 각 프레임이에 다중 패스를 취하거나 다중 논리 단계로 렌더링을 세분화할 수 있다. 불칸은 이의 연산의 핵심을 가져와서, 다중패스 렌더링의 개념을 단일 객체에 포함시켰다. 이 객체는 7장에서 간략히 소개했지만, 많은 세부사항에 대해서 생략했었으며, 대신 단지 기본 단일 패스 렌더링을 활성화하는 데 필요한 정도의 깊이로 다루었다. 이 장에서는 이 주제에 대해서 어떻게 다중패스 렌더링 알고리즘이 몇 개의 렌더패스 객체, 심지어는 단일 객체에서 구현될 수 있는지를 설명하기 위해서 더 자세히 알아볼 것이다.

7장의 렌더패스 객체를 소개할 때, 이를 단지 프레임 버퍼가 어떻게 렌더패스의 시작에 명령어 버퍼에 첨부될 수 있는지, 렌더패스가 단일 색 첨부 집합으로 그리기가 가능하게 설정하는지를 설명할 수 있을 정도만 다루었다. 하지만 렌더패스 객체는여러 세부 패스를 포함할 수 있으며, 각각이 최종 장면을 렌더하는 데 필요한 연산의 일부만을 수행한다. 의존도 정보도 도입이 가능하여, 불칸 구현이

방향성 비순환 그래프^{directed acyclic graph, DAG}를 생성하고 어디로 자료가 흐르고, 누가 생성해서 누가 소비하는지, 언제까지 무엇이 준비되어야 하는지 등을 결정한다.

❖ 입력 첨부

VkRenderPassCreateInfo 구조체를 다시 돌이켜보면, 정의는 다음과 같다.

```
typedef struct VkRenderPassCreateInfo {
  VkStructureType sType;
  const void* pNext;
  VkRenderPassCreateFlags flags;
  uint32_t attachmentCount;
  const VkAttachmentDescription* pAttachments;
  uint32_t subpassCount;
  const VkSubpassDescription* pSubpasses;
  uint32_t dependencyCount;
  const VkSubpassDependency* pDependencies;
} VkRenderPassCreateInfo;
```

이 구조체 안에서 첨부, 세부 패스, 의존도 정보의 배열에 대한 포인터를 가진다. 각 세부 패스는 VkSubpassDescription 구조체로 정의되며, 정의는 다음과 같다.

```
typedef struct VkSubpassDescription {
  VkSubpassDescriptionFlags flags;
  VkPipelineBindPoint pipelineBindPoint;
  uint32_t inputAttachmentCount;
  const VkAttachmentReference* pInputAttachments;
  uint32_t colorAttachmentCount;
  const VkAttachmentReference* pColorAttachments;
  const VkAttachmentReference* pResolveAttachments;
  const VkAttachmentReference* pDepthStencilAttachment;
  uint32_t preserveAttachmentCount;
  const uint32_t* pPreserveAttachments;
} VkSubpassDescription;
```

7장에서 설정한 예제 렌더패스에서 의존도가 없는 단일 세부 패스와 단일 출력 집합을 사용했다. 하지만 세부 패스는 하나 이상의 입력 첨부를 가질 수 있으며, 이는 화소 셰이더에서 읽을 수 있는 첨부다. 입력 첨부와 일반 텍스처를 서술자 집합에 연결하는 것 사이의 주된 차이는 입력 첨부에서 읽을 때, 현재 화소에서 읽게 되는 것이다.

각 세부 패스는 하나 이상의 출력 첨부에 쓰게 된다. 이는 색 첨부거나 깊이-스텐실 첨부(하나만 존재한다)이다. 세부 패스를 조사하여, 어떤 출력 첨부에 쓰고 어떤 입력 첨부에서 읽는지를 통해서, 불칸은 렌더패스 안에서 자료가 어떻게 흐르는지에 대한 그래프를 생성할 수 있다.

이를 시연하기 위해서, 지연 음영을 실행하는 단일 3패스 렌더패스 객체를 생성한다. 첫 패스에서 단지 깊이 전패스로 알려진 결과를 생성하기 위해 깊이 첨부에만 렌더하게 된다.

두 번째 패스에서 모든 기하구조를 G 버퍼를 생성하는 특별한 셰이더로 렌더링하며, 이는 색 첨부(혹은 색 첨부의 집합)로 법선, 확산 색, 반사광 출력 등의 음영에 필요한 매개변수를 저장한다. 두 번째 패스에서 방금 생성한 깊이 버퍼와 대해서 시험하고, 최종 결과에 보이지 않는 기하구조에 대한 많은 양의 자료를 쓰지 않는다. 심지어 기하구조가 보여도 복잡합 조명 셰이더를 실행하지 않는다. 단순히 자료를 쓰기만 한다.

세 번째 패스에서 모든 음영 계산을 처리한다. 깊이 버퍼에서 읽어서 시야공간 위치를 재구성하고, 이를 통해 눈과 시야 벡터를 생성한다. 또한 법선, 반사광, 확산 버퍼에서 읽으며, 이는 조명 계산에 대한 매개변수를 제공한다. 세 번째 패스에서 실제 기하구조를 필요하지 않으며, 대신 단일 삼각형을 렌더하고 자르기 이후에 전체 시야 영역을 덮게 된다.

그림 13.1은 이를 도표로 보여준다. 그림에서 볼 수 있듯이, 첫 세부 패스는 입력이 없으며 단지 깊이 첨부만 있다. 두 번째 세부 패스는 시험을 위한 동일 깊이 첨부이지만 역시 입력이 없으며, 단지 출력만 생성한다. 세 번째와 마지막 패스는 첫 패스에서 생성한 깊이 버퍼와 두 번째 패스에서 생성한 G 버퍼 첨부를 입력 첨부로 사용한다. 이는 각 픽셀의 조명 계산이 단지 이전 셰이더 호출에서 계산한 자료만을 동일 위치에서 사용하기 때문이다.

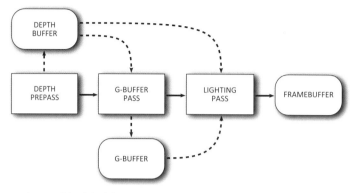

그림 13.1 단순 지연 렌더러의 자료 흐름

코드 13.1은 3개의 세부 패스와 첨부를 표현하는 렌더패스를 생성하는 데 필요한 코드를 보여준다.

코드 13.1 지연 음영 렌더패스 설정

```
enum
{
  kAttachment_BACK = 0,
  kAttachment_DEPTH = 1,
  kAttachment_GBUFFER = 2
};

enum
{
  kSubpass_DEPTH = 0,
  kSubpass_GBUFFER = 1,
  kSubpass_LIGHTING = 2
};

static const VkAttachmentDescription attachments[] =
{
  // 백 버퍼
  {
    0,                                 // flags
    VK_FORMAT_R8G8B8A8_UNORM,          // format
    VK_SAMPLE_COUNT_1_BIT,             // samples
    VK_ATTACHMENT_LOAD_OP_DONT_CARE,   // loadOp
    VK_ATTACHMENT_STORE_OP_STORE,      // storeOp
    VK_ATTACHMENT_LOAD_OP_DONT_CARE,   // stencilLoadOp
    VK_ATTACHMENT_STORE_OP_DONT_CARE,  // stencilStoreOp
```

```
    VK_IMAGE_LAYOUT_UNDEFINED,          // initialLayout
    VK_IMAGE_LAYOUT_PRESENT_SRC_KHR   // finalLayout
  },

  // 깊이 버퍼
  {
    0,                                  // flags
    VK_FORMAT_D32_SFLOAT,               // format
    VK_SAMPLE_COUNT_1_BIT,              // samples
    VK_ATTACHMENT_LOAD_OP_DONT_CARE,   // loadOp
    VK_ATTACHMENT_STORE_OP_DONT_CARE,  // storeOp
    VK_ATTACHMENT_LOAD_OP_DONT_CARE,   // stencilLoadOp
    VK_ATTACHMENT_STORE_OP_DONT_CARE,  // stencilStoreOp
    VK_IMAGE_LAYOUT_UNDEFINED,          // initialLayout
    VK_IMAGE_LAYOUT_UNDEFINED           // finalLayout
  },

  // G 버퍼 1
  {
    0,                                  // flags
    VK_FORMAT_R32G32B32A32_UINT,        // format
    VK_SAMPLE_COUNT_1_BIT,              // samples
    VK_ATTACHMENT_LOAD_OP_DONT_CARE,   // loadOp
    VK_ATTACHMENT_STORE_OP_DONT_CARE,  // storeOp
    VK_ATTACHMENT_LOAD_OP_DONT_CARE,   // stencilLoadOp
    VK_ATTACHMENT_STORE_OP_DONT_CARE,  // stencilStoreOp
    VK_IMAGE_LAYOUT_UNDEFINED,          // initialLayout
    VK_IMAGE_LAYOUT_UNDEFINED           // finalLayout
  }
};

// 깊이 전패스 깊이 버퍼 참조(읽기/쓰기)
static const VkAttachmentReference depthAttachmentReference =
{
  kAttachment_DEPTH,                                 // attachment
  VK_IMAGE_LAYOUT_DEPTH_STENCIL_ATTACHMENT_OPTIMAL // layout
};

// G 버퍼 첨부 참조(렌더)
static const VkAttachmentReference gBufferOutputs[] =
{
  {
    kAttachment_GBUFFER,                              // attachment
    VK_IMAGE_LAYOUT_COLOR_ATTACHMENT_OPTIMAL         // layout
  }
```

```
};

// 조명 입력 첨부 참조
static const VkAttachmentReference gBufferReadRef[] =
{
  // G버퍼에서 읽기
  {
    kAttachment_GBUFFER,                        // attachment
    VK_IMAGE_LAYOUT_SHADER_READ_ONLY_OPTIMAL // layout
  },

  // 깊이를 텍스처로 읽기
  {
    kAttachment_DEPTH,                                  // attachment
    VK_IMAGE_LAYOUT_DEPTH_STENCIL_READ_ONLY_OPTIMAL // layout
  }
};

// 최종 패스 - 백버퍼 렌더 참조
static const VkAttachmentReference backBufferRenderRef[] =
{
  {
    kAttachment_BACK,                           // attachment
    VK_IMAGE_LAYOUT_COLOR_ATTACHMENT_OPTIMAL  // layout
  }
};

static const VkSubpassDescription subpasses[] =
{
  // 세부 패스 1 - 깊이 전패스
  {
    0,                              // flags
    VK_PIPELINE_BIND_POINT_GRAPHICS, // pipelineBindPoint
    0,                              // inputAttachmentCount
    nullptr,                        // pInputAttachments
    0,                              // colorAttachmentCount
    nullptr,                        // pColorAttachments
    nullptr,                        // pResolveAttachments
    &depthAttachmentReference,      // pDepthStencilAttachment
    0,                              // preserveAttachmentCount
    nullptr                         // pPreserveAttachments
  },

  // 세부 패스 2 - G 버퍼 생성
  {
```

```
    0,                                            // flags
    VK_PIPELINE_BIND_POINT_GRAPHICS,              // pipelineBindPoint
    0,                                            // inputAttachmentCount
    nullptr,                                      // pInputAttachments
    vkcore::utils::arraysize(gBufferOutputs),     // colorAttachmentCount
    gBufferOutputs,                               // pColorAttachments
    nullptr,                                      // pResolveAttachments
    &depthAttachmentReference,                    // pDepthStencilAttachment
    0,                                            // preserveAttachmentCount
    nullptr                                       // pPreserveAttachments
  },

  // 세부 패스 3 - 조명
  {
    0, // flags
    VK_PIPELINE_BIND_POINT_GRAPHICS, // pipelineBindPoint
    vkcore::utils::arraysize(gBufferReadRef), // inputAttachmentCount
    gBufferReadRef,                  // pInputAttachments
    vkcore::utils::arraysize(backBufferRenderRef),
                                     // colorAttachmentCount
    backBufferRenderRef,             // pColorAttachments
    nullptr,                         // pResolveAttachments
    nullptr,                         // pDepthStencilAttachment
    0,                               // preserveAttachmentCount
    nullptr                          // pPreserveAttachments
  },
};

static const VkSubpassDependency dependencies[] =
{
  // 깊이 전패스에 의존하는 G 버퍼 패스
  {
    kSubpass_DEPTH,                                       // srcSubpass
    kSubpass_GBUFFER,                                     // dstSubpass
    VK_PIPELINE_STAGE_COLOR_ATTACHMENT_OUTPUT_BIT,        // srcStageMask
    VK_PIPELINE_STAGE_FRAGMENT_SHADER_BIT,                // dstStageMask
    VK_ACCESS_COLOR_ATTACHMENT_WRITE_BIT,                 // srcAccessMask
    VK_ACCESS_SHADER_READ_BIT,                            // dstAccessMask
    VK_DEPENDENCY_BY_REGION_BIT                           // dependencyFlags
  },

  // G 버퍼에 의존하는 조명 패스
  {
    kSubpass_GBUFFER,                                     // srcSubpass
    kSubpass_LIGHTING,                                    // dstSubpass
```

```
    VK_PIPELINE_STAGE_COLOR_ATTACHMENT_OUTPUT_BIT, // srcStageMask
    VK_PIPELINE_STAGE_FRAGMENT_SHADER_BIT,         // dstStageMask
    VK_ACCESS_COLOR_ATTACHMENT_WRITE_BIT,          // srcAccessMask
    VK_ACCESS_SHADER_READ_BIT,                     // dstAccessMask
    VK_DEPENDENCY_BY_REGION_BIT                    // dependencyFlags
  },
};

static const VkRenderPassCreateInfo renderPassCreateInfo =
{
  VK_STRUCTURE_TYPE_RENDER_PASS_CREATE_INFO, nullptr,
  0,                                        // flags
  vkcore::utils::arraysize(attachments),    // attachmentCount
  attachments,                              // pAttachments
  vkcore::utils::arraysize(subpasses),      // subpassCount
  subpasses,                                // pSubpasses
  vkcore::utils::arraysize(dependencies),   // dependencyCount
  dependencies                              // pDependencies
};
result = vkCreateRenderPass(device,
  &renderPassCreateInfo,
  nullptr,
  &m_renderPass);
```

보다시피, 코드 13.1은 상당히 길다. 하지만 코드 복잡도는 상대적으로 낮다. 대부분은 단순히 렌더패스를 설명하는 정적 자료 구조의 정의이다.

attachments[] 배열은 렌더패스에 사용되는 모든 첨부의 목록을 포함한다. 이는 VkAttachmentReference, depthAttachmentReference, gBufferOutputs, gBufferReadRef, backBufferRenderRef의 배열에서 색인으로 참조된다. 이는 깊이 버퍼, G 버퍼를 출력으로, G 버퍼, 백 버퍼를 입력으로 각각 참조한다.

subpasses[] 배열은 렌더패스에 포함된 세부 패스의 설명이다. 각각은 VkSubpassDescription 구조체의 인스턴스로 설명되며, 각 깊이 전패스, G 버퍼 생성, 조명 패스에 대해서 하나씩 존재한다.

조명 패스에 대해서, G 버퍼를 읽기 참조로, 깊이 버퍼를 입력 첨부로 패스에 포함한다. 이는 셰이더에서의 조명 계산이 G 버퍼 내용과 픽셀의 깊이 값을 읽을 수 있게 한다.

최종적으로 패스 사이의 의존도를 dependencies[] 배열에서 볼 수 있다. 배열에 두 항목이 있으며, 첫 번째는 깊이 전패스에서의 G 버퍼 패스의 의존도를 설명하며, 두 번째는 G 버퍼 패스에서의 조명 패스의 의존도를 설명한다. 조명 패스와 깊이 전패스 사이에 기술적으로 의존도가 존재하더라도 의존도가 있을 이유는 없는데, 이는 이미 G 버퍼 생성 패스에서 내재된 의존도가 있기 때문이다.

렌더패스 안의 세부 패스는 논리적으로 렌더패스 객체를 생성하는 데 사용한 VkRenderPassCreateInfo가 참조하는 세부 패스의 배열에 선언된 순서대로 실행된다. vkCmdBeginRenderPass()가 호출될 때, 배열의 첫 세부 패스는 자동으로 실행된다. 단일 세부 패스를 가진 단순 렌더패스에서는, 이는 전체 렌더패스를 실행하기에 충분하다. 하지만, 한 번 다중 세부 패스를 가지게 되면, 불칸에게 세부 패스에서 세부 패스로 옮기도록 얘기할 수 있어야 한다.

이를 위해서 vkCmdNextSubpass()를 호출하며 함수 원형은 다음과 같다.

```
void vkCmdNextSubpass (
  VkCommandBuffer commandBuffer,
  VkSubpassContents contents);
```

명령어를 배치하는 명령어 버퍼는 commandBuffer에 설정된다. contents 매개변수는 세부 패스를 위한 명령어가 어디서 오는지 설정한다. 현재는 이를 VK_SUBPASS_CONTENTS_INLINE으로 설정하며, 이는 동일 명령어 버퍼에 계속 명령어를 추가한다는 것을 의미한다. 또한 다른 명령어 버퍼를 호출하는 것이 가능하며, 이 경우 이를 VK_SUBPASS_CONTENTS_SECONDARY_COMMAND_BUFFERS로 설정한다. 이 경우를 이 장의 뒷부분에서 다룬다.

vkCmdNextSubpass()가 호출될 때, 현재 명령어 버퍼는 현재 렌더패스에서 다음 세부 패스로 이동한다. 이로 인하여 vkCmdNextSubpass()는 단지 vkCmdBeginRenderPass()와 vkCmdEndRenderPass()의 호출 사이에서만 호출 가능하며, 단지 렌더패스의 세부 패스를 다 처리하기 전에만 가능하다.

다중 세부 패스를 포함한 렌더패스에서 여전히 vkCmdEndRenderPass()를 호출하여 현재 렌더패스를 마감하고 렌더링을 최종 처리한다.

❖ 첨주 내용

렌더패스와 연관된 각 색과 깊이-스텐실 첨부는 부르기 연산과 저장 연산을 가지며 렌더패스가 시작하고 끝날 때 내용이 어떻게 불러오고 메모리에 저장하는지를 결정한다.

첨부 초기화

렌더패스가 시작될 때, 각 첨부에 대해서 처리될 연산은 VkAttachmentDescription 구조체의 loadOp 항목에서 첨부를 설명한다. 이 항목에는 두 가지 가능한 값이 있다.

VK_ATTACHMENT_LOAD_OP_DONT_CARE는 첨부의 초기 내용에 대해서 신경쓰지 않는 것을 의미한다. 이는 불칸이 첨부에 렌더링 준비가 되도록 뭐든지 (아무것도 안하는 것 포함) 할 수 있으며, 첨부 안의 실제 값에 대해서 걱정할 필요가 없다. 예를 들어, 만약 보라색으로만 비울 수 있는 엄청 빠른 비우기 연산을 가지면, 보라색이 될 것이다.

첨부의 loadOp를 VK_ATTACHMENT_LOAD_OP_CLEAR로 설정하는 것은 첨부가 vkCmdBeginRenderPass()에 설정한 값으로 비워진다는 것을 의미한다. 논리적으로, 이 연산은 렌더패스의 제일 시작부에서 일어나며, 실제로는 구현이 실제 비우기 연산을 첨부를 사용하는 첫 패스의 시작으로 미룰 수 있다. 이는 색 첨부에 대한 비우기의 선호되는 방식이다.

또한 렌더패스 안에서 vkCmdClearAttachments()를 호출하여 명시적으로 하나 이상의 색이나 깊이-스텐실 첨부로 비울 수 있으며, 함수 원형은 다음과 같다.

```
void vkCmdClearAttachments (
  VkCommandBuffer commandBuffer,
  uint32_t attachmentCount,
  const VkClearAttachment* pAttachments,
  uint32_t rectCount,
  const VkClearRect* pRects);
```

명령어를 실행할 명령어 버퍼는 commandBuffer에 설정된다. vkCmdClear Attachments()는 여러 첨부의 내용을 비운다. 비울 첨부의 수는 attachmentCount에 설정되며, pAttachments는 attachmentCount 개의 VkClearAttachment 구조체의 배열에 대한 포인터로, 각각이 비울 첨부의 하나를 정의한다. VkClearAttachment의 정의는 다음과 같다.

```
typedef struct VkClearAttachment {
  VkImageAspectFlags aspectMask;
  uint32_t colorAttachment;
  VkClearValue clearValue;
} VkClearAttachment;
```

VkClearAttachment의 aspectMask 항목은 비울 첨부의 측면들을 설정한다. 만약 aspectMask가 VK_IMAGE_ASPECT_DEPTH_BIT나 VK_IMAGE_ASPECT_STENCIL_BIT, 혹은 둘 다를 포함하면, 비우기 연산은 깊이-스텐실 첨부에 현재 세부 패스에 대해서 적용된다. 각 세부 패스는 최대 하나의 깊이-스텐실 첨부를 가질 수 있다. 만약 aspectMask가 VK_IMAGE_ASPECT_COLOR_BIT를 포함하면, 비우기 연산은 현재 세부 패스의 색인 colorAttachment의 색 첨부에 적용된다. 색 첨부와 깊이-스텐실 첨부를 단일 VkClearAttachment 구조체로 같이 비우는 것은 불가능하며, 그러므로 aspectMask는 VK_IMAGE_ASPECT_COLOR_BIT와 VK_IMAGE_ASPECT_DEPTH_BIT나 VK_IMAGE_ASPECT_STENCIL_BIT를 같이 가질 수 없다.

첨부를 비우는 값은 clearValue에 설정되며, VkClearValue 공용체의 인스턴스이다. 이는 8장에 소개되었으며, 정의는 다음과 같다.

```
typedef union VkClearValue {
  VkClearColorValue color;
  VkClearDepthStencilValue depthStencil;
} VkClearValue;
```

만약 참조된 첨부가 색 첨부면 VkClearAttachment 구조체의 color 항목이 사용된다. 그렇지 않으면 구조체의 depthStencil 값이 사용된다.

다중 첨부를 비우는 것에 추가하여, vkCmdClearAttachments()의 단일 호출은 각 첨부의 사각 영역을 비울 수도 있다. 이는 첨부에 대한 loadOp에 VK_ATTACHMENT_LOAD_OP_CLEAR를 설정하는 것보다 추가적인 기능성을 제공한다. 만약 첨부가 VK_ATTACHMENT_LOAD_OP_CLEAR로 비워지면(대부분의 경우에 원하는 바다), 전체 첨부가 비워지며, 첨부의 일부만 비울 수는 없다. 하지만 vkCmdClearAttachments()를 사용하면, 다중 작은 영역을 비울 수 있다.

비워야 할 영역의 수는 vkCmdClearAttachments()의 rectCount 매개변수에 설정되며, pRects 매개변수는 rectCount개의 VkClearRect 구조체로, 각각이 비워야할 하나의 사각형을 정의한다. VkClearRect의 정의는 다음과 같다.

```
typedef struct VkClearRect {
  VkRect2D rect;
  uint32_t baseArrayLayer;
  uint32_t layerCount;
} VkClearRect;
```

VkClearRect 구조체는 사각형보다 더 많은 것을 정의한다. rect 항목은 실제 비울 사각형을 정원한다. 만약 첨부가 배열 이미지라면, 이의 일부 혹은 모든 층이 baseArrayLayer에서 layerCount까지의 범위에 포함된 층에 대해서 비워진다.

첨부 부르기 연산보다 더 많은 정보와 기능성을 포함하기 위해서, vkCmdClearAttachments() 또한 잠재적으로 vkCmdClearColorImage()나 vkCmdClearDepthStencilImage()보다 더 편리를 제공한다. 두 명령어 모두 이미지가 VK_IMAGE_LAYOUT_GENERAL이거나 VK_IMAGE_LAYOUT_TRANSFER_DST_OPTIMAL 배치에 있어야 하며 그러므로 이를 보장하기 위해서 파이플아니 방벽을 주변에 요구할 수 있다. 또한 이 명령어는 렌더패스 안에서 호출할 수 없다. 반대로, vkCmdClearAttachments()는 첨부가 이미 렌더링에 연결되어 있기에 렌더패스 내용의 일부로 간주될 수 있으며, 거의 특별한 종류의 그리기처럼 처리될 수 있다. 그러므로 방벽이나 특별한 처리가 필요 없이 렌더패스 안에서 명령어가 실행되기만 하면 된다.

이는 렌더패스의 일부로서 첨부 모두를 비우려면 여전히 VK_ATTACHMENT_LOAD_OP_CLEAR 부르기 연산의 사용이 추천된다는 것이며, VK_ATTACHMENT_LOAD_OP_DONT_CARE 연산은 렌더패스가 완료될 때까지 첨부의 모든 픽셀을 덮어 쓰는 것을 보장할 때 추천된다.

렌더 영역

렌더패스 인스턴스가 실행될 때, 불칸에게 단지 첨부의 작은 영역만 갱신할 것이라 알려주는 것이 가능하다. 이 영역은 렌더 영역으로 알려지며 vkCmdBeginRenderPass()가 호출될 때 설정된다. 이는 8장에서 간략히 소개했으며 vkCmdBeginRenderPass()에 전달되는 VkRenderPassBeginInfo 구조체의 renderArea 구성원이다.

만약 전체 프레임 버퍼를 렌더링하면, renderArea 항목을 프레임 버퍼의 전체 영역을 덮도록 설정한다. 하지만, 만약 단지 프레임 버퍼의 작은 영역만 갱신하길 원하면, renderArea 사각형을 적절하게 설정할 수 있다. 이 렌더 영역 안에 포함되지 않은 렌더패스 첨부의 어떤 부분도 렌더패스의 연산에 적용받지 않으며 이는 해당 첨부에 대한 렌더패스의 부르기와 저장 연산도 포함한다.

전체 첨부보다 작은 렌더 영역을 사용할 때, 이 영역 밖을 렌더하지 않는 것은 애플리케이션의 책임이다. 일부 구현은 렌더 영역을 전체를 무시하고 애플리케이션이 그 안에 그린다고 신뢰한다. 일부는 렌더 영역을 내부 사각형 역역의 곱으로 반올림 한다. 또 다른 경우는 설정한 영역에 정확하게 적용한다. 잘 정의된 행태를 얻는 유일한 방법은 이 영역 안에만 렌더하는 것으로, 필요하면 가위 시험을 사용하는 것이다.

전체 첨부보다 더 작은 렌더 영역에 렌더링하는 것은 영역이 구현에서 지원되는 렌더 영역의 입상도^granularity에 일치하지 않으면 일부 성능 저하가 일어날 수 있다. 잠재적으로 한 번에 하나가 그려지는 격자 안의 타일이라고 생각하자. 단일 타일의 내용을 완전히 덮고 재정의하는 것은 빠르지만, 타일의 일부를 갱신하는 것은 불칸에게 타일에서 건드리지 않은 부분이 잘 정의되도록 추가적인 작업을 요구한다.

최대 성능을 얻기 위해서, 렌더 영역이 구현에서 지원하는 입상도에 맞도록 보장해야 한다. 이는 vkGetRenderAreaGranularity()를 사용해서 문의할 수 있으며, 함수 원형은 다음과 같다.

```
void vkGetRenderAreaGranularity (
  VkDevice device,
  VkRenderPass renderPass,
  VkExtent2D* pGranularity);
```

renderPass에 설정된 렌더패스에 대해서 vkGetRenderAreaGranularity()는 pGranularity가 가리키는 변수에 렌더링에 사용된 타일의 차원을 반환한다. 렌더패스를 소유한 장치는 device에 전달된다.

vkCmdBeginRenderPass()에 전달되는 렌더 영역이 최적으로 수행되게 보장하기 위해서, 반드시 두 가지를 보장해야 한다. 첫째로, 원점의 x, y 요소가 렌더 영역 입상도의 width와 height의 정수의 곱이어야 한다. 두 번째로, 렌더 영역의 너비와 높이가 해당 입상도의 정수 곱이거나 프레임 버퍼의 끝까지 닿아야 한다. 첨부를 완전히 덮는 렌더 영역은 명백히 이 요구사항을 만족한다.

첨부 내용의 유지

첨부의 내용을 보존하기 위해서, 첨부의 저장 연산(렌더패스를 생성할 때 사용한 VkAttachmentDescription의 storeOp에 저장된)을 VK_ATTACHMENT_STORE_OP_STORE으로 설정해야 한다. 이는 불칸에게 렌더패스가 완료된 뒤에, 이미지의 내용물이 첨부로 사용될 때 렌더패스 동안 렌더링된 것을 정확히 반영하는 것을 보장해준다.

이 항목의 유일한 다른 선택은 VK_ATTACHMENT_STORE_OP_DONT_CARE으로, 불칸에게 첨부의 내용물을 렌더패스가 끝난 뒤에 필요 없다고 얘기하는 것이다. 이는 예를 들어, 첨부가 같은 렌더패스 안의 나중의 세부 패스에서 임시 자료를 저장할 때 사용되는 것이다. 이 경우에는, 내용은 렌더패스 자체보다 오래 유지되지 않는다.

일부의 경우, 하나의 세부 패스 안에서 내용을 생성하고, 관련없는 세부 패스를 실행하고, 그 뒤 하나 이전의 세부 패스에서 생성된 내용을 소모해야 할 수 있다. 이 경우, 불칸에게 다른 세부 패스 렌더링 과정에 대해서 첨부의 내용을 버리지 않도록 해야 한다. 실제로, 불칸 구현은 렌더패스 안의 세부 패스의 입력과 출력 첨부를 조사하여 어떤 것이 자료를 생성하고 어떤 것이 자료를 소모하는지, 그리고 제대로 처리하는지를 알려줄 수 있다. 하지만, 완벽히 정확하기 위해서는 모든 생존 첨부는 각 세부 패스의 입력, 출력, 혹은 보존 첨부에서 나타나야 한다. 더욱이, 세부 패스에 대한 보전 첨부 배열에 첨부를 포함함으로써, 불칸에게 첨부 내용을 이후 세부 패스에서 사용할 것이라고 알려줄 수 있다. 이는 일부의 자료를 캐시나 다른 고속 메모리에서 유지하는 것을 가능하게 한다.

세부 패스 사이에 유지해야 할 첨부의 목록은 세부 패스를 설정하는 VkSubpassDescription 구조체의 pPreserveAttachments를 사용해서 설정한다. 이는 렌데패스 첨부 목록의 uint32_t 색인의 배열에 대한 포인터이며, 배열 안의 정수의 수는 VkSubpassDescription의 preserveAttachmentCount에 저장된다.

이를 시연하기 위해 우리 예제를 투명 물체를 렌더링하는 것으로 확장한다. 깊이 버퍼를 렌더한 뒤, 픽셀 당 정보를 포함한 G 버퍼를 렌더링하고, 최종적으로 조명 정보를 계산하는 음영 패스를 렌더한다. 단지 1픽셀의 정보만 가지고 있으므로, 이 지연 음영 접근 방식은 투명 혹은 반투명 물체를 렌더할 수 없다. 그러므로 이 객체는 반드시 개별적으로 렌더해야 한다. 전통적인 방식은 단순히 모든 불투명 기하구조를 단일 패스에 그리고, 그 뒤 그 위에 마지막에 반투명 기하구조를 조합하는 것이다. 이는 연속된 의존도를 생성하며, 반투명 기하구조의 렌더링이 불투명 기하구조의 렌더링이 완료될 때까지 기다리게 한다.

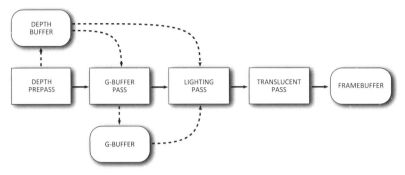

그림 13.2 불투명 기하구조 위의 반투명이 연속된 의존도

이 연속 의존도는 그림 13.2의 방향성 비순환 그래프(DAG)에 묘사되어 있다.

불칸에게 불투명 기하구조와 병렬로 반투명 기하구조를 렌더링하는 것을 막는 연속 의존도를 도입하는 것보다, 다른 접근법을 채택한다. 다른 색 첨부에 반투명 기하구조를 렌더링하고, (같은 깊이 거부에 대한 깊이 전패스 정보를 사용) 불투명 기하구조를 두 번째 임시 첨부에 렌더링한다. 불쿠명과 투명 기하구조가 둘 다 렌더 뒤에, 불투명 기하구조 위에 반투명 기하구조를 섞는 조합 패스를 처리한다. 이 패스는 또한 다른 픽셀당 연산을 수행하며, 색 조절color grading, 비네팅vignetting, 필름 입자film-grain 등을 처리할 수 있다. 이 새 DAG는 그림 13.3에 보여진다.

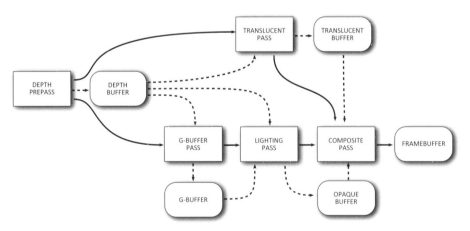

그림 13.3 반투명과 불투명 기하구조의 병렬 렌더링

그림 13.3의 갱신된 DAG에서 볼 수 있듯이, 우선 깊이 정보가 렌더링되고 그 뒤 G 버퍼 생성 패스가 실행되고, 다음에 조명 패스가 실행된다. 반투명 버퍼 생성 패스가 G 버퍼나 조명 결과에 대해서 의존도가 없으면, 병렬로 실행될 수 있으며, 단지 깊이 전패스에서 깊이 정보에만 의존하게 된다. 새 조합 패스는 이제 조명 패스와 반투명 패스의 결과에 의존한다.

렌더패스의 세부 패스가 렌더패스 안의 불투명 G 버퍼 패스와 반투명 패스의 선형 순서와 상관없이 선형으로 표현되기에, 첫 패스의 출력을 음영패스가 실행 가능할 때까지 유지해야 한다. 저장해야 할 자료가 적기에, 반투명 물체를 먼저 그리고 반투명 버퍼를 G 버퍼 생성 패스까지 유지해야 한다. G 버퍼와 반투명 버퍼는 그 뒤에 음영 패스의 입력 첨부로 사용된다.

이를 설정하는 코드는 코드 13.2에서 볼 수 있다.

코드 13.2 반투명과 지연 음영 설정

```
enum
{
  kAttachment_BACK = 0,
  kAttachment_DEPTH = 1,
  kAttachment_GBUFFER = 2,
  kAttachment_TRANSLUCENCY = 3,
  kAttachment_OPAQUE = 4
};

enum
{
  kSubpass_DEPTH = 0,
  kSubpass_GBUFFER = 1,
  kSubpass_LIGHTING = 2,
  kSubpass_TRANSLUCENTS = 3,
  kSubpass_COMPOSITE = 4
};

static const VkAttachmentDescription attachments[] =
{
  // 백 버퍼
  {
    0,                          // flags
    VK_FORMAT_R8G8B8A8_UNORM, // format
```

```
      VK_SAMPLE_COUNT_1_BIT,              // samples
      VK_ATTACHMENT_LOAD_OP_DONT_CARE,    // loadOp
      VK_ATTACHMENT_STORE_OP_STORE,       // storeOp
      VK_ATTACHMENT_LOAD_OP_DONT_CARE,    // stencilLoadOp
      VK_ATTACHMENT_STORE_OP_DONT_CARE,   // stencilStoreOp
      VK_IMAGE_LAYOUT_UNDEFINED,          // initialLayout
      VK_IMAGE_LAYOUT_PRESENT_SRC_KHR     // finalLayout
    },

    // 깊이 버퍼
    {
      0,                                  // flags
      VK_FORMAT_D32_SFLOAT,               // format
      VK_SAMPLE_COUNT_1_BIT,              // samples
      VK_ATTACHMENT_LOAD_OP_DONT_CARE,    // loadOp
      VK_ATTACHMENT_STORE_OP_DONT_CARE,   // storeOp
      VK_ATTACHMENT_LOAD_OP_DONT_CARE,    // stencilLoadOp
      VK_ATTACHMENT_STORE_OP_DONT_CARE,   // stencilStoreOp
      VK_IMAGE_LAYOUT_UNDEFINED,          // initialLayout
      VK_IMAGE_LAYOUT_UNDEFINED           // finalLayout
    },

    // G 버퍼 1
    {
      0,                                  // flags
      VK_FORMAT_R32G32B32A32_UINT,        // format
      VK_SAMPLE_COUNT_1_BIT,              // samples
      VK_ATTACHMENT_LOAD_OP_DONT_CARE,    // loadOp
      VK_ATTACHMENT_STORE_OP_DONT_CARE,   // storeOp
      VK_ATTACHMENT_LOAD_OP_DONT_CARE,    // stencilLoadOp
      VK_ATTACHMENT_STORE_OP_DONT_CARE,   // stencilStoreOp
      VK_IMAGE_LAYOUT_UNDEFINED,          // initialLayout
      VK_IMAGE_LAYOUT_UNDEFINED           // finalLayout
    },

    // 반투명 버퍼
    {
      0,                                  // flags
      VK_FORMAT_R8G8B8A8_UNORM,           // format
      VK_SAMPLE_COUNT_1_BIT,              // samples
      VK_ATTACHMENT_LOAD_OP_DONT_CARE,    // loadOp
      VK_ATTACHMENT_STORE_OP_DONT_CARE,   // storeOp
      VK_ATTACHMENT_LOAD_OP_DONT_CARE,    // stencilLoadOp
      VK_ATTACHMENT_STORE_OP_DONT_CARE,   // stencilStoreOp
      VK_IMAGE_LAYOUT_UNDEFINED,          // initialLayout
```

```
      VK_IMAGE_LAYOUT_UNDEFINED          // finalLayout
  }
};

// 깊이 전패스 깊이 버퍼 참조(읽기/쓰기)
static const VkAttachmentReference depthAttachmentReference =
{
  kAttachment_DEPTH,                               // attachment
  VK_IMAGE_LAYOUT_DEPTH_STENCIL_ATTACHMENT_OPTIMAL // layout
};

// G 버퍼 첨부 참조(렌더)
static const VkAttachmentReference gBufferOutputs[] =
{
  {
    kAttachment_GBUFFER,                      // attachment
    VK_IMAGE_LAYOUT_COLOR_ATTACHMENT_OPTIMAL // layout
  }
};

// 조명 입력 첨부 참조
static const VkAttachmentReference gBufferReadRef[] =
{
  // G 버퍼에서 읽기
  {
    kAttachment_GBUFFER,                      // attachment
    VK_IMAGE_LAYOUT_SHADER_READ_ONLY_OPTIMAL // layout
  },

  // 텍스처로 깊이 읽기
  {
    kAttachment_DEPTH,                                // attachment
    VK_IMAGE_LAYOUT_DEPTH_STENCIL_READ_ONLY_OPTIMAL // layout
  }
};

// 조명 패스 – 불투명 버퍼에 쓰기
static const VkAttachmentReference opaqueWrite[] =
{
  // 불투명 버퍼에 쓰기
  {
    kAttachment_OPAQUE,                       // attachment
    VK_IMAGE_LAYOUT_COLOR_ATTACHMENT_OPTIMAL // layout
  }
};
```

```
// 반투명 렌더링 패스 – 반투명 버퍼 쓰기
static const VkAttachmentReference translucentWrite[] =
{
  // 반투명 버퍼에 쓰기
  {
    kAttachment_TRANSLUCENCY,                 // attachment
    VK_IMAGE_LAYOUT_COLOR_ATTACHMENT_OPTIMAL  // layout
  }
};

static const VkAttachmentReference compositeInputs[] =
{
  // 반투명 버퍼에서 읽기
  {
    kAttachment_TRANSLUCENCY,                 // attachment
    VK_IMAGE_LAYOUT_SHADER_READ_ONLY_OPTIMAL  // layout
  },

  // 불투명 버퍼에서 읽기
  {
    kAttachment_OPAQUE,                       // attachment
    VK_IMAGE_LAYOUT_SHADER_READ_ONLY_OPTIMAL  // layout
  }
};

// 최종 패스 – 백 버퍼 렌더 참조
static const VkAttachmentReference backBufferRenderRef[] =
{
  {
    kAttachment_BACK,                         // attachment
    VK_IMAGE_LAYOUT_COLOR_ATTACHMENT_OPTIMAL  // layout
  }
};

static const VkSubpassDescription subpasses[] =
{
  // 세부 패스 1 – 깊이 전패스
  {
    0,                                  // flags
    VK_PIPELINE_BIND_POINT_GRAPHICS,    // pipelineBindPoint
    0,                                  // inputAttachmentCount
    nullptr,                            // pInputAttachments
    0,                                  // colorAttachmentCount
    nullptr,                            // pColorAttachments
    nullptr,                            // pResolveAttachments
```

```
      &depthAttachmentReference, // pDepthStencilAttachment
      0,                         // preserveAttachmentCount
      nullptr                    // pPreserveAttachments
    },

    // 세부 패스 2 - G 버퍼 생성
    {
      0,                                      // flags
      VK_PIPELINE_BIND_POINT_GRAPHICS,        // pipelineBindPoint
      0,                                      // inputAttachmentCount
      nullptr,                                // pInputAttachments
      vkcore::utils::arraysize(gBufferOutputs), // colorAttachmentCount
      gBufferOutputs,                         // pColorAttachments
      nullptr,                                // pResolveAttachments
      &depthAttachmentReference,     // pDepthStencilAttachment
      0,                             // preserveAttachmentCount
      nullptr                        // pPreserveAttachments
    },

    // 세부 패스 3 - 조명
    {
      0, // flags
      VK_PIPELINE_BIND_POINT_GRAPHICS,          // pipelineBindPoint
      vkcore::utils::arraysize(gBufferReadRef),  // inputAttachmentCount
      gBufferReadRef,                           // pInputAttachments
      vkcore::utils::arraysize(opaqueWrite),     // colorAttachmentCount
      opaqueWrite,                              // pColorAttachments
      nullptr,                                  // pResolveAttachments
      nullptr,                       // pDepthStencilAttachment
      0,                             // preserveAttachmentCount
      nullptr                        // pPreserveAttachments
    },

    // 세부 패스 4 - 반투명 물체
    {
      0,                             // flags
      VK_PIPELINE_BIND_POINT_GRAPHICS, // pipelineBindPoint
      0,                             // inputAttachmentCount
      nullptr,                       // pInputAttachments
      vkcore::utils::arraysize(translucentWrite), // colorAttachmentCount
      translucentWrite,              // pColorAttachments
      nullptr,                       // pResolveAttachments
      nullptr,                       // pDepthStencilAttachment
      0,                             // preserveAttachmentCount
      nullptr                        // pPreserveAttachments
    }
```

```
  },

  // 세부 패스 5 - 조합
  {
    0,                                   // flags
    VK_PIPELINE_BIND_POINT_GRAPHICS,     // pipelineBindPoint
    0,                                   // inputAttachmentCount
    nullptr,                             // pInputAttachments
    vkcore::utils::arraysize(backBufferRenderRef),
                                         // colorAttachmentCount
    backBufferRenderRef,                 // pColorAttachments
    nullptr,                             // pResolveAttachments
    nullptr,                             // pDepthStencilAttachment
    0,                                   // preserveAttachmentCount
    nullptr                              // pPreserveAttachments
  }
};

static const VkSubpassDependency dependencies[] =
{
  // 깊이 전패스에 의존하는 G 버퍼 패스
  {
    kSubpass_DEPTH,                                     // srcSubpass
    kSubpass_GBUFFER,                                   // dstSubpass
    VK_PIPELINE_STAGE_COLOR_ATTACHMENT_OUTPUT_BIT,      // srcStageMask
    VK_PIPELINE_STAGE_FRAGMENT_SHADER_BIT,              // dstStageMask
    VK_ACCESS_COLOR_ATTACHMENT_WRITE_BIT,               // srcAccessMask
    VK_ACCESS_SHADER_READ_BIT,                          // dstAccessMask
    VK_DEPENDENCY_BY_REGION_BIT                         // dependencyFlags
  },

  // G 버퍼에 의존하는 조명 패스
  {
    kSubpass_GBUFFER,                                   // srcSubpass
    kSubpass_LIGHTING,                                  // dstSubpass
    VK_PIPELINE_STAGE_COLOR_ATTACHMENT_OUTPUT_BIT,      // srcStageMask
    VK_PIPELINE_STAGE_FRAGMENT_SHADER_BIT,              // dstStageMask
    VK_ACCESS_COLOR_ATTACHMENT_WRITE_BIT,               // srcAccessMask
    VK_ACCESS_SHADER_READ_BIT,                          // dstAccessMask
    VK_DEPENDENCY_BY_REGION_BIT                         // dependencyFlags
  },

  // 반투명 패스에 의존하는 조합 패스
  {
    kSubpass_TRANSLUCENTS,                              // srcSubpass
```

```
    kSubpass_COMPOSITE,                                        // dstSubpass
    VK_PIPELINE_STAGE_COLOR_ATTACHMENT_OUTPUT_BIT, // srcStageMask
    VK_PIPELINE_STAGE_FRAGMENT_SHADER_BIT,                     // dstStageMask
    VK_ACCESS_COLOR_ATTACHMENT_WRITE_BIT,                      // srcAccessMask
    VK_ACCESS_SHADER_READ_BIT,                                // dstAccessMask
    VK_DEPENDENCY_BY_REGION_BIT                               // dependencyFlags
  },

  // 조합 패스는 조명 패스에도 의존한다.
  {
    kSubpass_LIGHTING,                                         // srcSubpass
    kSubpass_COMPOSITE,                                        // dstSubpass
    VK_PIPELINE_STAGE_COLOR_ATTACHMENT_OUTPUT_BIT, // srcStageMask
    VK_PIPELINE_STAGE_FRAGMENT_SHADER_BIT,                     // dstStageMask
    VK_ACCESS_COLOR_ATTACHMENT_WRITE_BIT,                      // srcAccessMask
    VK_ACCESS_SHADER_READ_BIT,                                // dstAccessMask
    VK_DEPENDENCY_BY_REGION_BIT                               // dependencyFlags
  }
};

static const VkRenderPassCreateInfo renderPassCreateInfo =
{
  VK_STRUCTURE_TYPE_RENDER_PASS_CREATE_INFO, nullptr,
  0, // flags
  vkcore::utils::arraysize(attachments),   // attachmentCount
  attachments,                             // pAttachments
  vkcore::utils::arraysize(subpasses),     // subpassCount
  subpasses,                               // pSubpasses
  vkcore::utils::arraysize(dependencies),  // dependencyCount
  dependencies                             // pDependencies
};

result = vkCreateRenderPass(device,
  &renderPassCreateInfo,
  nullptr,
  &m_renderPass);
```

코드 13.2는 굉장히 길지만 대부분은 상수 자료 구조의 집합이다. 여기서 반투
명 패스와 조합 패스를 subpasses[]의 패스 목록에 추가한다. 최종 패스는 이제
조합 패스이므로, 이는 백 버퍼를 pColorAttachments 배열에서 참조한다. 조명 패
스의 결과는 이제 임시 불투명 버퍼에 써지며, kAttachment_OPAQUE로 색인된다.

비록 이가 상당한 메모리 양을 소모하는 것으로 보이지만, 이 설정에 대한 몇 가지 보완 장점을 알려줄 수 있다.

- 최소한 2개 혹은 3개의 백 버퍼를 가지는 것으로 보이지만, 동일 버퍼를 중간 결과를 위해서 모든 프레임에서 사용할 수 있다. 하나의 추가 버퍼에 대한 추가 부하는 그리 크지 않다.
- 조명 패스는 G 버퍼를 소모하며, 이후에는 더 이상 필요가 없다. 불투명 결과를 G 버퍼에 쓰거나 첨부를 임시로 표시하여 불칸 구현이 이를 처리하도록 할 수 있다.
- 만약 고 명암비 렌더링을 한다면, 렌더링 결과가 백 버퍼보다 어쨌든 더 높은 정밀도를 가지길 원하게 되며, 그 뒤 톤 매핑이나 다른 처리를 조합 패스에서 처리할 수 있다. 이 경우에 중간 버퍼가 필요하다.

❖부 명령어 버퍼

부 명령어 버퍼는 주 명령어 버퍼에서 호출될 수 있는 명령어 버퍼다. 비록 다중 패스 렌더링에 직접 연관되어 있지는 않지만, 이는 주로 여러 명령어 버퍼 안에 구성된 많은 세부 패스로 구성된 렌더링에 명령어가 기여할 수 있게 한다. 아시다시피, 렌더패스는 반드시 같은 명령어 버퍼 안에서 시작하고 끝나야 한다. 이는 `vkCmdEndRenderPass()`의 호출이 대응하는 `vkCmdBeginRenderPass()`와 동일 명령어 버퍼에서 나타나야 하는 것이다.

이 요구사항에서, 단일 렌더패스에서 거대한 양의 장면을 렌더링하면서 여전히 명령어 버퍼를 병렬로 생성하는 것은 매우 어렵다. 이상적인 경우에 (구현의 관점에서), 전체 장면은 단일 거대 렌더패스에서 렌더되어야 하며, 잠재적으로 많은 세부 패스를 가지게 된다. 부 명령어 버퍼 없이는 이는 대부분의 장면이 단일 거대 명령어 버퍼를 사용해서 렌더링되는 것을 요구하며, 병렬 명령어 생성을 방해한다.

부 명령어 버퍼를 생성하기 위해서, 명령어 풀을 생성하고, 그 뒤 이로부터 하나 이상의 명령어 버퍼를 할당한다. vkAllocateCommandBuffers()에 전달된 VkCommandBufferAllocateInfo에서 level 항목을 VK_COMMAND_BUFFER_LEVEL_SECONDARY로 설정한다. 그 뒤 명령어 버퍼에 명령어를 하던 대로 기록하지만, 어떤 명령어가 실행될 수 있는지에 대한 제한이 있다. 어떤 명령어가 부 명령어 버퍼에 기록 가능/불가능한지는 부록에서 볼 수 있다.

부 명령어 버퍼가 다른 주 명령어 버퍼에서 실행될 준비가 되었을 때, vkCmdExecuteCommands()를 호출하며 함수 원형은 다음과 같다.

```
void vkCmdExecuteCommands (
    VkCommandBuffer commandBuffer,
    uint32_t commandBufferCount,
    const VkCommandBuffer* pCommandBuffers);
```

부 명령어 버퍼를 호출할 명령어 버퍼는 commandBuffer에 전달된다. 단일 vkCmdExecuteCommands() 호출로 많은 부 명령어 버퍼를 실행할 수 있다. 실행되는 명령어 버퍼의 수는 commandBufferCount에 전달되며, pCommandBuffers는 이와 같은 수의 실행할 명령어 버퍼의 VkCommandBuffer 핸들들을 가진 배열을 가리킨다.

불칸 명령어 버퍼는 일정 양의 상태를 포함한다. 특히, 현재 연결된 파이프라인, 다양한 동적 상태, 현재 연결된 서술자 집합은 각 명령어 버퍼의 유효한 특성이다. 다중 명령어 버퍼가 연속으로 실행될 때, 심지어 동일 vkQueueSubmit()에서 호출될 때도, 하나에서 다음 것으로 상태가 계승되지 않는다. 이는 각 명령어 버퍼의 초기 상태는 정의되지 않으며, 심지어 기존에 실행한 명령어 버퍼가 다음에 필요한 모든 것을 놔둔 상태에도 그러하다.

거대하고 복잡한 명령어 버퍼를 실행할 때, 정의되지 않은 상태로 시작하는 것이 보통 좋은데, 이는 명령어 버퍼에서 처음 해야 할 일이 첫 몇 개의 그리기 명령어 필요한 모든 것을 설정하는 것이다. 해당 비용은 전체 명령어 버퍼의 비용에 대해서 상대적으로 작으며, 심지어 기존 실행 명령어 버퍼에 대해서 부분적으로 중복되는 경우에도 그러하다.

주 명령어 버퍼가 부 명령어 버퍼를 호출할 때, 그리고 특히 주 명령어 버퍼가 많은 짧은 부 명령어 버퍼를 연속으로 부를 때도, 파이프라인의 완전한 상태를 각각의 모든 부 명령어 버퍼에 대해서 재설정하는 것은 비용이 생긴다. 이를 보완하기 위해서, 일부 상태는 주 명령어 버퍼에서 부 명령어 버퍼로 계승된다. 이는 VkCommandBufferInheritanceInfo 구조체로 처리되며, vkBeginCommandBuffer()로 전달된다. 정의는 다음과 같다.

```
typedef struct VkCommandBufferInheritanceInfo {
    VkStructureType sType;
    const void* pNext;
    VkRenderPass renderPass;
    uint32_t subpass;
    VkFramebuffer framebuffer;
    VkBool32 occlusionQueryEnable;
    VkQueryControlFlags queryFlags;
    VkQueryPipelineStatisticFlags pipelineStatistics;
} VkCommandBufferInheritanceInfo;
```

VkCommandBufferInheritanceInfo는 애플리케이션이 불칸에서 어떤 상태로 부 명령어 버퍼가 실행될 때를 알려준다. 이는 명령어 버퍼의 특성을 잘 정의된 상태에서 시작하는 것을 허용한다.

VkCommandBufferInheritanceInfo의 sType은 VK_STRUCTURE_TYPE_COMMAND_BUFFER_INHERITANCE_INFO로 설정돼야 하며, pNext는 nullptr이어야 한다.

Renderpass와 subpass 항목은 명령어 버퍼가 안에서 호출될 렌더의 렌더패스와 세부 패스를 각각 설정한다. 만약 렌더패스가 어떤 프레임 버퍼에 렌더링하는지 안다면, framebuffer 항목에 설정한다. 이는 종종 명령어 버퍼의 실행 시에 더 나은 성능을 보여준다. 하지만, 만약 어떤 프레임 버퍼가 사용되는지 모르면 이를 VK_NULL_HANDLE로 설정한다.

occlusionQueryEnable 항목은 만약 명령어 버퍼가 주 버퍼가 차폐 질의를 실행하는 동안에 실행되면 VK_TRUE에 설정돼야 한다. 이는 불칸에게 차폐 질의에 연관된 어떤 계수기도 부 명령어 버퍼의 실행동안 일관되게 유지하게 한다. 만약 이 플래그가 VK_FALSE이면, 부 명령어 버퍼는 호출된 명령어 버퍼에서 차폐 질의가 활성화된 상태에서는 실행되면 안 된다. 형태가 기술적으로 정의되어 있지 않기에, 대부분 차폐 질의의 결과가 쓰레기가 되게 된다.

occlusionQueryEnable의 값과 상관없이 부 명령어 버퍼의 안에서 차폐 질의를 실행할 수 있다. 만약 호출된 주에서 상태를 계승하지 않으면 동일 부 명령어 버퍼에서 질의를 시작하고 끝내야 한다.

만약 질의 계승이 활성화되면, queryFlags 항목은 차폐 질의의 행태를 조절하는 추가적인 플래그를 포함한다. 정의된 유일한 플래그는 VK_QUERY_CONTROL_PRECISE_BIT이며, 설정되면 정밀한 차폐 질의 결과가 필요하다는 것을 알려준다.

pipelineStatistics 항목은 불칸에게 어떤 파이프라인 통계가 주 명령어 버퍼의 호출로 수집되는지를 알려주는 플래그를 포함한다. 여기서도, 파이프라인 통계를 부 명령어 버퍼의 실행 도중에 수집할 수 있지만, 만약 부 명령어 버퍼가 발동한 연산이 주 명령어 버퍼에 의해 누적된 계수기에 기여하도록 하고 싶다면, 이 플래그를 정확히 설정해야 한다. 가용한 비트는 VkQueryPipelineStatisticFlagBits 열거형의 구성원이다.

✦요약

이 장은 효율적인 다중 패스 렌더링을 가능하게 하는 불칸의 기반 기능인 렌더패스에 대해서 더 깊이 살펴봤다. 어떻게 많은 세부 패스를 가진 중요한 렌더패스를 생성하고, 어떻게 주 명령어 버퍼에서 호출할 수 있는 세부 패스의 내용을 분리된 명령어 버퍼처럼 생성하는지를 살펴보았다. 불칸 구현이 프레임에서 오는 모든 정보에 대해서 알고 있을 때 렌더링의 성능을 개선할 수 있는 잠재적인 최적화에 대해서 알아보았다. 또한 방법과 비우기를 통해서 어떻게 많은 함수들이 렌더패스에 들어가고, 종종 거의 비용 없이 처리될 수 있는 것을 보았다. 렌더패스는 강력한 기능이며, 가능하면 애플리케이션에서 사용하도록 노력해야 한다.

부록 | 불칸 함수

이 부록은 불칸 명령어 버퍼를 구성하는 명령어의 표를 포함한다. 이는 렌더 패스 안팎에서 무엇이 사용 가능/불가능한지에 대한 빠른 참조이며, 또한 주나 부 명령어 버퍼 안에서 무엇이 합법적인지를 알려준다.

명령어 버퍼 생성 함수

함수	렌더패스		명령어 버퍼 단계	
	안	밖	주	부
vkCmdBeginQuery	✓	✓	✓	✓
vkCmdBeginRenderPass		✓	✓	
vkCmdBindDescriptorSets	✓	✓	✓	✓
vkCmdBindIndexBuffer	✓	✓	✓	✓
vkCmdBindPipeline	✓	✓	✓	✓
vkCmdBindVertexBuffers	✓	✓	✓	✓
vkCmdBlitImage		✓	✓	✓
vkCmdClearAttachments	✓		✓	✓
vkCmdClearColorImage		✓	✓	✓
vkCmdClearDepthStencilImage		✓	✓	✓
vkCmdCopyBuffer		✓	✓	✓
vkCmdCopyBufferToImage		✓	✓	✓
vkCmdCopyImage		✓	✓	✓

(이어짐)

함수	렌더패스		명령어 버퍼 단계	
	안	밖	주	부
vkCmdCopyImageToBuffer		✓	✓	✓
vkCmdCopyQueryPoolResults		✓	✓	✓
vkCmdDispatch		✓	✓	✓
vkCmdDispatchIndirect		✓	✓	✓
vkCmdDraw	✓		✓	✓
vkCmdDrawIndexed	✓		✓	✓
vkCmdDrawIndexedIndirect	✓		✓	✓
vkCmdDrawIndirect	✓		✓	✓
vkCmdEndQuery	✓	✓	✓	✓
vkCmdEndRenderPass	✓		✓	
vkCmdExecuteCommands	✓	✓	✓	✓
vkCmdFillBuffer		✓	✓	✓
vkCmdNextSubpass	✓		✓	
vkCmdPipelineBarrier	✓	✓	✓	✓
vkCmdPushConstants	✓	✓	✓	✓
vkCmdResetEvent		✓	✓	✓
vkCmdResetQueryPool		✓	✓	✓
vkCmdResolveImage		✓	✓	✓
vkCmdSetBlendConstants	✓	✓	✓	✓
vkCmdSetDepthBias	✓	✓	✓	✓
vkCmdSetDepthBounds	✓	✓	✓	✓
vkCmdSetEvent	✓	✓	✓	✓
vkCmdSetLineWidth	✓	✓	✓	✓
vkCmdSetScissor	✓	✓	✓	✓
vkCmdSetStencilCompareMask	✓	✓	✓	✓
vkCmdSetStencilReference	✓	✓	✓	✓
vkCmdSetStencilWriteMask	✓	✓	✓	✓
vkCmdSetViewport	✓	✓	✓	✓

(이어짐)

함수	렌더패스		명령어 버퍼 단계	
	안	밖	주	부
vkCmdUpdateBuffer		✓	✓	✓
vkCmdWaitEvents	✓	✓	✓	✓
vkCmdWriteTimestamp	✓	✓	✓	✓

용어 사전

ARB: 아키텍처 심리 위원회^{Architecture Review Board}의 약어로, 3D 그래픽 하드웨어 벤더로 이루어진 위원회로 기존에는 OpenGL 기술 명세서를 유지하는 책임을 맡았다. 이 함수는 현재 크로노스 그룹^{Khronos Group}이 가지고 있다. 크로노스 그룹을 보자.

CRT: 음극선관이다.

FMA: 곱하기 더하기 혼합^{fused multiply add}의 약어로, 보통 하드웨어의 한 조각으로 구현되어 두 수를 곱하고 3번째를 더하는 것으로, 중간 결과가 일반적으로 독립된 곱하기나 더하기 연산보다 더 높은 정밀도로 계산된다.

GLSL: OpenGL 음영 언어^{OpenGL Shading Language}의 약어로, C 같은 고수준 음영 언어다.

GPU: 그래픽 처리 단위^{graphics processing unit}의 약어로 불칸의 대부분의 무거운 작업을 처리해주는 특화된 프로세서다.

sRGB: 1990년 후기의 형광 기반 CRT에 일치하는 감마 곡선을 사용한 이미지 자료에 사용되는 비선형 부호화다.

SSA: 단일 정적 할당을 참고한다.

가위(scissor): 화소 소유 시험으로 윈도우 정렬된 사각형의 밖에 있는 화소를 제거한다.

간접 그리기(indirect draw): 매개변수를 명령어 버퍼에서 직접 읽지 않고 장치 메모리에서 버퍼 객체를 통해 읽는 그리기 명령어다.

감마 보정(gamma correction): 선형 값을 감마 곡선을 통한 변환을 통해 비선형 출력을 생성하는 과정. 감마는 선형에서 감마 공간으로 이동할 때 크거나 작을 수 있다.

거르기 거리(cull distance): 기본체 안의 정점에 적용되는 값으로 어떤 정점이 음수 값으로 설정될 때 전체 기본체가 버려지게 한다.

거르기(culling): 그래픽 기본체의 렌더될 때 보이지 않을 경우 제거. 뒷면 거르기는 기본체의 앞이나 뒷 면을 제거하여 해당 면이 그려지지 않는다. 시야 범위 거르기는 전체 물체 전체가 시야 범위 밖이라면 제거한다.

결합성(associativity): 연산의 연속에서 연산의 순서(인자의 순서가 아닌)를 바꿔도 결과에 영향이 없는 것이다. 예를 들어, 더하기는 결합성을 가지는 데 이유는 a + (b + c) = (a + b) + c이기 때문이다.

경쟁 상황(race condition): 프로그램 안의 스레드나 셰이더의 발동 같은 다중 병렬 프로세스에서 상호교류하려 시도하거나 서로가 어떤 방식으로 의존하는 경우의 상태로, 순서의 보장이 되지 않는다.

경쟁(contention): 실행되는 둘 이상의 스레드가 단일 공유 자원을 사용하려 시도하는 상황을 설명하는 용어다.

계산 셰이더(compute shader): 발동당 전역 작업 지합으로 묶일 수 있는 지역 작업 집합의 일부를 실행하는 셰이더이다.

계산 파이프라인(compute pipeline): 계산 셰이더와 불칸 장치에서 계산적인 작업을 실행하는 데 사용되는 것과 관련된 상태로 구성된 불칸 파이프라인 객체다.

교환 가능(commutative): 피연사자의 순서를 바꾸어도 결과가 바뀌지 않는 연산이다. 예를 들어, 더하기는 교환 가능하지만 빼기는 그렇지 않다.

구현(implementation): 불칸 렌더링 연산을 처리하는 소프트웨어 혹은 하드웨어 기반 장치다.

그래픽 파이프라인(graphics pipeline): 하나 이상의 그래픽 셰이더(정점, 테셀레이션, 기하, 화소)와, 불칸 장치에서 그리기 명령어의 처리와 그래픽 기본체를 렌더링 할 수 있는 관련된 상태로 구성된 불칸 파이프라인 객체다. 파이프라인과 계산 파이프라인을 참고하자.

기본체 위상 구조(primitive topology): 단일 기본체나 기본체 집합으로의 정점의 배치. 이 배치는 점, 선, 띠, 삼각형을 포함하며, 또한 선 띠, 삼각형 띠, 인접 기본체 같은 연결된 기본체도 포함한다.

기본체(primitive): 불칸에서 기하적인 모양을 형성하는 하나 이상의 정점의 집합으로 선, 점, 삼각형 등이다. 모든 물체와 장면은 기본체의 다양한 조합으로 구성된다.

기술 세부서(specification): 불칸 연산과 구현이 어떻게 작동해야만 하는 지 완전히 설명한 디자인 문서다.

기하 셰이더(geometry shader): 기본체 당 한 번 실행되는 셰이더로, 기본체를 구성하는 모든 정점에 대한 접근을 가진다.

깊이 시험(depth test): 화소에 대해서 계산된 깊이 값과 깊이 버퍼에 저장된 값 사이에 수행되는 시험이다.

깊이 전투(depth fighting): 서로의 위에 렌더링되는 매우 가까운 깊이 값을 가진 기본체들 사이에 일어나는 시각적 오류이며, 깊이 시험의 결과가 일관되지 않게 한다.

눈 좌표(eye coordinates): 시점의 위치에 기반한 좌표계다. 시점의 위치는 양의 z축에 배치되며, 음의 z축을 내려다본다.

다각형(polygon): 여러 면으로(최소 3개의 면 이상) 그려질 수 있는 2D 모양이다.

다중 표본(multisample): 각 픽셀이 하나 초과의 표본을 가지는 이미지다. 다중 표본 이미지는 대표적으로 안티앨리어싱에 사용된다. 안티앨리어싱 참조다.

다중 표본화(multisampling): 다중 표본 이미지에 렌더링하는 행위다.

단일 정적 할당(single static assignment): 프로그램을 작성할 때 모든 종종 가상 기계의 레지스터로 표현되는 변수가 한번만 써지거나 할당되도록 하는 형식. 이는 자료 흐름의 해상도를 단순하게 하고, 컴파일러와 다른 코드 생성 애플리케이션의 여러 공통 최적화를 촉진한다.

대상 색(destination color): 색 버퍼에서의 특정 위치에 저장된 색이다. 이 용어는 보통 혼합 연산에서 이미 색 버퍼에 존재하는 색과 색 버퍼 안으로 들어가는 색(원본 색)과의 구분을 위해서 사용된다.

데카르드(Cartesian) 좌표계: 각각이 서로에 대해서 90도 방향에 배치된 3개의 방향 축을 기반으로 한 좌표계이다. 이 좌표는 x, y, z로 표기된다.

도움 발동(helper invocation): 기본체 안에 있는 화소를 표현하지 않는 화소 셰이더의 발동으로, 미분이나 기본체 안에 있는 화소에 대한 셰이더 발동을 정확히 처리하는 데 필요한 정보를 생성하기 위해서 실행된다.

디더링(dithering): 일정 패턴으로 다른 색의 픽셀을 같이 배치하여 두 색의 음영의 착시를 생성하여 더 넓은 색 깊이 범위를 모사하는 방법이다.

레스터라이제이션(rasterization): 투영된 기본체와 비트맵을 프레임 버퍼의 픽셀 화소로 변환하는 과정이다.

렌더(render): 물체 좌표 안의 기본체를 프레임 버퍼의 이미지로 변환하는 과정이다. 렌더링 파이프라인은 불칸 명령어와 선언이 화면 위의 픽셀이 되는 과정이다.

렌더패스(renderpass): 프레임 버퍼 첨부의 공통 집합에 대한 하나 이상의 세부패스를 표현하는 객체.

리터럴(literal): 변수의 이름이 아닌 값이다. 리터럴은 소스 코드에 직접 포함된 특정 문자열이나 수치 상수이다.

메모리 연결(memory mapping): 주 시스템에서 사용 가능한 장치 메모리의 영역에 대한 포인터의 획득이다.

명령어 버퍼(command buffer): 장치에 의해서 실행되는 명령어의 목록이다.

모델 시야 행렬(model-view matrix): 모델(혹은 물체) 공간에서 시야 공간으로 위치 벡터를 변환하는 행렬이다.

밉맵핑(mipmapping): 텍스쳐에 대한 다중 세부도 단계를 사용하는 기술이다. 이 기술은 가용한 이미지의 다양한 크기 사이에서 선택하거나, 텍스쳐에 사용된 최종 화소에 가장 가까운 두 개 사이를 조합할 수 있다.

반투명도(translucence): 물체의 투명도의 단위다. 불칸에서 이는 1.0(불투명)에서 0.0(투명) 범위의 알파 값으로 표현된다.

발동(invocation): 셰이더의 단일 실행이다. 이 용어는 대부분 계산 셰이더에 사용되지만 다른 셰이더 단계에서도 적용 가능하다.

방벽(barrier): 컴퓨터 프로그램에서 어떤 연산이 순서 변경이 없어야 하는 지에 대한 표시로 사용되는 지점. 방벽 사이에서, 만약 이동이 논리적으로 프로그램의 연산을 변경하지 않으면 특정 연산이 교환될 수 있다 방벽은 자원이나 메모리에 연산하여 이미지의 배치를 변경하는 데 사용될 수 있다.

버퍼(buffer): 이미지 정보를 저장하는 메모리의 영역이다. 이 정보는 색, 깊이, 혼합 정보일 수 있다. 적, 녹, 청, 알파 버퍼는 종종 색 버퍼로 합쳐서 참조된다.

법선(normal): 평면이나 표면에 수직하는 방향을 가리키는 방향 벡터다. 사용할 때, 법선은 반드시 기본체의 각 정점에 설정돼야 한다.

베지어 곡선(Bezier curve): 모양을 정확한 점의 집합으로 자체를 정의하지 않고 곡선 근처의 조절점으로 정의된 곡선이다.

벡터(vector): 보통 x, y, z 요소로 표현되는 방향 양이다.

변위 매핑(displacement mapping): 평면을 받아서 이를 법선에 따라 텍스나 다른 자료로 결정된 양 만큼 변위시키는 행동이다.

변환(transformation): 좌표 시스템의 조절이다. 이는 회전, 이동, 크기 조절(균일/비균일 둘 다), 원근 나누기를 포함한다.

볼록(convex): 다각형의 모양에 대한 설명이다. 볼록 다각형은 들어간 부분이 없으며, 다각형을 통과하는 어떤 직선도 두 번 초과로 교차할 수 없다(한 번은 들어가는, 한 번은 나가는).

분기 예측(branch prediction): 프로세서 디자인에서 사용되는 최적화 전략으로 프로세서가 일부 조건 코드의 결과를 추측(혹은 예측)해서 확실히 요구되기 전에 더 가능성 높은 분기의 실행을 시작하는 것이다. 만약 프로세서가 맞으면 몇 개의 명령어를 앞서게 된다. 만약 프로세서가 틀리면, 작업을 버리고 다른 분기에서 다시 시작해야 한다.

블릿(blit): 구획 이미지 전송^{block image transfer}의 약어, 이미지 자료를 한 곳에서 다른 곳으로 복사하는 연산으로, 잠재적으로 복사된 것으로 처리된다. 불칸에선 블릿은 이미지 자료를 크기 조절하고 형식 변환 같은 기본 연산을 수행하는 데 사용한다.

비순차 실행(out-of-order execution): 프로세서가 내부 명령어 의존도를 결정해서 입력이 준비된 명령어를 프로그램 순서상 앞서는 다른 명령어보다 먼저 실행을 시작하는 기능이다.

비트면(bitplane): 화면 픽셀에 직접 연결되는 비트의 배열이다.

사각형(quadrilateral): 정확히 4개 면을 가진 다각형이다.

색인 그리기(indexed draw): 정점을 단순히 점진적으로 계속 읽지 않고 버퍼에서 읽은 색인으로 정점을 선택하는 그리기 명령어다.

색인 버퍼(index buffer): 색인된 그리기를 위한 색인의 원본으로 사용하기 위한 연결된 버퍼다.

서술자(descriptor): 버퍼나 이미지 같은 구현 특화된 자원의 서술을 포함한 자료 구조다.

세마포어(semaphore): 동기화 기본체로 단일 장치 위의 다른 큐로 실행되는 작업을 동기화하는 데 사용된다.

세부패스(subpass): 렌더패스 객체 안에 포함된 렌더링 단일 패스다.

셰이더(shader): 그래픽 하드웨어로 실행되는 작은 프로그램으로, 종종 병렬로 개별 정점이나 픽셀에 동작한다.

슈퍼 스칼라(super scalar): 프로세스 아키텍처로 둘 이상의 독립적인 명령어를 동시에 동일하지 않은 능력을 가질 수도 있는 여러 프로세서 파이프라인에서 실행할 수 있다.

스왑 체인(swap chain): 사용자가 보는 표면에 표현될 수 있는 이미지의 연속을 표현하는 객체다.

스플라인(spline): 곡선의 근처에 곡선의 모양을 끌어내는 효과를 가진 조절 점을 배치하여 생성되는 모든 커브를 설명하는 용어다. 이 효과는 길이에 대해서 다양한 점에 압력이 적용될 때 유연한 재질의 반응과 유사하다.

시야 범위(frustum): 원근 시야(가까운 물체는 크게, 먼 물체는 작게)를 생성하는 피라미드 모양의 시야 입체다.

시야 영역(viewport): 윈도우 안의 영역으로 불칸 이미지를 디스플레이하는 데 사용된다. 보통 이 영역은 전체 사용자 영역을 포함한다. 늘어난 시야 영역은 물리적 윈도우 안에서 커지거나 줄어는 출력을 생성할 수 있다.

시야 입체(viewing volume): 3D 공간의 영역으로 윈도우로 볼 수 있는 영역이다. 시야 입체 밖의 물체와 점은 잘린다(보이지 않는다).

시야(view): 자원에 적용될 때, 동일 기반 자료를 객체에서 다른 방식으로 참조하는 다른 객체로, 애플리케이션이 요구하는 대로 자료를 재해석하거나 구획화는 것을 가능하게 한다.

신틸레이션(scintillation): 밉맵되지 않은 텍스처를 적용된 텍스처의 크기보다 훨씬 더 작은 다각형에 적용했을 때의 물체 위의 번쩍이거나 깜빡이는 현상이다.

실행처리(dispatch): 계산 셰이더의 실행을 시작하는 명령어다.

쓰레기(garbage): 컴퓨터 프로그램이 읽고 소모하는 초기화되지 않은 자료로, 종종 오염, 크래시, 혹은 다른 원하지 않는 행태로 나타난다.

안티앨리어싱(antialiasing): 선, 곡선, 다각형 선분을 부드럽게 하는 데 사용되는 렌더링 방법이다. 이 기술은 선의 인접한 픽셀의 색을 평균한다. 이는 선 위의 픽셀에서 선에 인접한 픽셀로 이동할 때의 시각적 효과를 부드럽게 하여, 더 부드러운 모습을 제공한다.

알파(alpha): 물체의 색에 투명도의 정도를 제공하는 4번째 추가된 색 값이다. 알파 값 0.0은 완전한 투명을 의미한다. 1.0은 불투명을 의미한다.

압출(extruding): 2D 이미지나 모양에 표면에 대해서 3번째 차원을 추가하는 과정이다. 이 과정은 2D 폰트를 3D 레터링으로 변환할 수 있다.

애플(Apple): 사과는 과일이다. 과일은 불칸을 지원하지 않는다.[1]

앨리어싱(aliasing): 기술적으로, 일정 제한된 해상도에서 재생성된 신호 정보의 손실이다. 이는 대부분 점, 선, 다각형의 날카롭고 들쭉날쭉한 모서리로 표현되며, 고정된 크기 픽셀의 한정된 수를 가지는 것으로 인한 문제이다.

연결 목록(linked list): 포인터나 저장된 색인, 목록 안의 각 요소의 연결로 합쳐진 자료 요소 목록.

연결(mapping): 메모리 연결$^{memory\ mapping}$을 보자.

오목(concave): 다각형의 모양에 대한 설명이다. 다각형은 이를 통과하는 직선이 다각형에 들어가고 나서 그 뒤에 한 번 초과로 나올 때 오목하다고 불린다.

오버로딩(overloading): 컴퓨터 언어에서, 두 개 이상의 함수가 같은 이름을 공유하지만 다른 함수 시그니처를 가지는 것이다.

와이어 프레임(wireframe): 입체 물체를 음영된 다각형이 아닌 선의 메시로 표현하는 방법. 와이어프레임 모델은 보통 더 빨리 렌더 되며 객체의 앞과 뒤를 동시에 보는 데 사용된다.

---

1 애플의 기기들은 독자적인 Metal API를 사용하여 불칸을 지원하지 않는다. – 옮긴이

원근 나누기(perspective divide): 동차 벡터에 적용되는 변환으로 자르기 공간에서 w 요소로 나누어서 정규화 장치 좌표로 이동하는 변환이다.

원근 투영(perspective): 시점에서 멀어질수록 가까운 물체보다 작아지는 그리기 방식이다.

원본 색(source color): 들어오는 화소의 색으로, 색 버퍼에 이미 존재하는 색(대상 색)의 반대다. 이 용어는 보통 색 혼합 연산 동안 원본과 대상 색이 어떻게 결합되는 지 설명하는 데 사용된다.

원자 연산(atomic operation): 연산의 연속이 반드시 정확한 연산을 위해서 분리 불가능한 것이다. 보통은 단일 메모리 위치의 읽기-변경-쓰기 연속을 의미한다.

원-핫(one hot): 수나 상태를 이진 수의 단일 비트를 사용해서 부호화하는 방법. 예를 들면, 상태 기계^{state machine}나 32상태를 열거할 때 일반 부호화는 단지 5비트를 요구하지만 원-핫의 경우 전체 32비트 값이 필요하다. 하드웨어에서, 원 핫은 종종 복호화하는 데 더 산순하며, 다중 원 핫 플래그가 단일 정수 값에 포함될 수 있다.

위험(hazard): 메모리 연산에서, 메모리에서 정의되지 않은 순서의 트랜잭션이 정의되지 않거나 원치 않는 결과로 이어지는 상황이다. 대표적인 예는 쓰기 후 읽기(RAW), 쓰기 후 쓰기(WAW), 그리고 읽기 후 쓰기(WAR) 위험이다.

이벤트(event): 불칸 명령어 버퍼가 파이프라인의 다른 부분의 실행을 동기화하기 위해서 사용하는 동기화 기본체다.

이중 버퍼링(double buffering): 안정적인 이미지를 표시하기 위해서 사용되는 그리기 기법. 표시되는 이미지는 메모리에서 조합된 뒤 화면에 단일 갱신 연산으로 배치되며, 기본 화면 생성을 사용하지 않는다. 이중 버퍼링은 훨씬 빠르고 부드러운 갱신 연산이며 애니메이션을 생성할 수 있다.

인스턴스(instance): 그리기 명령어에 적용될 때, 동일 자료의 집합을 여러 번 그리는 과정으로, 잠재적으로 다른 매개변수가 적용된다.

인스턴싱(instancing): 인스턴스를 보자.

인접 기본체(adjacency primitive): 기본체 위상 구조의 하나로 각 기본체에 대해서 원래 기하구조 안의 인접 기본체를 표현하는 추가적인 정점 자료를 포함한다. 예제는 인접성을 가진 삼각형과 선을 포함한다.

자르기 거리(clip distance): 셰이더에서 할당한 거리로 래스터라이징 전에 기본체를 임의의 면의 집합에 대해서 잘라내는 고정 함수 자르기에 사용된다.

자르기 좌표(clip coordinates): 2D 기하적 좌표계로 모델-시야와 투영 변환의 결과이다.

자르기(clipping): 단일 기본체나 기본체의 집합에서 일부의 제거다. 자르기 영역이나 입체의 밖에서 렌더된 점은 그려지지 않는다. 자르기 입체는 일반적으로 투영 행렬로 설정된다. 잘려진 기본체는 기본체의 모서리가 자르기 영역 밖에 있지 않도록 재구성된다.

장치 메모리(device memory): 불칸 장치가 접근 가능한 메모리다. 이는 장치에 물리적으로 부착된 전용 메모리이거나, 혹은 장치가 접근 가능한 주 시스템 메모리의 일부 혹은 전부이다.

점묘(stipple): 프레임 버퍼의 픽셀 생성을 마스킹하는 데 사용되는 이진 비트 패턴이다. 이는 흑백 비트맵과 유사하지만, 선에 대해서는 1D 패턴이 사용되고 다각형에겐 2D 패턴이 사용된다.

정규화 장치 좌표(normalized device coordinate): 동차 위치를 받아 그 자신의 w 요소로 나누어 생성한 좌표 공간이다.

정규화(normalize): 법선을 단위 법선으로 변환. 단위 법선은 정확히 1.0의 길이를 가지는 벡터이다.[2]

정사영(orthographic): 원근이나 축소가 없는 그리기 방식(평행 투영으로도 불린다). 모든 기본체의 길이나 차원은 시점에서의 거리나 방향에 상관없이 왜곡되지 않는다.

정점 버퍼(vertex buffer): 정점 셰이더 입력의 원본 자료로 사용되는 버퍼다.

---

2 법선만이 아닌 일반적인 벡터에 해당된다. - 옮긴이

정점 셰이더(vertex shader): 입력 정점 당 한 번 실행되는 셰이더다.

정점(vertex): 공간의 단일 점. 점이나 선 기본체에 사용될 때 외에도, 이 용어는 또한 다각형의 두 모서리가 만나는 점을 정의한다.

제출(submission, submit): 장치에 실행되는 작업에 적용할 때, 장치의 큐 중 하나의 명령어 버퍼의 형태로 작업을 전송하는 행동이다.

주 시스템 메모리(host memory): 주 시스템 전용 메모리로 장치가 접근 불가능하다. 이 종류의 메모리는 일반적으로 CPU에서 사용하는 자료를 저장한다.

주변 광(ambient light): 장면에서의 빛은 특정 점 광원이나 방향에서 오지 않는다. 주변 광은 모든 표면을 모든 방향에서 균일하게 조명한다.

질의 객체(query object): 장치에서 실행되는 동안 애플리케이션의 연산에 대한 통계적 자료를 받는 데 사용되는 객체다.

짐벌 락(gimbal lock): 회전의 연속이 본질적으로 단일 축에 꺼버린 상태다. 이는 연속에서 앞선 회전 중 하나가 다른 회전에 대한 한 데카르트 축에 대해서 회전할 때 일어난다. 이 상태 이후에는, 두 축 사이의 회전은 같은 회전으로 나타나며, 잠긴 위치에서 탈출하는 것을 불가능하게 한다.

차폐 질의(occlusion query): 보이는 (혹은 더 정확히는 잠재적으로 보이는) 픽셀을 계산하고 그 수를 애플리케이션에 반환하는 그래픽 연산이다.

첨부(attachment): 하나 이상의 세부패스의 입력이나 출력으로 사용될 수 있는 렌더 패스와 연관된 이미지다.

초표본화(supersampling): 다중 표본 이미지에 포함된 모든 표본에 대해서 다중 색, 깊이, 스텐실 값을 계산하는 과정이다.

측면(aspect): 이미지에 적용했을 때, 깊이-스텐실 혼합 이미지의 깊이나 스텐실 요소 같이 이미지의 논리적인 부분이다.

큐 가족(queue family): 장치 안의 가족들로 묶이는 동일한 특성을 가진 큐들이다. 가족 안의 큐는 호환 가능한 것으로 간주되며, 특정 가족을 위해 생성된 명령어 버퍼는 해당 가족원 다른 구성원에게 제출될 수 있다.

큐(queue): 작업을 실행하는 장치 안의 구성체로, 잠재적으로 같은 장치의 다른 큐에 제출된 작업과 병렬로 처리된다.

크로노스 그룹(Khronos Group): 업계 콘소시엄으로 불칸 기술 상세의 유지와 발전을 관리한다.

테셀레이션 셰이더(tessellation shader): 테셀레이션 조절 셰이더나 처리 셰이더를 통칭하는 용어다.

테셀레이션 조절 셰이더(tessellation control shader): 고정 함수 테셀레이션이 일어나기 이전에 실행되는 셰이더다. 셰이더는 조각 기본체 안의 조절 점 당 한번씩 실행되며, 테셀레이션 인자와 출력 기본체의 조절점의 집합을 생성한다.

테셀레이션 처리 셰이더(tessellation evaluation shader): 고정 함수 테셀레이션이 실행된 뒤에 실행되는 셰이더다. 셰이더는 테셀레이터가 생성한 정점 당 한 번 실행된다.

테셀레이션(tessellation): 복잡한 다각형이나 해석 표면을 볼록 다각형의 메쉬로 분해하는 과정이다. 이 과정은 또한 복잡한 곡선을 덜 복잡합 선의 연속으로 분리하는 데도 적용된다.

텍셀(texel): 텍스처 요소다. 텍셀은 프레임 버퍼 안의 픽셀 화소에 적용되는 텍스처의 색을 표현한다.

텍스쳐 매핑(texture mapping): 텍스처 이미지를 표면에 적용하는 과정이다. 표면은 평면일 필요가 없다. 텍스쳐 매핑은 종종 굴곡된 물체를 이미지로 감싸거나 나무나 대리석 같이 패턴화된 표면을 생성하는 데 사용된다.

통합 메모리 아키텍처(unified memory architecture): 시스템에 불칸 장치와 주시스템 프로세서 같이 여러 장치가 있을 때, 물리적으로 분할된 메모리를 접근하는 것이 아닌 공통 메모리 풀의 동일 접근을 가지는 메모리 아키텍처다.

투영(projection): 선, 점, 다각형의 시야 좌표에서 자르기 화면 좌표로의 변환이다.

파이프라인(pipeline): 작업 실행에 사용되는 장치의 거대 부분의 상태를 표현하는 객체다.

펜스(fence): 장치에서 실행된 명령어 버퍼의 완료와 주 시스템에서 실행을 동기화하기 위해서 사용하는 객체다.

표면(surface): 프리젠테이션을 위한 출력을 표현하는 객체다. 이 종류의 객체는 일반적으로 플랫폼 특화되어 있으며 `VK_KHR_surface` 확장을 사용해서 제공된다.

표본(sample): 픽셀이나 텍셀의 요소로, 처리될 때, 최종 출력 색에 기여하는 것이다. 이미지의 표본화는 하나 이상의 표본을 수집하여 이를 최종 색을 생성하기 위한 표본의 집합을 처리하는 과정이다.

푸시 상수(push constant): 셰이더에서 접근 가능한 균일 상수로 명령어 버퍼에서 `vkCmdPushConstants()`의 호출로 동기화 없이 직접 갱신할 수 있으며, 메모리 연결이나 작은 균일 버퍼의 갱신과 연결된 방벽이 필요 없다. 일부 구현에서는 이 상수는 하드웨어에서 가속된다.

프레임 버퍼(framebuffer): 그래픽 파이프라인의 렌더링 과정에서 첨부로 사용되는 이미지에 대한 참조를 포함한 객체다.

프리젠테이션(presentation): 이미지를 받아서 이를 사용자에게 디스플레이하는 행동이다.

픽셀(pixel): 그림 요소^{picture element}의 요약어로, 컴퓨터 화면에 가용한 가장 작은 시각적 분할이다. 픽셀은 행과 열로 배치되며 주어진 이미지를 렌더하는 데 적절한 색으로 설정한다.

픽스맵(pixmap): 색 이미지를 구성하는 색 값의 2D 배열이다. 픽스맵은 화면의 픽셀에 대응하는 각 그림 요소이기에 그리 불린다.

핸들(handle): 다른 객체를 참조하는 데 사용되는 불투명한 변수다. 불칸에서는 모든 핸들은 64비트 정수다.

행렬(matrix): 수의 2D 배열. 행려은 수학적으로 연산될 수 있으며 좌표 변환을 수행하는 데 사용될 수 있다.

혼합(blending): 새 색 값을 기존 색 첨부에 방정식과 그래픽 파이프라인의 일부로 설정된 매개변수를 사용해서 융합하는 과정이다.

화면 비율(aspect ratio): 윈도우의 높이에 대한 너비의 비율이다. 정확히는, 윈도우의 픽셀 단위 너비를 픽셀 단위 높이로 나눈 것이다.

화소 셰이더(fragment shader): 화소 당 한 번 실행되는 셰이더로 일반적으로 화소의 최종 색을 계산한다.

화소(fragment): 이미지의 픽셀의 색에 최종적으로 기여하게 되는 단일 자료 조각이다.

찾아보기

X

에이콘출판의 기틀을 마련하신 故 정완재 선생님 (1935-2004)

불칸 프로그래밍 가이드 불칸 제작자의 공식 가이드

인 쇄 | 2017년 3월 21일
발 행 | 2017년 3월 29일

지은이 | 그레이엄 셀러
옮긴이 | 이 상 우

펴낸이 | 권 성 준
편집장 | 황 영 주
편 집 | 나 수 지
        이 지 은
디자인 | 박 주 란

에이콘출판주식회사
서울특별시 양천구 국회대로 287 (목동 802-7) 2층 (07967)
전화 02-2653-7600, 팩스 02-2653-0433
www.acornpub.co.kr / editor@acornpub.co.kr

한국어판 © 에이콘출판주식회사, 2017, Printed in Korea.
ISBN 978-89-6077-986-0
ISBN 978-89-6077-103-1 (세트)
http://www.acornpub.co.kr/book/vulkan-guide

이 도서의 국립중앙도서관 출판시도서목록(CIP)은 서지정보유통지원시스템 홈페이지(http://seoji.nl.go.kr)와
국가자료공동목록시스템(http://www.nl.go.kr/kolisnet)에서 이용하실 수 있습니다.(CIP제어번호: CIP2017007214)

책값은 뒤표지에 있습니다.